Tests psychotechniques POUR LES NULS

Tests psychotechniques pour les Nuls

Éditions First, un département d'Édi8
12, avenue d'Italie
75013 Paris – France
Tél. : 01 44 16 09 00
Fax : 01 44 16 09 01
Courriel : firstinfo@editionsfirst.fr
Site Internet : www.pourlesnuls.fr

ISBN : 978-2-7540-8014-9
Dépôt légal : octobre 2015

Imprimé en Italie
Direction éditoriale : Marie-Anne Jost-Kotik
Édition : Laure-Hélène Accaoui et Raphaël Dupuy
Préparation de copie et correction : Benjamin Peylet
Couverture et maquette intérieure : KN Conception
Illustrations d'ouverture de partie : Marty
Photographies intérieures : © Thinkstock
Production : Emmanuelle Clément

Tests psychotechniques POUR LES NULS

Julien Sandras
Directeur pédagogique Prépa TageMajor

Ouvrage dirigé par Laurence Brunel

FIRST
Editions

À propos de l'auteur

Diplômé de l'EDHEC et titulaire d'un MBA Finance obtenu au Canada, Julien Sandras est directeur pédagogique de la prépa TageMajor (établissement de préparation aux concours).

Il enseigne les tests de logique et psychotechniques pour la préparation des candidats aux concours (concours paramédicaux, concours des écoles de commerce, etc.) et aux tests de recrutement. Il est l'auteur du *TAGE MAGE® pour les Nuls* (First, 2014).

Remerciements

Pour leur confiance accordée à ce nouvel opus accueilli dans la collection « Pour les Nuls », je remercie tout d'abord Laure-Hélène Accaoui et Laurence Brunel. Inventives, audacieuses et passionnées, elles forment un duo complémentaire et enthousiasmant pour les auteurs de cette collection.

Je tiens à remercier chaleureusement Grazyella Vacca, pour son soutien indéfectible et la source de motivation qu'elle représente. Ce nouveau projet mené tient encore beaucoup à son appui omniprésent.

Merci à toutes les personnes investies dans la Prépa TageMajor : évidemment Édouard et Alexis, mais aussi les intervenants (Aude, Grégory, Servane, Pierre-Marie, Olivier, Pauline, etc.) et tous nos étudiants, pour leurs mots de soutien et les bons moments passés ensemble.

Enfin, merci à tous les autres, que je n'ai pas pu citer nommément, mais qui se retrouveront, ici ou là, au gré des exercices de cet ouvrage.

Sommaire

Introduction

Les tests psychotechniques sont devenus les tests de référence pour sélectionner les candidats aux concours ou à l'embauche. Il est désormais difficile d'y échapper, à l'entrée de diverses formations ou dans les entreprises, sans parler de certains concours administratifs où ils figurent en bonne place. Ils sont ainsi devenus des outils appréciés des recruteurs au sens le plus large.

À propos de ce livre

Cet ouvrage présente les tests psychotechniques, en mettant l'accent sur l'entraînement, au travers de multiples mises en situation et tests. Parce que les tests psychotechniques requièrent des mécanismes spécifiques, ce livre est axé sur la présentation des principales méthodologies à acquérir dans chacun des domaines des tests psychotechniques. Chaque chapitre dispose de ses tests d'évaluation sur les notions abordées, assortis de corrections détaillées présentant les méthodes de résolution classiques mais aussi les astuces pour répondre plus vite et facilement.

À qui s'adresse ce livre ?

Cet ouvrage est destiné à toutes les personnes qui préparent des épreuves de tests psychotechniques dans le cadre de concours ou de processus de sélection de recrutement. De façon plus précise, cet ouvrage s'adresse :

- aux candidats aux concours paramédicaux et sociaux : concours d'entrée en Instituts de formation en soins infirmiers (IFSI), concours d'entrée en Instituts de formation d'aides-soignants (IFAS), concours d'entrée en Instituts de formation d'auxiliaires de puériculture (IFAP), concours d'entrée en centres de formation d'orthophonie, concours des spécialités paramédicales (ergothérapie, orthoptie, radiologie, etc.) ;
- aux candidats aux concours de la fonction publique, pour les catégories B et C, notamment (Police nationale, administration pénitentiaire, économie et finances, etc.) ;
- aux candidats aux concours d'entrée en école de commerce qui disposent d'une épreuve de tests psychotechniques. Vous les croiserez au niveau Bac+0 (concours Sésame, Accès, Pass, etc.), au niveau Bac+2 (concours Passerelle avec le test ARPÈGE, Tremplin avec le test TAGE 2®, etc.), Bac+3/+4 pour les concours en admissions parallèles (principalement pour le test TAGE MAGE®), mais aussi les mastères spécialisés (test TAGE MAGE® également) ;
- aux professionnels en recherche d'emploi ou participant à des processus de recrutement ;
- aux personnes curieuses qui apprécient les tests psychotechniques et qui y trouvent un moyen ludique de réaliser une gymnastique de l'esprit.

Comment ce livre est-il organisé ?

Cet ouvrage est organisé autour de différents chapitres qui abordent les tests psychotechniques au travers de thèmes récurrents. Chaque chapitre débute par une partie méthodologique qui reprend les principales règles et méthodes à connaître. S'ensuivent des tests sur le thème du chapitre suivi de leur correction détaillée.

Au-delà de la partie introductive, l'ouvrage est articulé autour de deux grands thèmes (« Aptitudes numériques » et « Aptitudes logiques ») qui sont eux-mêmes décomposés en deux parties : « Capacités calculatoires » et « Résolution de problèmes » pour les aptitudes numériques et « Séries et ensembles » ainsi que « Raisonnement logique » pour les aptitudes logiques.

Première partie : Tout sur les tests psychotechniques

Avant de se lancer dans le vif du sujet, voici un petit tour d'horizon des tests psychotechniques : composition des tests selon les concours, conseils de préparation et mode d'emploi.

Deuxième partie : Capacités calculatoires

Cette partie se concentre sur les bases calculatoires au programme des tests psychotechniques : revue des règles opératoires, des opérations de base, des méthodes de calcul mental et des notions calculatoires récurrentes (pourcentages, conversions, proportionnalité, etc.).

Troisième partie : Résolution de problèmes

Les tests psychotechniques abordent souvent les thèmes mathématiques avec un langage courant, requérant des candidats une certaine habileté pour traduire mathématiquement les énoncés. Il est alors question de résolution de problèmes au travers la mise en équation, la résolution d'équations, la manipulation des notions de temps, vitesse et distance, les probabilités ou encore la géométrie.

Quatrième partie : Séries et ensembles

Les aptitudes logiques sont abordées ici au travers des séries et des ensembles. Ces notions traitent ainsi des séries numériques, des séries alphabétiques, des séries graphiques, mais aussi d'homologie, similitude et intrus.

Cinquième partie : Raisonnement logique

Cette partie permet d'appréhender les aptitudes logiques au travers des tests de raisonnement. Vous y trouverez les thèmes de logique verbale, les codes et combinaisons, les dominos, les cartes à jouer ainsi que les tests d'organisation et d'attention.

Sixième partie : La partie des Dix

En fin d'ouvrage, la partie des Dix présente l'essentiel du vocabulaire de la logique et les principaux thèmes abordés par les aptitudes verbales dans les tests psychotechniques. N'hésitez pas à la consulter régulièrement pour enrichir votre préparation de conseils et ressources utiles tout au long de votre préparation.

Les icônes de ce livre

Tout au long de cet ouvrage, les icônes placées dans la marge attireront votre attention. Elles vous signalent les informations indispensables, les références utiles ou les conseils pratiques à retenir. Par là même, elles facilitent votre apprentissage.

Des précisions sur un aspect du sujet traité sauront éveiller votre intérêt sur une curiosité, un point particulier qui vous avez peut-être échappé. Rien ne vaut une anecdote pour booster sa mémoire !

Ne passez pas à côté des notions importantes à mémoriser, des points essentiels et autres fondamentaux.

Tout au long de l'ouvrage, le « formateur » regarde par-dessus votre épaule et vous guide lors de votre préparation.

Aidez-vous des exercices-exemples et techniques présentées pour assimiler le cours et passer à la résolution des exercices.

Une série de tests à réaliser sur le thème du chapitre, dans les conditions du réel. À vos crayons !

Ce focus sur les principaux écueils commis par la plupart des candidats vous donnera une longueur d'avance ! Méfiez-vous des pièges !

Pour un concours, tout est bon ! Glanez les différentes astuces pour gagner du temps.

Par où commencer ?

Cet ouvrage peut être consulté au gré de vos envies en naviguant d'un chapitre à l'autre selon votre inspiration. Vous pouvez également constituer votre propre programme selon les thèmes des concours que vous révisez. Vous pouvez ainsi commencer par les aptitudes calculatoires (deuxième et troisième parties) ou encore par les aptitudes logiques (quatrième et cinquième parties).

Pour les aptitudes calculatoires, il est vivement conseillé de travailler les chapitres dans l'ordre : ils sont organisés de façon progressive avec une montée en difficulté graduelle. Ainsi, la troisième partie de résolution de problèmes nécessite une connaissance approfondie de la deuxième partie consacrée aux capacités calculatoires.

Pour les aptitudes logiques, vous pouvez les aborder dans l'ordre que vous souhaitez : les chapitres sont indépendants les uns des autres. Selon les tests que vous travaillez, certains chapitres seront ainsi à privilégier par rapport à d'autres.

Première partie

Tout sur les tests psychotechniques

Dans cette partie…

Avant de vous lancer dans votre préparation, un regard attentif aux spécificités des tests psychotechniques vous permettra de clarifier bien des interrogations. Que ce soit sur le plan du test lui-même ou sur la mise en place de votre préparation, cette première partie fait le tour de toutes les questions. Elle vous aiguillera sur les notions à connaître selon le concours que vous préparez et sur l'organisation de vos révisions. Un véritable mode d'emploi des tests psychotechniques. Bonne route…

Chapitre 1

Les tests psychotechniques, mode d'emploi

Dans ce chapitre :

- Présentation des tests psychotechniques
- Composition des tests

Dans l'univers des concours, les tests psychotechniques sont devenus un outil de sélection dans de nombreuses filières (santé, paramédical et social, fonction publique, management, etc.). Ils permettent de sélectionner, au sein d'une même épreuve, de nombreuses compétences complémentaires. Ils présentent également l'avantage de tester les candidats sur un socle de connaissances communes, quelle que soit leur formation.

Dans la vie professionnelle, ils peuvent être utilisés par les recruteurs, et notamment les cabinets de recrutement.

Les tests psychotechniques, c'est quoi ?

D'un point de vue global, **les tests psychotechniques regroupent un large éventail de tests**. Entre autres :

- les tests d'aptitudes ;
- les tests d'intelligence ;
- les tests de personnalité ;
- les tests de connaissance ;
- les tests de quotient intellectuel (QI).

Leur composition varie selon les objectifs : il n'existe pas de canevas type d'un test psychotechnique.

Dans le cadre des concours et du monde professionnel, les tests psychotechniques sont utilisés **comme outil de sélection**. Les tests que vous pourrez rencontrer dans les concours appartiennent à la **catégorie des tests d'aptitudes** : ils évaluent les aptitudes et dispositions des candidats dans des champs de compétences (raisonnement logique, aptitude numérique, etc.). Les tests d'aptitudes ne reposent pas sur des connaissances disciplinaires (économie, gestion, droit, etc.), mais représentent un outil de sélection généraliste, ouvert à des candidats de tous horizons. À la différence des tests d'intelligence ou des tests de personnalité, les tests d'aptitudes peuvent se préparer à l'aide d'un programme de révision.

Les tests d'aptitudes sont utilisés dans le cadre de concours et dans les processus de sélection pour un emploi. Ils ont ainsi pour premier objectif de classer un ensemble de candidats les uns par rapport aux autres. Il ne faut donc pas les confondre avec les examens, dont le but est d'évaluer et valider un niveau de connaissance. Cette différence fondamentale doit entraîner chez vous un changement d'état d'esprit, afin de les envisager de la bonne manière : il s'agit d'obtenir le meilleur score relatif possible et d'être meilleur que les autres candidats ! Pour cela, une préparation en amont est indispensable.

Format des tests psychotechniques

Les tests psychotechniques utilisés dans les concours ne présentent pas de format particulier d'un point de vue général. Leurs compositions varient d'un concours à l'autre et parfois, même, d'un institut ou d'une école à l'autre.

Cependant, si le format diffère, les classes d'aptitudes évaluées peuvent être regroupées en deux familles principales :

- les **aptitudes numériques** (capacités calculatoires et mathématiques), elles-mêmes divisibles en deux sous-catégories :
  - les capacités calculatoires (calcul opératoire, moyenne, conversions, etc.)
  - la résolution de problèmes (équations, probabilité, etc.).
- les **aptitudes logiques** (capacités d'organisation et de sens logique), qu'il est possible de présenter en deux catégories :
  - le raisonnement logique (tests d'attention, logique verbale, etc.) ;
  - les séries et ensembles (séries graphiques, séries numériques, etc.).

Chacune de ces catégories d'aptitudes détient un large champ d'épreuves types.

Bien que la composition des tests psychotechniques diffère d'un concours à un autre, de nombreuses catégories de questions sont communes et requièrent l'application de méthodes analogues.

Selon les tests psychotechniques, le déroulement des épreuves est distinct. Vous croiserez principalement des tests sous forme de QCM (Questions à choix multiples) et des questions ouvertes à réponse unique. Le temps varie selon les tests : de 30 minutes pour les plus courts à 4 heures pour les plus longs. Certains tests d'aptitudes ont un format figé (notamment les concours en école de management) avec une répartition des questions fixes alors que d'autres varient leur composition d'une édition à une autre (principalement dans les concours paramédicaux).

La méthode de notation est également différente d'un test à l'autre, mais elle a une très grande importance : certains tests pénalisent les mauvaises réponses avec des points négatifs alors que d'autres tests ne les sanctionnent pas. En fonction du barème du test préparé, il vous faudra ainsi adapter votre stratégie.

Certaines règles sont néanmoins communes : aucun matériel n'est autorisé durant les épreuves, à l'exception des stylos. C'est ainsi que, pour les épreuves numériques, la calculatrice est proscrite. La plupart des tests autorisent le brouillon, que ce soit sur une feuille à part ou sur le sujet même de l'épreuve.

Quel que soit le test que vous préparez, assurez-vous de connaître l'ensemble de ses spécificités en amont afin de vous adapter en fonction du règlement.

S'il vous restait une question, n'hésitez pas à la poser à l'auteur de l'ouvrage qui saura vous répondre précisément : julien.sandras@tagemajor.com.

À quoi servent les tests psychotechniques ?

Vous l'avez compris, les tests psychotechniques de concours sont avant tout des outils de sélection et de classement des candidats. Quelquefois d'apparence ludique et intuitive, ils ont également vocation à évaluer des compétences. Voici donc, selon les deux familles d'aptitudes, les principales capacités testées :

- Les **aptitudes numériques** évaluent les capacités calculatoires et mathématiques des candidats. Les notions testées sont principalement d'un niveau de collège. Les énoncés peuvent prendre un format académique ou bien se présenter sous la forme d'un énoncé en langage courant. Les aptitudes numériques sont principalement testées au travers de la maîtrise des notions élémentaires mathématiques, calculatoires et géométriques. Le programme des aptitudes numériques des tests d'aptitudes est le suivant :
    - entiers relatifs, décimaux, nombres réels ;
    - opérations usuelles et calcul mental ;
    - puissances, fractions et racines carrées ;
    - pourcentages et proportions ;
    - progressions arithmétique et géométrique ;
    - identités remarquables ;
    - conversions et mélanges ;
    - notions de vitesse, temps et distance ;
    - équations du premier et du second degré ;
    - système d'équations (3 inconnues maximum) ;
    - analyse combinatoire simple ;
    - moyenne statistique ;
    - probabilités simples ;
    - propriétés des droites parallèles (théorème de Thalès) et des droites perpendiculaires (théorème de Pythagore) ;
    - propriétés élémentaires du triangle, du cercle, du rectangle et du carré ;
    - volumes et patrons.
- Les **aptitudes logiques** mesurent les capacités d'organisation et le sens logique des candidats. Elles évaluent l'analyse d'une situation, l'interprétation textuelle ou encore les raisonnements inductifs et déductifs. Il s'agit de la catégorie d'aptitudes la plus ludique, mais aussi la plus surprenante pour les candidats. Elle ne repose pas sur un programme spécifique précis puisqu'il s'agit de catégories de questions hors de tout programme académique. Les aptitudes logiques testées sont multiples : visuelle, spatiale, déductive, intuitive, numérique, de raisonnement, de cohérence, etc. Voici les principales catégories de questions :

- logique verbale ;
- logique numérique ;
- séries numériques et alphabétiques ;
- séries spatiales et graphiques ;
- homologie, similitude, ensemble et intrus ;
- spatialisation, espace et repérage ;
- matrices et carrés logiques ;
- tests d'attention et de concentration ;
- tests d'organisation et de raisonnement ;
- dominos et cartes à jouer ;
- codes et combinaisons.

N'OUBLIEZ PAS !

- Vous pourrez éventuellement croiser les **tests d'aptitudes verbales**, qui s'intéressent principalement aux capacités linguistiques et orthographiques des candidats. Elles évaluent la maîtrise et la compréhension de la langue française au travers de l'orthographe, la grammaire, la conjugaison, le vocabulaire et la compréhension de textes. Il s'agit toutefois d'une catégorie de questions de moins en moins présente dans les tests psychotechniques. Ces aptitudes sont désormais souvent testées au travers d'autres épreuves (rédaction, synthèse, dissertation, etc.). Seuls certains concours spécifiques les conservent sous forme de tests psychotechniques (concours d'entrée en Centre de formation d'orthophonie, notamment).

Cet ouvrage a volontairement exclu ce champ d'aptitudes de son contenu, étant donné la diversité et l'étendue des connaissances testables. Pour préparer ces questions, reportez-vous à un ouvrage de grammaire spécialisé.

Chapitre 2

Préparer les tests psychotechniques

Dans ce chapitre

- Conseils de préparation
- Méthodes de travail

Les tests psychotechniques et d'aptitudes sont des épreuves spécifiques de concours, que vous pourrez également retrouver dans les épreuves de sélection à l'embauche. Elles obligent à être le plus performant possible pour faire la différence entre les concurrents. Face aux multiples compétences testées, il convient d'apparaître structuré et organisé dans vos révisions afin d'être efficace. Pour vous y aider, vous trouverez dans ce chapitre des conseils méthodologiques pour préparer vos révisions.

Préparation et méthodologie

La révision des tests psychotechniques est une expérience qui peut apparaître déroutante, notamment face à la grande variété de notions testables. Pour y faire face, il est conseillé d'adapter votre programme.

Des révisions régulières et progressives

La préparation de ces épreuves ressemble plus à une course de fond qu'à un sprint. Veillez donc à **réviser de façon régulière, tout en augmentant progressivement le volume horaire** de votre préparation à l'approche du concours. Évidemment, le volume quotidien et hebdomadaire est difficile à évaluer tant il dépend de nombreux paramètres (niveau de départ, objectif de score, temps disponible, etc.). Toutefois, à titre d'exemple, le volume total de révision des tests psychotechniques pour les concours paramédicaux ou de management oscille entre 100 et 250 heures au total. Il sera moins important pour la préparation d'un test passé dans le cadre professionnel : il dépend des capacités testées.

Plus vous vous y prendrez tôt et mieux vous pourrez étaler cette charge de travail dans le temps. Il est essentiel de **débuter le plus tôt possible vos révisions** : une période de 3 à 6 mois de révision apparaît ainsi l'idéal pour disposer de conditions de révision optimales. En effet, de nombreuses notions demandent du temps avant d'être assimilées. Vous ne les maîtriserez qu'avec le temps et l'entraînement. Préférez des **révisions fréquentes et limitées dans le temps** (de 1 à 3 heures quotidiennes) à des révisions éloignées dans le temps sur des plages horaires plus larges. Les tests psychotechniques requièrent un **entraînement fréquent pour développer des automatismes et des réflexes**.

Une organisation structurée et adaptée

Axez bien sûr votre programme de révision sur les notions au programme du concours que vous préparez. L'organisation de vos révisions dépend alors des catégories d'aptitudes présentes.

Pour les **aptitudes numériques (ou verbales)**, il faut adopter une méthodologie en trois phases.

Phase 1 : Révision des notions de base

Avant de vous lancer dans la réalisation d'exercices, vous devez maîtriser le cours. Cette phase préliminaire vous permet de vous remettre à niveau pour chaque notion abordée. Comme il s'agit de champs de connaissances liés les uns aux autres, il est important de tous les revoir en amont. Pour les aptitudes numériques, il s'agit entre autres de revoir l'ensemble des règles opératoires, des méthodes de calcul mental, des règles des notions fondamentales (fractions, puissances, pourcentages, etc.), des théorèmes et propriétés géométriques, etc. Pour les aptitudes verbales, cela implique une révision des principales règles de grammaire, d'orthographe et de conjugaison.

Phase 2 : Entraînement sur des exercices types

L'entraînement sur des exercices types vous permettra de vous mesurer aux spécificités du test. Point important : n'incorporez pas la restriction de temps à cette étape. Méfiez-vous du chronomètre ! Mieux vaut réviser ses gammes sur des exercices réels sans contrainte de temps, afin d'en saisir toutes les subtilités. Il est ainsi préférable de passer quinze minutes, voire vingt, sur une question plutôt que de survoler un grand nombre de problèmes, au moins au départ. Le chronomètre est contre-productif au début de votre entraînement car il vous empêche d'aller au fond de chacune des questions et de mettre en place les méthodes vues dans le cours.

Obligez-vous d'abord à résoudre toutes les questions sans l'aide de la solution, même celles qui vous paraissent les plus difficiles. Cela vous aidera à évaluer vos difficultés et vous comprendrez d'autant mieux la correction. Si nécessaire, aidez-vous du cours pour réfléchir sur les questions plutôt que de regarder directement le corrigé.

Ne négligez pas le temps de correction ! Il doit correspondre à un temps équivalent de réflexion à la question. Une fois la correction vue, refaites les exercices qui vous posent problème jusqu'à ce que vous arriviez à les résoudre sans l'aide de la correction.

Enfin, faites et refaites les batteries d'exercices proposées dans les chapitres de cours ! C'est de cette manière que les méthodes deviendront des réflexes et que vous pourrez les utiliser avec, en plus, la pression du chronomètre.

Phase 3 : Entraînement en conditions réelles

Cette phase d'entraînement, ultime étape, entame le travail en conditions réelles. Elle implique l'introduction du chronomètre. Si vous avez bien suivi les deux premières phases, cette introduction se fera naturellement. Entraînez-vous alors dans les conditions du concours : chronomètre, brouillon limité (le cas échéant) et exercices types. Si vous en disposez, travailler sur des annales est un bon moyen de se tester en conditions réelles.

Révision des aptitudes logiques

Pour les **aptitudes logiques**, l'approche doit être différente. En effet, ces questions ne nécessitent pas la connaissance de notions de cours approfondies. Tout au plus, vous aurez besoin de connaître des méthodes de résolution et de raisonnement. Il est donc important de vous tester sur des exercices types dès le départ. Les questions d'aptitudes logiques demandent à ce que vous développiez un esprit intuitif. Pour l'atteindre, un entraînement régulier est la meilleure méthode. Il vous faut vous nourrir des différentes catégories de questions tout au long de votre préparation. L'objectif est de former votre esprit à une manière de raisonner plutôt que d'emmagasiner des connaissances comme pour les aptitudes numériques et verbales. Là aussi, il est utile de démarrer par des exercices non chronométrés pour progressivement insérer le chronomètre quand une catégorie de questions devient familière.

Programme de préparation

En fonction des tests psychotechniques, les révisions se doivent d'être adaptées au programme du concours. Cet ouvrage a été conçu pour être le plus exhaustif possible sur les aptitudes numériques et logiques. Voici donc, selon la catégorie de votre concours, les chapitres qu'il vous faut réviser.

Les tests d'aptitudes paramédicaux et sociaux

Les tests d'aptitudes des concours à l'entrée en **Instituts de formation en soins infirmiers (IFSI)** sont les épreuves les plus complètes que vous croiserez en termes de notions abordées. L'épreuve de test d'aptitudes, d'une durée de deux heures, évalue les capacités de raisonnement logique et analogique, d'abstraction, de concentration, de résolution de problème et d'aptitudes numériques. Vous pouvez donc vous concentrer sur l'ensemble des chapitres consacrés aux aptitudes numériques (Parties 2 et 3, hormis le chapitre consacré aux probabilités) ainsi que ceux dédiés aux aptitudes logiques (Parties 4 et 5). Les aptitudes verbales ne sont pas testées dans l'épreuve de test d'aptitudes des concours infirmiers. Vous croiserez seulement des questions de logique verbale qui se concentrent sur les syllogismes, les analogies, etc.

Les tests d'aptitudes IFSI ne disposent pas d'une composition figée : leur format est ainsi différent d'un IFSI à un autre. Les programmes restent cependant communs mais chaque IFSI dispose de ses particularités en termes de contenu de l'épreuve. Ils évaluent les candidats dans deux catégories d'aptitudes :

- aptitudes numériques sur l'ensemble du programme décrit dans cet ouvrage (hormis les probabilités, qui ne sont pas au programme) ;
- aptitudes logiques sur l'ensemble des notions abordées dans cet ouvrage.

Pour les concours à l'entrée en **Instituts de formation d'aides-soignants (IFAS)**, le programme de révision est notablement équivalent. Les thèmes d'aptitudes numériques sont toutefois plus orientés sur l'arithmétique et le calcul (équivalent à la partie « Capacités calculatoires » de l'ouvrage) que sur la résolution de problèmes. Les tests d'attention et les séries (numériques, alphabétiques et spatiale) sont majoritaires dans la partie des aptitudes logiques, même si les autres tests restent à étudier.

Les tests d'aptitudes des concours à l'entrée en **Instituts de formation d'auxiliaires de puériculture (IFAP)** comportent quelques questions d'aptitudes numériques au sein de l'épreuve de culture générale (pour les candidats non dispensés). Il s'agit de cinq questions : trois portent sur les questions d'opérations numériques (chapitres 3 à 6 et chapitre 13) et deux ont pour sujet les conversions (chapitre 11). Sur ce dernier thème, le programme se limite aux opérations numériques de base et aux conversions. Une autre épreuve teste les aptitudes d'attention, de raisonnement logique et d'organisation pour lesquelles il vous sera utile de travailler sur l'ensemble des chapitres de la partie des aptitudes logiques. Le test psychotechnique évalue quant à lui les aptitudes logiques des candidats. Le programme est ici semblable aux tests d'aptitudes des IFSI sur la partie des aptitudes logiques et correspond aux chapitres développés dans la partie des aptitudes logiques de cet ouvrage.

À l'instar des tests d'aptitudes IFSI, il n'existe pas de format type pour les tests psychotechniques IFAP. Ils varient d'un concours IFAP à un autre, même si le programme est commun sur le plan national. La durée du test psychotechnique est de 1 h 30. L'épreuve est notée sur 20 points.

Le concours d'entrée en **école d'orthophonie** contient en général deux épreuves d'admissibilité : une épreuve de maîtrise de la langue française et une épreuve de culture générale comportant des questions de biologie. L'épreuve de maîtrise de la langue française teste les aptitudes verbales, particulièrement l'orthographe, la grammaire, l'expression écrite et le vocabulaire. Il s'agit d'un niveau assez élevé requérant des révisions poussées. Certaines écoles ajoutent un test psychotechnique dont le contenu varie. Ces tests apprécient autant les aptitudes numériques que logiques. Les tests évaluant les aptitudes numériques portent sur l'ensemble du programme de l'ouvrage. Les aptitudes logiques sont la plupart du temps variées et portent là aussi sur l'ensemble des notions logiques développées.

Tests de spécialités paramédicales

Certaines spécialités paramédicales disposent de tests psychotechniques à l'entrée dans les instituts de formation. Parmi eux, on compte les **concours d'ergothérapie et d'orthoptie**, ou encore certaines formations de **manipulation en radiologie**. Ces tests ne sont pas formatés, même si tous proposent un contenu à peu près équivalent. Ils apprécient les aptitudes numériques au travers de l'ensemble du programme repris dans l'ouvrage, sans nécessairement porter sur les problèmes numériques et la géométrie. Les questions d'aptitudes logiques reprennent l'ensemble des notions développées dans l'ouvrage, en particulier les questions de séries, de dominos, de cartes à jouer et de logique numérique. Les aptitudes verbales sont peu testées ; elles se cantonnent essentiellement à la logique verbale (syllogismes, analogies, etc.), qui est abordée dans l'ouvrage.

Les tests d'aptitudes de la fonction publique

Les concours de la fonction publique de **catégories B et C** proposent des tests psychotechniques (concours gendarme, gardien de la paix, etc.). Selon les concours, le programme se concentre sur les aptitudes numériques (des calculs de base jusqu'à la résolution de problème et la géométrie), les aptitudes logiques (séries numériques, séries alphabétiques, séries graphiques, dominos, cartes à jouer, tests de raisonnement, tests d'attention, etc.) et les aptitudes verbales (principalement l'orthographe, la synonymie et la conjugaison).

La variété des tests psychotechniques de l'administration est vaste : renseignez-vous en amont sur le contenu du programme pour adapter au mieux vos révisions.

Les tests d'aptitudes des écoles de management

Les tests d'aptitudes de management sont des épreuves des concours à l'entrée en **écoles de commerce** et en **universités**. Les principaux tests sont le TAGE MAGE®, TAGE 2®, Score IAE-Message, test ARPÈGE®, test SÉSAME®, test ACCÈS®, etc. Si leur format est différent, ils disposent tous d'un socle commun. Les aptitudes numériques testent un large programme : vous pouvez ainsi travailler l'ensemble des chapitres de ces parties. Les aptitudes logiques sont moins créatives que les tests d'aptitudes paramédicaux. Concentrez-vous principalement sur les chapitres de logique verbale, vade-mecum de logique, les séries (numériques, alphabétiques et graphiques) et les tests d'organisation et de raisonnement. Certains tests plus créatifs (notamment le test ARPÈGE® et certains tests à l'entrée en écoles post-bac) requièrent un travail sur les chapitres de dominos, cartes à jouer, codes et combinaisons. Les aptitudes verbales sont testées, principalement sur la compréhension de textes, la synonymie, l'orthographe et la grammaire.

Tests et vie professionnelle

Dans la vie professionnelle, les tests psychotechniques apparaissent de plus en plus souvent lors du **recrutement des cadres** pour un emploi. Ils remplacent progressivement les tests de personnalité passés autrefois et sont devenus très populaires dans les cabinets de recrutement qui agissent pour de grandes entreprises. Celles-ci disposent également de leurs propres tests psychotechniques qui leur permettent d'uniformiser les processus de recrutement. Ces tests ont pour but d'évaluer des compétences précises en fonction des caractéristiques d'un poste : créativité, perspicacité, adaptabilité, etc.

Il est difficile de catégoriser ces tests professionnels tant ils sont différents. Toutefois, pour s'y préparer, il est conseillé d'appréhender les tests psychotechniques dans leur ensemble afin de se familiariser avec tous. Même si le format des tests que vous croiserez est différent, l'entraînement sur des catégories de questions variées permet de se nourrir du fonctionnement des tests psychotechniques, dont les mécanismes sont très souvent identiques.

Il faut noter que les tests psychotechniques de la vie professionnelle évaluent principalement les aptitudes numériques et logiques. Les aptitudes numériques sont le plus souvent testées au travers de questions formulées dans un langage courant, le candidat étant chargé de les mettre en équation. Une certaine habileté dans la manipulation des notions mathématiques de base (calcul opératoire, pourcentages, probabilités, etc.) et la résolution de problèmes est ainsi nécessaire. Les aptitudes logiques peuvent être très créatives selon les tests. Toutefois, les tests les plus communs regroupent les questions de logique classiques (dominos, cartes à jouer, séries numériques, séries alphabétiques, logique verbale, codes et combinaisons, matrices, etc.) et les tests de spatialisation (série graphique, volumes, espace et repérage, matrice spatiale, etc.).

Deuxième partie

Capacités calculatoires

Dans cette partie...

La partie des capacités calculatoires permet de revoir l'ensemble des bases mathématiques et algébriques nécessaires pour effectuer tous les tests psychotechniques. Ce domaine évalue votre maîtrise des mathématiques élémentaires et vous aide à revoir les règles essentielles à connaître au travers de notions qui sont, pour la plupart, au programme des classes de collège. Il est pourtant jugé d'un niveau difficile !

Parmi les obstacles qu'il présente, l'interdiction d'utiliser une calculatrice et le temps restreint sont les plus importants à surmonter. Ils imposent une maîtrise minutieuse des notions de cours, des plus basiques aux plus poussées.

Cette partie contient ainsi toutes les notions élémentaires de calcul que vous devez connaître. Elle s'attarde également à vous procurer les méthodes et astuces essentielles pour maîtriser le calcul mental, nécessaire pour gérer au mieux le chronomètre le jour du test.

Chapitre 3

Les nombres

Dans ce chapitre

- Un peu de vocabulaire
- Les nombres entiers, relatifs et réels
- Les nombres premiers
- La parité

Le programme des tests sur les nombres inclut les notions de nombres entiers, nombres relatifs et nombres réels. Vous les croiserez sous de nombreuses formes ; il est donc primordial de faire un point précis sur leurs définitions et leurs caractéristiques principales. Cette étape présente ainsi l'ensemble des notions utiles.

Définitions

En mathématiques, **un nombre réel** est un nombre qui peut être représenté par une partie entière finie et une partie décimale finie ou infinie. L'ensemble des nombres réels est noté $\mathbb{R}$.

Les nombres réels comprennent les **nombres entiers** (naturels et relatifs), les **nombres décimaux** ainsi que les nombres **rationnels et irrationnels** (les racines carrées et π).

Un nombre **réel** est dit **entier** s'il peut s'écrire sans partie décimale, c'est-à-dire si son écriture décimale ne comprend aucun chiffre autre que « 0 » après la virgule.

Un nombre **entier** peut être **naturel** ou **relatif** :

- Un **entier naturel** est un nombre entier positif ou nul (0, 1, 2, 3, etc.).
- Un **entier relatif** est un nombre entier positif, négatif ou nul précédé d'un signe « + » ou « - ». Le signe « + » n'est pas obligatoirement écrit.

On dit qu'un nombre est **positif** s'il est supérieur ou égal à zéro. De la même manière, un nombre **négatif** est inférieur ou égal à zéro. On peut donc conclure que **zéro** est le seul nombre à être considéré comme à la fois positif et négatif. On le définit aussi sous le terme « nul ».

Un nombre **décimal** est un nombre s'écrivant avec un nombre fini de chiffres après la virgule. On peut l'écrire sous forme de fraction décimale (fraction ayant pour dénominateur 10 ; 100 ; 1 000...). On dit qu'il est composé d'une partie décimale finie.

Un nombre **rationnel** est un nombre pouvant s'exprimer comme un quotient entre deux nombres relatifs. On appelle **fraction** un nombre rationnel, quotient de deux entiers (naturels ou relatifs).

On note les fractions $\frac{a}{b}$, avec a et b qui sont deux entiers relatifs et où $b \neq 0$. Dans cet exemple, a est appelé le numérateur et b le dénominateur. Ainsi, tous les nombres rationnels peuvent s'écrire de différentes façons $\left(\frac{3}{4} = \frac{6}{8} = \frac{9}{12}\dots\right)$

Par définition, un nombre **irrationnel** est un nombre qui n'est pas rationnel. Les plus connus sont π ; $\sqrt{2}$; $\sqrt{3}$... On ne peut pas les écrire sous forme de fractions. Les seuls nombres irrationnels que vous rencontrerez sont les racines carrées des nombres qui ne sont pas des carrés parfaits (ex. : $\sqrt{2}, \sqrt{3}, \sqrt{5}, \sqrt{6}$, etc.) et le nombre π.

Il existe un nombre fini de **chiffres** (0 ; 1 ; 2 ; 3 ; 4 ; 5 ; 6 ; 7 ; 8 ; 9) mais il existe un nombre infini de **nombres** composés de ces 10 chiffres.

L'opposé d'un nombre est celui qui, ajouté à ce nombre, donne un résultat nul. Ainsi l'opposé de 8 est –8.

Ne confondez pas la notion d'opposé avec celle d'**inverse**. Contrairement à l'opposé défini ci-dessus, l'inverse d'un nombre est le nombre qui, multiplié à ce nombre, donne 1. Ainsi l'inverse de 8 est $\frac{1}{8}\left(8 \times \frac{1}{8} = 1\right)$.

Les nombres premiers

On appelle nombre **premier** tout entier naturel supérieur ou égal à 2, qui a deux et seulement deux diviseurs entiers distincts : 1 et lui-même.

Les nombres premiers inférieurs à 100 sont à connaître par cœur. Les voici : 2, 3, 5, 7, 11, 13, 17, 19, 23, 29, 31, 37, 41, 43, 47, 53, 59, 61, 67, 71, 73, 79, 83, 89 et 97.

- Le chiffre 1 n'ayant que lui-même pour diviseur, il n'est pas considéré comme un nombre premier.
- Le chiffre 2 est un nombre premier puisqu'il dispose de seulement deux diviseurs uniques : 1 et 2. C'est le seul nombre pair premier.

Comment reconnaître un nombre premier ?

La méthode la plus simple pour déterminer si un nombre *n* est premier est de tester sa divisibilité par l'ensemble des nombres premiers inférieurs ou égaux à $\sqrt{n}$. S'il n'a aucun diviseur parmi ces nombres, *n* est alors premier.

Pour savoir si 127 est un nombre premier, il faut tester s'il est divisible par tous les nombres strictement inférieurs à $\sqrt{127} \approx 11{,}27$. Il suffit donc de voir s'il est divisible par 2 ; 3 ; 5 ; 7 ; 11. Comme il n'est divisible par aucun de ces 5 nombres premiers, on peut être sûr que 127 est un nombre premier.

Un nombre premier permet d'effectuer :

- la décomposition de nombres entiers en facteurs premiers ;
- des travaux sur le PGCD (plus grand dénominateur commun) ou PPCM (plus petit commun multiple) ;
- une simplification de fractions ;
- une simplification de racines carrées.

Pour simplifier au maximum la fraction $\frac{360}{420}$, on peut décomposer le numérateur et le dénominateur en facteurs premiers et simplifier les nombres identiques au numérateur et au dénominateur :

$$\frac{360}{420} = \frac{\cancel{2} \times \cancel{2} \times 2 \times \cancel{3} \times 3 \times \cancel{5}}{\cancel{2} \times \cancel{2} \times \cancel{3} \times \cancel{5} \times 7} = \frac{2 \times 3}{7} = \frac{6}{7}.$$

Les nombres pairs et impairs

Un entier naturel est considéré comme **pair** s'il est divisible par 2. Par définition, un entier naturel est considéré comme **impair** s'il n'est pas pair. 0 est considéré comme un nombre pair puisqu'il est divisible par 2 ($2 \times 0 = 0$).

Le chiffre 1 est le plus petit nombre entier naturel impair.

Que ce soit pour une addition ou pour une soustraction, la parité est toujours identique : lorsque l'on additionne ou soustrait deux nombres avec la même caractéristique de parité (c'est-à-dire deux nombres pairs ou deux nombres impairs) alors le résultat trouvé sera un nombre pair. Dans tous les autres cas, le résultat sera impair.

Addition ou soustraction	Moyen mnémotechnique
Pair + Pair = Pair	2 + 2 = 4
Impair + Impair = Pair	3 + 3 = 6
Impair + Pair = Impair	3 + 2 = 5
Pair + Impair = Impair	2 + 3 = 5

Dans le cas des multiplications entre deux nombres, le résultat est toujours pair, sauf dans le cas de la multiplication des deux nombres impairs entre eux. Cela signifie que, dans une multiplication, dès qu'un nombre pair est présent alors le résultat sera un nombre pair.

Multiplication	Moyen mnémotechnique
Pair × Pair = Pair	2 × 2 = 4
Impair × Impair = Impair	3 × 3 = 9
Pair × Impair = Pair	2 × 3 = 6
Impair × Pair = Pair	3 × 2 = 6

Il est difficile d'anticiper de telles règles pour une division puisque de nombreux cas amènent à des résultats décimaux.

Tests

Temps (indicatif) : 2 minutes	Difficulté : Facile	Barème : 1 point par bonne réponse

ENTRAÎNEZ-VOUS !

Vrai ou Faux ?

1. Un entier naturel est toujours un nombre positif.

Vrai Faux

2. Les nombres premiers sont toujours impairs.

Vrai Faux

3. Un nombre ayant deux diviseurs ne peut pas être premier.

Vrai Faux

4. Il existe un nombre infini d'entiers naturels.

Vrai Faux

5. Le chiffre 1 est le plus petit nombre entier naturel impair.

Vrai Faux

6. 121 est un nombre premier.

Vrai Faux

7. 0 est un entier naturel.

Vrai Faux

8. Un entier relatif est exclusivement négatif.

Vrai Faux

9. 91 est un nombre premier.

Vrai Faux

10. Un entier relatif est un nombre réel.

Vrai Faux

Correction des tests

1. Vrai. Un entier naturel est un nombre positif ou nul (0, 1, 2, 3, etc.). On considère zéro à la fois comme un nombre positif et comme un nombre négatif.

2. Faux. 2 est le seul nombre premier qui est pair. On ne peut donc pas dire que tous les nombres premiers sont toujours impairs.

3. Faux. Il s'agit de la définition même d'un nombre premier. On appelle premier tout nombre qui a deux et seulement deux diviseurs entiers distincts.

4. Vrai.

5. Vrai.

6. Faux. 121 est le carré de 11.

ASTUCE

Un nombre est divisible par 11 si et seulement si la différence entre la somme des chiffres de rang impair et la somme des chiffres de rang pair est un multiple de 11.

Exemple : Prenez le nombre 9 152. Comme $(9 + 5) - (1 + 2) = 14 - 3 = 11$ et que 11 est évidemment multiple de 11, alors 9 152 est multiple de 11.

7. Vrai. Un entier naturel est un nombre entier positif ou nul (0, 1, 2, 3, etc.).

8. Faux. Un entier relatif est un nombre positif, négatif ou nul précédé d'un signe « + » ou « – ».

9. Faux. $91 = 13 \times 7$.

10. Vrai.

Chapitre 4

Les opérations usuelles

Dans ce chapitre :

- Les quatre opérations
- Les carrés et cubes
- Les règles opératoires

Dans de nombreux concours ou tests, l'usage de la calculatrice est proscrit. Il vous faudra donc compter seulement sur vous-même pour effectuer l'ensemble des opérations. Un petit rappel des bases s'impose…

L'addition

L'addition de deux termes a et b se note $a + b$ et se lit « a plus b » ou « a ajouté à b ». Le résultat d'une addition est appelé **somme**. Les nombres que l'on additionne s'appellent les **termes**.

EN PRATIQUE

- Méthode classique de l'addition :

$$\begin{array}{r} {}^{1\,1} \\ 583 \\ +\ 428 \\ \hline 1011 \end{array}$$

La manipulation rapide d'additions est fondamentale dans la réussite des questions de calcul. Pour cela, il faut savoir simplifier les calculs.

EN PRATIQUE

- Calculez 453 + 990 ainsi que 976 + 1 899.

  453 + 990 = 453 + (1 000 - 10) = 1453 - 10 = 1 443

  976 + 1 899 = 976 + (2 000 - 100 - 1) = 2 976 - 100 - 1 = 2 876 - 1 = 2 875

La soustraction

La soustraction de deux termes a et b se note $a - b$ et se lit « a moins b » ou « a soustrait de b », voire « b soustrait à a ». Le résultat d'une soustraction est appelé la **différence**. Les nombres que l'on soustrait s'appellent les **termes**. Lorsque la valeur du nombre soustrait est supérieure à la valeur du nombre qui est soustrait, la différence est négative.

EN PRATIQUE

- Méthode classique de la soustraction :

$$\begin{array}{r} 5\,8\,{}_{1}3 \\ -\ \ 4\,3_{1}9 \\ \hline 1\,4\,4 \end{array}$$

La multiplication

La multiplication de deux termes *a* et *b* se note *a* × *b* et se lit « *a* fois *b* » ou « *a* multiplié à *b* ». Le résultat d'une multiplication est appelé le **produit**. Les nombres que l'on multiplie s'appellent les **facteurs**.

• Méthode classique de la multiplication :

```
    51
 ×  49
   459
 + 204
  2499
```

Lorsqu'on calcule le produit de deux nombres décimaux, on pose la multiplication sans les virgules et on compte le nombre total de chiffres après la virgule pour obtenir le résultat final.

Pour calculer 0,51 × 4,9 : reprenez le calcul posé précédemment et décalez la virgule de trois rangs vers la gauche sur le résultat, puisque l'on décompte trois chiffres après la virgule dans ces deux facteurs. Ainsi, comme 51 × 49 = 2 499 alors 0,51 × 4,9 = 2,499.

Les tables de multiplication

Pour pouvoir être rapide le jour du test, apprenez vos tables de multiplication par cœur de 1 à 20.

Tableau 4-1 : Tables de multiplication

x	1	2	3	4	5	6	7	8	9	10	11	12	13	14	15	16	17	18	19	20
1	**1**	2	3	4	5	6	7	8	9	10	11	12	13	14	15	16	17	18	19	20
2	2	**4**	6	8	10	12	14	16	18	20	22	24	26	28	30	32	34	36	38	40
3	3	6	**9**	12	15	18	21	24	27	30	33	36	39	42	45	48	51	54	57	60
4	4	8	12	**16**	20	24	28	32	36	40	44	48	52	56	60	64	68	72	76	80
5	5	10	15	20	**25**	30	35	40	45	50	55	60	65	70	75	80	85	90	95	100
6	6	12	18	24	30	**36**	42	48	54	60	66	72	78	84	90	96	102	108	114	120
7	7	14	21	28	35	42	**49**	56	63	70	77	84	91	98	105	112	119	126	133	140
8	8	16	24	32	40	48	56	**64**	72	80	88	96	104	112	120	128	136	144	152	160
9	9	18	27	36	45	54	63	72	**81**	90	99	108	117	126	135	144	153	162	171	180
10	10	20	30	40	50	60	70	80	90	**100**	110	120	130	140	150	160	170	180	190	200
11	11	22	33	44	55	66	77	88	99	110	**121**	132	143	154	165	176	187	198	209	220
12	12	24	36	48	60	72	84	96	108	120	132	**144**	156	168	180	192	204	216	228	240
13	13	26	39	52	65	78	91	104	117	130	143	156	**169**	182	195	208	221	234	247	260
14	14	28	42	56	70	84	98	112	126	140	154	168	182	**196**	210	224	238	252	266	280
15	15	30	45	60	75	90	105	120	135	150	165	180	195	210	**225**	240	255	270	285	300
16	16	32	48	64	80	96	112	128	144	160	176	192	208	224	240	**256**	272	288	304	320
17	17	34	51	68	85	102	119	136	153	170	187	204	221	238	255	272	**289**	306	323	340
18	18	36	54	72	90	108	126	144	162	180	198	216	234	252	270	288	306	**324**	342	360
19	19	38	57	76	95	114	133	152	171	190	209	228	247	266	285	304	323	342	**361**	380
20	20	40	60	80	100	120	140	160	180	200	220	240	260	280	300	320	340	360	380	**400**

Les carrés et cubes

Le carré d'un nombre est le résultat du produit de ce nombre par lui-même. Le carré de a est $a \times a$. Il est noté a^2.

Tableau 4-2 : Les carrés de 1 à 20

X	1	2	3	4	5	6	7	8	9	10
X^2	1	4	9	16	25	36	49	64	81	100
X	11	12	13	14	15	16	17	18	19	20
X^2	121	144	169	196	225	256	289	324	361	400

Le cube d'un nombre est le résultat du produit de ce nombre par lui-même répété deux fois. Le cube de a est $a \times a \times a$. Il est noté a^3.

Tableau 4-3 : Les cubes de 1 à 10

X	1	2	3	4	5	6	7	8	9	10
X^3	1	8	27	64	125	216	343	512	729	1000

La division

La division de deux termes a et b se note $a \div b$ et se lit « a divisé par b ». Le résultat d'une division est appelé **quotient**. Le nombre que l'on divise est le **dividende**, celui par lequel on divise s'appelle le **diviseur**.

Effectuer une division euclidienne d'un entier naturel a par un entier naturel b, c'est trouver deux réels q (appelé le quotient) et r (appelé le reste), avec $0 \leq r < b$ et tel que $a = bq + r$. Au niveau de la notation, l'usage dit que l'entier a divise b ($a \div b$) s'il existe un entier n tel que $b = a \times n$.

- Méthode classique de la division euclidienne :

$$
\begin{array}{r|l}
1000 & 9 \\ \cline{2-2}
-9 & 111 \\ \cline{1-1}
10 & \\
-9 & \\ \cline{1-1}
10 & \\
-9 & \\ \cline{1-1}
\mathbf{1} &
\end{array}
$$

Ici, 111 est le quotient et 1 est le reste de la division euclidienne de 1 000 par 9.

N'OUBLIEZ PAS !

Les règles de priorité opératoire

Lorsqu'il y a plusieurs opérations dans une expression, il faut exécuter les opérations en respectant l'ordre suivant :

1) Les calculs qui sont situés entre parenthèses, en commençant par les plus intérieures.

2) Les nombres écrits sous forme de puissances.

3) Les multiplications et les divisions.

4) Lorsqu'il n'y a plus que des additions et des soustractions, il est d'usage d'effectuer les opérations en allant de la gauche vers la droite. Cependant, vous êtes libres de choisir l'ordre qui vous permettra d'être le plus rapide.

EN PRATIQUE

$A = 4 \times (7^2 - 4 \times 3) + 8 \div 2 - (19 - 7) = 4 \times (49 - 12) + 4 - (12) = 4 \times 37 + 4 - 12$
$= 148 + 4 - 12 = 152 - 12 = 140$

Tests

Temps (indicatif) : 45 minutes	Difficulté : Facile	Barème : 1 point par bonne réponse

ENTRAÎNEZ-VOUS !

Questions ouvertes

1. Lisa veut acheter un journal à 1,50 €, un magazine à 3,20 € et un paquet de chewing-gums à 2,15 €. Elle paye avec un billet de 10 €. Combien va lui rendre le vendeur ?

2. Que vaut 0,080 80 + 0,808 88 ?

3. Que vaut 14 008 – 8 989 ?

4. Que vaut 7 145 – 14 502 ?

5. Que vaut 45,500 2 – 28,78 ?

6. Que vaut 13 × 17 ?

7. Que vaut 94 × 89 ?

8. Que vaut 1,487 × 2,15 ?

9. Que vaut 0,025 4 × 0,105 ?

10. Quel est le signe de ***Z*** ?

$$Z = 5\,750 \times (-78) \times (-851) \times 789 \times (-5)^2$$

11. Que vaut 15,65 × 0,24 ?

12. Donner une troncature au dixième de 1 024 ÷ 7.

13. Que vaut $(3 + 4) \times 10^2 - 4 \times (9^2 - 7^2)$?

14. Que vaut $A = 7 \times (2^2 + 5) - 27 \div 3 + 1$?

15. Que vaut 15^2 ?

16. Que vaut 1 043 ÷ 7 ?

17. Que vaut 5 684 + 1 347 ?

18. Que vaut 653 + 339 ?

19. Que vaut 171 × 23 ?

20. Que vaut 9^3 ?

21. Que vaut B dans $B = 14 + 23 + 32 + 15 + 18 + 26 + 7 + 25$?

22. Que vaut C dans $C = 3 \times 10^{-3} + 5 \times 10^2$?

23. Que vaut 75^2 ?

24. Que vaut 24^2 ?

25. Que vaut 0,95 × 1,08 ?

26. Que vaut -3^3 ?

27. Compléter la phrase suivante : 64 est le carré de…

28. Indiquer 2 nombres qui sont à la fois des carrés et des cubes.

29. Quel est le reste de l'opération 1 137 ÷ 2,1 ?

30. Que vaut q dans $12\,711 = 18 \times q + 3$?

Correction des tests

1. Lisa a donc dépensé 1,50 + 3,20 + 2,15 = 6,85 €. Le vendeur lui rendra donc :

10 – 6,85 = **3,15 €**

2. 0,080 80 + 0,808 88 = **0,889 68**

3. 14 008 – 8 989 = **5 019**

4. 7 145 – 14 502 = **–7 357**

5. 45,500 2 – 28,78 = **16,720 2**

6. 13 × 17 = **221**

7. 94 × 89 = **8 366**

8. Réaliser cette opération revient à poser le calcul 1 487 × 215 = 319 705 puis à disposer la virgule de manière à avoir 5 chiffres derrière la virgule (3 pour 1,487 et 2 pour 2,15). D'où 1,487 × 2,15 = **3,197 05**

9. Il faut réaliser le calcul 254 × 1050 = 266 700, puis placer la virgule de manière à avoir 8 chiffres derrière la virgule (4 pour 0,025 4 et 4 pour 0,105 0).

PIÈGE !

Puisqu'on a multiplié chaque terme par 1 000 pour obtenir des nombres sans décimales, il faut malgré tout considérer 0,105 0 avec 4 chiffres après la virgule, et cela même si le quatrième chiffre est un zéro et qu'il n'a aucune influence sur le nombre (0,105 étant équivalent à 0,105 0). Vous avez donc finalement 0,025 4 × 0,105 = 0,002 667 00 = **0,002 667** (puisque les deux derniers zéros n'ont pas d'impact sur le résultat).

10. Ici, vous avez trois termes positifs (5 750 ; 789 ; $(-5)^2$: un carré est toujours positif) et deux termes négatifs. Lorsque le nombre de termes négatifs est pair comme ici, alors le produit est **positif**.

11. Pensez ici à oublier les virgules dans un premier temps puis rajoutez-les une fois l'opération terminée :

1 565 × 24 = 1 565 × (10 + 10 + 2 + 2)
= 15 650 + 15 650 + 3 130 + 3 130 = 31 300 + 6 260 = 37 560

Au départ, vous aviez quatre chiffres après la virgule (deux chiffres dans chacun des nombres 15,<u>65</u> et 0,<u>24</u>). Le résultat devra alors avoir quatre chiffres après la virgule. En prenant 37 560, le résultat est alors 3,7560

15,65× 0,24 = **3,756**

PIÈGE !

Bien que le 0 soit le dernier chiffre et qu'il n'ait aucune incidence sur la valeur du résultat, il faut tout de même le considérer en comptabilisant le nombre de chiffres derrière la virgule.

12. Savoir poser une division euclidienne et la résoudre rapidement est important pour les concours. Il faut savoir s'arrêter à la deuxième décimale, voire à la première pour gagner du temps. Il faut s'arrêter ici à la première décimale puisqu'il est demandé une troncature au dixième (un seul chiffre après la virgule).

1024	7
−7	**146,2**
32	
−28	
44	
−42	
20	
−14	
6	

13. $(3 + 4) \times 10^2 - 4 \times (9^2 - 7^2) = 7 \times 100 - 4 \times (81 - 49) = 700 - 4 \times 32 = 700 - 128 = \mathbf{572}$

14. $A = 7 \times (2^2 + 5) - 27 \div 3 + 1 = 7 \times (4 + 5) - 27 \div 3 + 1$
$= 7 \times 9 - 27 \div 3 + 1 = 63 - 9 + 1 = 54 + 1 = \mathbf{55}$

15. $15^2 = \mathbf{225}$

ASTUCE

16. 1 043 ÷ 7 = **149**

1 043 ÷ 7 = 700 ÷ 7 - 343 ÷ 7 = 100 + 49 = 149 avec $7^3 = 49 \times 7 = 343$

17. 5 684 + 1 347 = **7 031**

18. 653 + 339 = **992**

19. 171 × 23 = **3 933**

20. $9^3 = 9 \times 9 \times 9 = \mathbf{729}$

21. Pour calculer astucieusement une expression composée de plusieurs additions, on peut regrouper les termes deux par deux.

Il faut regrouper les termes dont la somme des derniers chiffres fait 10.

$B = 14 + 23 + 32 + 15 + 18 + 26 + 7 + 25$
$=(14 + 26) + (23 + 7) + (32 + 18) + (15 + 25)$
$=40 + 30 + 50 + 40 = 70 + 90 =$ **160**

22. $C = 3 \times 10^{-3} + 5 \times 10^2 = 3 \times 0{,}001 + 5 \times 100 = 0{,}003 + 500 =$ **500,003**

23. $75^2 =$ **5 625**

Pour trouver la valeur du carré d'un nombre dont l'unité est 5, il faut séparer le résultat en deux parties : la première partie est déterminée par le produit du chiffre des dizaines (ici 7) et de l'entier qui le suit (c'est-à-dire 8 dans ce cas). Vous obtenez donc $7 \times 8 = 56$. À ce résultat, il faut alors juxtaposer 25, ce qui donne : $75^2 = (7 \times 8)|25 =$ **5 625.**

24. $24^2 =$ **576**

Pour trouver la valeur d'un carré, il est possible d'utiliser l'astuce des carrés rapides. Sachant que la différence entre les carrés de deux entiers naturels consécutifs est la somme de ces deux entiers, vous pouvez alors noter que :

$$(n+1)^2 - n^2 = n + (n+1).$$

Ici, la valeur du carré de 25 pouvant se déterminer facilement grâce à l'astuce vue dans la question précédente, vous pouvez en déduire :

$24^2 = 25^2 - 25 - 24 = 625 - 49 = 576$

Avec $25^2 = (2 \times 3)|25 = 625$

25. $0{,}95 \times 1{,}08 =$ **1,026**

26. $-3^3 = (-3) \times (-3) \times (-3) = 9 \times (-3) =$ **– 27**

27. 64 est le carré de **8** et de **– 8**

$$x = (\sqrt{x})^2 \text{ ou } x = -(\sqrt{x})^2.$$

28. **1** est à la fois le carré et le cube de 1. **64** est quant à lui le carré de 8 et le cube de 4.

29. Poser la division $1\,137 \div 2{,}1$ revient à réaliser la division $11\,370 \div 21$, où le diviseur est désormais entier. En posant la division euclidienne, vous obtenez alors $1\,137 = 21 \times 54 + 3$. Le reste est donc de **3**.

30. Chercher q dans $12\,711 = 18 \times q + 3$ revient à poser l'opération $(12\,711 - 3) \div 18 \Leftrightarrow 12\,708 \div 18 = 706$. D'où $q =$ **706**.

Chapitre 5

Les fractions

Dans ce chapitre

- Simplification de fraction
- Valorisation d'une fraction
- Les opérations de fraction

Les fractions sont abordées sous diverses formes dans les tests psychotechniques : d'une façon purement algébrique, avec des opérations à réaliser, ou au sein d'exercices impliquant des notions de proportions exposées dans un langage courant. Il s'agit d'une notion centrale à maîtriser pour les tests numériques.

Qu'est-ce qu'une fraction ?

Une **fraction,** notée $\frac{a}{b}$, est le rapport entre un nombre entier a appelé **numérateur** et un nombre entier b appelé **dénominateur**. C'est une autre façon d'écrire une division non simplifiée entre deux nombres a et b.

L'avantage de cette écriture est de faire apparaître la notion de **proportion** et de faciliter les opérations sur les quotients.

Simplification d'une fraction

La simplification d'une fraction est une méthode permettant d'atteindre une fraction dite irréductible, c'est-à-dire dans sa forme la plus réduite possible.

Afin d'arriver à une fraction la plus irréductible possible, décomposez son numérateur et son dénominateur chacun en son produit de facteurs premiers. Cette méthode vous permet d'identifier les facteurs communs entre le numérateur et le dénominateur et de les éliminer (diviser par le même nombre k au numérateur et au dénominateur n'a pas d'influence sur la valeur de la fraction). Une fois cette opération réalisée, cette méthode vous garantit d'obtenir une fraction irréductible.

EN PRATIQUE

- Simplifiez $\frac{42}{30}$.

  Tout d'abord, il faut décomposer le numérateur et le dénominateur en produits de facteurs premiers. On a $42 = 2 \times 3 \times 7$ et $30 = 2 \times 3 \times 5$. Ce qui donne : $\frac{42}{30} = \frac{2 \times 3 \times 7}{2 \times 3 \times 5}$.

  Il est alors possible d'éliminer les facteurs communs aux dénominateur et numérateur : $\frac{42}{30} = \frac{\cancel{2} \times \cancel{3} \times 7}{\cancel{2} \times \cancel{3} \times 5} = \frac{7}{5}$.

Valorisation d'une fraction

Pour valoriser une fraction sous une forme décimale, il faut la transformer en division. Le numérateur devient alors le dividende et le dénominateur est le diviseur. Le quotient trouvé est ainsi la valorisation de la fraction initiale.

EN PRATIQUE

Pour gagner du temps dans certains calculs, il peut être très utile d'utiliser les équivalences numériques de certaines fractions. Voici le tableau des équivalences à connaître par cœur.

Fractions	$\frac{1}{2}$	$\frac{1}{3}$	$\frac{1}{4}$	$\frac{1}{5}$	$\frac{1}{6}$	$\frac{1}{7}$	$\frac{1}{8}$	$\frac{1}{9}$	$\frac{1}{10}$
Valeurs numériques*	0,50	0,33	0,25	0,20	0,167	0,142	0,125	0,11	0,10

Fractions	$\frac{1}{11}$	$\frac{1}{12}$	$\frac{1}{13}$	$\frac{1}{14}$	$\frac{1}{15}$	$\frac{1}{20}$	$\frac{1}{25}$	$\frac{1}{50}$	$\frac{1}{100}$
Valeurs numériques*	0,09	0,083	0,077	0,071	0,067	0,05	0,04	0,02	0,01

* éventuellement arrondies.

Grâce à ce tableau, il est possible de manipuler rapidement et facilement des fractions pour obtenir leurs équivalences numériques. Cela peut se révéler judicieux lors d'opérations de fractions notamment.

- Quelle est l'équivalence numérique de $\frac{3}{8}$?

$$\frac{3}{8} = 3 \times \frac{1}{8} = 3 \times 0{,}125 = 0{,}375$$

Les opérations de fraction

On compte deux catégories d'opérations avec les fractions :

- Les additions et soustractions qui se résolvent par des méthodes similaires ;
- les multiplications et divisions qui disposent de méthodes de calcul identiques.

Additionner ou soustraire des fractions

Les fractions devant être additionnées ou soustraites entre elles doivent avoir le **même dénominateur**. Deux méthodes existent pour mettre des fractions au même dénominateur :

- Trouver un multiple commun aux dénominateurs (méthode du plus petit dénominateur commun).
- Multiplier les dénominateurs entre eux (cela permet nécessairement de trouver un multiple commun par le biais de leur multiplication).

Addition de deux fractions	$\frac{a}{b}+\frac{c}{d}=\frac{a\times d}{b\times d}+\frac{c\times b}{d\times b}=\frac{a\times d+c\times b}{b\times d}$
Soustraction de deux fractions	$\frac{a}{b}-\frac{c}{d}=\frac{a\times d}{b\times d}-\frac{c\times b}{d\times b}=\frac{a\times d-c\times b}{b\times d}$

EN PRATIQUE

- Calculez $\frac{7}{6}+\frac{3}{4}$

On peut soit trouver le plus petit multiple commun (PPCM) ou alors multiplier les deux dénominateurs (mais cela demandera de réduire les fractions ensuite).

- Première méthode : $\frac{7}{6}+\frac{3}{4}=\frac{7\times 2}{6\times 2}+\frac{3\times 3}{4\times 3}=\frac{14+9}{12}=\frac{23}{12}$
- Deuxième méthode : $\frac{7}{6}+\frac{3}{4}=\frac{7\times 4}{6\times 4}+\frac{3\times 6}{4\times 6}=\frac{28+18}{24}=\frac{46}{24}=\frac{23\times \cancel{2}}{3\times 2\times 2\times \cancel{2}}=\frac{23}{12}$

Multiplier ou diviser des fractions

Contrairement aux additions et aux soustractions, **il n'est pas nécessaire d'avoir le même dénominateur** pour multiplier ou diviser deux fractions.

Multiplication de deux fractions	$\frac{a}{b}\times\frac{c}{d}=\frac{a\times c}{b\times d}$
Division de deux fractions	$\frac{\frac{a}{b}}{\frac{c}{d}}=\frac{a\times d}{b\times c}$

CONSEILS DU FORMATEUR

Dans les deux cas, multiplication et division, il faut toujours s'assurer d'avoir un résultat sous forme de fraction irréductible. Cela permet de faciliter les calculs et de manipuler les fractions plus aisément.

EN PRATIQUE

- $\frac{1}{2}\times\frac{3}{4}=\frac{1\times 3}{2\times 4}=\frac{3}{8}$
- $\frac{\frac{5}{3}}{\frac{3}{4}}=\frac{5}{3}\div\frac{3}{4}=\frac{5}{3}\times\frac{4}{3}=\frac{5\times 4}{3\times 3}=\frac{20}{9}$

Diviser par $\frac{a}{b}$ revient à multiplier par son inverse $\frac{b}{a}$.

Tests

Temps (indicatif) : 30 minutes	Difficulté : Facile	Barème : 1 point par bonne réponse

Questions ouvertes

1. Que vaut $\frac{1}{3}+\frac{7}{3}$?

2. Que vaut $\frac{3}{2}-\frac{2}{5}$?

3. Que vaut $\frac{1}{2}-1+3{,}5$?

4. Que vaut $\frac{3}{4}\times\frac{7}{2}$?

5. Que vaut $\frac{\frac{1}{2}}{5}$?

6. Quelle est l'équivalence numérique de $\frac{3}{8}$?

7. Quelle est la valeur numérique de la fraction $\frac{19}{20}$?

8. Quelle est la forme irréductible de la fraction suivante $\frac{51\times 91}{78\times 24}$?

QCM

9. Compléter la phrase suivante : « La fraction $\frac{83}{16}$ est une fraction dite… »

A) euclidienne B) première C) entière D) irréductible E) décimale

10. Que vaut approximativement $\frac{18}{42}$?

A) 0,143 B) 0,167 C) 0,286 D) 0,333 E) 0,429

11. Que vaut le nombre $A = \frac{90}{360}-\frac{144}{36}$?

A) 15 B) $\frac{15}{2}$ C) $-\frac{2}{15}$ D) $-\frac{15}{4}$ E) $\frac{4}{15}$

12. Quelle est la valeur numérique la plus proche de $\frac{3}{7}+\frac{1}{2}$?

A) 1,142 B) 0,71 C) 0,956 D) 0,929 E) 1,071

13. Calculer le plus simplement possible $B = \frac{\frac{3}{2}+\frac{9}{8}}{\frac{7}{3}}$

A) $\frac{9}{8}$ B) $\frac{3}{2}$ C) $\frac{7}{3}$ D) $\frac{9}{7}$ E) $\frac{2}{3}$

14. Simplifier le plus possible le quotient $C = \frac{44\times 24\times 21}{121\times 16\times 14}$

A) $\frac{3}{11}$ B) $\frac{18}{7}$ C) $\frac{9}{11}$ D) $\frac{4}{21}$ E) $\frac{9}{7}$

15. Simplifier le plus possible le quotient $D = \frac{22\times 6\times 21}{5\times 77\times 12}$

A) $\frac{3}{5}$ B) $\frac{9}{7}$ C) $\frac{11}{21}$ D) $\frac{3}{8}$ E) $\frac{3}{4}$

16. Simplifier au maximum le quotient $E = \frac{\frac{2}{7}+\frac{3}{6}}{\frac{11}{21}}$

A) 1 B) $\frac{3}{2}$ C) $\frac{7}{4}$ D) $\frac{11}{14}$ E) $\frac{3}{2}$

17. Que vaut le nombre $\frac{80}{160} - \frac{75}{15}$?

A) -2 B) $-\frac{9}{2}$ C) $-\frac{2}{9}$ D) $\frac{5}{12}$ E) $\frac{2}{9}$

18. Calculer $\frac{15}{7} \times \frac{14}{5}$ et donnez le résultat sous la forme la plus simple.

A) 8 B) 5 C) 14 D) 12 E) 6

19. Compléter la phrase suivante : « Diviser par 0,25 revient à multiplier par… »

A) 0,15 B) 2 C) 0,25 D) 1,25 E) 4

20. Compléter la phrase suivante : « Multiplier par 0,2 revient à diviser par… »

A) 0,5 B) 5 C) 2 D) 1,5 E) 2,5

Correction des tests

1. $\frac{1}{3} + \frac{7}{3} = \frac{1+7}{3} = \mathbf{\frac{8}{3}}$

2. $\frac{3}{2} - \frac{2}{5} = \frac{3\times 5}{2\times 5} - \frac{2\times 2}{5\times 2} = \frac{15-4}{10} = \mathbf{\frac{11}{10}}$

3. $\frac{1}{2} - 1 + 3,5 = \frac{1}{2} - \frac{1}{1} + \frac{3,5}{1} = \frac{1}{2} - \frac{1\times 2}{1\times 2} + \frac{3,5\times 2}{1\times 2} = \frac{1-2+7}{2} = \frac{6}{2} = \mathbf{3}$

4. $\frac{3}{4} \times \frac{7}{2} = \frac{3\times 7}{4\times 2} = \mathbf{\frac{21}{8}}$

5. $\frac{\frac{1}{2}}{5} = \frac{1}{2} \times \frac{1}{5} = \frac{1\times 1}{2\times 5} = \mathbf{\frac{1}{10}}$

6. $\frac{3}{8} = 3 \times \frac{1}{8} = 3 \times 0,125 = \mathbf{0,375}$

ASTUCE

7. Il est possible de transformer cette expression pour évaluer plus rapidement sa valeur numérique : $\frac{19}{20} = 1 - \frac{1}{20} = 1 - 0,05 = \mathbf{0,95.}$

8. $\frac{51}{78} \times \frac{91}{24} = \frac{\overbrace{17\times 3}^{51} \times \overbrace{13\times 7}^{91}}{\underbrace{13\times 3\times 2}_{78} \times \underbrace{2\times 2\times 2\times 3}_{24}} = \frac{17\times \cancel{3}\times \cancel{13}\times 7}{\cancel{13}\times \cancel{3}\times 2\times 2\times 2\times 2\times 3}$

$$= \frac{17\times 7}{2\times 2\times 2\times 2\times 3} = \mathbf{\frac{119}{48}}$$

9. Réponse D.

Dès qu'un nombre premier apparaît dans une fraction, que ce soit un numérateur ou au dénominateur, vous êtes certain de tenir la forme irréductible de cette fraction. En effet, il ne sera pas possible de réduire davantage ce facteur puisqu'il est déjà lui-même sous une forme ne permettant pas de trouver d'autres facteurs communs que 1, et ce nombre lui-même (excepté évidemment si l'autre facteur de la fraction est un multiple de ce nombre premier). Ainsi la fraction $\frac{83}{16}$ est irréductible puisque son numérateur est un nombre premier.

10. Réponse E.

$$\frac{18}{42}=\frac{3\times6}{7\times6}=\frac{3}{7}=3\times\frac{1}{7}=3\times0{,}143=0{,}429$$

11. Réponse D.

$$A=\frac{90}{360}-\frac{144}{36}=\frac{1\times\cancel{90}}{4\times\cancel{90}}-\frac{4\times\cancel{36}}{1\times\cancel{36}}=\frac{1}{4}-4=\frac{1}{4}-\frac{16}{4}=-\frac{15}{4}$$

12. Réponse D.

$$\frac{3}{7}+\frac{1}{2}=\frac{3\times2}{7\times2}+\frac{1\times7}{2\times7}=\frac{6+7}{14}=\frac{13}{14}=1-\frac{1}{14}=1-0{,}071=0{,}929$$

$\frac{1}{14}$ est la moitié de $\frac{1}{7}$; sa valeur numérique est donc la moitié de 0,142, c'est-à-dire 0,071.

13. Réponse A.

$$B=\frac{\frac{3}{2}+\frac{9}{8}}{\frac{7}{3}}=\frac{\frac{12}{8}+\frac{9}{8}}{\frac{7}{3}}=\frac{\frac{21}{8}}{\frac{7}{3}}=\frac{21}{8}\times\frac{3}{7}=\frac{\cancel{7}\times3\times3}{8\times\cancel{7}}=\frac{9}{8}$$

14. Réponse C.

La décomposition en produit de facteurs premiers consiste à exprimer un nombre entier sous la forme d'un produit de nombres premiers. Chaque nombre entier se décompose en un produit unique de facteurs premiers : aucun nombre entier ne peut avoir une décomposition identique à celle d'un autre. Cette méthode est utilisée pour simplifier les fractions puisqu'elle permet d'identifier facilement les facteurs communs entre le numérateur et le dénominateur. Le résultat obtenu permet alors d'affirmer qu'il s'agit d'une fraction irréductible (puisqu'il n'existe alors plus de facteurs communs entre le dénominateur et le dénominateur).

Pour décomposer un nombre en facteurs premiers, il faut faire apparaître les multiples premiers de ce nombre.

$$C = \frac{44 \times 24 \times 21}{121 \times 16 \times 14} = \frac{\cancel{2 \times 2} \times \cancel{11} \times \cancel{2 \times 2 \times 2} \times 3 \times 3 \times \cancel{7}}{\cancel{11} \times 11 \times \cancel{2 \times 2 \times 2 \times 2 \times 2} \times \cancel{7}} = \frac{9}{11}$$

15. Réponse A. Pour simplifier au maximum ce quotient, il faut décomposer le numérateur et le dénominateur en produit de nombres premiers, puis simplifier. On a donc :

$$\mathrm{D} = \frac{\cancel{2} \times \cancel{11} \times \cancel{2 \times 3} \times 3 \times \cancel{7}}{5 \times \cancel{7} \times \cancel{11} \times \cancel{2} \times \cancel{2 \times 3}} = \frac{3}{5}$$

16. Réponse B. Pour commencer, il faut simplifier le numérateur et le dénominateur au maximum.

Pour le numérateur, on a $\frac{2}{7} + \frac{3}{6} = \frac{2}{7} + \frac{1}{2} = \frac{4}{14} + \frac{7}{14} = \frac{11}{14}$.

Pour le dénominateur, on a $\frac{11}{21}$ qui est déjà simplifié au maximum.

Ainsi $= \frac{\frac{2}{7}+\frac{3}{6}}{\frac{11}{21}} = \frac{\frac{11}{14}}{\frac{11}{21}}$. Réaliser le calcul $\frac{\frac{11}{14}}{\frac{11}{21}}$ revient à multiplier le numérateur $\frac{11}{14}$ par l'inverse du dénominateur, soit $\frac{21}{11}$. On a donc :

$$E = \frac{11}{14} \times \frac{21}{11} = \frac{11 \times 21}{14 \times 11} = \frac{21}{14} = \frac{7 \times 3}{7 \times 2} = \frac{3}{2}$$

17. Réponse B. On peut répondre facilement à cette question en simplifiant premièrement les deux fractions. En effet, on a :

$$\frac{80}{160} - \frac{75}{15} = \frac{1}{2} - 5 = \frac{1}{2} - \frac{10}{2} = -\frac{9}{2}$$

18. Réponse E. Afin de simplifier un produit de fractions, il est judicieux de simplifier directement en décomposant le numérateur et le dénominateur en nombres premiers. On a donc :

$$\frac{15}{7} \times \frac{14}{5} = \frac{3 \times 5 \times 2 \times 7}{7 \times 5} = 3 \times 2 = 6$$

19. Réponse E. L'équivalence fractionnaire de 0,25 est $\frac{1}{4}$. Ainsi diviser par 0,25 revient à multiplier par son inverse, soit l'inverse de $\frac{1}{4}$. Et l'inverse de $\frac{1}{4}$ est 4.

20. Réponse B. L'équivalence fractionnaire de 0,2 est $\frac{1}{5}$. Ainsi, multiplier par 0,2 revient à diviser par son inverse, soit l'inverse de $\frac{1}{5}$. Et l'inverse de $\frac{1}{5}$ est 5.

Chapitre 6

Les moyennes

Dans ce chapitre

- Moyenne arithmétique
- Moyenne pondérée

Dans les tests psychotechniques, les moyennes apparaissent soit au travers d'exercices y faisant référence directement, soit au travers de calculs liés. Elles impliquent de reconnaître les situations où leurs usages sont requis, en veillant à faire bon usage des formules.

La moyenne arithmétique

La **moyenne arithmétique** (aussi appelée moyenne classique) est le rapport entre la **somme d'une distribution** et le **nombre de valeurs** de cette distribution. Pour simplifier : il s'agit d'une moyenne de notes obtenues sans tenir compte d'éventuels coefficients.

N'OUBLIEZ PAS !

Formule de la moyenne arithmétique

$$m = \frac{x_1 + x_2 + \cdots + x_n}{n} = \frac{1}{n}\sum_{i=1}^{n} x_i$$

où $x_1, x_2, \ldots, x_n$ sont les différentes valeurs prises par la distribution et n le nombre de valeurs de cette distribution.

EN PRATIQUE

- Lilou a obtenu les notes de 12, 10 et 8 lors de ses examens. Quelle est sa moyenne ?

  La moyenne arithmétique de ses notes est alors de : $m = \frac{12+10+8}{3} = \frac{30}{3} = 10$.

Il est souvent utile de travailler avec la somme des valeurs dans certains exercices sur les moyennes.

- Julien a eu 14 de moyenne ce trimestre en mathématiques. Sachant que sur deux des trois contrôles, il a obtenu 17 et 12, quelle est la troisième note obtenue par Julien ce trimestre en mathématiques ?

Il faut ici travailler avec la somme de ses notes en mathématiques. En effet, si la moyenne de ses trois notes est de 14, la somme de ses trois notes est donc 14 × 3 = 42. La note cherchée est donc 42 – (17 + 12) = 42 – 29 = 13.

La moyenne pondérée

La **moyenne pondérée** est une moyenne d'un certain nombre de valeurs auxquelles on affecte des **coefficients** en fonction du « poids » qu'elles représentent dans une distribution. La pondération permet d'attribuer une plus grande importance dans la moyenne aux valeurs les plus représentées (ou les plus importantes) par rapport aux autres. La moyenne pondérée est le rapport de la somme des valeurs pondérées par la somme des coefficients. Pour simplifier : il s'agit d'une moyenne de notes obtenues en tenant compte d'éventuels coefficients.

N'OUBLIEZ PAS !

Formule de la moyenne pondérée

$$m = \frac{w_1x_1 + w_2x_2 + \cdots + w_nx_n}{w_1 + w_2 + \cdots + w_n} = \frac{1}{w_1 + w_2 + \cdots + w_n}\sum_{i=1}^{n} w_ix_i$$

où $x_1, x_2, \ldots, x_n$ sont les différentes valeurs de la distribution, $w_1, w_2, \ldots, w_n$, les coefficients attribués respectivement aux valeurs de la distribution et n le nombre de valeurs de cette distribution.

EN PRATIQUE

- Vincent a obtenu les notes de 14, 8 et 11 lors de son trimestre avec des coefficients de 2, 1 et 3 respectivement. Quelle est sa moyenne ?

La moyenne pondérée de ses notes est alors de $m = \frac{14\times2+8\times1+11\times3}{2+1+3} = \frac{69}{6} = 11{,}5$.

N'OUBLIEZ PAS !

- Lorsque toutes les valeurs d'une distribution augmentent d'un nombre a, alors la moyenne de cette distribution augmente également de la valeur a.
- Lorsque toutes les valeurs d'une distribution sont multipliées par a, alors la moyenne de cette distribution est également multipliée par a.
- Lorsque tous les **coefficients** d'une distribution sont multipliés par a, la moyenne de cette distribution ne change pas.

Tests

Temps (indicatif) : 25 minutes	Difficulté : Moyen	Barème : 1 point par bonne réponse

ENTRAÎNEZ-VOUS !

Questions ouvertes

1. Quelle est la moyenne de Rodolphe en français ce trimestre sachant que ses notes sont 17, 9 et 16, affectées des coefficients respectifs de 3, 1 et 2 ?

2. Lors de son dernier trimestre, Florian a obtenu deux notes en physique. Il a d'abord eu 11 en expériences (coefficient 1) et 14 au contrôle de connaissances (coefficient 2). Il vise une moyenne de 14/20, ce trimestre. Sachant qu'il ne lui reste que le contrôle de fin de trimestre, affecté d'un coefficient 3, pour atteindre cette moyenne, quelle note doit-il obtenir pour remplir son objectif ?

QCM

3. Dans l'entreprise A, la moyenne d'âge des 8 employés est de 25 ans. Dans l'entreprise B, la moyenne d'âge des 12 employés est de 32 ans. Ces deux entreprises fusionnent. Quelle est la moyenne d'âge des employés de la nouvelle entreprise ?

A) 28 B) 28,5 C) 29 D) 29,2 E) 29,4

4. Sur les cinq premiers mois de l'année, Mathieu a gagné 2 500 € de salaire mensuel alors que lors des quatre mois suivants, il a gagné 3 400 €. Quel est le salaire moyen mensuel touché par Mathieu lors de ces neuf mois ?

A) 2 500 € B) 2 750 € C) 2 900 € D) 2 950 € E) 3 000 €

5. Un dé a toutes ses faces numérotées avec les six premiers nombres premiers. La moyenne des faces du dé est comprise entre...

A) 5 et 6 B) 6 et 7 C) 7 et 8 D) 8 et 9 E) 9 et 10

6. Dans une classe de 30 élèves, la moyenne des notes obtenues à un contrôle est de 14. Si on retire une note, elle passe à 13,9. Quelle est cette note retirée ?

A) 16,4 B) 16,9 C) 17,1 D) 17,2 E) 17,5

7. Dans le bureau d'Aurélie, l'âge moyen des personnes est de 21 ans en comptabilisant l'âge d'Aurélie. Lorsqu'elle se soustrait de la moyenne, l'âge moyen du groupe est de 19 ans. De combien de personnes est composé le groupe, sachant qu'Aurélie est âgée de 35 ans ?

A) 5 B) 6 C) 7 D) 8 E) 9

8. La moyenne d'un contrôle de mathématiques est de 11/20 dans la classe de Fred. On sait que la moyenne des 12 filles est de 14 et que celle des garçons est de 9. Combien compte-t-on de garçons dans cette classe ?

A) 18 B) 17 C) 16 D) 15 E) 14

9. Dans la fratrie Martin, l'âge moyen des trois frères est de 14 ans alors que la moyenne des âges du plus vieux et du plus jeune est de 15 ans. Quel est l'âge du frère né en deuxième ?

A) 10 B) 11 C) 12 D) 13 E) 14

10. La moyenne d'un contrôle de mathématiques est de 14/20 dans la classe de Max. On sait que la moyenne des 12 filles est de 18 et que celle des garçons est de 12. Combien compte-t-on de garçons dans cette classe ?

A) 16 B) 18 C) 20 D) 22 E) 24

Correction des tests

1. La moyenne de Rodolphe est :

$$m = \frac{17\times 3 + 9\times 1 + 16\times 2}{3+1+2} = \frac{51+9+32}{6} = \frac{92}{6} = \mathbf{15,3}$$

2. On note y la note que vise Florian à son contrôle de fin de trimestre et on repart de la formule de la moyenne pondérée :

$$m = 14 = \frac{1\times 11 + 2\times 14 + 3\times y}{1+2+3} = \frac{11+28+3y}{6}$$

On en déduit :

$$3y + 28 + 11 = 14\times 6 \Leftrightarrow 3y = 84 - 28 - 11 \Leftrightarrow y = \frac{45}{3} = \mathbf{15}$$

Il lui faut obtenir 15/20 à son contrôle de fin de trimestre.

3. **Réponse D**. La somme des âges de l'entreprise A est 8 × 25 = 200 et la somme des âges de l'entreprise B est 12 × 32 = 384.

La moyenne des âges de l'entreprise fusionnée est donc :

$$\frac{200+384}{8+12} = 29,2$$

4. **Réponse C**. La moyenne du salaire mensuel est :

$$m = \frac{5\times 2\,500 + 4\times 3\,400}{5+4} = \frac{12\,500 + 13\,600}{9} = \frac{26\,100}{9}$$
$$= \frac{27\,000}{9} - \frac{900}{9} = 3\,000 - 100 = 2\,900$$

5. **Réponse B**. Le premier nombre premier est 2. La moyenne des faces de ce dé est donc :

$$\frac{2+3+5+7+11+13}{6} = \frac{41}{6} \approx 6,8$$

6. **Réponse B**. Si la moyenne des 30 élèves est de 14, alors la somme de toutes ces notes est de 14 × 30 = 420. Si la moyenne des 29 autres élèves est de 13,9, alors la somme des 29 autres notes est de 13,9 × 29 = 403,1. La note retirée est donc de 420 - 403,1 = **16,9**.

7. **Réponse D**. Soit x le nombre de personnes dans le bureau d'Aurélie (elle comprise).

La moyenne des âges avec Aurélie est de 21 ans. Il est alors possible de noter que la somme des âges du groupe est de $21x$.

En retirant Aurélie, qui est âgée de 35 ans, la moyenne des âges passe à 19 ans, notée $(x - 1) \times 19$. On peut alors noter que la somme des âges du groupe avec Aurélie est de $35 + (x - 1) \times 19$. On obtient ainsi l'égalité suivante :

$$21x = 35 + (x - 1)\times 19$$

D'où $21x = 35 + 19x - 19 \Leftrightarrow 21x - 19x = 35 - 19 \Leftrightarrow 2x = 16 \Leftrightarrow x = 8$

Il y a huit personnes dans le bureau d'Aurélie en comptant Aurélie.

8. **Réponse A**. Soit x le nombre de garçons dans la classe.

D'après l'énoncé, on sait que la moyenne de cette classe à ce contrôle est de :

$$\frac{12\times 14 + 9\times x}{12 + x} = 11$$

On en déduit : $168 + 9x = 11\times(12 + x) \Leftrightarrow 168 + 9x = 132 + 11x$

$$\Leftrightarrow 2x = 36 \Leftrightarrow x = 18.$$

Il y a donc 18 garçons dans cette classe.

9. **Réponse C**. Soit a, b et c les âges des trois frères (du plus vieux au plus jeune). L'âge moyen des trois frères se note : $\frac{a+b+c}{3} = 14 \Leftrightarrow a + b + c = 42$.

Puisque la moyenne des âges du plus vieux et du plus jeune est de 15 ans, on a $\frac{a+c}{2} = 15 \Leftrightarrow a + c = 30$.

$$\begin{cases} a + b + c = 42 & (1) \\ a + c = 30 & (2) \end{cases} \Leftrightarrow \begin{cases} 30 + b = 42 & (1) - (2) \\ a + c = 30 & (2) \end{cases}$$

$$\Leftrightarrow b = 42 - 30 = 12$$

ASTUCE

En faisant la différence entre les deux équations (1) – (2), la réponse est obtenue directement : $a + b + c - (a + c) = 42 - 30 \Leftrightarrow a + b + c - a - c = 12 \Leftrightarrow b = 12$.

L'âge du deuxième frère est donc de 12 ans.

10. **Réponse E**. En posant une équation avec le nombre de garçons, on obtient :

$$m = \frac{12 \times 18 + x \times 12}{12 + x} \Leftrightarrow 14 = \frac{12 \times 18 + x \times 12}{12 + x}$$

$$\Leftrightarrow 14(12 + x) = 12 \times 18 + x \times 12 \Leftrightarrow 168 + 14x = 216 + 12x$$

$$\Leftrightarrow 14x - 12x = 216 - 168 \Leftrightarrow 2x = 48 \Leftrightarrow x = 24$$

ASTUCE

Le barycentre est une notion géométrique, analogue à la notion de moyenne pondérée en statistiques, qui représente le centre de gravité d'une figure. Il s'agit en fait du point d'équilibre d'une figure. Cette notion se révèle utile pour déterminer astucieusement une moyenne pondérée grâce à ses écarts à la moyenne.

L'écart à la moyenne des filles est ici de 4 points (18 – 14 = 4) alors que celui des garçons est seulement de deux points (14 – 12 = 2). On voit donc que l'écart est deux fois plus important pour les filles que pour les garçons. Pour contrebalancer cela, il faut alors un poids 2 fois plus important en faveur des garçons (puisqu'ils sont deux fois plus

« lourds », si on raisonne en termes de poids). Puisque les filles sont 12, cela signifie alors que les garçons sont le double, soit 24. Cela se vérifie facilement grâce au calcul de la moyenne :

La moyenne est bien :

$$m = \frac{12 \times 18 + 24 \times 12}{12 + 24} = \frac{216 + 288}{36} = \frac{504}{36} = \frac{\cancel{12} \times 42}{\cancel{12} \times 3} = 14$$

Chapitre 7

Les puissances

Dans ce chapitre

- Propriétés des puissances
- Opérations avec les puissances

Les puissances requièrent d'être manipulées avec une très grande application. Elles sont l'objet de nombreuses propriétés qu'il est important de connaître parfaitement pour les appliquer. À vos méninges…

Propriétés des puissances

La puissance (aussi appelée exposant) d'un nombre correspond à la multiplication de ce nombre par lui-même, répétée autant de fois que la valeur de l'exposant.

Propriétés des puissances

Pour tout réel x, une **puissance** notée x^n se lit x **puissance** n (ou x **exposant** n) où n est un entier naturel non nul qui se décompose de la manière suivante : $a^n = \underbrace{a \times a \times a \times \ldots \times a}_{n\ facteurs}$.

$$a^0 = 1 \qquad a^1 = a \qquad a^2 = a \times a$$

$$a^n = \underbrace{a \times \ldots \times a}_{n\ \text{fois}} \qquad a^{-n} = \frac{1}{\underbrace{a \times \ldots \times a}_{n\ \text{fois}}} \qquad a^{-1} = \frac{1}{a}$$

Ainsi : $10^{-1} = \frac{1}{10^1} = \frac{1}{10} = 0{,}1$.

N'OUBLIEZ PAS !

Un carré est la multiplication d'un nombre par lui-même, il est ainsi une puissance d'exposant 2. Un cube est la multiplication du carré d'un nombre par lui-même, il est ainsi une puissance d'exposant 3.

Lorsqu'une puissance n dans x^n est paire, alors la valeur numérique est toujours positive. C'est ainsi que tout carré est positif.

Lorsqu'une puissance n dans x^n est impaire, alors la valeur numérique est toujours du même signe que x. C'est ainsi qu'un cube est du même signe que le nombre qui est élevé à la puissance 3.

Opérations avec les puissances

Dans les tests psychotechniques, vous aurez besoin de savoir comment réaliser des opérations avec les puissances. Ces opérations se doivent de respecter des propriétés à connaître parfaitement.

Propriétés des opérations avec puissances

Voici ci-dessous les principales opérations impliquant des puissances à connaître pour les tests (avec a et b des nombres réels non nuls et n et m deux entiers naturels).

$$a^n \times a^m = a^{n+m} \qquad (a^n)^m = a^{n \times m} \qquad (a \times b)^n = a^n \times b^n$$

$$a^n \times a^{-n} = a^{n-n} = a^0 = 1 \qquad \frac{a^n}{a^m} = a^n \times a^{-m} = a^{n-m} \qquad \left(\frac{a}{b}\right)^n = \frac{a^n}{b^n}$$

- Ainsi :

$$7^5 \times 7^4 = 7^{5+4} = 7^9$$

$$(4^4)^3 = 4^{4\times 3} = 4^{12}$$

$$\frac{2^5}{4^3} = 2^5 \times 4^{-3} = 2^5 \times (2^2)^{-3} = 2^5 \times 2^{-6} = 2^{5-6} = 2^{-1} = \frac{1}{2}$$

PIÈGE !

Il n'existe pas de formules impliquant des puissances avec les opérations d'addition ou de soustraction. N'en inventez donc pas ! En effet, $a^n \times a^m \neq a^n + a^m$.

ASTUCE

La seule possibilité d'utiliser des opérations avec des additions ou des soustractions de puissances est de les transformer afin de faire apparaître des multiplications ou divisions.

- Que vaut $2^5 + 2^4$?

Il faut arranger l'expression de manière à faire apparaître une multiplication :

$$2^5 + 2^4 = 2^4 \times 2^1 + 2^4 = 2^4 \times (2 + 1) = 16 \times 3 = 48$$

N'OUBLIEZ PAS !

Il peut être utile de connaître les valeurs numériques des puissances de 2, de 2^1 à 2^{10}, puisqu'elles sont les seules qui peuvent demander à être transformées en valeur numérique. Voici le tableau de ces équivalences de puissances de 2.

Tableau 7-1 : Puissances de 2

Puissances de 2	2^1	2^2	2^3	2^4	2^5	2^6	2^7	2^8	2^9	2^{10}
Valeur numérique	2	4	8	16	32	64	128	256	512	1 024

Tests

Temps (indicatif) : 20 minutes	Difficulté : Moyen	Barème : 1 point par bonne réponse

QCM

1. Que vaut 3^0 ?

A) 3 B) 0 C) 0,3 D) 1 E) $\frac{1}{3}$

2. Que vaut 14^2 ?

A) 169 B) 196 C) 206 D) 216 E) 219

3. Que vaut 3^{-2} ?

A) 0,03 B) 0,11 C) 0,003 D) 0,9 E) 1

4. Que vaut 10^7 ?

A) 107 B) 700 C) 100 000 000 D) 1 000 000 E) 10 000 000

5. Que vaut $-0,5^3$?

A) -0,125 B) 0,225 C) -0,375 D) -0,5 E) 1,25

6. Que vaut $2^5 + 8^2$?

A) 2^7 B) 2^9 C) 2^{11} D) 2^{13} E) 96

7. Que vaut $2^4 \times 3^2 \times 5^3$?

A) 1 200 B) 1 400 C) 1 800 D) 2 220 E) 18 000

8. Que vaut $A = \dfrac{5 \times 10^{-4} \times 6 \times 10^{6}}{10 \times 10^{-1}}$?

A) 1 003 B) 30 C) 3 000 D) 3 E) 0,003

9. Quel est le plus grand nombre ?

A) 3^{15} B) 81^5 C) 243^2 D) 9^8 E) 27^6

10. Que vaut $\dfrac{3 \times 2^{12} \times 5^{10}}{6 \times 10^{10}}$?

A) 2 B) 8 C) 512 D) 1 024 E) 2 048

11. Que vaut $16^{-6} \times 18^{-5} \times 42^3$?

A) $2^{-26} \times 3^{-7} \times 7^3$ B) $2^{-11} \times 3^3 \times 7$ C) $2^{11} \times 3^{-13} \times 7$ D) $2^{-11} \times 3^{13} \times 7^3$ E) $2^{11} \times 3^{13} \times 7^3$

12. Que vaut $9^2 - 4^3$?

A) 5^{-1} B) -1 C) 7 D) 17 E) 23

13. Que vaut B dans $B = 3^5 + 3^5 + 3^5 + 3^5 + 3^5 + 3^5 + 3^5 + 3^5 + 3^5$?

A) 27^5 B) 27^{45} C) 3^7 D) 3^{45} E) 9^5

14. Que vaut $16^{-6} \times 36^5 \times 42^3$?

A) $2^{-13} \times 3^3 \times 7^3$ B) $2^{-11} \times 3^3 \times 7$ C) $2^{11} \times 3^{-13} \times 7$ D) $2^{-11} \times 3^{13} \times 7^3$ E) $2^{11} \times 3^{13} \times 7^3$

15. Que vaut $\frac{a^8 - 4}{a^4 + 2}$?

A) 2 B) $a^2 - 1$ C) $a^2 + 1$ D) $a^4 - 2$ E) $a^4 + 2$

Correction des tests

1. Réponse D. Il est évident que $3^0 = 1$ puisque, pour tout réel x, $x^0 = 1$.

2. Réponse B. $14^2 = 14\times14 = 196$

3. Réponse B. $3^{-2} = \frac{1}{3^2} = \frac{1}{9} \approx 0{,}11$

4. Réponse E. Le nombre qui est à l'exposant dans une puissance de 10 correspond au nombre de zéros se trouvant après le 1. Donc ici, il faut le chiffre 1 suivi de 7 zéros : 10 000 000.

5. Réponse A. $-0{,}5^3 = (-0{,}5) \times (-0{,}5) \times (-0{,}5) = -0{,}125$

6. Réponse E. Dans ce type de calcul (addition de puissances), il faut calculer la valeur de chacun des termes avant de les additionner.

$2^5 + 8^2 = 32 + 64 = 96$

7. Réponse E.

ASTUCE

Une simple estimation permet de se rendre compte que seule E est une réponse possible. En effet, on a $2^4 \times 3^2 \times 5^3 = 16 \times 9 \times 125 = 144 \times 125 > 14\,400$ et donc seule E est une réponse possible.

8. Réponse C.

$$A = \frac{5 \times 10^{-4} \times 6 \times 10^6}{10 \times 10^{-1}} = \frac{5\times6\times10^{-4+6}}{10\times10^{-1}} = \frac{30\times10^2}{10\times10^{-1}} = \frac{30}{10}\times10^{2-(-1)}$$
$$= 3\times10^3 = 3\times1\,000 = 3\,000$$

9. Réponse B.

CONSEILS DU FORMATEUR

Afin de les comparer, il faut exprimer tous les nombres avec des puissances de 3.

Pour 3^{15}, il n'y a rien à faire.

$81^5 = (3^4)^5 = 3^{20}$

$243^2 = (3^5)^2 = 3^{10}$

$9^8 = (3^2)^8 = 3^{16}$

$27^6 = (3^3)^6 = 3^{18}$

Le plus grand est donc 81^5.

10. Réponse A.

$$\frac{3 \times 2^{12} \times 5^{10}}{6 \times 10^{10}} = \frac{3 \times 2^{12} \times 5^{10}}{3 \times 2 \times 2^{10} \times 5^{10}} = \frac{\cancel{3 \times 2} \times 2 \times \cancel{2^{10} \times 5^{10}}}{\cancel{3 \times 2 \times 2^{10} \times 5^{10}}} = 2$$

11. Réponse A.

LE SAVIEZ-VOUS ?

Les expressions impliquant des puissances sont le plus souvent données sous une forme faisant apparaître seulement des puissances de nombres premiers. Il s'agit alors d'une forme simplifiée.

$$16^{-6} \times 18^{-5} \times 42^{3} = (2^4)^{-6} \times (2 \times 3 \times 3)^{-5} \times (2 \times 3 \times 7)^{3}$$

$$= 2^{-24} \times 2^{-5} \times 3^{-5} \times 3^{-5} \times 2^{3} \times 3^{3} \times 7^{3} = 2^{-26} \times 3^{-7} \times 7^{3}$$

12. Réponse D. Dans la mesure où 9 et 4 n'ont pas de facteurs communs dans leur décomposition en produits de nombres premiers, il n'est pas possible de faire apparaître une multiplication ou une division. La seule possibilité est alors de calculer la valeur numérique de chacune des puissances puis de les soustraire :

$9^2 - 4^3 = 81 - 64 = 17$

13. Réponse C. Il est, ici, inenvisageable de trouver la valeur numérique de 3^5 et de l'additionner. Mieux vaut remarque que le terme revient 9 fois, ce qui permet de simplifier l'expression de la manière suivante :

$B = 9 \times 3^5 = 3^2 \times 3^5 = 3^{2+5} = 3^7$

14. Réponse D.

$$16^{-6} \times 36^{5} \times 42^{3} = (2^4)^{-6} \times (2^2 \times 3^2)^{5} \times (2 \times 3 \times 7)^{3}$$

$$= 2^{-24} \times 2^{10} \times 3^{10} \times 2^{3} \times 3^{3} \times 7^{3}$$

$$= 2^{-11} \times 3^{13} \times 7^{3}$$

15. Réponse D. Le numérateur doit être vu ici comme une identité remarquable de type $(a + b)(a - b) = a^2 - b^2$. D'où $a^8 - 4 = (a^4 + 2)(a^4 - 2)$. On a alors :

$$\frac{a^8 - 4}{a^4 + 2} = \frac{(a^4 + 2)(a^4 - 2).}{a^4 + 2} = \frac{\cancel{(a^4 + 2)}(a^4 - 2)}{\cancel{a^4 + 2}} = (a^4 - 2)$$

Chapitre 8

Les racines carrées

Dans ce chapitre

- Qu'est-ce qu'une racine carrée ?
- Opérations avec les racines carrées

Les racines carrées sont des notions délicates lors des tests psychotechniques. L'impossibilité de l'usage de la calculatrice rend leur maniement malaisé. Il faut donc être attentif à bien comprendre leurs propriétés pour répondre à ces questions.

Définitions et notations

La racine carrée d'un nombre réel positif *x* est le nombre positif dont le carré vaut *x*.

Notation de la racine carrée

Avec x un nombre réel positif, la racine carrée de x est alors notée $\sqrt{x}$ ou $x^{\frac{1}{2}}$. Elle se lit « racine carrée de x ».

Il est ainsi possible d'en déduire que $\sqrt{x^2} = x$.

Si un carré parfait (le carré d'un entier naturel) est présent sous une racine carrée, la valeur de cette dernière est un entier naturel.

EN PRATIQUE

1. $\sqrt{36} = \sqrt{6^2} = 6$

De façon réciproque, tout réel positif est le carré d'un autre réel, et même de deux ! Un positif, l'autre négatif (hormis pour 0 qui n'a que lui-même comme carré). Ainsi, un carré détient deux racines carrées comme solution. En effet :

$x^2 = a \Leftrightarrow x = \sqrt{a}$ ou $x = -\sqrt{a}$

EN PRATIQUE

2. En supposant que $x^2 = 36$, que vaut x ?

Vous avez alors $6^2 = 36$ mais aussi $-6^2 = 36$. En effet, $6^2 = 6 \times 6 = 36$, mais $(-6)^2 = (-6) \times (-6) = 36$ également. Ainsi, x peut prendre deux valeurs : 6 et – 6.

PIÈGE !

Cette règle élémentaire est souvent oubliée par les candidats ! Gardez en tête que les concepteurs des questions aiment bien tester les inattentions des candidats, et qu'il s'agit donc d'un piège récurrent.

ASTUCE

La plupart des tests psychotechniques se réalisent sans calculatrice. Cette contrainte importante n'implique pas que les candidats doivent connaître la valeur de chacune des racines carrées de nombres entiers. Toutefois, il peut arriver que l'on vous demande une estimation de la valeur d'une racine carrée.

Pour cela, il existe une méthode simple qui implique d'encadrer la racine carrée cherchée par les racines carrées de carrés parfaits.

EN PRATIQUE

3. Que vaut approximativement $\sqrt{80}$?

80 est encadré par les carrés de 8 ($8^2 = 64$) et de 9 ($9^2 = 81$). C'est ainsi que l'on peut noter $9^2 > 80 > 8^2$ ce qui implique que $\sqrt{81} > \sqrt{80} > \sqrt{64} \Leftrightarrow 9 > \sqrt{80} > 8$.
$\sqrt{80}$ est donc compris entre 8 et 9.

Opérations avec les racines carrées

Voici les principales opérations impliquant des racines carrées à connaître pour les tests (avec *a, b, x* et *y*, des nombres réels non nuls et *n* un nombre réel).

Multiplication de racines : $\sqrt{x \times y} = \sqrt{x} \times \sqrt{y}$

$$a\sqrt{x} \times b\sqrt{y} = a \times b\,\sqrt{x \times y}$$

Division de racines : $\sqrt{\frac{x}{y}} = \frac{\sqrt{x}}{\sqrt{y}}$

PIÈGE !

Il n'existe pas de règle pour les additions et soustractions de racines carrées. Attention à ne pas en inventer. En effet, $\sqrt{a + b} \neq \sqrt{a} + \sqrt{b}$.

EN PRATIQUE

4. Que vaut $\sqrt{108}$?

Afin de simplifier ces racines carrées, il faut essayer de faire apparaître sous la racine des facteurs qui sont des carrés parfaits. Ce qui donne ici $\sqrt{108} = \sqrt{36 \times 3} = \sqrt{36} \times \sqrt{3} = 6 \times \sqrt{3} = 6\sqrt{3}$.

5. Que vaut $A = \sqrt{48} + 4\sqrt{27} - 2\sqrt{75}$?

$$A = \sqrt{16 \times 3} + 4\sqrt{9 \times 3} - 2\sqrt{25 \times 3} = \sqrt{16} \times \sqrt{3} + 4\sqrt{9} \times \sqrt{3} - 2\sqrt{25} \times \sqrt{3}$$

$$= 4\sqrt{3} + 4 \times 3\sqrt{3} - 2 \times 5\sqrt{3} = 4\sqrt{3} + 12\sqrt{3} - 10\sqrt{3} = 16\sqrt{3} - 10\sqrt{3} = 6\sqrt{3}$$

Tests

Temps (indicatif) : 15 minutes	Difficulté : Moyen	Barème : 1 point par bonne réponse

QCM

1. Que vaut approximativement $\sqrt{35}$?

A) 4,8 B) 5,9 C) 6,1 D) 6,5 E) 6,9

2. De quel entier $\sqrt{220}$ est le plus proche ?

A) 11 B) 14 C) 15 D) 17 E) 22

3. Que vaut $\sqrt{90}$?

A) $9\sqrt{10}$ B) 45 C) $3\sqrt{10}$ D) 4,5 E) 9

4. Que vaut $\sqrt{25\,600}$?

A) $10\sqrt{160}$ B) 256 C) $16\sqrt{10}$ D) 100 E) 160

5. Que vaut $\sqrt{12\,100}$?

A) $10\sqrt{121}$ B) 121 C) $11\sqrt{10}$ D) 110 E) 100

6. Quel est l'entier le plus proche de $A = \sqrt{81} + \sqrt{19}$?

A) 10 B) 11 C) 12 D) 13 E) 14

7. Que vaut $15 \times \sqrt{144} + \sqrt{225} - (\sqrt{344})^2$?

A) -149 B) 149 C) 28 D) 81 E) 344

8. Que vaut $20 \times \sqrt{225} + \sqrt{196} - (\sqrt{242})^2$?

A) 9 B) 27 C) 72 D) 81 E) 292

9. Que vaut $\sqrt{484} \times \sqrt{144}$?

A) 25 B) 75 C) 132 D) 196 E) 264

10. Que vaut $\sqrt{\frac{225+400}{225}}$?

A) 1 B) $\frac{5}{3}$ C) 2 D) $\frac{25}{9}$ E) 3

Correction des tests

1. Réponse B. Pour évaluer la valeur d'une racine sans l'aide de la calculatrice, il faut l'encadrer par les racines carrées de carrés parfaits, celles immédiatement supérieure et inférieure. Ici, 35 est compris entre les carrés parfaits 25 (5^2) et 36 (6^2), cela donne donc :

$$\sqrt{36} > \sqrt{35} > \sqrt{25} \Leftrightarrow 6 > \sqrt{35} > 5$$

Seule la réponse B (5,9) convient.

2. Réponse C.

$$\sqrt{225} > \sqrt{220} > \sqrt{196} \Leftrightarrow 15 > \sqrt{225} > 14$$

Puisque $\sqrt{225}$ est plus proche de $\sqrt{220}$ que de $\sqrt{196}$, l'entier le plus proche est 15.

3. Réponse C.

$$\sqrt{90} = \sqrt{9 \times 10} = \sqrt{9} \times \sqrt{10} = 3\sqrt{10}$$

4. Réponse E.

$$\sqrt{25\,600} = \sqrt{256 \times 100} = \sqrt{16^2 \times 10^2} = \sqrt{16^2} \times \sqrt{10^2} = 16 \times 10 = 160$$

5. Réponse D.

$$\sqrt{12\,100} = \sqrt{121} \times \sqrt{100} = 11 \times 10 = 110$$

6. Réponse D.

$\sqrt{81} + \sqrt{19} = 9 + \sqrt{19}$. Avec $\sqrt{25} > \sqrt{19} > \sqrt{16}$, on a $5 > \sqrt{19} > 4$ avec $\sqrt{19} \approx 4$ puisque $\sqrt{19}$ est plus proche de $\sqrt{16}$ que de $\sqrt{25}$. On peut donc estimer $\sqrt{81} + \sqrt{19} = 9 + \sqrt{19}$ par $\sqrt{81} + \sqrt{19} \approx 9 + 4 \approx 13$.

PIÈGE !

Attention : $\sqrt{81} + \sqrt{19} \neq \sqrt{81 + 19} = \sqrt{100}$!

7. Réponse A.

$$15 \times \sqrt{144} + \sqrt{225} - \left(\sqrt{344}\right)^2 = 15 \times 12 + 15 - 344 = 180 + 15 - 344 = -149$$

8. Réponse C.

$$20 \times \sqrt{225} + \sqrt{196} - \left(\sqrt{242}\right)^2 = 20 \times 15 + 14 - 242 = 314 - 242 = 72$$

9. Réponse E.

$$\sqrt{484} \times \sqrt{144} = \sqrt{4 \times 121} \times \sqrt{144} = \sqrt{2^2} \times \sqrt{11^2} \times \sqrt{12^2} = 2 \times 11 \times 12 = 2 \times 132 = 264$$

10. Réponse B.

$$\sqrt{\frac{x}{y}} = \frac{\sqrt{x}}{\sqrt{y}} \Leftrightarrow \sqrt{\frac{225+400}{225}} = \sqrt{\frac{625}{225}} = \frac{\sqrt{625}}{\sqrt{225}} = \frac{25}{15} = \frac{\cancel{5} \times 5}{\cancel{5} \times 3} = \frac{5}{3}$$

Chapitre 9

Proportionnalité et échelles

Dans ce chapitre

- Produits en croix
- Proportionnalité multiple
- Les échelles

Voici un grand classique des tests psychotechniques : les questions issues de problèmes de proportionnalité. Souvent posées de façon originale, elles requièrent de la méthode pour y répondre. Il faut déceler les bonnes unités et comprendre comment elles varient les unes en fonction des autres.

Proportionnalité

Deux valeurs associées A et B sont proportionnelles dans le cas où la multiplication de A par un coefficient non nul x correspond également à la multiplication de B par ce même coefficient x.

Produit en croix

Le produit en croix est issu d'un **rapport de proportionnalité** qui permet de résoudre un problème lorsqu'au moins trois données sont connues et qu'un rapport de proportionnalité existe entre elles.

La règle de trois

La schématisation du produit en croix (parfois appelé règle de trois) s'effectue dans un tableau regroupant les données de deux unités. Pour l'illustrer, il faut considérer trois données connues (*a*, *b* et *c*), qui vont permettre d'en déduire une quatrième (*d*), inconnue.

Tableau 9-1 : Produit en croix

Unité 1	*Unité 2*
a	*b*
c	*d*

⟷

Unité 1	*Unité 2*
a ↖↗	*b*
c ↙↘	*d*

$\longleftrightarrow ad = bc \longleftrightarrow d = b \times \frac{c}{a}$

Le coefficient de proportionnalité est le facteur permettant de passer d'une ligne du tableau de proportionnalité à l'autre, en multipliant chaque donnée par un facteur identique.

EN PRATIQUE

- En supposant que trois cartons identiques de verres en cristal pèsent en tout 25,5 kg, quel est le poids de 8 cartons de ces verres en cristal ?

  Les deux unités sont ici le nombre de cartons et le poids (en kg). En regroupant les données dans un tableau de proportionnalité, cela donne :

Tableau 9-2 : Tableau de proportionnalité

Coefficient multiplicateur $\times\frac{8}{3}$

Nombre de cartons	*Poids (kg)*
3	25,5
8	*x*

D'après le tableau, en croisant les données, on obtient la relation $3x = 8 \times 25{,}5 \Leftrightarrow x = \frac{8 \times 25{,}5}{3} = 8{\times}8{,}5 = 68$. Donc, 8 cartons pèseront 68 kg au total.

Proportionnalité multiple

La **proportionnalité multiple** implique plusieurs valeurs qui sont proportionnelles entre elles. Elle peut ainsi impliquer trois, quatre, voire cinq valeurs qui ont des rapports de proportionnalité entre elles… La difficulté est alors **d'établir quels sont les rapports de proportionnalité entre chacune des grandeurs** (toutes les grandeurs n'ont pas le même rapport de proportionnalité entre elles).

EN PRATIQUE

- 7 ouvriers produisent 168 sacs à main en 4 heures. Combien de temps faudra-t-il à 12 ouvriers pour produire 1 440 sacs à main ?

  La méthode la plus lisible pour répondre est de compiler l'information dans un seul tableau de proportionnalité. Soit ici :

Tableau 9-3 : Tableau de proportionnalité à trois variables

Ouvriers	*Sacs à main produits*	*Temps (h)*
7	168	4
12	1 440	x

Ici, il existe une relation de proportionnalité croissante entre le nombre d'ouvriers et les sacs à main produits : plus il y a d'ouvriers, plus il y aura de sacs à main produits. On peut faire la même remarque entre le nombre de sacs à main et les heures. En revanche, ce n'est pas le cas de la relation entre les ouvriers et le nombre d'heures. C'est ici l'inverse : plus on aura d'ouvriers disponibles, moins il faudra de temps pour produire les sacs à main (relation décroissante).

En appelant W le nombre d'ouvriers, T le temps et P le nombre de sacs produits, on a :

$$\frac{W \times T}{P} = \frac{W' \times T'}{P'} \Leftrightarrow \frac{7 \times 4}{168} = \frac{12 \times T'}{1440}$$

$$\Leftrightarrow \frac{7 \times 4}{6 \times 4 \times 7} = \frac{12 \times T'}{12 \times 12 \times 10} \Leftrightarrow \frac{1}{6} = \frac{T'}{12 \times 10}$$

$$\Leftrightarrow 6 \times T' = 12 \times 10 \Leftrightarrow T' = \frac{12 \times 10}{6} = 2 \times 10 = 20$$

Il faudra donc 20 heures à 12 ouvriers pour produire 1 440 sacs à main.

ASTUCE

Pour faciliter les calculs avec une relation de proportionnalité multiple, il est également possible de faire varier une seule donnée à la fois afin d'arriver à la cadence de travail d'une seule personne (ou ouvrier) en une heure.

	7 ouvriers produisent 168 sacs à main en 4 heures.
÷ 4 heures	7 ouvriers produisent 42 sacs à main en 1 heure.
÷ 7 ouvriers	1 ouvrier produit 6 sacs à main en 1 heure.
× 12 ouvriers	12 ouvriers produisent 72 sacs à main en 1 heure.
$\times \frac{1\,440}{72} = 20$	12 ouvriers produisent 1 440 sacs à main en 20 heures.

Les échelles

L'utilisation des échelles sur une carte implique une relation de proportionnalité entre les mesures réelles et celles représentées sur le plan. Ainsi, les distances mesurées en réel sont proportionnelles à celles reproduites sur la carte. Le passage de l'une à l'autre se fait grâce à l'utilisation de l'échelle, qui tient lieu de coefficient de proportionnalité.

EN PRATIQUE

- Comment représenter une longueur de 1,5 km en centimètres sur un plan à l'échelle 1/10 000 ?

  Une échelle 1/10 000 signifie que 1 cm sur le plan représente 10 000 cm en réel (le choix du centimètre est ici arbitraire : on peut tout aussi bien dire que 1 mm sur le plan représente 10 000 mm). Vous avez 10 000 cm = 100 m = 0,1 km. Ainsi pour représenter une longueur de 1,5 km sur le plan, il faudra une longueur de $\frac{1,5}{0,1} = 1,5 \times 10 = 15$ cm.

Tests

Temps (indicatif) : 35 minutes	Difficulté : Moyen	Barème : 1 point par bonne réponse

ENTRAÎNEZ-VOUS !

Vrai ou Faux ?

Pour chacune des propositions, dites si elle est vraie ou fausse.

1. Puisque 3 bonbons valent 0,39 € alors 12 bonbons valent 1,56 €.

2. 3 caisses de vin coûtent 30 €. 5 caisses de ce même vin coûtent 45 €. Il s'agit d'une relation de proportionnalité.

3. 3 grand-mères cousent 9 écharpes en une heure. En une heure, 15 grands-mères cousent 45 écharpes. Le coefficient de proportionnalité entre les grands-mères et les écharpes est 5.

4. Un lot de 5 bracelets fantaisie est affiché à 6 €. 7 lots de ces mêmes bracelets fantaisie coûtent 42 €. Il s'agit d'une relation de proportionnalité.

5. 13 lutins emballent 91 cadeaux en 30 minutes. 20 lutins emballent 560 cadeaux en 2 heures. Il y a une relation de proportionnalité entre les lutins et les minutes puisque plus il y a de lutins, plus le temps nécessaire à emballer les cadeaux est grand.

Questions ouvertes

6. $\frac{3}{5}$ des économies de Pauline représentent 1 260 €. Que valent les économies de Pauline ?

7. Toni achète son pain au poids. Pour un pain complet de 1,400 kg, il a réglé ce matin 3,85 €. Cet après-midi, il retourne à la boulangerie et paie 9,90 €. Quel est le poids du pain complet qu'il a acheté cet après-midi ?

8. Un escargot met exactement 6 minutes et 40 secondes pour grimper un mur. Après deux minutes, quelle fraction du mur aura monté l'escargot ?

9. La contenance d'une bouteille de champagne traditionnelle vaut 75 cl. Un nabuchodonosor vaut 15 litres. Quelle proportion d'un nabuchodonosor représente une bouteille de champagne ?

10. Trois amis se rendent au restaurant et choisissent tous le même menu. Ils payent 56,70 €. La semaine suivante, ils décident d'aller manger dans le même restaurant accompagnés de deux autres amis et choisissent toujours le même menu. Combien vont-ils payer ?

QCM

11. Un glouton mange 86 hamburgers en 3 h 35. Combien de hamburgers peut-il manger en 6 h 30?

A) 156 B) 162 C) 165 D) 172 E) 178

12. Combien mesure une distance de 9,1 hm en millimètres sur un plan à l'échelle 1/100 ?

A) 91 000 B) 9 100 C) 910 D) 91 E) 0,91

13. Un peintre reproduit un tableau à l'identique en plusieurs exemplaires. Chaque tableau qu'il réalise lui prend deux fois moins de temps que celui qu'il vient de réaliser juste avant. Son sixième tableau lui a pris 10 minutes. Combien de minutes lui a-t-il fallu pour réaliser son deuxième tableau ?

A) 40 B) 50 C) 80 D) 100 E) 160

14. Avec 200 litres de lait de vache, Cécile retire 150 litres de lait caillé. À partir de 45 litres de lait caillé, elle peut produire 3 000 camemberts. Combien lui faudra-t-il de litres de lait pour produire les 15 000 camemberts qu'on vient de lui commander ?

A) 225,5 B) 256 C) 281,25 D) 300 E) 325,75

15. Marcel se fournit en chocolat au prix de 28 € pour 1,5 kg. Aujourd'hui, il bénéficie d'une promotion de 20 % sur le prix au poids et en profite pour commander 150 € de chocolat. Quel poids approximatif de chocolat recevra-t-il pour cet achat ?

A) 5,3 B) 6,8 C) 8 D) 9,2 E) 10

16. Sur la carte qu'il consulte, Matthieu constate qu'il y a 8 cm entre son domicile et son lieu de travail. Il sait par ailleurs que la distance représente un trajet de 48 km aller-retour. Quelle est l'échelle de cette carte ?

A) 1/150 000 B) 1/300 000 C) 1/600 000 D) 1/1 200 000 E) 1/6 000 000

17. Dans un entrepôt, 22 manutentionnaires réalisent 11 établis toutes les 25 minutes. Combien de temps faut-il à 30 manutentionnaires pour réaliser 180 établis ?

A) 4 h 30 B) 5 h 00 C) 5 h 30 D) 6 h 00 E) 6 h 30

18. Si 8 ogres mangent 45 enfants en 3 jours, combien faudra-t-il de temps à 12 ogres pour manger 90 enfants ?

A) 1 jour B) 4 jours C) 8 jours D) 12 jours E) 16 jours

19. Dans son champ carré de 10 mètres de côté, Sophie a planté 4 citronniers au mètre carré. Suite à un héritage, son champ double la longueur de tous ses côtés. Sophie replante des citronniers, toujours 4 au mètre carré. Combien de citronniers compte désormais son champ ?

A) 100 B) 150 C) 200 D) 400 E) 1 600

20. La voiture de Joanna brûle 24,5 litres pour 161 km parcourus. Elle va réaliser un parcours de 11,5 cm sur une échelle au 1/200 000. Combien d'essence lui faut-il pour réaliser ce parcours ?

A) 3,5 litres B) 5 litres C) 6,5 litres D) 7 litres E) 8,5 litres

Correction des tests

1. **Vrai**. En effet, il y a 4 fois plus de bonbons (12 ÷ 3 = 4) et le prix est bien 4 fois plus élevé : 0,39 × 4 = 1,56.

ASTUCE

Il est possible de simplifier ce calcul en effectuant 0,39 × 4 =(0,4 - 0,01) × 4 = 1,6 - 0,04 = 1,56.

2. **Faux**. Pour qu'il y eût une relation de proportionnalité, il aurait fallu que le prix des 5 caisses de vin soit de $\frac{5}{3} \times 30 = 5 \times 10 = 50$ €. Or, le prix est de 45 €, il n'y a donc pas de relation de proportionnalité.

Autre méthode : une caisse de vin vaut 10 € puisque 3 caisses valent 30 €. Or, puisque 5 caisses ne valent pas 50 €, le coefficient multiplicatif n'est pas le même. Il n'y a donc pas de relation de proportionnalité.

3. **Faux**. Le coefficient de proportionnalité entre les grands-mères et les écharpes se détermine par : 9 ÷ 3 = 3 ou bien encore par 45 ÷ 15 = 3.

4. **Vrai**. Il y a 7 fois plus de lots pour un prix qui est 7 fois supérieur puisque 42 = 6 × 7. Il y a donc bien une relation de proportionnalité.

5. **Faux**. Cet exemple reprend une situation de proportionnalité multiple. Toutefois, plus il y a de lutins, moins il faudra de temps pour emballer des cadeaux (lorsque le nombre de cadeaux est identique). Ici, le fait qu'il y a plus de lutins découle du fait que le nombre de cadeaux est plus élevé et donc le temps nécessaire pour les emballer plus grand.

PIÈGE !

Dans les exercices qui impliquent du temps et des travailleurs, il faut bien garder en tête qu'avec plus de travailleurs, il faudra toujours moins de temps pour réaliser un travail (et non pas l'inverse !).

6. Puisque $\frac{3}{5}$ des économies de Pauline valent 1 260 €, alors $\frac{1}{5}$ de ses économies valent $\frac{1\,260}{3} = 420$. La somme de ses économies est alors de 5 × 420 = **2 100 €**.

7. Le prix au kilo du pain de Toni est de 3,85 ÷ 1,40 = 2,75 €. Le poids du pain qu'elle a acheté pour 9,90 € se calcule en faisant 9,90 ÷ 2,75 = **3,6 kg**.

8. 6 minutes 40 équivalent à 6 × 60 + 40 = 360 + 40 = 400 secondes. Si en 400 secondes, l'escargot monte le mur, alors en 2 minutes (120 secondes), il montera $\frac{120}{400} = \frac{12}{40} = \mathbf{\frac{3}{10}}$ du mur.

9. 15 ÷ 0,75 = 1 500 ÷ 75 = 750 ÷ 75 + 750 ÷ 75 = 10 + 10 = 20 : il y a 20 bouteilles de champagne dans un nabuchodonosor. Ainsi une seule bouteille représente $\mathbf{\frac{1}{20}}$ du nabuchodonosor.

ASTUCE

Deux bouteilles de champagne contiennent 150 cl = 1,50 l, soit 10 fois moins qu'un nabuchodonosor. Donc deux bouteilles de champagne valent le dixième d'un nabuchodonosor. Donc une seule bouteille de champagne vaut **le vingtième** d'un nabuchodonosor.

10. Ici, on peut utiliser plusieurs techniques :

– Soit on calcule le prix d'un seul menu qui est de 56,70 ÷ 3 = 18,90 €.

Ensuite il suffit de trouver le prix pour cinq menus :

18,90 × 5 = (18,90 × 10) - 2 = 189 ÷ 2 = **94,50 €**

– Soit on utilise un tableau de proportionnalité et la méthode du produit en croix :

Tableau 9-3 : Tableau de proportionnalité

Nombre de personnes	3	5
Prix (en €)	56,70	x

x = 56,70 × 5 ÷ 3 = **94,50 €**

11. Réponse A.

Il est ici plus facile de transformer le temps en minutes afin de manipuler des nombres entiers, contrairement aux heures. Ainsi 3 h 35 correspondent à 215 minutes (3 h 35 = 3 × 60 + 35 = 215). Ce qui donne le tableau de proportionnalité suivant :

Tableau 9-4 : Tableau de proportionnalité

Hamburgers	86	x	Coeff. multiplicateur × 2,5
Temps (minutes)	215	390	

Le coefficient multiplicateur se détermine par 215 ÷ 86 = 2,5. Donc, ici, x = 390 ÷ 2,5 = 3 900 ÷ 25 = (4 000 – 100) ÷ 25 = 160 – 4 = **156 hamburgers**.

12. Réponse B. Une échelle de 1/100 signifie que 1 mm sur le plan représente 100 mm en réalité. Vous avez 9,1 hm qui correspond à 910 000 mm. Donc, sur le plan, cela représentera une distance 100 fois plus petite, soit **9 100 mm**.

13. Réponse E. Il est possible de schématiser la situation décrite de la manière suivante :

Tableau 9-5 : Tableau de proportionnalité

Rang du tableau	1	**2**	3	4	5	6
Temps (minutes)	320	**160**	80	40	20	10

14. Réponse D. 15 000 camemberts à produire, c'est 5 fois plus que les 3 000 camemberts que Cécile produit avec 45 litres de lait caillé. Il lui faudra donc 5 × 45 = 225 litres de lait caillé pour produire les 15 000 camemberts. Sachant par ailleurs qu'elle perd un quart de sa production de lait de vache pour obtenir du lait caillé (passer de 200 litres de lait de vache à 150 litres de lait caillé revient à perdre un quart du volume initial), on en déduit :

$$\frac{3}{4}x = 225 \Leftrightarrow x = 225\times\frac{4}{3} = 4\times75 = 300$$

Il lui faudra **300** litres de lait pour réaliser les 15 000 camemberts demandés.

15. Réponse E. Tout d'abord, il faut calculer le prix après réduction. Une réduction de 20 % revient à payer un prix de (1 – 0,2) × 28 = 28 – 5,6 = 22,4 € pour 1,5 kilo.

Tableau 9-6 : Tableau de proportionnalité

Poids (kg)	1,5	x	Coeff. multiplicateur ≈ 15
Prix (€)	22,4	150	

Ce qui donne $22{,}4x = 150\times1{,}5 \Leftrightarrow x = \frac{225}{22{,}4} \approx 10$ kg.

16. Réponse B.

PIÈGE !

Le trajet est de 48 km aller-retour, ce qui signifie que la distance entre le lieu de travail de Matthieu et son domicile est de 24 km. Puisque 8 cm représente une distance réelle de 24 km, cela signifie que 1 cm sur le plan représente une distance réelle de 3 km (24 ÷ 8 = 3). Puisque 3 km = 3 000 mètres = 300 000 cm, la carte est alors à l'échelle **1/300 000**.

17. Réponse B.

$$\frac{W\times T}{P}=\frac{W'\times T'}{P'}\Leftrightarrow\frac{22\times25}{11}=\frac{30\times T'}{180}\Leftrightarrow\frac{2\times\cancel{11}\times25}{\cancel{11}}=\frac{3\times\cancel{10}\times T'}{18\times\cancel{10}}\Leftrightarrow 3T'=50\times18\Leftrightarrow T'=\frac{50\times\cancel{3}\times6}{\cancel{3}}=50\times6=300.$$

Il faudra **300** minutes, soit 5 heures, aux manutentionnaires.

ASTUCE

Ici, on peut partir d'un constat simple : 22 manutentionnaires réalisent 11 établis en 25 minutes, donc 2 manutentionnaires réalisent 1 établi en 25 minutes (en divisant 22 manutentionnaires et 11 établis par 11). Donc 30 manutentionnaires réaliseront 15 établis en 25 minutes. 180 établis représentent 12 fois plus d'établis que 15, il faudra donc 12 fois 25 minutes pour les réaliser, soit **300** minutes (et donc 5 heures).

18. Réponse B.

$$\frac{W\times T}{P}=\frac{W'\times T'}{P'}\Leftrightarrow\frac{8\times3}{45}=\frac{12\times T'}{90}\Leftrightarrow 8\times3=\frac{12\times T'}{2}\Leftrightarrow T'=\frac{8\times3\times2}{12}=\frac{2\times4\times3\times2}{2\times2\times3}=\mathbf{4}$$

ASTUCE

On a $\frac{3}{2}$ fois plus d'ogres (12/8 = 1,5) pour 2 fois plus d'enfants, il faudra donc $\frac{2}{\frac{3}{2}}=\frac{2\times2}{3}=\frac{4}{3}$ fois plus de jours pour réaliser la tâche, soit $\frac{4}{3}\times3=\mathbf{4}$ jours en tout.

19. Réponse E. Le champ de Sophie mesure 100 m² avant agrandissement (10^2 = 100). Son nouveau champ mesurera 20 mètres de côté soit une aire de 400 m² (20^2 = 400). Donc 4 × 400 = 1 600 citronniers.

PIÈGE !

Doubler la longueur d'un côté entraîne un quadruplement de son aire et non pas un simple doublement (plus de détails dans le chapitre 16, Géométrie). Attention à ce piège récurrent !

20. Réponse A. 11,5 cm sur une échelle au 1/200 000 représente une distance de 2 300 000 cm (11,5 × 200 000 = 23 × 100 000 = 2 300 000) en réalité soit 23 000 mètres, c'est-à-dire 23 km. On a ensuite le tableau de proportionnalité suivant :

Tableau 9-6 : Tableau de proportionnalité

Distance (km)	Litres d'essence	Coefficient multiplicateur $\frac{161}{23}=7$
161	24,5	
23	x	

Le nombre de litres d'essence nécessaire correspond alors à $161x$ = 23 × 24,5 ⇔

$x=\frac{23\times24,5}{161}=\frac{23\times24,5}{23\times7}=\frac{24,5}{7}=\frac{21+3,5}{7}=\frac{21}{7}+\frac{3,5}{7}$ = 3 + 0,5 = **3,5** litres d'essence.

ASTUCE

Le coefficient multiplicateur $\frac{161}{23}=7$ permet de déduire rapidement que

$x=\frac{24,5}{7}=\frac{21+3,5}{7}=\frac{21}{7}+\frac{3,5}{7}$ = 3 + 0,5 = 3,5.

Chapitre 10

Pourcentages

Dans ce chapitre

- Valeur d'un pourcentage
- Augmentation et diminution
- Variations

Voici une notion concrète au programme des tests psychotechniques. La notion de pourcentages est abordée au travers de nombreuses questions et peut même être liée à d'autres notions (vitesse, aire, équation, etc.). De la simple détermination d'un pourcentage aux notions les plus avancées de réduction et d'augmentation de surface, vous les croiserez souvent sur votre route. Sans calculatrice, il peut paraître déroutant de devoir valoriser un pourcentage. Apprenez donc à les manipuler efficacement, ils vous seront toujours utiles !

Qu'est-ce qu'un pourcentage ?

Un pourcentage représente une façon d'exprimer un nombre comme une **fraction de cent** (notée %). Les pourcentages sont utilisés pour représenter une proportion ou une fraction d'un échantillon ou d'une population. Ils peuvent également exprimer des variations à la hausse ou à la baisse d'un échantillon, d'un prix, d'une population, etc.

N'OUBLIEZ PAS !

Expressions d'un pourcentage

Il y a trois façons différentes d'exprimer un pourcentage :

1) accompagné du sigle pourcentage (ex. : 15 %) ;

2) sous une forme fractionnaire (ex. : $\frac{15}{100}$) ;

3) grâce à l'équivalence numérique de la fraction (ex. : 0,15).

EN PRATIQUE

- Que valent 15 % de 250 € ?

  1re méthode : en décomposant le pourcentage. Ici, on a 15 % = 10 % + 5 %. Calculer 10 % d'un nombre revient à le diviser par 10. Et pour obtenir 5 % de ce même nombre, il suffit de diviser par 2 le nombre obtenu pour 10 %. On a donc :

  15 % de 250 = (10 % + 5 %) × 250 = 10 % × 250 + 5 % × 250 = 25 + 12,5 = 37,5

  Utiliser ce type de décomposition se montre souvent judicieux pour déterminer rapidement la valeur d'un pourcentage.

2e méthode : sous forme de fraction.

$\frac{15}{100} \times 250 = \frac{15 \times 250}{100} = \frac{3\,750}{100} = 37{,}50$

3e méthode : avec l'équivalence numérique de la fraction.

$0{,}15 \times 250 = 37{,}50$

Détermination d'une progression et d'une valeur

Les pourcentages permettent de répercuter une progression, qu'elle soit à la hausse ou à la baisse, mais servent aussi à retrouver une valeur initiale ou à déterminer une valeur finale.

Augmentation et réduction

Les pourcentages servent à exprimer une **progression (augmentation) ou une diminution (réduction)** d'une valeur par rapport à une valeur de départ.

Calcul de l'augmentation ou de la diminution d'un pourcentage

Une **augmentation de** p **%** se traduit par une multiplication de la valeur de référence x par $(1+\frac{p}{100}) \times x$.

Une **réduction de** p **%** se traduit par une multiplication de la valeur de référence x par $(1-\frac{p}{100}) \times x$.

- Quel est l'impact d'une hausse de 20 % sur le prix d'une veste de 100 € ?

  Si le prix d'une veste est de 100 € et qu'on enregistre une hausse de 20 %, alors le nouveau prix sera exprimé par $100\times\left(1+\frac{20}{100}\right) = 100\times1{,}20 = 120$ €.

- Quel est l'impact d'une baisse de 20 % sur le prix d'une veste de 100 € ?

  Si le prix d'une veste est de 100 € et qu'on enregistre une baisse de 20 %, alors le nouveau prix sera exprimé par $100\times\left(1-\frac{20}{100}\right) = 100\times0{,}80 = 80$ €.

Variations successives

Lors de **variations successives**, il faut **multiplier les différents pourcentages de variation** entre eux pour déterminer la variation globale, aussi appelée le **coefficient multiplicateur global** (CMG).

Calcul de la variation globale

Il s'obtient en multipliant les différents pourcentages de variations successives entre eux :

$$\text{CMG} = (1 \pm a\,\%)\times(1 \pm b\,\%)\times\ldots\times(1 \pm n\,\%).$$

La **variation globale** (ou pourcentage total de variation) s'obtient alors en comparant le CMG à 1 :

- Si le CMG est plus petit que 1, la variation est à la baisse et égale à :

  1 - CMG, exprimée en équivalence numérique de la fraction.

- Si le CMG est plus grand que 1, la variation est à la hausse et égale à :

  CMG - 1, exprimée en équivalence numérique de la fraction.

EN PRATIQUE

- Une action très volatile a enregistré une hausse de 30 % mercredi puis une hausse de 50 % jeudi. Finalement, vendredi, elle a reculé de 25 %. Quel est le pourcentage total de variation au bout de ces trois jours ?

  On calcule le CMG = (1 + 30 %) × (1 + 50 %) × (1 - 25 %) = (1,30 × 1,50 × 0,75) = (1,95 × 0,75) = 1,462 5

  On obtient ensuite la variation (à la hausse, puisque le CMG est plus grand que 1) : CMG - 1 = 1,462 5 - 1 = 0,462 5 = 46,25 %

La **quantité d'arrivée** Q_A est déterminée à partir de la quantité de départ Q_D avec la formule suivante :

$$Q_A = Q_D \times (1 \pm a\,\%)\times(1 \pm b\,\%)\ldots\times(1 \pm n\,\%) = Q_D \times CMG.$$

Taux de variation

Un taux de variation permet d'exprimer la **variation** (exprimée en pourcentage) **d'une valeur entre deux événements**.

Calcul du taux de variation

Le taux de variation se détermine de la manière suivante :

$$t = \frac{\text{Valeur d'arrivée} - \text{Valeur de départ}}{\text{Valeur de départ}} \times 100$$

EN PRATIQUE

- Au sein d'une école, 50 élèves ont fait la rentrée cette année. En fin d'année, 55 élèves étaient inscrits. Quelle a été la variation du nombre d'étudiants entre le début et la fin d'année scolaire ?

  Le pourcentage P exprimant la progression du nombre d'élèves durant l'année scolaire est de $P = \frac{55-50}{50} = \frac{5}{50} = \frac{10}{100} = 10\,\%$ avec 50 la valeur de départ et 55 la valeur d'arrivée.

Trouver une quantité de départ

En connaissant **une quantité et le pourcentage de l'échantillon** qui lui est associé, il est possible de retrouver **la quantité de départ**.

Pour cela, il faut utiliser un tableau de proportionnalité (produit en croix) :

Pourcentage de l'échantillon (connu) ⟶	Quantité associée au pourcentage (connue)
100 % ⟶	Quantité de départ (inconnue)

D'où le produit en croix suivant :

$$\text{Q}^{\text{té}} \text{ de départ} = \frac{\text{Q}^{\text{té}} \text{ associée} \times 100\ \%}{\text{Pourcentage connu}} = \frac{\text{Q}^{\text{té}} \text{ associée}}{\text{Pourcentage connu}}$$

EN PRATIQUE

- Des pirates viennent de mettre la main sur un gros butin. Ils se le répartissent de la manière suivante : 25 % sont donnés au chef des pirates alors que le reste est partagé équitablement entre l'ensemble des pirates. Le chef a récupéré 35 pièces d'or. Quelle était la valeur du butin à l'origine ?

  Sachant que 25 % (pourcentage connu) correspondent à 35 pièces d'or (quantité associée), il est alors possible de poser :

$$\text{Q}^{\text{té}} \text{ de départ} = \frac{\text{Q}^{\text{té}} \text{ associée}}{\text{Pourcentage connu}}$$

$$\Leftrightarrow x = \frac{35}{25\%} = \frac{35}{0{,}25} = \frac{35}{\frac{1}{4}} = 35 \times 4 = 140 \text{ pièces d'or.}$$

N'OUBLIEZ PAS !

Il est possible de retrouver une quantité de départ à partir d'un pourcentage exprimant une hausse ou une baisse (noté p et exprimé en %) associé à la quantité finale.

La formule suivante permet alors de retrouver la quantité de départ :

$$\text{Quantité initiale} = \frac{\text{Quantité finale}}{1 \pm p}.$$

Cette formule est souvent utilisée pour retrouver la valeur hors taxes d'un équipement à partir de la valeur toutes taxes comprises (TTC).

EN PRATIQUE

- Un ordinateur neuf vaut 960 € TTC, incluant 20 % de taxes. Quel est le prix hors taxes de cet ordinateur ?

$$\text{Prix HT} = \frac{\text{Prix TTC}}{1 + 20\ \%} = \frac{960}{1{,}2} = 960 \times \frac{10}{12} = 80 \times 10 = 800\ €$$

Tests

Temps (indicatif) : 40 minutes	Difficulté : Moyen	Barème : 1 point par bonne réponse

ENTRAÎNEZ-VOUS !

Questions ouvertes

1. Les 157 robes exposées en magasin représentent 20 % du stock de robes de Patricia. Quel est le nombre de robes dont dispose Patricia dans son stock ?

2. Un couteau de cuisine est affiché à 80 € dans une coutellerie. Pour la période de Noël, ce couteau est affiché avec une hausse de 20 % par rapport à son prix initial. Sébastien dispose d'une carte de réduction qui lui permet d'obtenir une réduction de 20 % en permanence sur l'ensemble des produits de la coutellerie. Quel prix paiera-t-il pour ce couteau lors de la période de Noël ?

3. Trois baisses successives de 50 % ont eu lieu sur le prix d'une chemise. Au global, quelle a été la variation du prix de cette chemise ?

4. Le prix d'un vélo a connu une baisse de 50 % de son prix durant les soldes avant d'être augmenté de 50 % à la fin de la période des soldes. Quelle a été la variation totale du prix du vélo ?

5. Le prix d'un vélo a connu une baisse de 50 % de son prix durant les soldes. De quel pourcentage faut-il augmenter son nouveau prix afin de retomber sur le prix de départ du vélo ?

QCM

6. Que valent 45 % de 320 ?

A) 140 B) 144 C) 150 D) 154 E) 156

7. Que valent 49,5 % de 320 ?

A) 158,2 B) 158,4 C) 158,8 D) 160,4 E) 160,8

8. Que valent 95 % de 320 ?

A) 288 B) 298 C) 304 D) 308 E) 314

9. Une machine à laver d'une valeur de 480 € vient d'enregistrer une baisse de 20 %. Quel est désormais son prix ?

A) 460 B) 440 C) 420 D) 392 E) 384

10. À la fin de la période des soldes, cette même machine à laver n'a pas trouvé acheteur. Le patron est alors contraint légalement d'augmenter le prix de la machine à laver à la fin des soldes. Il applique donc une hausse de 20 %. Quel est le prix de la machine à la laver après cette hausse de 20 % ?

A) 480 B) 460 C) 460,8 D) 465,2 E) 474,8

11. Dans un grand magasin de prêt-à-porter, tous les détenteurs de la carte Caribou ont le droit à une réduction de 20 % sur l'ensemble de leurs achats. Cette carte a un coût initial de 50 € et elle est ensuite utilisable à vie. Gabin remarque qu'en achetant cette carte aujourd'hui, cela lui est très profitable puisqu'en considérant le coût de la carte, son manteau enregistrerait un rabais global de 15 % grâce à la réduction de la carte Caribou. Quel est le prix du manteau de Gabin ?

A) 900 B) 1 000 C) 950 D) 1 200

E) Il manque des informations pour pouvoir répondre à la question.

12. Le prix du litre de lait n'arrête plus de flamber ! Il vient d'enregistrer sa deuxième hausse en deux mois. Le montant de cette nouvelle hausse de 12 centimes représente 8 % d'augmentation par rapport au prix du mois de février, qui avait déjà subi une hausse de 8 centimes par rapport au prix de janvier. Lors de la première hausse, quel pourcentage d'augmentation représentait alors l'augmentation de 8 centimes ?

A) 5,6 % B) 5,9 % C) 6,2 % D) 6,5 % E) 6,8 %

13. Au sein d'un lycée de 400 étudiants, 32 % sont en classe de terminale. Parmi les filles du lycée, on en compte 30 % en terminale. Parmi les garçons du lycée, 40 % sont en terminale. Combien compte-t-on de filles dans ce lycée ?

A) 80 B) 128 C) 150 D) 180 E) 320

14. Le diamant « Blooc » est vendu 7 fois son prix d'achat. Quel pourcentage de hausse cette vente représente-t-elle par rapport à son prix d'achat ?

A) 70 % B) 60% C) 100% D) 600% E) 700%

15. Dans une classe, 40 % des élèves sont des filles. 25 % des filles portent des lunettes. Par ailleurs, 20 % des élèves qui ont des lunettes sont des filles. Quel est le pourcentage de garçons qui portent des lunettes parmi les garçons ?

A) 25 % B) 44,5 % C) 66,67 % D) 33,33 % E) 32,5 %

16. Après deux réductions successives de 30 % et une dernière de 20 %, le prix d'un jean est de 39,2 €. Quel était son prix initial ?

A) 100 € B) 95 € C) 90,2 € D) 85 € E) 78,4 €

17. Le prix d'un diamant vient d'enregistrer une hausse de 20 %. De quel pourcentage ce diamant devrait-il baisser afin de retrouver son prix de départ ?

A) 25 % B) 20 % C) 16,7 % D) 15 % E) 11,1 %

18. Chaque jour durant trois jours, l'action de l'entreprise Banana a enregistré une hausse quotidienne de 10 %. Sur ces trois jours, quelle a été la variation globale du prix de l'action Banana ?

A) 10 % B) 20 % C) 27,1 % D) 30 % E) 33,1 %

19. Deux sacs affichent un prix identique. Le premier enregistre une hausse de 20 % quand, dans le même temps, le deuxième enregistre une baisse de 25 %. De quel pourcentage doit-on augmenter le sac le moins cher pour que son prix rejoigne celui du sac le plus cher ?

A) 20 % B) 25 % C) 45 % D) 50 % E) 60 %

20. Une robe a été facturée 1 800 € TTC par un grand couturier. Quel est le prix hors taxes de cette robe sachant que les taxes s'évaluent à 20 % du montant hors taxes ?

A) 1 200 € B) 1 240 € C) 1 440 € D) 1 500 € E) 1 640 €

Correction des tests

1. $Q^{té} \text{ de départ } = \frac{Q^{té} \text{ associée}}{\text{Pourcentage connu}}$

$$\Leftrightarrow x = \frac{157}{20\ \%} = \frac{157}{0{,}2} = \frac{157}{\frac{1}{5}} = 157 \times 5 = \frac{1\,570}{2} = \mathbf{785}$$

ASTUCE

Avec les pourcentages, connaître les équivalences numériques des principales fractions peut se révéler fort utile pour se faciliter les calculs.

Pour rappel, voici les principales (issues du chapitre 5 consacré aux fractions) :

Fractions	$\frac{1}{2}$	$\frac{1}{3}$	$\frac{1}{4}$	$\frac{1}{5}$	$\frac{1}{6}$	$\frac{1}{7}$	$\frac{1}{8}$	$\frac{1}{9}$	$\frac{1}{10}$
Valeur numérique	0,50	0,33	0,25	0,20	0,167	0,142	0,125	0,11	0,10

Fractions	$\frac{1}{11}$	$\frac{1}{12}$	$\frac{1}{13}$	$\frac{1}{14}$	$\frac{1}{15}$	$\frac{1}{20}$	$\frac{1}{25}$	$\frac{1}{50}$	$\frac{1}{100}$
Valeur numérique	0,09	0,083	0,077	0,071	0,067	0,05	0,04	0,02	0,01

Ainsi, l'équivalence de 20 % est $\frac{1}{5}$. Cela permet de rapidement déduire que pour obtenir le total quand le pourcentage connu est de 20 %, il suffit de multiplier par l'inverse de $\frac{1}{5}$, c'est-à-dire par 5.

En appliquant cela dans l'exercice, on peut déduire très rapidement que le nombre de robes du stock est de $\frac{157}{0{,}2} = 157 \times 5 = 785$ robes.

2. Le prix payé correspondra à 80 × (1 + 0,2) × (1 – 0,2) = 80 × 1,2 × (1 – 0,2) = 96 × (1 – 0,2) = 96 – 96 × 0,2 = 96 – 19,2 = **76,8 €.**

PIÈGE !

Lorsqu'on effectue une augmentation de *p* % suivie d'une diminution de *p* %, on ne revient pas sur la valeur initiale. Attention à ce piège !

3. CMG = (1 – 50 %) × (1 – 50 %) × (1 – 50 %) = $0{,}5^3$ = 0,125 soit une variation totale égale à 1 – CMG = 1 – 0,125 = 0,875 = **87,5** %.

ASTUCE

Il est souvent judicieux de passer par une base 100 pour raisonner sur les pourcentages. Cela revient à prendre 100 comme valeur de référence pour réaliser les différentes variations. En prenant 100 € comme valeur de base, on se rend alors plus facilement compte des variations globales. Une première réduction de 50 % aurait alors mené le prix de 100 € à 50 €. Une deuxième réduction de 50 % aurait ensuite mené le prix de 50 € à 25 €. Enfin, une troisième réduction de 50 % aurait mené le prix de 25 € à 12,5 €. Au total, le prix est alors passé de 100 € à 12,5 €, soit une réduction de 87,5 €. Grâce à la base 100, on déduit rapidement que la réduction totale est équivalente à 87,5 %.

4. CMG = (1 – 50 %) × (1 + 50 %) = 0,5 × 1,5 = 0,75 soit une variation totale 1 – CMG = 1 – 0,75 = 0,25 = 25 %. Au total, le prix du vélo a baissé de **25** %.

5. Une baisse de 50 % revient à multiplier le prix initial par 0,5, c'est-à-dire le diviser par deux. Si on veut retrouver le prix initial, il faut donc multiplier par deux le prix réduit, c'est-à-dire l'augmenter de **100** % !

ASTUCE

6. Réponse B. Calculer 45 % d'une valeur revient à calculer 50 % - 5 %. Dès que vous avez trouvé 50 % de la valeur, il suffit de la diviser par 10 pour en trouver 5 %. 50 % sont facilement déductibles puisqu'il s'agit de la moitié d'une valeur.

45 % × 320 = (50 % - 5 %) × 320 = 160 - 16 = **144**

7. Réponse B. Calculer 49,5 % d'une valeur revient à calculer 50 % – 0,5 %. Dès que vous avez trouvé 50 % de la valeur, il faut ensuite la diviser par 100 pour en trouver 0,5 % et le soustraire à 50 %.

49,5 % × 320 = (50 % - 0,5 %) × 320 = 160 - 1,6 = **158,4**

ASTUCE

Dans l'exercice précédent, ayant déjà calculé 45 %, il est aisé d'en déduire 4,5 %. On peut ainsi obtenir le résultat d'une autre manière :

49,5 % × 320 = (45 % + 4,5 %) × 320 = 144 + 14,4 = **158,4**

8. Réponse C. Calculer 95 % d'une valeur revient à la même chose qu'en calculer 100 % - 5 %, sachant que 5 % d'une valeur correspondent à la moitié de 10 %.

Ainsi, 10 % de 320 représentent 32 et 5 % valent donc 16.

95 % × 320 = (1 - 5%) × 320 = 320 - 16 = **304**

9. Réponse E. Appliquer une réduction de 20 % revient à multiplier le nombre de départ par $1-\frac{20}{100}$. Donc :

480 × (1 - 0,20) = 480 × 1 - 480 × 0,20 = 480 - 96 = **384**

10. Réponse C. Appliquer une augmentation de 20 % revient à multiplier le nombre de départ par $1+\frac{20}{100}$. Et donc :

384 × (1 + 0,20) = 384 × 1 + 384 × 0,20 = 384 + 76,8 = **460,8**

11. Réponse B. Soit x le prix du manteau. En prenant la carte Caribou, Gabin a payé 50 € et 80 % du prix du manteau (puisqu'il a profité d'une remise de 20 %). On sait qu'au global cette dépense représente 85 % du prix du manteau. Donc : $50 + 0{,}8x = 0{,}85x \Leftrightarrow 0{,}05x = 50$ $\Leftrightarrow x = \frac{50}{0{,}05}$ = **1 000**.

Diviser par 0,05 revient à multiplier par 20, donc : $\frac{50}{0{,}05}$ = 50 × 20 = 1 000.

ASTUCE

Pour aller encore plus vite dans cet exercice, il était possible de faire le raisonnement suivant : les 50 € payés correspondent à la différence entre obtenir un rabais de 20 % ou de 15 % sur le prix du manteau, autrement dit 50 € correspondent à 5 % (20 % - 15 % = 5 %) du prix du manteau. Il est alors facile de déduire que le prix du manteau est de 1 000 € (50 × 20).

12. Réponse A. Une augmentation de 12 centimes représentant une progression de 8 % indique que le prix du litre de lait est de 1,5 € avant la hausse de 8 % ($\frac{0{,}12}{0{,}08} = \frac{12}{8} = \frac{3}{2} = 1{,}5$). Avant la première hausse de 8 centimes, le prix du litre était donc de 1,42 € (1,5 – 0,08 = 1,42) au mois de janvier. À ce moment-là, une progression de 8 centimes représentait donc un pourcentage de hausse de : $\frac{0{,}08}{1{,}42} \approx 5{,}6$ %.

ASTUCE

Réaliser le calcul $\frac{0{,}08}{1{,}42}$ revient à réaliser le calcul $\frac{8}{142}$.

13. Réponse E. La difficulté de cet exercice réside dans la mise en équation de la question, avec x le nombre de filles dans le lycée. De cette manière, le nombre de garçons au sein du lycée est de 400 - x.

D'après les informations de l'énoncé, il y a 128 étudiants en classe de terminale car 0,32 × 400 = 32 × 4 = 128. Cela permet donc de poser que 30 % des filles du lycée (0,3 × x) plus 40 % des garçons du lycée (0,4 × (400 - x)) valent 128 étudiants, soit l'équation suivante :

$$0{,}3x + 0{,}4(400 - x) = 128 \Leftrightarrow 0{,}3x - 0{,}4x + 160 = 128 \Leftrightarrow$$

$$-0{,}1x = 128 - 160 \Leftrightarrow 0{,}1x = 32 \Leftrightarrow x = \frac{32}{0{,}1} = 320$$

Diviser par 0,1 revient à multiplier par 10. En effet, $\frac{1}{0{,}1} = \frac{1}{\frac{10}{100}} = \frac{100}{10} = 10$.

Il était possible ici de poser deux équations avec deux inconnues : x pour le nombre de filles dans le lycée et y pour le nombre de garçons dans le lycée. Ce qui se note $x + y = 400$. Et la deuxième équation aurait été celle déduite plus haut, à savoir ici : $0{,}3x + 0{,}4y = 128$. La résolution de ce système de deux équations à deux inconnues aurait donc donné $x = 320$ et $y = 80$. Même si cette solution reste valable, elle est certainement plus chronophage.

14. Réponse D. Le taux de variation peut être utile pour cette question. Il faut partir avec une base 100 pour faciliter le calcul. Ainsi, si le prix de départ était de 100 €, le prix de vente sera de 700 €. Et donc le taux de variation est de : $\frac{700 - 100}{100} \times 100 = 600\,\%$.

15. Réponse C.

On part d'une base 100 pour l'ensemble des élèves de la classe. 40 élèves sont des filles et on compte donc 60 garçons. Puisque 25 % des filles portent des lunettes, on compte 40 ÷ 4 = 10 élèves qui portent des lunettes parmi les filles. Ces 10 filles représentent 20 % des élèves qui portent des lunettes, ce qui veut dire que le nombre d'élèves qui portent des lunettes est $\frac{10}{0{,}2} = \frac{100}{2} = 50$. On a donc 10 filles qui portent des lunettes et donc 50 - 10 = 40 garçons qui portent des lunettes. Ce qui correspond à $\frac{40}{60} = \frac{2}{3} \approx 66{,}67\,\%$.

16. Réponse A. Soit P le prix initial du jean :

$$P \times (1 - 0{,}30) \times (1 - 0{,}30) \times (1 - 0{,}20) = 39{,}2 \Leftrightarrow P = \frac{39{,}2}{0{,}7 \times 0{,}7 \times 0{,}8} = \frac{39{,}2}{\frac{7}{10} \times \frac{7}{10} \times \frac{8}{10}} =$$

$$\frac{39{,}2}{\frac{392}{1000}} = 39{,}2 \times \frac{1000}{392} = 100.$$

En partant des propositions, 100 permettait de trouver rapidement la bonne réponse : 100 × (1 - 0,3) × (1 - 0,3) × (1 - 0,2) = 100 × 0,7 × 0,7 × 0,8 = 39,2.

17. Réponse C.

Une hausse de 20 % revient à multiplier le prix initial par 1,2. Pour retomber sur le prix initial, il faut donc diviser le nouveau prix par 1,2, ce qui revient à le multiplier par son inverse : 1/1,2 ≈ 0,833. On obtient facilement ainsi la réduction à appliquer :

1 - 0,833 = 0,167 = 16,7 %.

ASTUCE

Pour compenser une hausse de $\frac{1}{N}$, il faut multiplier la quantité finale par $\left(1-\frac{1}{N+1}\right)$ pour retrouver la quantité de départ. Ici une hausse de 20 % ($\frac{1}{5}$) sera donc compensée par une baisse équivalente à $\frac{1}{N+1}=\frac{1}{5+1}=\frac{1}{6}$ soit 16,7 %.

18. Réponse E.

CMG = (1 + 10 %) × (1 + 10 %) × (1 + 10 %) = $1{,}1^3$ = 1,331, soit une variation totale t de t = CMG - 1 = 1,331 - 1 = 0,331 = 33,1 %.

19. Réponse E. En supposant le prix initial des deux sacs équivalents à x, le sac le plus cher vaut désormais 1,2 x et le sac le moins cher vaut maintenant 0,75 x. En notant y le pourcentage d'augmentation qu'il faut appliquer au prix du sac le moins cher pour retomber sur le prix du sac le plus cher, on obtient :

$$0{,}75\,x\times(1+y)=1{,}2\,x$$

$$\Leftrightarrow 1+y=\frac{1{,}2\,x}{0{,}75x}\Leftrightarrow y=\frac{1{,}2}{0{,}75}-1=\frac{120}{75}-1\Leftrightarrow\frac{15\times8}{15\times5}-1$$

$$\Leftrightarrow\frac{8}{5}-1=\frac{3}{5}=3\times0{,}2=0{,}6=60\ \%$$

ASTUCE

En partant d'une base 100, les prix des deux sacs sont, après variations, de 120 et 75. Pour retrouver 120 à partir de 75, il faut alors faire $\frac{120}{75}=\frac{8}{5}=60\ \%$.

20. Réponse D.

$$\text{Prix HT}=\frac{\text{Prix TTC}}{1+20\ \%}=\frac{1\,800}{1{,}2}=1\,800\times\frac{10}{12}=\frac{18\,000}{12}=1\,500$$

ASTUCE

En testant les propositions et en partant de celle du milieu, on s'aperçoit que 1 440 × (1 + 20 %) = 1 440 × 1,2 ≠ 1 800 puisque 1 440 × 1,2 = 1 728. Le prix étant trop bas, on teste une des deux propositions supérieures. Avec 1 500 €, cela donne 1 500 × (1 + 20 %) = 1 500 × 1,2 = 1 800. Il s'agit donc du bon prix.

Chapitre 11

Conversions et mélanges

Dans ce chapitre

- Les conversions de distance, de poids et de liquide
- Concentration, dilution et débit

Les thèmes de conversions et de mélanges sont caractéristiques des tests psychotechniques, notamment aux concours paramédicaux. Ils demandent une certaine habileté pour manipuler les différentes unités et les convertir. Un peu d'entraînement permet néanmoins de se familiariser avec les principales méthodes à connaître. Assurez-vous de les maîtriser pour réussir ces questions dont la difficulté est très souvent abordable avec un peu d'entraînement.

Les conversions

Les conversions d'unités permettent de trouver les **équivalences entre différents multiples et sous-multiples d'une unité** (poids, liquide, distance, etc.). Les conversions les plus utilisées dans les tests psychotechniques sont les distances, les poids et les liquides. L'utilisation d'un **tableau de conversion** permet de passer facilement d'un multiple ou sous-multiple à un autre.

Pour rappel, un **multiple** est une valeur plus grande que l'unité de base alors que le **sous-multiple** est une valeur plus petite que l'unité de base.

Dans les conversions, les préfixes des multiples et sous-multiples des unités sont tous identiques. Voici leur signification :

- *déci-* (d) = 0,1 fois l'unité de base (soit 1/10 de l'unité de base)
- *centi-* (c) = 0,01 fois l'unité de base (soit 1/100 de l'unité de base)
- *milli-* (m) = 0,001 fois l'unité de base (soit 1/1 000 de l'unité de base)
- *déca-* (da) = 10 fois l'unité de base
- *hecto-* (h) = 100 fois l'unité de base
- *kilo-* (k) = 1 000 fois l'unité de base

Les conversions de distance

Les conversions de distance permettent d'évaluer les équivalences de distance. Voici les principales conversions de distance à connaître :

1 m = 10 dm = 100 cm = 1 000 mm

1 km = 10 hm = 100 dam = 1 000 m

L'unité de référence est le mètre, notée m. Le tableau des unités de distance est le suivant :

kilomètre	hectomètre	décamètre	mètre	décimètre	centimètre	millimètre
km	hm	dam	m	dm	cm	mm

La conversion d'un mètre en millimètre se réalise de la manière suivante :

km	hm	dam	m	dm	cm	mm
			1	0	0	0

Ainsi 1 m = 1 000 mm.

Pour exprimer la valeur d'un mètre en kilomètre, le fonctionnement est le suivant :

km	hm	dam	m	dm	cm	mm
0,	0	0	1			

Ainsi 1 m = 0,001 km.

- Quelle est l'équivalence de 150 décamètres en centimètres ?

  Il faut utiliser le tableau de conversion pour trouver cette équivalence, en plaçant l'unité (ici 0) dans la colonne des décamètres puis l'ensemble des autres chiffres dans les colonnes de gauche de façon progressive. Ensuite il faut placer des zéros dans les colonnes vides qui séparent les décamètres des centimètres. Cela donne alors :

km	hm	dam	m	dm	cm	mm
1	5	0	0	0	0	

- Donc 150 dam = 150 000 cm. Remarquez aussi que 150 dam = 1,5 km = 15 hm = 1 500 m, etc.

Les conversions d'aires sont liées à la notion de distance, tout comme les conversions de volumes. Ce point spécifique à la géométrie est traité en détail dans le chapitre 16.

Les conversions de poids

Les conversions de poids permettent d'évaluer les équivalences de masse.

Voici les principales conversions de poids qui vous serviront :

1 g = 10 dg = 100 cg = 1 000 mg

1 kg = 10 hg = 100 dag = 1 000 g

Notez aussi qu'une tonne (notée 1 t) correspond à 1 000 kg et qu'un quintal (notée 1 q) vaut 100 kg.

L'unité de référence est le gramme, que l'on note g. Voici le tableau des unités de poids :

kilogramme	hectogramme	décagramme	gramme	décigramme	centigramme	milligramme
kg	hg	dag	g	dg	cg	mg

Pour exprimer un kilogramme en gramme, il faut utiliser le tableau de la manière suivante :

kg	hg	dag	g	dg	cg	mg
1	0	0	0			

Donc 1 kg = 1 000 g.

À l'inverse, pour exprimer la valeur d'un gramme en kilogramme, on utilise le tableau de conversion de la façon suivante :

kg	hg	dag	g	dg	cg	mg
0,	0	0	1			

C'est ainsi que 1 g = 0,001 kg.

- Quelle est l'équivalence de 250 grammes en milligrammes ?

  À la manière de l'utilisation du tableau de conversion des distances, il faut placer l'unité de 250 (donc 0) dans la colonne des grammes puis l'ensemble des autres chiffres de façon progressive dans les multiples de gauche. Il faut ensuite placer des zéros dans les colonnes vides qui séparent les grammes des milligrammes. Cela donne alors :

kg	hg	dag	g	dg	cg	mg
	2	5	0	0	0	0

Donc 250 g = 250 000 mg.

Les conversions de liquide

Ci-dessous, vous trouverez les principales conversions de liquide :

1 l = 10 dl = 100 cl = 1 000 ml

L'unité de référence est le litre, noté l ou L. Voici le tableau des unités de liquide :

kilolitre	hectolitre	décalitre	litre	décilitre	centilitre	millilitre
kl	hl	dal	l	dl	cl	ml

Pour exprimer un hectolitre en litre, le tableau s'utilise de la façon suivante :

kl	hl	dal	l	dl	cl	ml
	1	0	0			

Donc 1 hl = 100 l.

Pour donner l'équivalence d'un millilitre en litre, il faut utiliser le tableau ainsi :

kl	hl	dal	l	dl	cl	ml
			0,	0	0	1

C'est ainsi que 1 ml = 0,001 l.

- Quelle est l'équivalence de 56,75 hectolitres en décilitres ?

  Il faut placer l'unité de 56 litres (soit 6) dans la colonne hectolitre et le 5 dans le multiple de gauche (kilolitre). Les décimales se placent ensuite dans les multiples et sous-multiples de droite. Pour atteindre décilitre, il faut y ajouter un zéro supplémentaire.

kl	hl	dal	l	dl	cl	ml
5	6	7	5	0		

Finalement, 56,75 hl = 56 750 dl.

Souvenez-vous qu'un litre d'eau pèse un kilogramme. Cette correspondance est souvent utilisée dans les exercices de conversion.

Les autres types de conversion

Dans les tests psychotechniques, vous croiserez également des questions de conversions sur les durées et les vitesses. Ce point est abordé en détail dans le chapitre 13. Quant aux conversions d'aires et de volumes, elles sont traitées dans le chapitre 16.

Les conversions suivantes vous seront utiles.

- Pour les surfaces :

1 km^2 = 100 hm^2 = 10 000 dam^2 = 1 000 000 m^2.

À noter qu'un hectare (1 ha) équivaut à un hectomètre carré : 1 ha = 1 hm^2 et qu'un are (1 a) correspond à un décamètre carré : 1 a = 1 dam^2.

D'où : 1 km^2 = 100 hm^2 = 100 ha et 1 hm^2 = 1 ha = 100 dam^2 = 100 a.

Par ailleurs : 1 ha = 100 a = 10 000 m^2.

On utilise alors le tableau de conversions d'unités de surface suivant (chaque multiple et sous-multiple contient deux colonnes) :

km^2		hm^2		dam^2		m^2		dm^2		cm^2		mm^2	
	1	0	0	0	0	0	0						

- Pour les contenances :

  1 m^3 = 1 000 l.

Puisque 1 m^3 = 1 000 dm^3, vous pouvez déduire que 1 dm^3 = 1 l.

Cette relation de base est très pratique pour passer des mètres cubes aux litres. Dès que vous avez traduit les valeurs en dm^3, vous obtenez l'équivalence en litres.

Plus globalement, souvenez-vous des correspondances suivantes :

1 m^3 = 1 000 dm^3 = 1 000 000 cm^3 = 1 000 000 000 mm^3 = 1 000 l.

Voici le tableau de conversion des contenances (chaque multiple et sous-multiple contient trois colonnes) :

km^3			hm^3			dam^3			m^3			dm^3			cm^3			mm^3		
											1	0	0	0	0	0	0	0	0	0

Mélange, concentration et dilution

Les grandeurs de poids et de liquide sont utilisées pour des exercices de mélange, concentration et dilution. Notez que les tests psychotechniques des concours paramédicaux abordent souvent ces thèmes, particulièrement la concentration d'un liquide et sa dilution.

Mélange

Les questions de mélange impliquent plusieurs produits que l'on mixe ensemble. En fonction de la proportion du mélange, l'exercice requiert de réaliser une moyenne pondérée. Il est ainsi question de trouver un prix, un titre, une concentration, etc.

La notion de moyenne pondérée est présentée en détail dans le chapitre 6 consacré aux moyennes.

- Joe prépare un mélange de fruits secs dans lequel il met :

  1 kg d'abricots secs acheté à 6,50 €/kg

  2,5 kg de pruneaux secs achetés à 5 €/kg

  1,5 kg de bananes séchées acheté à 7 €/kg

  Compte tenu des proportions du mélange final, quel est le coût d'un kilo du mélange préparé ?

  La valeur totale V_t du mélange se trouve de la façon suivante :

  $V_t = 1 \times 6{,}5 + 2{,}5 \times 5 + 1{,}5 \times 7 = 6{,}5 + 12{,}5 + 10{,}5 = 29{,}5$.

  Soit un prix au kilo de :

  $29{,}5 \div (1 + 2{,}5 + 1{,}5) = 29{,}5 \div 5 = \frac{29{,}5}{10} \times 2 = 2{,}95 \times 2 = 5{,}90$.

Concentration

La **concentration d'une solution** désigne la proportion du composant qui nous intéresse, appelé soluté, dans un certain mélange (appelé solution considérée). L'objet des tests portant sur cette notion est ainsi de déterminer la concentration (on dit aussi le « titrage ») d'un produit donné au sein d'un mélange formé de plusieurs produits.

La **concentration massique** C_m est une quantité qui s'obtient en réalisant le rapport entre la masse d'un composant m_x et le volume V de liquide où il est dilué :

$$C_m = \frac{m_x}{V}$$

- Un chimiste dilue 50 mg de plomb dans 5 litres d'eau. Quelle est la concentration en mg/l de cette solution en plomb ?

  La concentration s'obtient par le rapport de la masse de plomb sur la quantité d'eau $C_m = \frac{m_x}{V} = \frac{50}{5} = 10 \text{ mg/l}$.

Dilution

La **dilution** est le **mélange d'un produit (le soluté) et d'un solvant** permettant d'obtenir une **solution dans laquelle la concentration du produit est inférieure à celle du solvant**. La dilution se définit souvent par l'ajout d'un liquide en proportion plus importante que le volume de la solution initiale : par exemple, la dilution d'un volume de sirop dans dix volumes d'eau.

Le **taux de dilution** T_d (exprimé en pourcentage) est obtenu en faisant le rapport entre le volume de la solution initiale V_i et le volume du liquide diluant V_d :

$$T_d = \frac{V_i}{V_d}$$

- Raphaëlle dilue 20 cl de sucre de canne dans un litre d'eau. Quel est le taux de dilution ?

  Le taux de dilution s'obtient par $T_d = \frac{20}{100} = 0{,}2 = 20\ \%$.

La notion de **facteur de dilution** F_d est à différencier du taux de dilution. Le facteur de dilution s'obtient en faisant le rapport entre le volume du liquide diluant V_d et le volume de la solution initiale V_i :

$$F_d = \frac{V_d}{V_i}$$

Le facteur de dilution est donc l'inverse du taux de dilution. Pour s'en rappeler, gardez en tête que le taux de dilution s'exprime en pourcentage et qu'il est donc compris entre 0 et 1. À l'inverse, le facteur de dilution est toujours supérieur à 1.

- Raphaëlle dilue 20 cl de sucre de canne dans un litre d'eau. Quel est le facteur de dilution ?

  Le facteur de dilution s'obtient par $F_d = \frac{100}{20} = 5$. Le volume d'eau est ainsi 5 fois plus grand que le volume de sucre de canne.

Le facteur de dilution est l'inverse du taux de dilution, ce que l'on peut noter par $T_d = \frac{1}{F_d}$. En reprenant les deux exemples précédents, on note ainsi que $T_d = \frac{1}{F_d} \Leftrightarrow 0{,}2 = \frac{1}{5}$.

Tests

Temps (indicatif) : 25 minutes	Difficulté : Moyen	Barème : 1 point par bonne réponse

Questions ouvertes

1. Pour chacune des distances suivantes, donnez son équivalence en mètres.

a) 27,5 km

b) 875 dam

c) 0,256 cm

d) 589 mm

e) 1,02 dm

2. Pour chacun des poids suivants, donnez son équivalence en kilogrammes.

a) 2 560 g

b) 0,789 cg

c) 58 hg

d) 3,55 tonnes

e) 545 mg

3. Pour chacune des contenances suivantes, donnez son équivalence en litres.

a) 58,02 hl

b) 0,401 dal

c) 47 kl

d) 502,31 cl

e) 0,7 ml

4. Pour chacune des contenances suivantes, donnez son équivalence en m^2.

a) 150 dm^2

b) 52 ha

c) 102 a

d) 254,52 dm^2

e) 0,478 hm^2

5. Pour chacune des contenances suivantes, donnez son équivalence en m^3.

a) 15 000 dm^3

b) 1 052 102 l

c) 12 hm^3

d) 54 789 066 cm^3

e) 3,785 km^3

6. Que vaut en mètres la somme S_1 suivante ?

S_1 = 2,15 km + 85 m + 12,5 hm ?

7. Que vaut en grammes la somme S_2 suivante ?

S_2 = 7 104 mg + 1,47 hg + 10,2 cg ?

8. Que vaut en litres la somme S_3 suivante ?

S_3 = 8,78 hl + 47 dal + 1 547 cl ?

9. Que vaut en mètres carrés la somme S_4 suivante ?

S_4 = 752 dm² + 12 ha + 503 a ?

10. Que vaut en mètres cubes la somme S_5 suivante ?

S_5 = 7,8 dam³ + 5,24 m³ + 547,25 dm³ ?

QCM

11. Que vaut 800 cl + 5 dm³ + 0,15 dal + 4 150 cm³ ?

A) 13,565 l B) 14,15 l C) 14,915 l D) 17,3 l E) 18,65 l

12. Le silo de Paula contient 12,5 m³ d'eau usée. Combien de réservoirs d'eau de 150 litres pourrait-elle remplir avec la contenance de son silo ?

A) 830 B) 171 C) 83 D) 17 E) 8

13. Un comprimé de Matillicide de 180 mg contient 20 mg de Matillici+. Une boîte contient 20 comprimés. Quelle est la masse de Matillici+ par boîte ?

A) 0,4 g B) 1,4 g C) 4,2 g D) 4,8 g E) 6,6 g

14. Pour son traitement, Francis doit prendre cette semaine 15 g de chlorure de magnésium. Son pharmacien compose des ampoules de 10 ml de chlorure de magnésium dosées à 10 %. Combien de gélules devra prendre Francis cette semaine s'il veut prendre la totalité de son traitement ?

A) 1 B) 1,5 C) 10 D) 15 E) 100

15. Jean-Yves mélange deux litres d'eau contenant en tout 50 g de sirop avec trois litres d'eau contenant 100 g de sirop. Quel est le taux de sirop dans le mélange ?

A) 0,5 % B) 1 % C) 3 % D) 6 % E) 10 %

16. Une solution contient 75 g de chlorure de potassium pour 75 cl d'eau. Quelle est la concentration en chlorure de potassium de cette solution ?

A) 1 % B) 10 % C) 20 % D) 50 % E) 100 %

17. Mourad met au point un nouveau cocktail pour lequel il mélange 250 grammes de fruit et 1 750 ml d'eau. Quelle est la concentration de fruits dans ce cocktail ?

A) 1,5 % B) 5 % C) 10 % D) 12,5 % E) 15 %

18. Pour réaliser son pot-au-feu, Marcel mélange 3 kg de carotte à 2,20 €/kg, 1,5 kg de navet à 1,70 €/kg, 4 kg de bœuf à 10,50 €/kg et 2 kg de pomme de terre à 2,30 €/kg. Quel est le coût moyen d'un kilo de ce pot-au-feu ?

A) 5,30 € B) 5,50 € C) 5,70 € D) 5,90 € E) 6,10 €

19. Marc vient de réaliser une solution alcoolique de 500 cl. Pour cela, il a mélangé 4,5 l d'eau avec un flacon d'une solution alcoolique dont il ne connaissait pas la concentration initiale. Sachant que la solution finale obtenue à une concentration de 7,5 % d'alcool, quelle était la concentration en alcool de la solution contenue dans le flacon ?

A) 7,5 % B) 15 % C) 25 % D) 50 % E) 75 %

20. Un flacon de 150 cl dispose d'une concentration alcoolique de 75 %. Quel volume d'eau doit-on ajouter pour que la concentration alcoolique tombe à 50 % ?

A) 50 cl B) 75 cl C) 100 cl D) 125 cl E) 150 cl

Correction des tests

1. a) 27 500 m b) 8 750 m c) 0,002 56 m d) 0,589 m e) 0,102 m

	km	hm	dam	m	dm	cm	mm		
2	7	5	0	0					
	8	7	5	0					
				0,	0	0	2	5	6
				0,	5	8	9		
				0,	1	0	2		

2. a) 2,56 kg b) 0,000 007 89 kg c) 5,8 kg d) 3 550 kg e) 0,000 545 kg

t			kg	hg	dag	g	dg	cg	mg		
			2,	5	6	0					
			0,	0	0	0	0	0	7	8	9
			5,	8							
3	5	5	0								
			0,	0	0	0	5	4	5		

3. a) 5 802 l b) 4,01 l c) 47 000 l l d) 5,023 l e) 0,000 7 l

	kl	hl	dal	l	dl	cl	ml	
	5	8	0	2				
				4,	0	1		
4	7	0	0	0				
				5,	0	2	3	1
				0,	0	0	0	7

4. a) 1,5 m² b) 520 000 m² c) 10 200 m² d) 2,545 2 m² e) 4 780 m²

km²		hm²/ha		dam²/a		m²		dm²		cm²		mm²	
							1,	5	0				
		5	2	0	0	0	0						
			1	0	2	0	0						
							2,	5	4	5	2		
			0	4	7	8	0						

5. a) 15 m³ b) 1 052,102 m³ c) 12 000 000 m³ d) 54,789 066 m³ e) 3 785 000 000 m³

km³			hm³			dam³			m³			dm³/l			cm³			mm³		
										1	5,	0	0	0						
								1	0	5	2,	1	0	2						
				1	2	0	0	0	0	0	0									
										5	4,	7	8	9	0	6	6			
		3	7	8	5	0	0	0	0	0	0									

6. La première étape requiert de convertir chaque valeur en mètres. Ce qui donne 2,15 km = 2 150 m et 12,5 hm = 1 250 m. Ensuite, en sommant, vous obtenez :

$$S_1 = 2\,150 \text{ m} + 85 \text{ m} + 1\,250 \text{ m} = \mathbf{3\,485 \text{ m}}$$

7. La première étape requiert de convertir chaque valeur en grammes. Ce qui donne 7 104 mg = 7,104 g, 1,47 hg = 147 g et 10,2 cg = 0,102 g. Ensuite, en sommant, vous obtenez :

$$S_2 = 7{,}104 \text{ g} + 147 \text{ g} + 0{,}102 \text{ g} = \mathbf{154{,}206 \text{ g}}$$

8. La première étape requiert de convertir chaque valeur en litres. Ce qui donne 8,78 hl = 878 l, 47 dal = 470 l et 1 547 cl = 15,47 l. Ensuite, en sommant, vous obtenez :

$$S_3 = 878 \text{ l} + 470 \text{ l} + 15{,}47 \text{ l} = \mathbf{1\,363{,}47 \text{ l}}$$

9. La première étape requiert de convertir chaque valeur en mètres carrés. Ce qui donne 752 dm² = 7,52 m², 12 ha = 120 000 m² et 503 a = 50 300 m². Ensuite, en sommant, vous obtenez :

$$S_4 = 7{,}52 \text{ dm}^2 + 120\,000 \text{ m}^2 + 50\,300 \text{ m}^2 = \mathbf{170\,307{,}52 \text{ m}^2}$$

10. La première étape requiert de convertir chaque valeur en mètres cubes. Ce qui donne 7,8 dam³ = 7 800 m³ et 547,25 dm³ = 0,547 25 m³. Ensuite, en sommant, vous obtenez :

$$S_5 = 7\,800 \text{ m}^3 + 5{,}24 \text{ m}^3 + 0{,}547\,25 \text{ m}^3 = \mathbf{7\,805{,}787\,25 \text{ m}^3}$$

11. Réponse E. La réponse est attendue en litres, il faut donc convertir chaque contenance en litres tout d'abord. 800 cl = 8 l, 5 dm³ = 5 l, 0,15 dal = 1,5 l et 4 150 cm³ = 4,15 l. Donc 800 cl + 5 dm³ + 0,15 dal + 4 150 cm³ = 8 l + 5 l + 1,5 l + 4,15 l = 18,65 l.

12. Réponse C. 12,5 m³ = 12 500 l. Elle pourra alors remplir 12 500 ÷ 150 = 1 250 ÷ 15 = 83,3 réservoirs d'eau de 150 litres de contenance.

13. Réponse A.

PIÈGE !

Il y a ici une donnée inutile. En effet, le fait que le comprimé pèse 180 mg ne nous donne aucune information importante pour pouvoir répondre à la question.

Comme un comprimé contient 20 mg de Matillici+ et qu'une boîte contient 20 comprimés, alors la masse de Matillici+ par boîte est de : 20 × 20 = 400 mg = 0,4 g.

14. Réponse D. Le chlorure de magnésium est dosé à 10 %, ce qui signifie que pour 100 ml de médicament, on compte 10 g de chlorure de magnésium. Donc chaque ampoule de 10 ml contient 1 g de chlorure de magnésium. Francis va devoir utiliser 15 ampoules pour obtenir la quantité souhaitée de chlorure de magnésium.

15. Réponse C. Il y a 100 + 50 = 150 g de sucre dans 3 + 2 = 5 litres d'eau. Comme un litre d'eau pèse 1 kg = 1 000 g, on sait que dans 5 000 g d'eau, le taux de sirop se détermine par :

$$\frac{150}{5000} = \frac{15}{500} = \frac{3}{100} = 3\ \%$$

16. Réponse B. Il faut tout convertir en grammes puis effectuer le rapport entre les deux valeurs. 75 cl d'eau pèsent 750 g puisque 1 l = 100 cl = 1 kg. Donc, la concentration est de :

$$\frac{75}{750} = \frac{1}{10} = 10\ \%$$

17. Réponse D. 1 750 ml = 1,75 l = 1,75 kg = 1 750 g puisque 1 l d'eau pèse 1 kg. Le mélange pèse donc 1750 + 250 = 2 000 g. La concentration en fruit se détermine par :

$$\frac{250}{2000} = \frac{25}{200} = \frac{12,5}{100} = 12,5\ \%$$

18. Réponse A. Le coût total de la préparation se détermine par 3 × 2,20 + 1,5 × 1,70 + 4 × 10,50 + 2 × 2,30 = 6,60 + 2,55 + 42 + 4,60 = 55,75. Le poids total de la préparation est de 3 + 1,5 + 4 + 2 = 10,5 kg. Ce qui fait un coût au kilo déterminé par 55,75 ÷ 10,5 ≈ 5,3.

19. Réponse E. La solution est de 500 cl avec un titrage de 7,5 % d'alcool. Cela représente donc un volume d'alcool tel que :

$$V_a = 0,075 \times 500 = 7,5 \times 5 = 37,5 \text{ cl}$$

Le flacon employé pour réaliser sa solution contenait donc 50 cl de solution alcoolique (5 l – 4,5 l = 0,5 l = 50 cl), dont 37,5 cl d'alcool. La concentration d'alcool de ce flacon s'obtient par :

$$C_a = \frac{37,5}{50} = \frac{75}{100} = 75\ \%$$

20. Réponse B. Dans 150 cl d'une solution composée à 75 % d'alcool, le volume d'alcool V_a est :

$$V_a = 0,75 \times 150 = 112,5 \text{ cl}$$

Pour que la solution soit composée à 50 % d'alcool, il faut donc que 112,5 cl représente la moitié de la solution. La solution doit donc avoir un volume de 112,5 × 2 = 225 cl. Il faut donc ajouter 225 cl – 150 cl = 75 cl d'eau.

Chapitre 12

Calcul mental

Dans ce chapitre

- Méthodes de calcul mental

L'une des difficultés des tests psychotechniques réside dans l'interdiction de l'usage de la calculatrice. En effet, la plupart proscrivent l'usage de la calculatrice. Cela doit vous pousser à réaliser tous les calculs du quotidien de tête. Cette gymnastique a pour but de vous familiariser avec le calcul mental, notion centrale des tests psychotechniques.

Pour vous aider dans cette démarche ont été regroupées, dans cette section, de nombreuses astuces qui vous permettront de réaliser des calculs de manière simplifiée et dans un temps restreint

L'addition

Afin d'être efficace en calcul mental et de réaliser rapidement des opérations, voici quelques astuces et méthodes pour additionner rapidement des termes entre eux.

Il faut tout d'abord penser à regrouper les nombres de manière réfléchie.

Grouper les termes (sommes se terminant par 0)

Il convient de faire en sorte que les sommes se terminent par 0. Pour cela, il faut rapprocher les nombres se terminant par :

1 et 9 ;

2 et 8 ;

3 et 7 ;

4 et 6 ;

5 et 5.

- $4 + 3 + 6 + 1 + 5 + 9 + 5 + 7 + 2$

  $= (4 + 6) + (3 + 7) + (1 + 9) + (5 + 5) + 2$

  $= 10 + 10 + 10 + 10 + 2 = 42$

Avec des termes supérieurs à 9, il faut d'abord considérer les unités pour rapprocher les termes entre eux :

- 13 + 25 + 21 + 46 + 17 + 19 + 35 + 24

  = (13 + 17) + (25 + 35) + (21 + 19) + (46 + 24)

  = 30 + 60 + 40 + 70

  = (30 + 70) + (60 + 40) = 100 + 100 = 200

En fin de calcul, regrouper 30 et 70, puis 60 et 40, pour obtenir 100, rend le calcul encore plus rapide.

Grouper les termes (sommes se terminant par 5)

Pour calculer 3 + 6 + 9 + 12, on ne peut pas regrouper de telle sorte que ça se termine par 0. Mais on peut regrouper les termes de telle sorte que leur somme se termine par 5.

Soit les nombres qui se terminent par :

1 et 4 ;

2 et 3 ;

6 et 9 ;

7 et 8.

EN PRATIQUE

- 3 + 6 + 9 + 12 = (3 + 12) + (6 + 9) = 15 + 15 = 30

Bien sûr, s'il y a des nombres que l'on peut regrouper et dont la somme se termine par 0, il faut le faire en priorité. Ensuite pour ceux qui restent, utilisez la technique précédente :

EN PRATIQUE

- 12 + 16 + 94 + 53 + 7 + 63

  = (16 + 94) + (53 + 7) + (12 + 63)

  = 110 + 60 + 75 = 170 + 75 = 245

La soustraction

À l'instar de l'addition la soustraction est l'objet de méthodes astucieuses pour se simplifier les calculs.

Simplification des nombres

Simplifier dans un premier temps les nombres à soustraire permet de gagner du temps.

EN PRATIQUE

- 1 756 – 1 703

  Simplifiez le calcul en laissant de côté 1 700 qui est commun aux deux nombres et effectuez la soustraction en considérant uniquement la fin des termes :

  56 – 3 = 53 et donc 1 756 – 1 703 = 53.

La « technique de la boulangère »

Pour calculer plus rapidement la différence entre ce que vous lui donnez et ce que vous lui devez afin de vous rendre votre monnaie, votre boulangère fait en réalité une addition de proche en proche.

- 100 - 37

  La boulangère calcule 37 + 3 = 40, puis 40 + 60 = 100.

  Votre boulangère vous rend donc 3 + 60, soit 63.

La multiplication

Il existe plusieurs techniques de multiplication rapides permettant de se simplifier les calculs.

Techniques de multiplication rapides

- Multiplication par 2 : prendre le **double** de ce nombre.
  - 37 × 2 = 74
- Multiplication par 4 : comme 4 = 2^2, il suffit de prendre le **double du double** de ce nombre.
  - 51 × 4 = 102 × 2 = 204
- Multiplication par 8 : comme 4 = 2^3, il suffit de prendre le **double du double du double** de ce nombre.
  - 23 × 8 = 46 × 4 = 92 × 2 = 184

La méthode est identique pour les multiplications par 16, 32, etc.

- Multiplication par 5 : on **multiplie par 10** (facile) et on **divise par 2** (facile aussi).
  - 39 × 5 = 390 ÷ 2 = 195
- Multiplication par 25 : on sait que 25, c'est 100 ÷ 4. Donc pour multiplier par 25, il faut **multiplier par 100** et **diviser par 4**.
  - 128 × 25 = (128 × 100) ÷ 4 = 12 800 ÷ 4 = (12 000 + 800) ÷ 4 = 3 000 + 200 = 3 200.

Plus généralement, il est fortement conseillé de décomposer des nombres lorsqu'on multiplie. En effet, multiplier par 30 revient à multiplier par 3 et par 10.

- Multiplication par 11 : pour multiplier un nombre à deux chiffres par 11, il faut calculer la somme de ses deux chiffres et la replacer en son milieu.
  - 11 × 13 = 1**4**3, car 4 = 1 + 3 et 11 × 72 = 7**9**2

  Voici une belle propriété pour le 11 :
  - 11^2 = 121
  - 111^2 = 12 **3**21
  - 1 111^2 = 1 23**4** 321
  - 11 111^2 = 123 4**5**4 321

- Multiplication par 9 ; 99 ; 999... : Puisque 9 = 10 – 1, pour multiplier par 9, **il faut multiplier par 10 le nombre de départ puis soustraire ce même nombre de départ au produit**.
  - 9 × 15 = 15 × 10 - 15 = 150 - 15 = 135

  De même, 99 = 100 - 1. Pour multiplier par 99, on **multiplie donc par 100 le nombre et on le soustrait une fois.**
  - 99 × 22 = 22 × 100 - 22 = 2 200 - 22 = 2 178.
- Pour calculer les carrés des nombres finissant par 5 (15^2, 25^2, 35^2...) : il faut prendre le nombre des dizaines puis le multiplier par le nombre des dizaines augmenté de 1 puis adjoindre 25 au résultat.
  - 15 × 15 se calcule par 1 × (1 + 1) = 2 que l'on met devant 25 soit 225.
  - 35 × 35 donne 3 × (3 + 1) = 12 que l'on met devant 25 ce qui donne : 1 225.
  - Et ça marche aussi pour des nombres plus grands : 2 005 × 2 005 donne 200 × 201 = 40 que l'on met devant 25 soit : 4 020 025.
- Le carré de n'importe quel nombre de 2 chiffres : pour cela, il faut décomposer avec l'identité remarquable : $(a + b)^2 = a^2 + b^2 + 2ab$.
  - Ainsi 34^2 donne $30^2 + 4^2 + 4 \times 30 \times 2 = 900 + 16 + 240 = 1\ 156$.

CONSEILS DU FORMATEUR

Il est également possible de combiner les techniques **: il ne faut pas hésiter à mélanger toutes ces techniques.**

- 34 × 55 = 34 × 11 × 5 = 374 × 5 = 374 × 10 ÷ 2 = 3 740 ÷ 2 = 1 870

L'estimation d'un résultat

- Plus généralement, dans le cadre d'un QCM, il est souvent suffisant et utile d'estimer un résultat. Pour cela on peut utiliser :
  - **Les ordres de grandeur** : en effectuant des opérations sur des nombres, il est possible d'estimer l'ordre de grandeur du résultat et trouver la bonne réponse sans effectuer la moindre opération.

EN PRATIQUE

- Que vaut 2 784 088 × 9,857 7 ?

A) 27 444 704,277 6   B) 12 021 525,5

C) 2 701 525,5   D) 221 525,5   E) 270 215 255

L'écart entre les différentes propositions est suffisamment grand pour estimer un ordre de grandeur du résultat. 9,8477 est proche de 10 et donc : 2 784 088 × 9,8577 ≈ 2 784 088 × 10 ≈ 27 840 880. La seule proposition plausible est donc la A.

- **Méthode de la dernière unité** : la multiplication des unités de chaque terme pour anticiper l'unité du produit.

394 × 5157 se termine obligatoirement par 8 car 4 × 7 = 28, ce qui signifie que l'unité du produit sera un 8.

La division

Il est admis qu'un entier a est **multiple** de l'entier b s'il existe un entier n qui permet la relation $a = b \times n$. Dans ce cas, on dit que a est divisible par b.

De nombreux **critères de divisibilité** existent, ils vous seront utiles dans de nombreux cas lors de la résolution de question. Attention, toutefois, certains critères peuvent se révéler compliqués à appliquer et pas toujours opportuns à manipuler dans le cadre de l'épreuve, car très chronophages.

- **Divisibilité par 2** : un nombre entier est divisible par 2 si et seulement s'il se termine par 0, 2, 4, 6 ou 8. Il s'agit des critères de détermination d'un nombre pair.
  - 453 764 est divisible par 2 puisque ce nombre se termine par 4.
- **Divisibilité par 3** : un nombre entier est divisible par 3 si la somme de ses chiffres est aussi divisible par 3.
  - 3 456 est divisible par 3 puisque la somme des chiffres donne 18 ($3 + 4 + 5 + 6 = 18$) et que 18 est un multiple de 3.
- **Divisibilité par 4** : un nombre entier est divisible par 4 si et seulement si le nombre formé par les deux derniers chiffres de ce nombre est un multiple 4 (les terminaisons 00, 04 et 08 sont considérées comme multiples de 4).
  - 76 428 est divisible par 4 puisque 28 est divisible par 4.
- **Divisibilité par 5** : un nombre entier est divisible par 5 si et seulement s'il se termine par 0 ou 5.
  - 45 675 est multiple de 5, car il se termine par le chiffre 5.
- **Divisibilité par 6** : un nombre entier est divisible par 6, si et seulement s'il est divisible à la fois par 2 et par 3. Donc un nombre entier est divisible par 6 s'il est pair et divisible par 3.
  - 46 656 est un nombre dont la somme des chiffres ($4 + 6 + 6 + 5 + 6 = 27$) est multiple de 3 ($3 \times 9 = 27$). Puisque 46 656 est également pair, alors il s'agit d'un multiple de 6.
- **Divisibilité par 7** : un nombre entier de trois chiffres est divisible par 7 si et seulement si la différence entre le nombre composé des deux premiers chiffres et le double du chiffre des unités est un multiple de 7.
  - Pour 812 : $81 - 2 \times 2 = 81 - 4 = 77$. 77 étant un multiple de 7 ($7 \times 11 = 77$), alors 812 est un multiple de 7.

Ce test n'étant pas évident à réaliser dans les situations du concours, utilisez les astuces vues précédemment vous permettant de déduire cela plus rapidement.

- **Divisibilité par 8** : un nombre entier est divisible par 8 si et seulement si les trois derniers chiffres de ce nombre composent un nombre entier lui-même multiple de 8. Il s'agit d'un critère quasi similaire à celui du chiffre 4. En effet, tous les nombres divisibles par 8 sont par définition divisibles par 4.
  - 45 888 est divisible par 8 puisque 888 est multiple de 8 ($111 \times 8 = 888$). Remarque : ce nombre est effectivement également multiple de 4.

- **Divisibilité par 9** : un nombre est divisible par 9 si la somme de ses chiffres est aussi divisible par 9. Il s'agit d'un critère quasi similaire à celui du chiffre 3. En effet, tous les nombres divisibles par 9 sont par définition divisibles par 3.
  - 3 456 est divisible par 9 puisque la somme des chiffres donne 18 (3 + 4 + 5 + 6 = 18) et que 18 est un multiple de 9. Remarque : ce nombre est effectivement également multiple de 3.
- **Divisibilité par 10** : un nombre entier est divisible par 10 si et seulement s'il se termine par 0.
  - 41 770 est multiple de 10, car il se termine par le chiffre 0.
- **Divisibilité par 11** : un nombre est divisible par 11 si et seulement si la différence entre la somme des chiffres de rang impair et la somme des chiffres de rang pair est un multiple de 11.
  - 9 152 (9 + 5) – (1 + 2) = 14 – 3 = 11. Puisque 11 est multiple de 11 alors 9 152 est un multiple de 11.

Autres techniques

En dehors des techniques propres aux quatre opérations, certaines méthodes peuvent s'adapter à tous les calculs. Elles permettent de manipuler habilement les opérations pour se les rendre plus faciles. Certaines permettent même de ne réaliser aucun calcul et s'appuient sur la déduction logique.

Décomposition d'une opération usuelle

La réalisation d'opérations peut très souvent se décomposer de manière à simplifier les calculs. Ainsi pour les additions, mais aussi pour les soustractions, il est très souvent utile de décomposer les termes additionnés ou soustraits, de façon à ne pas avoir à poser l'opération grâce aux simplifications réalisées.

- Que vaut 930 + 1 827 ?

  930 + 1 827 = 900 + 30 + 1 000 + 800 + 27

  = 1 900 + 800 + 57 = 2 700 + 57 = 2 757

Ces décompositions peuvent s'effectuer avec des soustractions.

- Que vaut 5 327 - 4 334 ?

  5 327 - 4 334 = 5 327 - 4 000 – 300 – 30 – 4

  = 1 327 – 300 – 30 – 4

  = 1 027 – 30 – 4 = 997 – 4 = 993

Pour les multiplications, la décomposition du multiplicateur permet de réaliser plusieurs opérations simplifiées.

- Que vaut 113×225 ?

  $113 \times 225 = 113 \times (200 + 20 + 5)$

  $= 113 \times 200 + 113 \times 20 + 113 \times 5$

  $= 22\,600 + 2\,260 + 565 = 24\,860 + 565 = 25\,425$

Multiplier par 5 revient à multiplier par 10 puis diviser par 2 :

$113 \times 5 = 113 \times 10 \div 2 = 1\,130 \div 2 = 1\,000 \div 2 + 130 \div 2 = 500 + 65 = 565.$

Pensez à réarranger vos facteurs pour faire apparaître des multiplications faciles à calculer (par 5, 10, 20, 25, 100, etc.).

Fractions et équivalences numériques

Certains calculs deviennent plus simples en remplaçant selon le contexte une fraction par son équivalence numérique ou inversement.

- Que vaut $1\,440 \times 0,25$?

$$1\,440 \times 0,25 = 1\,440 \times \frac{1}{4} = \frac{1\,440}{4} = \frac{1\,400}{4} + \frac{40}{4} = 350 + 10 = 360$$

De la même façon, diviser par 0,2 revient à multiplier par 5, diviser par 0,25 revient à multiplier par 4, diviser par 0,4 revient à multiplier par 5 puis à diviser par 2, diviser par 0,5 revient à multiplier par 2, diviser par 0,75 revient à multiplier par 4 puis diviser par 3, etc.

Remarquables identités

Les identités remarquables peuvent servir à faciliter les calculs dans l'estimation de carrés et/ou la réalisation de multiplications grâce à la technique des écarts parallèles.

Formules

$$(a + b)^2 = a^2 + b^2 + 2ab$$

$$(a - b)^2 = a^2 + b^2 - 2ab$$

$$(a + b)(a - b) = a^2 - b^2$$

- Que vaut le carré de 112 ?

  Pour évaluer le carré de 112, il est possible d'utiliser l'identité remarquable $(a + b)^2 = a^2 + b^2 + 2ab$.

  $112^2 = (100 + 12)^2 = 100^2 + 12^2 + 2 \times 100 \times 12$

  $= 10\,000 + 144 + 2\,400 = 12\,544$

On utilise l'identité remarquable $(a + b)(a - b) = a^2 - b^2$ dans le cadre de la **méthode des écarts parallèles**. Elle permet de réaliser des multiplications entre deux nombres disposant d'un écart équivalent par rapport à un troisième nombre. Ce dernier se détermine en réalisant la moyenne des deux facteurs.

- Que vaut 85×115 ?

Ces deux nombres sont à égale distance de 100. En effet, il faut ajouter ou soustraire 15 de chacun des deux nombres pour trouver 100 : $85 + 15 = 100$ et $115 - 15 = 100$. 100 est également la moyenne des deux valeurs $\left(\frac{115 + 85}{2}\right) = 100$. Avec l'identité remarquable $(a + b)(a - b) = a^2 - b^2$ où $a = 100$ et $b = 15$, cela donne $85 \times 115 = (100 - 15)(100 + 15) = 100^2 - 15^2 = 10\,000 - 225 = 9\,775$.

Anticipation d'un résultat

Les tests psychotechniques sont souvent présentés sous la forme de QCM. Certaines méthodes permettent de s'aider des propositions pour anticiper, voire approximer un résultat sans avoir à réaliser le calcul. Ces techniques permettent de gagner du temps et doivent devenir des réflexes.

L'approximation d'un résultat

Parmi les techniques d'anticipation du résultat, **l'approximation** s'avère utile lorsque les propositions de réponse sont suffisamment éloignées pour réaliser l'opération en arrondissant les termes du calcul.

- Que vaut 221 401 785 + 17 532 907 ?

A) 233 417 692 B) 237 106 692 C) 238 934 692

D) 240 031 692 E) 241 758 692

Ici, on remarque que chaque proposition est éloignée d'au moins 1 500 000/2 000 000. Ainsi, une approximation de 221 401 785 + 17 532 907 par 221 000 000 + 17 000 000 sera suffisante. Puisque 221 000 000 + 17 000 000 = 238 000 000, on peut rapidement en déduire que la seule proposition qui apparaît probable est 238 934 692. La réponse est donc C.

Méthode de la dernière unité

Une autre technique d'anticipation du résultat en QCM est la **méthode de la dernière unité**. Elle consiste à calculer uniquement la valeur de la dernière unité de l'opération pour finalement sélectionner la seule proposition avec cette dernière unité. Cette technique se montre donc efficace quand les propositions ont des unités différentes, et cela même si les propositions sont proches.

- Que vaut 8 145 874 + 1 210 674 ?

  A) 9 356 547 B) 9 356 548 C) 9 356 549

  D) 9 356 550 E) 9 356 551

Les propositions sont ici proches les unes des autres. Elles ont cependant toutes une unité différente impliquée par cette proximité. Ainsi, la seule addition des unités de 8 145 87**4** et 1 210 67**4** permet d'anticiper que la dernière unité sera de 4 + 4 = 8. B étant la seule proposition avec une unité de 8, il s'agit alors de la bonne réponse.

Tests

Temps (indicatif) : 20 minutes	Difficulté : Facile	Barème : 1 point par bonne réponse

Questions ouvertes

1. Que vaut 3 583 + 1 780 ?

2. Que vaut 4 670 + 8 999 ?

3. Que vaut 570 – 434 ?

4. Que vaut 7 741 – 3 900 ?

5. Que vaut 3 798 + 8 998 ?

6. Que vaut 7 307 - 3 990 ?

7. Que vaut 11 × 45 ?

8. Que vaut 25 × 96 ?

9. Que vaut 1 560 × 9 ?

10. Que vaut 264 × 8 ?

11. Que vaut 27 × 28 ?

12. Que vaut 3 672 ÷ 6 ?

13. Que vaut 45^2 ?

14. Que vaut 24^2 ?

15. Que vaut 13 × 17 ?

16. Que vaut 27 × 55 ?

17. Que vaut 153 ÷ 9 ?

18. Que vaut 716 ÷ 4 ?

19. Que vaut 7 462 ÷ 0,1 ?

20. Que vaut 144 ÷ 6 ?

21. Que vaut 74^2 ?

22. Que vaut 28^2 ?

23. Que vaut 17 × 23 ?

24. Que vaut 201 × 199 ?

QCM

25. Que vaut 74 204 × 9,77 ?

A) 724 973,08 B) 742 210,08 C) 782 132,08 D) 791 141,08 E) 801 447,08

26. Que vaut 479 × 5 153 ?

A) 2 014 578 B) 2 147 404 C) 2 224 255 D) 2 062 859 E) 2 468 287

27. Que vaut 10 479 ÷ 21 ?

A) 499 B) 511 C) 517 D) 523 E) 541

28. Que vaut 7 996 × 11,010 1 ?

A) 88 036,76 B) 89 036,76 C) 90 036,76 D) 91 036,76 E) 92 036,76

29. Que vaut 221 510 ÷ 17 ?

A) 11 980 B) 12 090 C) 12 170 D) 12 330 E) 13 030

30. Que vaut 12^3 ?

A) 516 B) 1 728 C) 121 D) 1 845 E) 2 790

Correction des tests

1. Pensez ici à décomposer les valeurs du calcul pour vous faciliter la tâche et gagner du temps :

3 583 + 1 780 = 3 000 + 1000 + 780 + 583 = 4 000 + 780 + 583 = 4 780 + 500 + 83 = **5 363**.

2. En réécrivant 8 999 avec 9 000 – 1.

4 670 + 8 999 = 4 670 + 9 000 – 1 = 13 670 – 1 = **13 669**.

3. Ici, il faut utiliser la technique de la boulangère. En effet, pour arriver à 500 de 434, il manque <u>66</u> auxquels on ajoute les <u>70</u> pour arriver à 570 et on obtient **136**.

4. Pensez ici à décomposer les valeurs du calcul pour vous faciliter la tâche et gagner du temps. En effet, 3 900 = 4 000 – 100. Essayez d'arrondir les valeurs du calcul en les décomposant en nombres facilement calculables (10, 100, 200, 1000, etc.).

7 741 – 4 000 + 100 = 3 741 + 100 = **3 841**.

5. 3 798 + 8 998 = 3 798 + 9 000 – 2 = 12 798 – 2 = **12 796**.

6. 7 307 – 3 990 = 7 307 – (4 000 – 10) = 7 307 – 4 000 + 10 = 3 307 + 10 = **3 317**.

7. En utilisant la technique de multiplication par 11, on obtient 11 × 45 = **495**, car 4 + 5 = **9**.

8. En utilisant la technique de multiplication par 25, on obtient : $25 \times 96 = (96 \times 100) \div 4 = 9\,600 \div 4$. On rappelle que pour diviser par 4, il suffit de diviser par 2 puis encore par 2, donc de prendre la moitié de la moitié.

Ainsi, $9\,600 \div 4 = 4\,800 \div 2 = \mathbf{2\,400}$.

9. En utilisant la technique de multiplication par 9, on obtient :

$1\,560 \times 9 = 1\,560 \times 10 - 1\,560 = 15\,600 - 1\,560 = \mathbf{14\,040}$.

10. En utilisant la technique de multiplication par 8, on obtient :

$264 \times 8 = 528 \times 4 = 1056 \times 2 = \mathbf{2\,112}$.

11. $27 \times 28 = 27 \times (30 - 2) = 27 \times 30 - 27 \times 2 = 810 - 54 = \mathbf{756}$.

12. $3\,672 \div 6 = 3\,600 \div 6 + 72 \div 6 = 600 + 12 = \mathbf{612}$.

13. En utilisant la technique des carrés des nombres finissant par 5, on obtient :

$45^2 = 4 \times (4 + 1) / 25 = \mathbf{2\,025}$.

14. $24^2 = (20 + 4)^2 = 20^2 + 4^2 + 2 \times 20 \times 4 = 400 + 16 + 160 = \mathbf{576}$.

15. Avec la méthode d'écarts parallèles : $(15 - 2) \times (15 + 2) = 15^2 - 2^2 = 225 - 4 = \mathbf{221}$.

16. En décomposant : $27 \times 55 = (27 \times 11) \times 5 = 297 \times 5 = (297 \times 10) \div 2 = 2970 \div 2 = \mathbf{1\,485}$.

17. Pour commencer, on se rend compte que 153 est divisible par 9, car $1 + 5 + 3 = 9$. Ensuite, pour diviser par 9, il suffit de diviser successivement deux fois par 3. Ainsi :

$153 \div 9 = 51 \div 3 = \mathbf{17}$.

18. Pour commencer, on se rend compte que 716 est divisible par 4, car 16 est divisible par 4. Ensuite, pour diviser par 4, il suffit de diviser successivement deux fois par 2. Ainsi :

$716 \div 4 = 358 \div 2 = \mathbf{179}$.

19. Diviser par 0,1 revient à multiplier par son inverse, c'est-à-dire par 10 :

$$7\,462 \div 0{,}1 = \frac{7\,462}{0{,}1} = \frac{7\,462}{\frac{1}{10}} = 7\,462 \times 10 = \mathbf{74\,620}.$$

20. Pour commencer, on se rend compte que 144 est divisible par 6, car 144, nombre pair, est divisible par 2, et qu'il est divisible par 3, car $1 + 4 + 4 = 9$ et que 9 est divisible par 3. Ensuite, pour diviser par 6, il suffit de diviser successivement par 2 et par 3. Ainsi :

$144 \div 6 = 72 \div 3 = \mathbf{24}$.

ASTUCE

21. D'après l'identité remarquable $(a + b)^2 = a^2 + b^2 + 2ab$:

$74^2 = (70 + 4)^2 = 70^2 + 4^2 + 2 \times 70 \times 4 = 4\,900 + 16 + 560 = \mathbf{5\,476}$.

ASTUCE

22. D'après l'identité remarquable $(a - b)^2 = a^2 + b^2 - 2ab$:

$28^2 = (30 - 2)^2 = 30^2 + 2^2 - 2 \times 30 \times 2 = 900 + 4 - 120 = \mathbf{784}$.

23. D'après l'identité remarquable $(a + b)(a - b) = a^2 - b^2$:

17 × 23 = (20 – 3) (20 + 3) = 20^2 – 3^2 = 400 – 9 = **391**.

24. D'après l'identité remarquable $(a + b)(a - b) = a^2 - b^2$:

201 × 199 = (200 + 1) (200 – 1) = 200^2 – 1^2 = 40 000 – 1 = **39 999**.

25. Réponse A. L'écart entre les différentes propositions est suffisamment grand pour estimer un ordre de grandeur du résultat. 9,77 est proche de 10, donc 74 204 × 9,77 ≈ 74 204 × 10 ≈ 742 040. Certes, la proposition la plus proche est 742 210,08 mais attention ! On a approximé 9,77 par un facteur plus élevé donc le produit cherché est nécessairement inférieur à 742 040. La seule réponse probable est alors 724 973,08.

26. Réponse E. La valeur de la dernière unité sera égale à la valeur de l'unité du produit des unités des deux termes. On a ainsi 9 × 3 = 27. La dernière unité est alors un 7. Seule la proposition E détient un 7 en unité, ce qui suffit à déduire qu'il s'agit de la bonne réponse.

27. Réponse A. La division débute ici par 104 ÷ 21 dont le résultat est proche de 4 puisque 4 × 21 = 84 alors que 5 × 21 = 105. Ce qui signifie que le quotient débutera par 4. Ici, seule la proposition A répond à cette contrainte. Il s'agit donc de la bonne réponse.

28. Réponse A. 7 996 × 11,0101 ≈ 8 000 × 11 ≈ 88 000. La proposition A est la plus proche.

29. Réponse E. On réalise le début de l'opération, c'est-à-dire ici 221 ÷ 17 = 13. On remarque alors que seule la proposition E est valable.

30. Réponse B. 12^3 = 12 × 12 × 12 = 144 × 12 = 144 × 10 + 144 × 2 = 1 440 + 288 = 1 728.

Une seule réponse se termine par 8, or, on peut anticiper dès le départ que le résultat se terminera par 8 puisque le produit 144 × 12 aura nécessairement 8 pour unité.

Troisième partie
Résolution de problèmes

Dans cette partie…

Désormais, les notions élémentaires calculatoires n'ont plus de secret pour vous ! Vous pouvez maintenant vous frotter aux notions plus avancées des aptitudes calculatoires abordées au sein des tests psychotechniques.

La spécificité de la résolution de problèmes dans les tests psychotechniques porte sur le langage courant qui est utilisé dans la rédaction des énoncés. Les informations apparaissent de manière moins mathématique et usent de situations de la vie courante pour délivrer une question. En plus des connaissances fondamentales, ces notions apprécient votre capacité à traduire un énoncé exprimé en langage courant sous une forme mathématique.

Chapitre 13

Temps, durée, vitesse et distance

Dans ce chapitre

- Relations entre temps, vitesse et durée
- Méthodes du croisement, du rattrapage et de la division du travail

Les notions de temps, durée, vitesse et distance sont très souvent combinées dans les exercices des tests psychotechniques. Il s'agit de notions liées entre elles, faisant appel à de nombreuses méthodes à maîtriser (coordination du travail, méthode du croisement, conversion, etc.).

Durée et distance

Le tableau ci-dessous regroupe les fractions d'heure et leurs équivalences en minutes.

Tableau 13-1 : Équivalences des fractions d'heure en minutes

Fractions d'heure	$\frac{1}{2}$	$\frac{1}{3}$	$\frac{1}{4}$	$\frac{1}{5}$	$\frac{1}{6}$	$\frac{1}{8}$	$\frac{1}{9}$	$\frac{1}{10}$	$\frac{1}{15}$	$\frac{1}{20}$	$\frac{1}{30}$
Valeur en minutes	30	20	15	12	10	7 m 30	6 m 40	6	4	3	2

PIÈGE !

Lors des manipulations des notions de durée, il faut se méfier du fait que les minutes sont exprimées en base 60. En effet, pour convertir $\frac{1}{4}$ d'heure en minutes, il faut multiplier la fraction par 60, soit $60 \times \frac{1}{4} = 15$, et non pas 25 minutes !

N'OUBLIEZ PAS !

Conversions de temps

1 heure = 60 minutes = 3 600 secondes

1 journée = 24 heures = 1 440 minutes = 86 400 secondes

Voici aussi les principales relations de conversion de distance à connaître :

Conversions de distance

1 m = 10 dm = 100 cm = 1 000 mm.

1 km = 10 hm = 100 dam = 1 000 m.

Il est d'usage d'exprimer les vitesses en kilomètres par heure (km/h). Dans les tests psychotechniques, vous croiserez également des vitesses exprimées en mètres par seconde (noté m/s). Pour passer de km/h en m/s, il faut diviser la vitesse par 3,6. À l'inverse, pour passer de m/s en km/h, il faut multiplier par 3,6.

- Marc roule à une vitesse moyenne de 108 km/h. Quelle est sa vitesse en m/s ?

  Pour passer de km/h en m/s, il faut diviser la vitesse par 3,6. D'où ici $V = \frac{108}{3,6} = \frac{1\,080}{36} = \frac{3\times 30}{36} = 30$ m/s.

Pour calculer encore plus facilement et rapidement, décomposer une vitesse exprimée en km/h en fonction de 36 permet de déduire la vitesse en m/s. Pour cela, il faut s'aider de la relation 36 km/h= 10 m/s.

Ainsi ici, 108 km/h = 3 × 36 km/h = 3 × 10 m/s = 30 m/s.

Tableau 13-2 : Équivalences des km/h en m/s

km/h	18 km/h	36 km/h	54 km/h	72 km/h	90 km/h	108 km/h
m/s	5 m/s	10 m/s	15 m/s	20 m/s	25 m/s	30 m/s

Temps, vitesse et distance

Dans les tests psychotechniques, les trois notions de temps, vitesse et distance sont sans cesse mêlées. Les questions reposent sur les relations que forment ces trois notions entre elles et leur manipulation.

Relation Temps, Vitesse et Distance

Les trois notions de temps, vitesse et distance sont reliées entre elles par la relation suivante : $\mathbf{D = T\times V}$ où *D* est la distance, *T* le temps et *V* la vitesse moyenne.

La relation $D = T\times V$ permet de lier les trois paramètres. Dès que deux de ces données sont connues, on peut déduire la troisième. En effet :

- Pour réaliser une distance de *D* km à une vitesse de *V* km/h, un mobile met $T = \frac{D}{V}$ heures.
- Pour réaliser une distance de *D* km en *T* heures, un mobile se déplace à la vitesse de $V = \frac{D}{T}$ km/h.

Il faut faire extrêmement attention aux unités lorsqu'on utilise ces relations. En effet, si la vitesse est donnée en km/h, il faudra manipuler des distances en km et le temps en h.

- Si un coureur parcourt 36 km en 180 minutes, pour connaître sa vitesse moyenne en km/h, il faut tout d'abord constater que 180 minutes correspondent à 3 h. La vitesse moyenne de ce coureur est donc de :

$$V = \frac{D}{T} = \frac{36}{3} = 12 \text{ km/h}$$

PIÈGE !

Lors d'un parcours en plusieurs étapes, **une vitesse moyenne ne correspond pas à la moyenne des vitesses**. Pour calculer une vitesse moyenne, il faut utiliser la formule du rapport entre la distance et le temps $V = \frac{D}{T}$.

EN PRATIQUE

- Lors d'un parcours, si on met 1 h pour faire 60 km et 1 h 30 pour faire les 60 km suivants, pour calculer la vitesse moyenne sur le parcours, il faut faire :

  $V = \frac{60+60}{1+1,5} = \frac{120}{2,5} = \frac{240}{5} = \frac{480}{10} = 48$ km/h.

  Si on avait calculé la vitesse moyenne de la première portion, on aurait eu une vitesse de $V_1 = 60$ km/h et pour la deuxième portion, une vitesse $V_2 = \frac{60}{1,5} = \frac{120}{3} = 40$ km/h. Si on avait voulu faire la moyenne de ces deux vitesses, on aurait trouvé 50 km/h, ce qui est faux puisque ça ne représente pas une moyenne des vitesses. En effet, cette simple moyenne arithmétique ne tient pas compte de la pondération du temps.

Méthodes du rattrapage et du croisement

Ces questions mettent en scène plusieurs mobiles (voiture, vélo, moto, etc.), qui s'élancent à des vitesses et moments différents, et dont il faut anticiper le moment où ils se croiseront. Sacré casse-tête pour lier toutes ces informations entre elles ! Pour y répondre, les méthodes du rattrapage et du croisement permettent d'appliquer des formules astucieusement et facilement. Un des grands classiques des tests psychotechniques !

Méthode du rattrapage

La méthode du rattrapage consiste à **anticiper le temps qui sépare le moment du rattrapage de deux mobiles** qui partent d'un même endroit et se qui dirigent dans une direction commune à des vitesses et des heures de départ différentes.

Moment du rattrapage

$$= \frac{\text{Distance entre les deux mobiles lors du départ du 2}^{\text{e}}\text{ mobile}}{\text{Différence des vitesses des deux mobiles}}$$

ASTUCE

Il faut mettre le numérateur et le dénominateur à la même unité de temps pour pouvoir interpréter le résultat plus facilement. Si le numérateur et le dénominateur sont exprimés en kilomètres par heure, le résultat sera exprimé en heure.

EN PRATIQUE

- Un cycliste part à 15 h 00 de Nice en direction de Marseille et roule à une vitesse de 25 km/h. Une voiture quitte, elle, Nice deux heures plus tard en roulant à 150 km/h de moyenne. À quelle heure la voiture dépassera-t-elle le cycliste ?

  La première étape doit permettre de calculer la distance entre les mobiles au moment où la voiture s'élance de Nice. Il s'agit donc de calculer la distance qu'a roulée le cycliste durant les deux heures. En roulant deux heures à 25 km/h, le cycliste aura parcouru 50 km (2 × 25 = 50). La distance entre les deux mobiles au moment du départ de la voiture est donc de 50 km.

La deuxième étape doit permettre de déterminer la différence des vitesses entre les deux mobiles. Elle est ici de 150 – 25 = 125 km/h.

La troisième étape est celle qui permet de faire le rapport entre les deux données calculées. On a alors $T = \frac{50}{125} = \frac{25 \times 2}{25 \times 5} = \frac{2}{5} = 2 \times 12$ minutes soit 24 minutes.

La voiture rattrapera donc le cycliste à 17 h 24 (17 h + 24 minutes = 17 h 24).

Méthode du croisement

La méthode du croisement consiste à **anticiper le temps qui sépare la rencontre de deux mobiles** qui partent de deux endroits distincts et qui se dirigent l'un vers l'autre à des vitesses différentes et à des heures de départ différentes.

Moment du croisement

$$= \frac{\text{Distance entre les deux mobiles lors du départ du 2}^{\text{e}}\text{ mobile}}{\text{Somme des vitesses des deux mobiles}}$$

ASTUCE

Il faut mettre le numérateur et le dénominateur à la même unité de temps pour pouvoir interpréter le résultat plus facilement. Si le numérateur et le dénominateur sont exprimés en kilomètres par heure, le résultat sera exprimé en heure.

EN PRATIQUE

- Un cycliste part à 15 h 00 de Florence en direction de Nice et roule à une vitesse de 25 km/h. Une voiture quitte, elle, Nice deux heures plus tard en roulant à 150 km/h de moyenne. Sachant que 400 kilomètres séparent les deux villes, à quelle heure aura lieu le croisement du cycliste et de la voiture ?

La première étape doit permettre de calculer la distance entre les mobiles au moment où la voiture s'élance de Nice. Il s'agit donc de calculer la distance qu'a roulée le cycliste durant les deux heures. En roulant deux heures à 25 km/h, le cycliste aura parcouru 50 km. La distance entre les deux mobiles au moment du départ de la voiture est donc de 400 – 50 = 350 km.

La deuxième étape doit permettre de déterminer la somme des vitesses des deux mobiles. Elle est ici de 150 + 25 = 175.

La troisième étape est celle qui permet de faire le rapport entre les deux données calculées. On a alors $T = \frac{350}{175} = \frac{175 \times 2}{175 \times 1} = 2$ heures.

La voiture croisera donc le cycliste à 19 h 00 (17 h 00 + 2 h 00).

Méthode du travail coordonné

La méthode du travail coordonné consiste à calculer la cadence d'un groupe d'individus à partir de leurs cadences individuelles. Il s'agit d'une méthode qui se découpe en trois étapes :

1) Expression des cadences individuelles dans une unité de temps identique. Selon les informations données dans l'énoncé, il convient de définir l'unité de temps la plus appropriée pour exprimer les cadences individuelles. Il est conseillé d'utiliser la cadence la plus facilement manipulable en se méfiant des questions de conversion (seconde, minute, heure, jour, etc.). Quand cette unité est choisie, il faut exprimer chaque cadence individuelle en fonction d'elle.

2) Détermination de la cadence coordonnée. Maintenant que les cadences individuelles sont exprimées dans une même unité, l'addition de ces cadences individuelles permet d'obtenir la cadence coordonnée dans l'unité de temps définie.

3) Calcul du temps de travail coordonné (T). Ce temps T se détermine à partir d'un rapport entre le travail à réaliser (noté W) et la cadence coordonnée (noté C_C) trouvée à l'étape 2 notée : $T = \frac{W}{C_c}$.

- Denise décharge un camion de meubles en 1 heure quand Stéphanie met 2 h pour décharger ce même camion. En supposant que les deux filles déchargent le camion ensemble, en combien de temps auront-elles déchargé le camion ?

  1) Détermination de l'unité : l'heure semble la plus appropriée. La cadence de Denise (C_D) est de 1 camion par heure alors que celle de Stéphanie (C_S) est de 1 camion toutes les deux heures soit $\frac{1}{2}$ camion par heure (en une heure, elle réalisera la moitié du travail que Denise réalise en une heure).

  2) La cadence coordonnée (C_c) est alors égale à la somme des deux cadences individuelles : $C_C = C_D + C_S = 1 + \frac{1}{2} = \frac{3}{2}$ camions par heure.

  3) $T = \frac{W}{(C_C)} = \frac{1}{\frac{3}{2}} = 1 \times \frac{2}{3} = \frac{2}{3}$ d'heure soit 40 minutes.

Une autre méthode permet de déterminer le temps de travail. Il s'agit de la **formule du temps de travail**, qui se définit de la manière suivante : $\frac{W}{T} = \sum_{i=1}^{n} \frac{1}{T_i} = \frac{1}{T_1} + \frac{1}{T_2} + \ldots + \frac{1}{T_n}$, avec $T_1, T_2, \ldots, T_i$, les temps respectifs individuels de chaque personne pour réaliser la même charge de travail, n le nombre de personnes et W la charge totale de travail.

À noter que pour utiliser cette formule, les paramètres $T_1, T_2, \ldots, T_i$ doivent être exprimés dans la même unité de temps.

En utilisant cette formule dans le cadre de cet exercice, cela donne pour T_i (somme des temps individuels dans la même unité de temps) avec l'heure comme une unité de temps : $\frac{W}{T} = \frac{1}{T_1+T_2} = \frac{1}{1+\frac{1}{2}} = \frac{1}{\frac{3}{2}} \Leftrightarrow \frac{2}{3}$ heure soit 40 minutes.

Tests

Temps (indicatif) : 30 minutes	Difficulté : Difficile	Barème : 1 point par bonne réponse

QCM

1. Que valent 25 080 secondes en heures, minutes et secondes ?

A) 5 heures 58 minutes

B) 6 heures 08 minutes

C) 6 heures 28 minutes

D) 6 heures 38 minutes

E) 6 heures 58 minutes

2. Un chien met exactement 8 minutes et 20 secondes pour se rendre de sa niche jusqu'à l'endroit où son maître travaille. Après cinq minutes, quelle part de ce parcours aura réalisée le chien ?

A) $\frac{1}{2}$ B) $\frac{2}{3}$ C) $\frac{2}{5}$ D) $\frac{3}{5}$ E) $\frac{3}{8}$

3. Que valent 457 888 secondes ?

A) 6 jours, 17 heures, 28 minutes et 17 secondes

B) 6 jours, 7 heures, 32 minutes et 8 secondes

C) 5 jours, 17 heures, 28 minutes et 11 secondes

D) 5 jours, 7 heures, 11 minutes et 28 secondes

E) 5 jours, 1 heure, 36 minutes et 14 secondes

4. À vélo, Jacques roule en moyenne à 54 km/h. Quelle est sa vitesse moyenne en m/s ?

A) 10 m/s B) 15 m/s C) 20 m/s D) 25 m/s E) 30 m/s

5. Un coureur réalise une course de 10 km en 40 minutes. Quelle est sa vitesse moyenne sur le parcours ?

A) 11 km/h B) 12 km/h C) 13 km/h D) 14 km/h E) 15 km/h

6. Céline roule 2 h 15 à 120 km/h. Elle s'arrête une heure pour déjeuner puis reprend la route pendant 55 minutes à 30 m/s. Quelle distance a-t-elle parcourue au total ?

A) 256 km B) 321 km C) 369 km D) 398 km E) 422 km

7. Une voiture roule à 90 km/h de moyenne. Quelle est sa vitesse moyenne en m/s ?

A) 20 km/h B) 25 km/h C) 30 km/h D) 35 km/h E) 40 km/h

8. À vélo, Diane est 1,5 fois plus rapide que Laëtitia. Laëtitia met 12 minutes 30 secondes pour aller de la plage au camping. En partant à 17 h 00 de la plage et en effectuant le même trajet que Laëtitia, à quelle heure Diane arrivera-t-elle au camping ?

A) 17 h 08 et 20 secondes B) 17 h 08 et 33 secondes C) 17 h 09

D) 17 h 18 et 20 secondes E) 17 h 18 et 45 secondes

9. Un patineur de vitesse s'entraîne de la manière suivante dans la patinoire ci-dessous : il part de A en réalisant d'abord un tour de patinoire en 45 secondes puis, en partant du point A, il traverse la patinoire jusqu'en B. Sachant qu'il réalise le tour de la patinoire à 40 km/h de moyenne, quelle est la longueur du segment [AB] ?

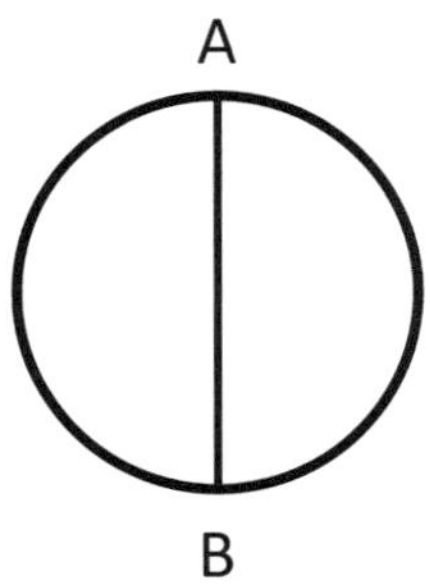

A) 666 m B) 500 m C) 250 m D) 225 m E) 159 m

10. Lors d'une course de 21 km, Gébré court les 15 000 premiers mètres à 3 m/s et termine la course à une vitesse de 14,4 km/h. Quelle est la vitesse moyenne, arrondie à 0,1 près de Gébré en m/s pour la totalité de la course ?

A) 4,5 m/s B) 3 m/s C) 4 m/s D) 3,5 m/s E) 3,2 m/s

11. Vincent fait un trajet aller-retour pour rendre visite à Alicia. À l'aller, il roule à une vitesse de 120 km/h alors que, pour réaliser le même trajet au retour, il roule à 90 km/h. Quelle a été la vitesse moyenne approximative de parcours de Vincent sur l'ensemble de son trajet ?

A) 103 km/h B) 105 km/h C) 108 km/h D) 112 km/h

E) On ne peut pas savoir.

12. Un vélo part à 8 h 00 de la ville A à une vitesse de 18 km/h. Un motard quitte lui la même ville à 11 h 00 à une vitesse moyenne de 90 km/h. À quelle heure le motard rattrapera-t-il le cycliste ?

A) 11 h 30 B) 11 h 45 C) 12 h 00 D) 12 h 15 E) 12 h 30

13. Une voiture part d'une ville A à 17 h 00 à la vitesse de 75 km/h, direction une ville B. À quelle heure va-t-elle rencontrer un cycliste parti à 14 h 00 de la ville B direction la ville A à la vitesse de 15 km/h, sachant que les deux villes sont distantes de 180 kilomètres ?

A) 17 h 30 B) 18 h 00 C) 18 h 30 D) 19 h 00 E) 19 h 30

14. Dans une entreprise de nettoyage de vitres, Julien lave une vitre en 20 minutes. Vincent lave une vitre en 15 minutes. Fred réussit à en laver 4 en 48 minutes. Combien de temps mettront-ils à eux trois pour laver 30 vitres ?

A) 1 h 30 B) 2 h 00 C) 2 h 15 D) 2 h 30 E) 2 h 45

15. Une moto roule à 30 km/h pendant 20 km, puis à 60 km/h pendant 45 minutes, avant de revenir à sa vitesse initiale pour le dernier tiers de son trajet. Quelle a été la vitesse moyenne du cycliste sur ce parcours ?

A) 34,4 km/h B) 37,3 km/h C) 39 km/h D) 40 km/h E) 45,7 km/h

Correction des tests

1. Réponse E. 25 080 ÷ 60 = 418 minutes.

418 minutes ÷ 60 = 6 heures et 58 minutes.

2. Réponse D. 8 minutes 20 équivalent à 500 secondes. Si, en 500 secondes, le chien réalise ce parcours, alors en 300 secondes (5 minutes), il fera $\frac{300}{500} = \frac{30}{50} = \frac{3}{5}$ du parcours.

3. Réponse D. Méthode classique : Lorsque l'on demande de traduire des secondes de cette manière il faut suivre les étapes suivantes :

1) Diviser par 60 pour obtenir le nombre de minutes. On met le reste de côté puisqu'il représente le nombre de secondes.

2) Diviser ensuite le quotient obtenu précédemment par 60 pour obtenir le nombre d'heures. On met le reste de côté puisqu'il représente le nombre de minutes.

3) Diviser ensuite le quotient obtenu précédemment par 24 pour obtenir le nombre de jours. Le reste représente le nombre d'heures.

D'où ici :

1) 457 888 ÷ 60 = 7 631 et le reste est de 28, il y aura donc 28 secondes.

2) 7 631 ÷ 60 = 127 et il reste 11 minutes.

3) 127 ÷ 24 = 5 et il reste 7 heures.

En récapitulant, on a 5 jours, 7 heures, 11 minutes et 28 secondes.

ASTUCE

Dès la fin de la première étape, on observe que le résultat se terminera par 28 secondes. Plus besoin d'aller plus loin ! Une seule proposition dispose d'une solution se terminant par 28 : la D. Pensez toujours à regarder les propositions attentivement : cela peut vous faire gagner beaucoup de temps !

4. Réponse B. Pour passer de km/h en m/s, il faut diviser la vitesse par 3,6. D'où ici $V = \frac{54}{3,6} = \frac{540}{36} = \frac{36 \times 15}{36} = 15\ m/s$.

ASTUCE

Pour calculer encore plus facilement et rapidement, décomposer une vitesse exprimée en km/h en fonction de 36 permet de déduire la vitesse en m/s. Pour cela, il faut s'aider de la relation 36 km/h = 10 m/s. Ainsi :

$$54 \text{ km/h} = (36 + 18) \text{ km/h} = 1 \times 10 \text{ m/s} + \frac{1}{2} \times 10 \text{ m/s} = (10 + 5) \text{ m/s} = 15 \text{ m/s}$$

5. Réponse E. Si le coureur parcourt 10 km en 40 minutes, cela veut dire qu'il parcourt 10 km en $\frac{40}{60} = \frac{2}{3}$ h. Sa vitesse moyenne sur le parcours est donc de :

$$V = \frac{10}{\frac{2}{3}} = 10 \times \frac{3}{2} = 15 \text{ km/h}$$

6. Réponse C. Durant la première partie du parcours, Céline a roulé à 120 km/h pendant 2 h 15 min, soit $2\text{ h} + \frac{1}{4}\text{ h} = 2,25\text{ h}$. Elle a donc parcouru :

$$D_1 = 120 \times 2,25 = 120 \times 2 + 120 \times \frac{1}{4} = 240 + 30 = 270 \text{ km}$$

Durant la deuxième partie, elle a roulé à 30 m/s pendant 55 minutes, soit 55 × 60 = 3 300 secondes. Elle a donc parcouru :

$$D_2 = 30 \times 3\,300 = 99\,000 \text{ m} = 99 \text{ km}$$

Au total, Céline aura donc parcouru : 270 + 99 = 369 km.

7. Réponse B.

$$90 \text{ km/h} = 90\,000 \text{ m/h} = \frac{90\,000 \text{ m}}{3\,600 \text{ s}} + \frac{36\,000 \text{ m} + 36\,000 \text{ m} + 18\,000 \text{ m}}{3\,600 \text{ s}} = \frac{36\,000 \text{ m}}{3\,600 \text{ s}} + \frac{36\,000 \text{ m}}{3\,600 \text{ s}} + \frac{18\,000 \text{ m}}{3\,600 \text{ s}} = 10 + 10 + 5 = 25 \text{ m/s}.$$

8. Réponse A.

PIÈGE !

Le temps est une donnée qui se manipule en base 60 puisqu'une heure est constituée de 60 minutes. Pour manipuler des données de temps sans se tromper, il faut être vigilant dans leur conversion en base 100 : 12 minutes 30 secondes seront traduites en 12,5 et non pas en 12,3.

Diane est 1,5 fois plus rapide que Laëtitia, elle mettra donc 1,5 fois moins de temps pour faire le parcours plage-camping. Elle mettra donc 12,5 ÷ 1,5 = 125 ÷ 15 = 25 ÷ 3 = 8,33 minutes, soit 8 minutes + $\frac{1}{3}$ minute, donc 8 minutes et 20 secondes.

Pour convertir 0,33 minute, il faut réaliser le calcul suivant : $\frac{1}{3} \times 60 = 20$ secondes. Diane arrivera donc à 17 h 08 et 20 secondes.

9. Réponse E. La première étape consiste à calculer la longueur de la patinoire, ce qui revient à connaître la longueur du périmètre de la patinoire.

Soit la relation D = V × T. Ici, cela donne $D = 40 \times \frac{\frac{3}{4}}{60} = \frac{40}{60} \times \frac{3}{4} = \frac{2}{3} \times \frac{3}{4} = \frac{6}{12} = \frac{1}{2}$, soit 500 mètres car le résultat est exprimé en kilomètres puisque la vitesse est exprimée en km/h.

ASTUCE

La difficulté ici réside dans le choix de l'unité de calcul. L'énoncé donne une vitesse en km/h, mieux vaut donc exprimer le temps en heure. 45 secondes représentent trois quarts de minutes, donc 45 secondes équivalent à $\frac{3}{4}$. Pour exprimer des minutes en heure, il faut les diviser par 60 (puisqu'il y a 60 minutes en une heure), ce qui donne $\frac{\frac{3}{4}}{60}$.

Cela signifie que le périmètre de la patinoire est de 500 mètres. Autrement dit : $2\pi R = 500$. AB représente le diamètre D de la patinoire, d'où : $2R = \frac{500}{\pi}$ soit $D = \frac{500}{\pi} \approx 159$ (avec D = 2R).

ASTUCE

Pour estimer $\frac{500}{\pi}$ rapidement, il faut calculer $\frac{500}{3}$ soit environ 166 mètres. La proposition E étant la plus proche, il s'agit bien de la réponse E.

10. Réponse E. La distance totale parcourue par Gébré et sa vitesse sur chaque portion sont connues.

PIÈGE !

Ici, il ne faut surtout pas calculer la moyenne des vitesses. Pour déterminer la vitesse moyenne sur la totalité du parcours en m/s, il faut connaître la durée totale de la course en secondes et la distance totale en mètres. La distance totale étant de 21 km = 21 000 m, il reste à déterminer la durée totale de la course.

Pour la première partie, il court pendant :

$$T_1 = \frac{15\,000}{3} = 5\,000 \text{ s}$$

Pour la deuxième partie de la course, il parcourt 21 – 15 = 6 km = 6 000 m à une vitesse de 14,4 km/h = $\frac{14\,400}{3\,600}$ = 4 m/s. Il va donc courir pendant :

$$T_2 = \frac{6\,000}{4} = 1\,500 \text{ s}$$

La durée totale de la course sera donc de 5 000 + 1 500 = 6 500 s pour une distance totale de 21 km = 21 000 m. Ce qui correspond à une vitesse moyenne :

$$V = \frac{21\,000}{6\,500} \approx 3{,}2 \text{ m/s}$$

11. Réponse A. Il faut utiliser ici la formule $D = V \times T$.

PIÈGE !

Il ne faut pas calculer une simple moyenne des deux vitesses pour trouver la vitesse moyenne. En effet, une moyenne de vitesse se calcule par rapport au temps. De ce fait, si le temps de parcours aller en roulant à A km/h est plus important que le temps de parcours retour en roulant à R km/h, le mobile aura roulé durant un temps plus important à une vitesse de A km/h qu'à une vitesse de R km/h. Réaliser une simple moyenne des deux vitesses ne reflétera pas le fait que le mobile a mis plus de temps pour réaliser le trajet aller que le trajet retour.

Pour connaître la vitesse moyenne, il faut alors calculer : $V = \frac{D}{T}$.

Avec x la distance réalisée par Vincent à l'aller (D_A) et au retour (D_R), la distance aller-retour est alors de $D = 2x$.

Le temps de parcours aller (T_A) sera alors de : $T_A = \frac{D_A}{V_A} = \frac{x}{120}$ et donc le temps de parcours retour sera de $T_R = \frac{x}{90}$.

Le temps de parcours total sera alors de $T = T_A + T_R = \frac{x}{120} + \frac{x}{90} = \frac{3x}{360} + \frac{4x}{360} = \frac{7x}{360}$.

Donc la vitesse moyenne sera de :

$$V = \frac{D}{T} = \frac{2x}{\frac{7x}{360}} = \frac{2x \times 360}{7x} = \frac{2 \times 360}{7} = \frac{720}{7} \approx \frac{721}{7} \approx \frac{700}{7} + \frac{21}{7} = 100 + 3 \approx 103 \text{ km/h}$$

ASTUCE

Pour gagner du temps et pour faciliter les calculs, on peut utiliser, dans ce cas, la moyenne harmonique. Elle permet de réaliser une moyenne pondérée par le temps sans se soucier de calculer la distance. Cela permet d'aller plus vite dans un exercice où il faut poser une inconnue comme ici.

PIÈGE !

Attention, toutefois, la moyenne harmonique s'utilise dans un cas précis : seulement quand les différentes vitesses roulées l'ont été sur des distances identiques. Ce qui est donc bien le cas d'un aller-retour.

La vitesse harmonique se calcule de la manière suivante : $\bar{x} = \frac{n}{\frac{1}{x_1} + \frac{1}{x_2} + \dots + \frac{1}{x_n}}$ avec n représentant le nombre d'évènements et x les vitesses y étant associées.

Ce qui donne ici : $T = \frac{2}{\frac{1}{120} + \frac{1}{90}} = \frac{2}{\frac{3}{360} + \frac{4}{360}} = \frac{2}{\frac{7}{360}} = \frac{2 \times 360}{7} = \frac{720}{7} \approx 103$ km/h.

Attention toutefois à utiliser la moyenne harmonique à bon escient !

12. Réponse B.

$$\text{Moment de rattrapage} = \frac{\text{Distance entre les deux mobiles lors du départ du 2}^{\text{e}} \text{ mobile}}{\text{Différence des vitesses des deux mobiles}}$$

La moto part 3 h après le cycliste, qui aura donc parcouru une distance de $18 \times 3 = 54$ km dans ce laps de temps. Donc :

Moment de rattrapage $= \frac{54}{(90-18)} = \frac{54}{72} = \frac{6}{8} = \frac{3}{4}$ h, soit 45 minutes. La moto rattrape le cycliste à 11 h 45 (11 h + 0 h 45 = 11 h 45).

13. Réponse C. Moment de croisement = $\frac{\text{Distance entre les deux mobiles lors du départ du 2}^\text{e}\text{ mobile}}{\text{Somme des vitesses des deux mobiles}}$

La voiture part 3 h après le cycliste, qui aura donc parcouru une distance de 15 × 3 = 45 km entre 14 h 00 et 17 h 00. La distance entre les deux mobiles à 17 h 00 est alors de 180 - 45 = 135 km.

Moment de rattrapage = $\frac{135}{(75+15)} = \frac{135}{90} = \frac{3\times45}{2\times45} = \frac{3}{2}$ h, soit 1 h 30. La voiture rattrape le cycliste à 17 h 00 + 1 h 30 = 18 h 30.

14. Réponse D. Il s'agit ici d'un exercice sur le travail coordonné. L'heure semble ici l'unité de temps à utiliser, compte tenu de l'énoncé.

1) Expression des cadences individuelles dans une unité de temps identique : en une heure, Julien nettoie 3 vitres (1 h = 3 × 20 min), Vincent nettoie 4 vitres (1 h = 4 × 15 min). Quant à Fred, s'il nettoie 4 vitres en 48 minutes, cela veut dire qu'il en nettoie 1 en 12 minutes et donc 5 en une heure (1 h = 5 × 12 min).

2) Détermination de la cadence coordonnée : à eux trois, ils nettoient donc 3 + 4 + 5 = 12 vitres par heure.

3) Calcul du temps de travail coordonné : pour nettoyer 30 vitres, il leur faudra donc $\frac{30}{12} = \frac{15}{6} = \frac{5}{2} = 2{,}5$ h soit 2 h 30 min.

15. Réponse C. 30 km/h pendant 20 km correspond à un temps de parcours de $t_1 = \frac{20}{30} = \frac{2}{3}$ h = 40 minutes.

60 km/h pendant 45 minutes correspond à une distance

$d_1 = 60 \times \frac{3}{4} = 15 \times 3 = 45$ km.

On sait que 20 km (1re partie) + 45 km (2e partie) = 65 km correspondent aux $\frac{2}{3}$ du trajet (puisque la 3e partie fait $\frac{1}{3}$). Un tiers du trajet équivaut à la moitié des deux tiers, ce qui donne 32,5 km pour un tiers du parcours, effectués à l'allure de 30 km/h donc en $\frac{32{,}5}{30} = \frac{30}{30} + \frac{2{,}5}{30} = 1 + \frac{1}{12} = 1$ h + 5 minutes.

Le cycliste aura ainsi roulé pendant 0 h 40 + 0 h 45 + 1 h 05, soit 2 h 30 sur une distance totale de 20 + 45 + 32,5 = 97,5 km. Ce qui fait une vitesse moyenne de :

$$V = \frac{97{,}5}{2{,}5} = \frac{100-2{,}5}{\frac{5}{2}} = \frac{(100-2{,}5)\times 2}{5} = \frac{200-5}{5} = 40 - 1 = 39 \text{ km/h.}$$

Chapitre 14

Équations

Dans ce chapitre

- La mise en équation
- Équations et inéquations

Voici une notion centrale abordée dans l'ensemble des tests psychotechniques. La plupart du temps, ces derniers abordent les équations sous une forme détournée au sein de questions évoquées dans un langage commun. Outre la difficulté de résolution des équations impliquées, se dresse également la nécessité de traduire les énoncés dans une forme mathématique. Pouvoir appréhender ces dimensions requiert un entraînement spécifique afin de se familiariser avec le format de ces questions qui peuvent apparaître initialement abstraites.

La mise en équation

Cette étape initiale est celle qui vous permettra de **traduire un énoncé sous une forme mathématique**. Elle nécessite une certaine aptitude à modéliser un problème.

Les 4 étapes de la mise en équation

Pour essayer de vous faciliter la mise en équation, il est recommandé de suivre une méthodologie rodée en quatre étapes :

1. Sélection habile de l'inconnue (parfois des inconnues).

2. Détermination des contraintes de l'inconnue. Les contraintes concernent sa nature : nombre entier, nombre réel, différent de zéro, etc.

3. Traduction des composantes de l'énoncé en faisant apparaître cette inconnue.

4. Résolution de l'équation ou du système d'équations en isolant l'inconnue.

EN PRATIQUE

- Brooklyn a la moitié de l'âge de son père David. À eux deux, ils ont 57 ans. Quels âges ont Brooklyn et David ?

  1. Ici, le choix de l'inconnue est assez simple puisque vous n'avez que deux possibilités : l'âge de Brooklyn ou celui de David. Il est plus judicieux de choisir x comme étant l'âge de Brooklyn, cela évitera de travailler avec des fractions.

  2. L'inconnue est un âge. Il s'agit donc nécessairement d'un entier naturel (un âge négatif n'aurait pas de sens) supérieur à zéro : $x > 0$.

3. Ainsi, puisque David a le double de l'âge de son fils, on peut noter $2x$ son âge. D'après l'énoncé, vous pouvez traduire le fait que la somme de leurs âges vaut 57 ans de la manière suivante : $x + 2x = 57$.

4. $x + 2x = 57 \Leftrightarrow 3x = 57 \Leftrightarrow x = 57 \div 3 = 19$

Ainsi Brooklyn a 19 ans et David, le double, soit 38 ans.

Résolution d'équations

Vous croiserez différents types d'équations dans les tests psychotechniques. Vous pouvez les classer en trois catégories : équations du premier degré, équations du second degré et systèmes d'équations

En mathématiques, il faut distinguer les égalités des équations :

- Une égalité est une expression de deux membres séparés par le signe =.
- L'équation est une égalité à l'intérieur de laquelle au moins un terme est une inconnue.

L'objectif d'une équation est de trouver la valeur de l'inconnue grâce à sa résolution.

Équations du premier degré

L'équation du premier degré est la forme la plus simple d'équation : elle compte une ou plusieurs inconnues qui sont toutes élevées à la puissance 1. Vous croiserez cette forme d'équations régulièrement dans les tests psychotechniques. Veillez donc à être à l'aise avec la technique de résolution.

Formule d'une équation au premier degré

Est appelée équation du premier degré une équation de forme $\boldsymbol{ax + b = 0}$ avec $a \neq 0$ et x l'inconnue recherchée. Cette équation admet une unique solution $x = -\frac{b}{a}$.

- Que vaut x dans $3x - 2 = \frac{5}{2}$?

$$3x + 2 = \frac{5}{2} \Leftrightarrow 3x = \frac{5}{2} - 2 \Leftrightarrow 3x = \frac{5}{2} - \frac{4}{2} \Leftrightarrow 3x = \frac{1}{2} \Leftrightarrow x = \frac{\frac{1}{2}}{3} = \frac{1}{2} \times \frac{1}{3} = \frac{1}{6}$$

Équations du second degré

Une équation est dite de second degré quand l'inconnue est élevée à la puissance 2.

Formule d'une équation au second degré

Est appelée équation du second degré une équation de forme $\boldsymbol{ax^2 + bx + c = 0}$, avec $a \neq 0$, a, b, et c des coefficients connus et x l'inconnue recherchée.

Cette équation admet au maximum deux solutions dans l'ensemble des nombres réels.

Afin de résoudre les équations du second degré, il faut passer par la résolution à l'aide du discriminant Δ. La valeur de ce discriminant est définie par $\Delta = b^2 - 4ac$ où $a \neq 0$, a, b et c sont les coefficients connus de l'équation du second degré. Suite à ce calcul, plusieurs possibilités :

- $\Delta < 0$. L'équation n'admet **pas de solution** parmi les nombres réels.
- $\Delta > 0$. L'équation admet deux solutions définies par les racines x_1 et x_2 ci-dessous :

$$x_1 = \frac{-b + \sqrt{\Delta}}{2a} \quad \text{et} \quad x_2 = \frac{-b - \sqrt{\Delta}}{2a}$$

- $\Delta = 0$. L'équation admet une solution unique $x_0 = -\frac{b}{2a}$.

EN PRATIQUE

- Quelles sont les solutions de l'équation $t^2 + 2t - 2 = 0$?

  Les coefficients a, b et c sont ici respectivement 1, 2 et – 2. Le discriminant est ainsi $\Delta = b^2 - 4ac = 2^2 - 4 \times (1 \times (-2)) = 4 - 4 \times (-2) = 4 + 8 = 12 > 0$.

  L'équation admet donc deux solutions :

$$t_1 = \frac{-b+\sqrt{\Delta}}{2a} = \frac{-2+\sqrt{12}}{2} = \frac{-2+\sqrt{4\times 3}}{2} = \frac{-2+2\sqrt{3}}{2} = -1+\sqrt{3}$$

$$t_2 = \frac{-b-\sqrt{\Delta}}{2a} = \frac{-2-\sqrt{12}}{2} = \frac{-2-\sqrt{4\times 3}}{2} = \frac{-2-2\sqrt{3}}{2} = -1-\sqrt{3}$$

Soit une équation du second degré de type $ax^2 + bx + c = 0$ avec $a \neq 0$ possédant deux racines x_1 et x_2. Ces deux racines vérifient alors les deux relations suivantes appelées somme et produit des racines.

N'OUBLIEZ PAS !

Propriétés des équations de second degré

Somme des racines : $x_1 + x_2 = -\frac{b}{a}$ Produit des racines : $x_1 x_2 = \frac{c}{a}$

Ces deux propriétés sont très utiles dans le cadre de la résolution rapide d'une équation de second degré *via* la méthode des racines évidentes.

EN PRATIQUE

- Quelles sont les deux solutions de l'équation suivante : $x^2 + 2x - 3 = 0$?

  La méthode classique, vue précédemment et passant par le discriminant, permet évidemment de résoudre cette équation du second degré. Toutefois ici, une racine apparaît comme évidente et est appelée « racine évidente ». En effet, si l'on remplace x par 1 dans l'équation initiale, on se rend compte que 1 est une solution de l'équation. En effet, $1^2 + 2\times 1 - 3 = 1 + 2 - 3 = 0$.

ASTUCE

Puisqu'une des deux racines est désormais connue, il est alors possible d'utiliser la somme ou le produit des racines pour en déduire la deuxième racine. Avec $a = 1$, $b = 2$ et $c = -3$ dans l'équation de départ et la relation issue de la somme des racines, cela donne :

$x_1 + x_2 = -\frac{b}{a}$ et puisque $x_1 = 1$, cela donne $1 + x_2 = -\frac{2}{1} \Leftrightarrow x_2 = -2 - 1 \Leftrightarrow x_2 = -3$.

Cela se vérifie également avec le produit des racines. En effet : $x_1\, x_2 = \frac{c}{a} \Leftrightarrow 1x_2 = -\frac{3}{1} \Leftrightarrow x_2 = -3$.

Le temps de résolution avec cette méthode est bien plus rapide qu'avec la méthode initiale. Gardez en tête que les concepteurs de test connaissent cette astuce et qu'ils glissent très souvent une racine évidente parmi les réponses d'une équation de second degré. De votre côté, considérez comme racine évidente les valeurs suivantes : $-2, -1, 0, 1$ et 2 (au-delà, le nombre de tests devient trop long).

À vous de tester ces racines évidentes quand une équation de second degré se présente, avant de débuter la résolution avec la méthode classique souvent trop chronophage.

Il existe différents autres cas avec b et/ou c qui valent 0. Ces cas simplifient d'autant la résolution.

Les équations du type $\boldsymbol{x^2 = a}$, avec $a > 0$, ont deux solutions $\boldsymbol{x} = \sqrt{a}$ ou $\boldsymbol{x} = -\sqrt{a}$.

- Que vaut $2x^2 - 8 = 0$?

  On suppose ici une équation de second degré de type $ax^2 + bx + c = 0$ avec $b = 0$. Elle se résout de la façon suivante : $2x^2 - 8 = 0 \Leftrightarrow 2x^2 = 8 \Leftrightarrow x^2 = 4$. Cela implique donc bien deux solutions :

  1) $x^2 = 4 \Leftrightarrow x = \sqrt{4} = 2$

  2) $x^2 = 4 \Leftrightarrow x = -\sqrt{4} = -2$

Veillez à ne pas oublier la deuxième réponse négative. Trop de candidats déduisent de $x^2 = 4$ que $x = 2$ en omettant également que $x = -2$. Les concepteurs de tests le savent et adorent tendre ce piège…

L'équation $x^2 = 4$ est aussi une équation du second degré de type $ax^2 + bx + c = 0$ où b et c valent 0.

Inéquations

La résolution d'une inéquation a pour objectif de **chercher les valeurs des variables inconnues au sein d'une ou plusieurs inégalités afin que ces dernières soient vérifiées.** Pour les résoudre, les règles opératoires décrites dans le paragraphe précédent sur les équations s'appliquent sur les inéquations.

Résolution d'une inéquation

Lorsqu'un même nombre est ajouté ou soustrait de chaque côté d'une inéquation, on obtient une inéquation de même sens.

Ainsi pour les opérations suivantes :

Si $a \geq b$ et $c \geq d$ alors $a + c \geq b + d$.

Lorsqu'**un même nombre strictement positif est multiplié ou divisé** de chaque côté d'une inéquation, on obtient **une inéquation de même sens.**

- Avec $3a < x$ cela donne donc $\frac{3a}{3} < \frac{x}{3} \Leftrightarrow a < \frac{x}{3}$

Lorsqu'**un même nombre strictement négatif est multiplié ou divisé** de chaque côté d'une inéquation, on obtient **une inéquation de sens contraire.**

- Avec $-3a < x$ cela donne $\frac{-3a}{-3} > \frac{x}{-3} \Leftrightarrow a > \frac{x}{-3}$

Pour résoudre une inéquation, il faut **trouver l'ensemble des valeurs dont l'inconnue vérifie l'inégalité posée**.

- Quelles valeurs x peut-il prendre sachant que $2x < 5$?

  $2x < 5 \Leftrightarrow x < \frac{5}{2}$

  La solution est donc l'ensemble des réels qui vérifient $x < \frac{5}{2}$.

- Quelles valeurs x peut-il prendre sachant que $-2x + 2 < 10$?

  $-2x + 2 < 10 \Leftrightarrow -2x < 10 - 2 \Leftrightarrow -2x < 8 \Leftrightarrow x > \frac{8}{-2} \Leftrightarrow x > -4$

PIÈGE !

Lorsqu'un facteur négatif passe de l'autre côté de l'inéquation en la divisant (ici – 2), l'inéquation change de signe.

La solution est donc l'ensemble des réels qui vérifient $x > -4$.

Systèmes d'équations

Certains exercices nécessitent de résoudre **des systèmes d'équations**. Il s'agit d'exercices où deux inconnues sont présentes et où il est possible de tirer deux équations distinctes à partir des informations de l'énoncé.

Résolution d'un système d'équations

Un **système d'équations** est un ensemble de plusieurs équations faisant appel aux mêmes inconnues et pouvant être résolues de manière parallèle.

Un système de deux équations à deux inconnues x et y se présente sous la forme suivante :

$$\begin{cases} ax + by = e \\ cx + dy = f \end{cases}$$

avec a, b, c, d e et f des paramètres connus.

Deux méthodes principales existent pour résoudre un système d'équations :

- la méthode par substitution ;
- la méthode par élimination (ou combinaison).

La méthode par **substitution** revient à **isoler** une inconnue dans une équation puis à remplacer sa valeur dans l'autre équation du système linéaire. La méthode par **élimination** (ou **combinaison**) permet d'éliminer des paramètres entre eux grâce à un procédé de multiplication des termes d'une équation avant de les additionner ou soustraire à la deuxième équation, de façon à se retrouver avec une équation ne comportant qu'une seule inconnue.

EN PRATIQUE

- Résolution d'un système de deux équations à deux inconnues à l'aide des deux méthodes : $\begin{cases} a + 2b = 5\ (1) \\ 2a + 6b = 14 (2) \end{cases}$

Méthode par substitution

Il faut **exprimer *a* en fonction de *b*** dans l'équation (1) avant de remplacer a par cette valeur dans l'équation (2). Ce qui donne ici :

$$\begin{cases} a + 2b = 5\ (1) \\ 2a + 6b = 14(2) \end{cases} \Leftrightarrow \begin{cases} a = 5 - 2b \quad (1) \\ 2a + 6b = 14(2) \end{cases} \Leftrightarrow \begin{cases} a = 5 - 2b \quad (1) \\ 2(5 - 2b) + 6b = 14\ (1) \Leftrightarrow (2) \end{cases}$$

$$\Leftrightarrow \begin{cases} a = 5 - 2b \quad (1) \\ 10 - 4b + 6b = 14\ (1) \Leftrightarrow (2) \end{cases} \Leftrightarrow \begin{cases} a = 5 - 2b \quad (1) \\ 2b = 14 - 10 = 4\ (1) \Leftrightarrow (2) \end{cases}$$

$$\Leftrightarrow \begin{cases} a = 5 - 2 \times 2 \quad (2) \Leftrightarrow (1) \\ b = \frac{4}{2} = 2 \quad (1) \Leftrightarrow (2) \end{cases} \Leftrightarrow \begin{cases} a = 1 \\ b = 2 \end{cases}$$

Méthode par élimination

Il faut trouver le **coefficient multiplicateur** d'une équation permettant d'éliminer une des deux inconnues suite à une addition ou une soustraction des deux équations (1) et (2).

Afin de neutraliser une des deux inconnues dans ce système, une des solutions est de multiplier l'équation (1) par 2 avant de la soustraire à (2), ce qui donne :

$$\begin{cases} a + 2b = 5\ (1) \\ 2a + 6b = 14(2) \end{cases} \Leftrightarrow \begin{cases} 2a + 4b = 10 \quad (1) \times 2 \\ 2a + 6b = 14 \quad (2) \end{cases}$$

$$-2b = -4\ (1) - (2) \Leftrightarrow b = \frac{-4}{-2} = 2$$

À partir de là, a se déduit en remplaçant b par 2 dans (1), ce qui donne :

$$a + 2 \times 2 = 5 \Leftrightarrow a + 4 = 5 \Leftrightarrow a = 5 - 4 \Leftrightarrow a = 1$$

Les systèmes de trois équations à trois inconnues

Il peut arriver de trouver des systèmes de trois équations à trois inconnues. Les deux méthodes de résolution précédentes restent valables :

- Pour la méthode par substitution, il faut tout d'abord exprimer une inconnue en fonction des deux autres dans une des trois équations. Ensuite, il faut remplacer l'inconnue par cette expression dans les deux autres équations. Vous obtenez alors un système de deux équations à deux inconnues. Désormais vous appliquez la méthode décrite dans le paragraphe précédent pour résoudre ce système.
- Pour la méthode par élimination, la méthode revient tout d'abord à éliminer une des trois inconnues par élimination. Ensuite, vous obtenez un système de deux équations à deux inconnues, dont la méthode à suivre revient à celle évoquée dans le paragraphe précédent.

ASTUCE

Par ailleurs, dans certains cas, il peut être plus judicieux de remplacer les équations par les valeurs des propositions. Cela permet en effet de sauter la résolution et de gagner du temps.

Tests

Temps (indicatif) : 20 minutes	Difficulté : Difficile	Barème : 1 point par bonne réponse

QCM

1. Dans un groupe d'élèves, on compte uniquement des enfants âgés de 5 ans et de 9 ans. En notant x les enfants de 5 ans et y les enfants de 9 ans, que peut-on dire de la contrainte de x et y ?

A) Il s'agit d'entiers naturels B) x et y sont égaux

C) x et y sont différents D) Ils peuvent être négatifs

E) L'ensemble de définition comprend des nombres décimaux.

2. On considère trois nombres entiers consécutifs. Qu'est-ce qui est vrai au sujet de la contrainte de ces trois nombres ?

A) Leur somme est positive B) Ils peuvent être décimaux

C) Il s'agit d'entiers naturels D) Ils sont négatifs

E) Il s'agit d'entiers relatifs

3. On considère trois nombres entiers consécutifs notés respectivement a, b et c avec $a < b < c$. Quelle proposition traduit la relation entre chacun de ces trois nombres ?

A) $a + 1 = b - c$ B) $a + b = c$ C) $a - b - c = 1$

D) $b + c = 2a + 3$ E) $a + b + c = 3a$

4. Trois croissants et deux pains au chocolat valent 6,90 €. En notant x le prix des croissants et y le prix des pains au chocolat, quelle proposition correspond à la mise en équation de cet exercice ?

A) $x + 2 = 6{,}90$ B) $x + 6{,}90 = y$ C) $3x - 6{,}90 = 2y$

D) $3x + 2y = 6{,}90$ E) $3x - 2y = 6{,}90$

5. Un silo contient 150 litres d'eau plus un tiers de la contenance du silo. En notant x la contenance du silo, quelle proposition correspond à la mise en équation de cet exercice ?

A) $x + \frac{1}{3} = 150$ B) $3x + \frac{1}{3} = 150$ C) $x + \frac{1}{3}x = 150$

D) $150 + \frac{1}{3}x = x$ E) $\frac{1}{3}(150 + x) = x$

6. Dans un amphithéâtre de l'université, la moyenne d'âge des personnes présentes est de 28 ans en comptant l'âge du professeur M. Durand. En enlevant l'âge de M. Durand, la moyenne d'âge des personnes de l'amphithéâtre tombe à 24 ans. Sachant que M. Durand est âgé de 48 ans et en notant x le nombre de personnes de cette classe sans M. Durand, comment traduire en équation la phrase suivante : « En enlevant l'âge de M. Durand, la moyenne d'âge des personnes de la classe tombe à 24 ans » ?

A) $(x + 1) \times 28 = 48$ B) $48 + 24x = 28(x - 1)$

C) $28\,(x + 1) = 48 + 24x$ D) $24\,(x - 1) = 24x - 48$

E) $24\,(x + 1) = 24x - 48$

7. Un bassin de stockage d'eau est de forme rectangulaire et de périmètre 100 m. Sachant que la superficie de ce bassin est de 600 m², quel système ci-dessous traduit cet énoncé (avec L la longueur et l la largeur du bassin) ?

A) $\begin{cases} L + l = 100 \\ L \times l = 600 \end{cases}$

B) $\begin{cases} L \times l = 50 \\ L + l = 600 \end{cases}$

C) $\begin{cases} L + l = 50 \\ L \times l = 600 \end{cases}$

D) $\begin{cases} 2(L + l) = 100 \\ 2(L + l) = 600 \end{cases}$

E) $\begin{cases} 2(L + l) = 50 \\ L + l = 600 \end{cases}$

8. Le carré de x vaut 4. Quelle proposition correspond à la mise en équation de cet exercice ?

A) $2x = 4$ B) $\sqrt{x} = 4$ C) $\sqrt{x}^2 = 4$ D) $x^2 = 4$ E) $\frac{x}{2} = 4$

9. Dans un carré, la longueur du côté est augmentée d'un mètre. Après l'augmentation, la surface a augmenté de 9 m². Avec c, la valeur du côté de ce carré, quelle proposition correspond à la mise en équation de cet exercice ?

A) $c^2 = (c + 1)^2 + 9$ B) $(c + 9)^2 = c^2 + 1$ C) $c^2 + 9 = (c + 1)^2$

D) $c^2 - c = 9$ E) $c^2 - (c - 1)^2 = 9$

10. À la guinguette de Jo, 4 cocas et 2 panachés coûtent 8 €. 2 cocas et 6 panachés coûtent 9 €. Avec c et p respectivement les prix d'un coca et d'un panaché, quelle équation correspond à la mise en équation de cet exercice ?

A) $4c + 2p = 8$ B) $2c + 6p = 9$ C) $10c + 4p = 16$

D) $6c + 8p = 17$ E) $4c + 2c + 2p + 2p = 17$

11. 4 cahiers valent 12 € de plus qu'un cahier. Quel est le prix d'un cahier ?

A) 2,40 € B) 4 € C) 3 € D) 4,5 € E) 3,5 €

12. La somme de quatre entiers consécutifs est égale à 66. Quel est le plus petit de ces entiers ?

A) 18 B) 12 C) 16 D) 14 E) 15

13. Jean a un bidon d'essence plein. Il vide trois litres dans sa tondeuse et il constate qu'il lui reste le quart du bidon. Quel était le volume d'essence contenu dans ce bidon avant que Jean remplisse sa tondeuse ?

A) 4 L B) 3,5 L C) 3 L D) 3,7 L E) 4,5 L

14. Deux cahiers et trois stylos coûtent 5,80 €. Un cahier et 5 stylos coûtent 5,40 €. Quel est le prix d'un stylo ?

A) 0,61 € B) 0,63 € C) 0,67 € D) 0,71 € E) 0,73 €

15. Il y a 2 ans, Sacha était trois fois moins âgé que sa mère Hélène. Sachant que dans 11 ans, Hélène aura le double de l'âge de son fils, quel âge a aujourd'hui Sacha ?

A) 14 ans B) 15 ans C) 16 ans D) 17 ans E) 18 ans

16. La somme de deux entiers est égale à 31 alors que leur produit vaut 238. Combien vaut la somme de leurs carrés ?

A) 488 B) 468 C) 435 D) 401 E) 485

17. Un groupe de 600 écoliers, composé de 26 % de personnes blondes, vient visiter le Musée du Louvre. Pour faciliter la visite, le groupe est divisé en deux. Dans le premier groupe, on compte 15 % de personnes blondes et dans le second groupe il y a 45 % de personnes blondes. Combien y a-t-il de personnes dans le premier groupe ?

A) 220 B) 280 C) 320 D) 380 E) 420

18. Loïc achète 7 t-shirts et 12 caleçons pour 69 € et Paul achète 11 t-shirts et 6 caleçons pour 57 €. Quel est le prix d'un seul t-shirt ?

A) 4 € B) 6 € C) 3 € D) 5 € E) 2 €

19. Giulia a noté un particularisme étonnant entre Marco et Stéphane. En effet, il y a 5 ans, Marco avait le triple de l'âge de Stéphane à ce moment-là. Et dans 5 ans, Marco aura exactement le double de l'âge que Stéphane aura à ce moment-là. Quel sera l'âge de Marco dans 10 ans?

A) 20 B) 30 C) 35 D) 45 E) 25

20. Fanny et Alexis collectionnent les paires de gants. Ils font le constat suivant : si Fanny avait 5 paires de gants de plus et Alexis 4 paires de gants de moins, ils en auraient tous les deux le même nombre, c'est-à-dire 24. À eux deux, de combien de gants disposent-ils ?

A) 96 B) 94 C) 47 D) 48 E) 50

21. Ange travaille pour l'office du tourisme de Bonifacio et cherche à référencer le nombre de places de parking disponibles pour les touristes. Il sait que la ville dispose de 5 parkings qui sont numérotés P_1, P_2, P_3, P_4 et P_5. Le P_1 dispose d'un cinquième des places de la ville et le P_2 est deux fois moins grand que le P_1. On sait aussi que le P_5 a deux fois plus de places que le P_4 alors que le P_3, avec ses 125 places, dispose du quart de la capacité des places de parking de Bonifacio. Combien y a-t-il de places de parking dans le P_4 ?

A) 75 B) 100 C) 125 D) 150 E) 175

22. On sait que 1 $ = 1,44 $CAN et que 1 $CAN = 0,75 €. Quelle est la valeur de 1 € en $?

A) 1,92 $ B) 0,93 $ C) 1,22 $ D) 1,08 $ E) 1,18 $

23. Chez Lefoncé, Grazyella effectue les courses de rentrée pour ses deux fils. Elle remarque que 3 cahiers et 4 stylos valent 14,25 € et que 5 cahiers et 2 stylos coûtent 16,75 €. Pour ses deux fils, Grazyella achète en tout 4 cahiers et 3 stylos. Quel prix payera-t-elle ses achats ?

A) 15,50 € B) 14,25 € C) 16,75 € D) 15 € E) 16,25 €

24. Lorsque Céline remplit sa citerne d'eau, celle-ci pèse en tout 450 kg. À la fin de l'été, Céline a dû utiliser une grande partie de l'eau de la citerne. C'est pour cela que maintenant la citerne n'est pleine qu'au tiers. Après pesée, la citerne remplie au tiers pèse 210 kg. Quel est le poids de la citerne totalement vide ?

A) 80 kg B) 110 kg C) 90 kg D) 120 kg E) D) 100 kg

25. a et b sont deux entiers dont la somme vaut 1 et la différence 9. Quelle est la valeur de b ?

A) –8 B) 5 C) –4 D) 7 E) 8

Correction des tests

1. Réponse A. Le contexte de l'exercice implique que x et y soient des entiers naturels puisqu'il s'agit d'enfants. Leurs valeurs ne peuvent être ni négatives ni décimales. Aucune information ne nous permet de dire que x et y sont différents.

2. Réponse E. On sait que ces nombres sont consécutifs et entiers : ils peuvent donc être soit positifs soit négatifs. Tout jugement destiné à être certain qu'ils sont soit positifs soit négatifs est trop anticipé (propositions A, C et D). La seule chose certaine est qu'il s'agit d'entiers relatifs puisqu'ils sont entiers et peuvent être positifs ou négatifs.

3. Réponse D. Du fait que les trois nombres sont consécutifs et que a est le plus petit, on peut noter $b = a + 1$ et $c = a + 2$. Ainsi la somme de b et c peut se noter : $b + c = a + 1 + a + 2 = 2a + 3$.

4. Réponse D. « Trois croissants » se traduit par $3x$ et « deux pains au chocolat » se note $2y$. La somme de ces deux achats notée $3x + 2y$ vaut 6,90 €, ce qui se traduit par $3x + 2y = 6,90$.

5. Réponse D. La contenance du silo vaut x. Cette contenance correspond à 150 litres + le tiers de la contenance du silo, notée $\frac{1}{3}x$. Cela s'écrit alors $x = \frac{1}{3}x + 150$.

6. Réponse C. On sait que la moyenne des âges avec M. Durand est de 28 ans. Il est alors possible de noter que la somme des âges du groupe avec M. Durand est de $28 \times (x + 1)$. En retirant M. Durand, qui est âgé de 48 ans, la moyenne des âges est de 24 ans. Il est alors possible de noter que la somme des âges du groupe avec M. Durand est de $48 + 24x$. Il est ensuite possible d'écrire l'égalité suivante entre les deux expressions qui désignent la même chose : $(x + 1) \times 28 = 48 + 24x$.

7. Réponse B. Par définition, le périmètre d'un rectangle correspond au double de la somme de la largeur et de la longueur. $2 \times (l + L) = 100$. L'aire correspond au produit de la longueur et de la largeur et se note donc ici $l \times L = 600$.

Pour le périmètre, il est possible de le réécrire : $2 \times (l + L) = 100 \Leftrightarrow l + L = \frac{100}{2} = 50$.

Soit au final, le système suivant : $\begin{cases} L + l = 50 \\ L \times l = 600 \end{cases}$

8. Réponse D. Le carré de x se note x^2. Puisqu'il vaut 4, l'équation est notée $x^2 = 4$.

9. Réponse C. Avec A_1 et A_2 respectivement les aires du carré avant et après l'augmentation, on a $A_1 = c^2$ puis $A_2 = (c + 1)^2$. Puisque la différence est de 9 m^2 entre les deux, on peut écrire $A_1 + 9 = A_2$, qui se traduit alors par : $c^2 + 9 = (c + 1)^2$.

10. Réponse D. Les propositions font état d'une seule équation. Il faut alors trouver d'abord le système avec les deux équations traduites puis les additionner. 4 cocas et 2 panachés coûtent 8 € se traduit par $4c + 2p = 8$. 2 cocas et 6 panachés coûtent 9 € se traduit par $2c + 6p = 9$.

Soit le système d'équations suivant :

$$\begin{cases} 4c+2p=8 \\ 2c+6p=9 \end{cases}$$

En sommant les deux équations, cela donne :

$$4c + 2p + 2c + 6p = 8 + 9 \Leftrightarrow 6c + 8p = 17.$$

11. Réponse B. Ici, le choix de l'inconnu est facile. Soit x le prix d'un cahier. L'énoncé se traduit par l'équation suivante : $4x = x + 12 \Leftrightarrow 3x = 12 \Leftrightarrow x = 12 \div 3 = 4$

12. Réponse E. Soit n le plus petit des 4 entiers consécutifs. D'après l'énoncé, on sait que :

$$n + (n+1) + (n+2) + (n+3) = 66 \Leftrightarrow 4n + 6 = 66 \Leftrightarrow 4n = 60 \Leftrightarrow n = 60 \div 4 = 15$$

On peut très bien ici tester les 5 valeurs et voir celle qui convient.

13. Réponse A. Soit x le volume d'essence initial dans le bidon d'essence. D'après l'énoncé on sait que :

$$x - 3 = \frac{x}{4} \Leftrightarrow x - \frac{x}{4} = 3 \Leftrightarrow \frac{3}{4}x = 3 \Leftrightarrow x = 3\times\frac{4}{3} = 4L$$

14. Réponse D. Si on appelle c le prix d'un cahier et s le prix d'un stylo. L'énoncé se traduit par le système suivant :

$$\begin{cases} 2c + 3s = 5{,}80 \, (L1) \\ 1c + 5s = 5{,}40 \, (L2) \end{cases} \underset{L2\times 2}{\Longleftrightarrow} \begin{cases} 2c + 3s = 5{,}80 \, (L1) \\ 2c + 10s = 10{,}80 \, (L2) \end{cases} \underset{L2-L1}{\Longleftrightarrow} \begin{cases} 2c + 3s = 5{,}80 \, (L1) \\ 7s = 5 \, (L2) \end{cases}$$

$$\Leftrightarrow \begin{cases} 2c + 3s = 5{,}80 \, (L1) \\ s = \frac{5}{7} \approx 0{,}71 \, (L2) \end{cases}$$

Un stylo coûte donc 0,71 €. Il est inutile ici de chercher le prix d'un cahier.

$$\frac{5}{7} = 5\times\frac{1}{7} \simeq 5\times 0{,}14 = 0{,}70$$

15. Réponse B. Soit x l'âge de Sacha aujourd'hui et y l'âge d'Hélène aujourd'hui. D'après l'énoncé, on a le système suivant :

$$\begin{cases} y - 2 = 3(x-2) \\ y + 11 = 2(x+11) \end{cases} \Leftrightarrow \begin{cases} y - 2 = 3x - 6 \\ y + 11 = 2x + 22 \end{cases} \Leftrightarrow \begin{cases} y = 3x - 4 \\ y = 2x + 11 \end{cases}$$

$$\Leftrightarrow \begin{cases} y = 3x - 4 \\ 3x - 4 = 2x + 11 \end{cases} \Leftrightarrow \begin{cases} y = 3x - 4 \\ x = 15 \end{cases}$$

16. Réponse E. Ici, on pourrait chercher à résoudre un système d'équations, mais ça serait trop chronophage.

Il est possible d'observer que si on appelle x le premier entier et y le deuxième enter, on sait que :

$$(x+y)^2 = x^2 + y^2 + 2xy$$

D'après l'énoncé, on a donc :

$$31^2 = x^2 + y^2 + 2\times 238 \Leftrightarrow 961 = x^2 + y^2 + 476 \Leftrightarrow x^2 + y^2 = 961 - 476 = 485$$

Et on peut donc conclure que la somme des carrés de ces entiers est égale à 485.

17. Réponse D. La difficulté de cet exercice réside dans la mise en équation de la question. Soit x le nombre de personnes dans le premier groupe. De cette manière, le nombre de personnes dans le deuxième groupe sera égal à $600 - x$.

On sait qu'en tout il y a 156 personnes blondes : $26 \times 6 = 156$, puisqu'on compte 26 personnes blondes pour 100 personnes, pour 600 personnes on en aura 6 fois plus. Cela permet donc de dire que 15 % des personnes du groupe 1 ($0{,}15 \times x$) plus 45 % des personnes du groupe 2 ($0{,}45 \times (600 - x)$) donneront 156 personnes, soit l'équation suivante :

$$0{,}15x + 0{,}45(600 - x) = 156 \Leftrightarrow 0{,}15x - 0{,}45x + 270 = 156 \Leftrightarrow -0{,}3x = 156 - 270$$

$$\Leftrightarrow 0{,}3x = 114 \Leftrightarrow x = \frac{114}{0{,}3} = 380$$

Diviser par 0,3 revient à multiplier par 10 puis diviser par 3. D'où $x = \frac{114}{0{,}3} = \frac{1140}{3} = 380$.

Autre méthode : il était possible ici de poser deux équations avec deux inconnues : x pour le nombre de personnes dans le premier groupe et y pour le nombre de personnes dans le deuxième groupe. On aurait eu alors $x + y = 600$. Et la deuxième équation aurait été celle écrite dans la première solution, à savoir ici : $0{,}15x + 0{,}45y = 156$. La résolution de ce système de deux équations à deux inconnues aurait donc donné $x = 380$ et $y = 220$. Même si cette solution reste valable, elle est certainement plus chronophage.

18. Réponse C. Soit x le prix d'un caleçon et y celui d'un t-shirt, il suffit de résoudre (1) $12x + 7y = 69$ et (2) $6x + 11y = 57$, en trouvant la valeur de y. Pour cela, il faut éliminer x.

Il faut multiplier l'équation (2) par -2 pour obtenir $-12x - 22y = -114$ et additionner les deux équations, ce qui donne :

$12x + 7y + (-12x - 22y) = 69 - 114 \Leftrightarrow 15y = 45 \Leftrightarrow y = 45 \div 15 = 3$.

Si vous n'êtes pas à l'aise avec la résolution de systèmes de deux équations à deux inconnues, il est possible de tester les différentes valeurs possibles afin de chercher laquelle est la bonne.

19. Réponse D. Il faut dans un premier temps mettre en équation les deux informations avant de résoudre le système. Soit M l'âge de Marco aujourd'hui et S celui de Stéphane aujourd'hui. Il y a 5 ans, Marco avait le triple de l'âge de Stéphane se traduit par : $M - 5 = 3 \times (S - 5)$. Dans 5 ans, Marco aura exactement le double de l'âge que Stéphane aura à ce moment-là se traduit par : $M + 5 = 2 \times (S + 5)$. On a donc un système de 2 équations avec 2 inconnues :

$$\begin{cases} M - 5 = 3 \times (S - 5) & (1) \\ M + 5 = 2 \times (S + 5) & (2) \end{cases} \Leftrightarrow \begin{cases} M = 3S - 15 + 5 = 3S - 10 & (1) \\ 3S - 10 + 5 = 2S + 10 & (1) \Leftrightarrow (2) \end{cases}$$

$$\Leftrightarrow \begin{cases} M = 3S - 10 & (1) \\ 3S - 5 = 2S + 10 & (1) \Leftrightarrow (2) \end{cases} \Leftrightarrow \begin{cases} M = 3S - 10 & (1) \\ 3S - 2S = 10 + 5 = 15 & (1) \Leftrightarrow (2) \end{cases}$$

$$\Leftrightarrow \begin{cases} M = 3 \times 15 - 10 = 45 - 10 = 35 & (1) \\ S = 15 & (2) \end{cases}$$

Aujourd'hui, Marco est âgé de 35 ans alors que Stéphane a 15 ans. Dans 10 ans, Marco aura donc 45 ans.

ASTUCE

Pour ce genre de questions, il peut être utile de partir des réponses (ce qu'on appelle *backsolving*). Voici la marche à suivre : il faut toujours prendre la proposition du milieu, c'est-à-dire celle qui sépare en deux l'échantillon des propositions. Ici, il s'agit de 30 ou 35. Prenez 35 dans ce cas-là.

Si, dans 10 ans, Marco a 35 ans, cela signifie qu'aujourd'hui, il est âgé de 25 ans. Donc quand on dit « Dans 5 ans, Marco aura le double de l'âge de Stéphane à ce moment-là », cela signifie que Stéphane a aujourd'hui 10 ans puisque $M + 5 = 2\times (S + 5) \Leftrightarrow 25 + 5 = 2S + 10 \Leftrightarrow 2S = 30 - 10 = 20 \Leftrightarrow S = 10$.

Toutefois, cela ne correspond pas au deuxième indice donné dans l'énoncé puisque, il y a 5 ans, Marco avait 20 ans et que Stéphane n'était alors âgé que de 5 ans. Il n'est donc pas possible de dire qu'à ce moment-là Marco avait le triple de l'âge de Stéphane.

Ici, la proposition sélectionnée est trop basse pour l'âge de Marco parmi les propositions. Il faut donc une proposition plus haute que 35 ans pour Marco. Cela élimine d'emblée les propositions A, B et C. La bonne réponse est donc de manière certaine D ici puisqu'elle est la seule restante. Il est possible de vérifier cela, mais dans les conditions du concours, il s'agit d'un simple confort.

Partir des réponses peut être une astuce qui fait gagner du temps. En sélectionnant d'abord la réponse du milieu, il est possible de trouver la bonne réponse en réalisant deux tests au maximum.

En effet, si la première proposition sélectionnée ne fonctionne pas, on ajuste avec une autre proposition (soit plus basse soit plus haute selon le premier résultat). On n'hésite donc plus qu'entre deux propositions maximum à ce moment-là. L'ultime test permet alors de choisir entre les deux dernières propositions restantes.

20. Réponse B. Si Fanny a 24 paires de gants alors qu'on le lui en a rajouté cinq paires, cela signifie qu'elle en possède véritablement 19 paires. Si Alexis dispose de 24 paires alors qu'on le lui en a enlevé quatre paires, cela signifie qu'il en possède véritablement 28 paires. À eux deux, Fanny et Alexis possèdent donc 47 paires de gants (19 + 28 = 47). Et 47 paires de gants représentent 94 gants (47 paires × 2 mains = 94 gants). Eh oui, on compte bien deux gants par paire de gants !

21. Réponse A. L'information à traiter en priorité est que le P_3 représente un quart des places avec ses 125 places. Cela signifie que la ville dispose de 500 places de parking.

ASTUCE

Pour déduire cela, il faut réaliser le calcul $\frac{125}{\frac{1}{4}}$. Or, diviser par un quart revient à la même chose que de multiplier par 4. D'où $\frac{125}{\frac{1}{4}} = 125 \times 4 = 500$.

Puisque le P_1 dispose d'un cinquième des places de parking, il en contient 100 ($\frac{1}{5} \times 500 = \frac{500}{5} = 100$). Le P_2 qui est deux fois moins grand a donc 50 places (100 ÷ 2 = 50).

À eux trois, les P_1, P_2 et P_3 ont donc 275 places sur les 500 que compte la ville. Cela signifie donc que les P_4 et P_5 ont 225 places à eux deux (500 - 275 = 225). Puisque le P_5 a deux fois plus de places que le P_4, on peut noter : $P_5 = 2P_4$.

D'où : $P_4 + P_5 = 225 \Leftrightarrow P_4 + 2P_4 = 225 \Leftrightarrow 3P_4 = 225 \Leftrightarrow P_4 = \frac{225}{3} = 75$.

Le P_4 dispose donc de 75 places de parking.

22. Réponse B. Pour trouver la valeur de 1 $ en €, il faut calculer : 1,44 × 0,75.

Pour calculer rapidement la valeur de 1,44 × 0,75, on peut réécrire :

$$1{,}44\times 0{,}75 = 1{,}44\times\left(1-\frac{1}{4}\right) = 1{,}44\times 1 - 1{,}44\times\frac{1}{4} = 1{,}44 - \frac{1{,}44}{4}$$

$$= 1{,}44 - \left(\frac{1}{4}+\frac{0{,}44}{4}\right) = 1{,}44 - (0{,}25 + 0{,}11) = 1{,}44 - 0{,}36 = 1{,}08.$$

Donc 1$ = 1,08€. Pour connaître la valeur d'un euro en dollar, il faut réaliser le calcul suivant : 1$ = 1,08€ ⇔ 1€ = $\frac{1}{1{,}08}$ $ ≈ 0,93$.

Il est ici inutile de calculer $\frac{1}{1{,}08}$ puisque vous pouvez déduire rapidement que $\frac{1}{1{,}08} < 1$. Or seule la proposition B est inférieure à 1. Il est donc certain que la bonne réponse est 0,93.

23. Réponse A.

On pourrait très bien trouver la solution en résolvant un système de deux équations à deux inconnues. Cette méthode est ici très chronophage. À la place, on peut plutôt ajouter les quantités.

Soit x le prix d'un cahier et y celui d'un stylo alors $3x + 4y = 14{,}25$. De même, $5x + 2y = 16{,}75$. Et donc en additionnant les deux équations, on obtient $3x + 4y + 5x + 2y = 14{,}25 + 16{,}75$, d'où $8x + 6y = 31$.

Cela signifie donc que 8 cahiers et 6 stylos coûtent 31€. Pour trouver le prix de 4 cahiers et 3 stylos, il faut alors diviser le prix par deux, car il s'agit de quantités deux fois moins grandes.

En divisant cette égalité par 2, on en déduit immédiatement que $4x + 3y = \frac{31}{2} = 15{,}50$ €.

24. Réponse C. Notez P le poids de la citerne vide et E le poids de l'eau quand la citerne est pleine.

En traduisant les deux données de l'énoncé, on a :

(1) $P + E = 450$ et (2) $P + \frac{E}{3} = 210 \Leftrightarrow \frac{3P+E}{3} = 210 \Leftrightarrow 3P + E = 630$.

On obtient alors le système d'équations suivant : $\begin{cases} P + E = 450 (1) \\ 3P + E = 630 (2) \end{cases}$

Il suffit donc de soustraire la première égalité à la deuxième et ainsi, on obtient :

$$P + E - (3P + E) = 450 - 630 \Leftrightarrow P + E - 3P - E = -180 \Leftrightarrow 2P = 180$$

$$\Leftrightarrow P = \frac{180}{2} = 90.$$

On peut donc conclure que le poids de la citerne vide est de 90 kg.

Pour raisonner encore plus vite, on aurait pu partir de la remarque suivante : quand la citerne est pleine, elle pèse 450 kg alors que quand elle est au tiers pleine elle pèse 210 kg. La différence entre les deux contenances est l'utilisation de deux tiers de la contenance d'eau de la citerne, pour un poids de 240 kg (450 - 210 = 240). Cela signifie donc que les deux tiers de la contenance d'eau pèsent 240 kg, et donc qu'un tiers vaut 120 kg ($\frac{240}{2} = 120$).

Puisque la citerne pèse 210 kg quand elle pleine au tiers, et qu'un tiers de la citerne en eau pèse 120 kg, on peut alors en déduire que la citerne vide pèse 90 kg (210 - 120 = 90).

25. Réponse C. D'après l'énoncé, on sait que $a + b = 1$ et $a - b = 9$. On peut donc résoudre ce système pour trouver la valeur de b.

$$\begin{cases} a + b = 1 \\ a - b = 9 \end{cases}$$

ASTUCE

En faisant la différence entre ces deux égalités, on peut rapidement éliminer a. D'où :

$a + b - (a - b) = 1 - 9 \Leftrightarrow a + b - a + b = -8$ d'où $2b = -8$ donc $b = -\frac{8}{2} = -4$.

Chapitre 15

Probabilités et dénombrement

Dans ce chapitre

- Probabilités simples et conditionnelles
- Variables aléatoires
- Dénombrement et analyse combinatoire

Les probabilités sont abordées au sein des tests psychotechniques sous leur forme la plus élémentaire. Une bonne compréhension des notions de cours suffit en général pour affronter les exercices de probabilités du test. À l'image des exercices impliquant des équations, ceux impliquant des notions de probabilités sont rédigés dans un langage courant. La difficulté se situe ainsi tant dans la compréhension de la situation décrite que dans le calcul à réaliser. Les questions sur les probabilités ne demandent pas des connaissances mathématiques avancées et sont souvent assez intuitives.

La plupart des questions de tests psychotechniques se réfèrent alors aux notions de base : probabilité, équiprobabilité et probabilité conditionnelle. Pour les candidats qui souhaitent aller plus loin, les notions de variable aléatoire et schéma de Bernoulli peuvent être approfondies.

Notions générales

Le calcul des probabilités consiste à évaluer les chances qu'un événement se produise. Cet événement doit être le fruit du hasard pour être qualifié d'aléatoire. Ainsi, toutes les issues (ou événements) éventuelles doivent avoir une chance égale de survenir (exemple : pour le lancer d'un dé, les 6 chiffres ont tous autant de chance de sortir quand le dé est parfaitement équilibré). Cette situation est dite équiprobable : chacun des événements a autant de chance de se produire qu'un autre.

Définitions

Une **expérience aléatoire** conduit à différentes issues ou éventualités. On nomme événements élémentaires toute issue (ou résultat, éventualité) $e_1, e_2, \dots, e_n$ composant l'univers Ω. On a alors $\Omega = \{e_1; e_2; \dots; e_n\}$. Un événement élémentaire ne comporte qu'une seule issue.

EN PRATIQUE

- En lançant un dé équilibré à 6 faces, on a $\Omega = \{1; 2; 3; 4; 5; 6\}$. En nommant X l'événement « obtenir un nombre pair », alors $X = \{2; 4; 6\}$.

N'OUBLIEZ PAS !

Une **loi de probabilité** définie sur Ω permet d'associer à chaque événement élémentaire $e_1, e_2, \ldots, e_n$ un nombre réel $p_1, p_2, \ldots, p_n$ appelé **probabilité de l'événement élémentaire** auquel il est associé.

Loi de probabilité

Pour tout événement i, on a $0 \leq p_i \leq 1$ et $p_1 + p_2 + \ldots + p_n = 1$. On a alors $P(\Omega) = 1$.

Pour chaque événement X, **une probabilité** $\boldsymbol{P(X)}$ est associée. $P(X)$ est alors la somme des probabilités des événements élémentaires qui le constituent.

On note $\emptyset$ l'événement impossible, celui qu'aucune issue ne réalise : $p(\emptyset) = 0$.

EN PRATIQUE

- En reprenant l'exemple précédent, on a alors $X = \{2; 4; 6\}$ et donc $P(X) = P(2) + P(4) + P(6)$.

Équiprobabilité

Si tous les événements élémentaires sont tels que $p(\{\omega_1\}) = p(\{\omega_2\}) = \ldots = p(\{\omega_n\})$, on dit qu'ils sont **équiprobables**. Dans ce cas, $p(\{\omega_i\}) = \frac{1}{n}$.

Les expressions « au hasard », « indiscernable au toucher », « bien équilibré », etc. sous-entendent des expériences équiprobables.

N'OUBLIEZ PAS !

Équiprobabilité

Dans l'hypothèse d'équiprobabilité, si A est un événement de l'univers Ω, alors :

$$p(A) = \frac{\text{Card }(A)}{\text{Card }(\Omega)} = \frac{\text{nombre de cas où } A \text{ est réalisé}}{\text{nombre de cas possibles au total}}$$

« Card » signifie « cardinal ». En mathématiques, ce terme désigne le nombre d'éléments d'un ensemble donné. Par exemple, dans le cas d'un lancer de dés, en appelant Ω l'univers concerné, on a : Card $(\Omega) = 6$.

Si A et B sont deux événements quelconques, alors on note $\boldsymbol{A \cap B}$ l'événement « A et B » tel que les deux événements sont réalisés. La probabilité que les deux événements surviennent est alors notée $P(A \cap B)$. Quand A et B sont des **événements incompatibles**, $A \cap B = \emptyset$ donc $P(A \cap B) = 0$. Quand A et B sont des événements indépendants, $P(A \cap B) = P(A) \times P(B)$.

- On note $\boldsymbol{A \cup B}$ l'événement « A ou B » tel qu'au moins l'un des deux est réalisé. On a alors $P(A \cup B) = P(A) + P(B) - P(A \cap B)$.

N'OUBLIEZ PAS !

En mathématiques, le « ou » est inclusif. Ce n'est pas le « ou » exclusif qu'on trouve dans « fromage ou dessert » ! En d'autres termes, si les deux événements sont réalisés, l'événement $A \cup B$ l'est aussi. Par exemple, dans le cas d'un lancer de dé : soit l'événement A « obtenir un nombre pair » et l'événement B « obtenir un multiple de 3 », alors : $A \cup B = \{2; 3; 4; 6\}$. On voit bien que 6, à la fois pair et multiple de 3, fait partie de $A \cup B$. La formule

$P(A \cup B) = P(A) + P(B) - P(A \cap B)$ s'explique par le fait qu'il ne faut pas compter deux fois les événements inclus à la fois dans A et B !

- L'événement $\overline{A}$ est l'**événement contraire** de ***A***. On a donc $P(\overline{A})=1-P(A)$.

On peut représenter l'ensemble des résultats possibles ou éventualités par un **tableau** ou un **arbre**.

- Une urne contient 3 boules : une bleue, une verte, une rouge. On tire au hasard une boule de cette urne, on note sa couleur puis on la replace dans l'urne que l'on agite. On tire alors une deuxième boule de l'urne en notant sa couleur.

Cette expérience aléatoire peut se représenter de la façon suivante :

2 \ 1	B	V	R
B	(B,B)	(V,B)	(R,B)
V	(B,V)	(V,V)	(R,V)
R	(B,R)	(V,R)	(R,R)

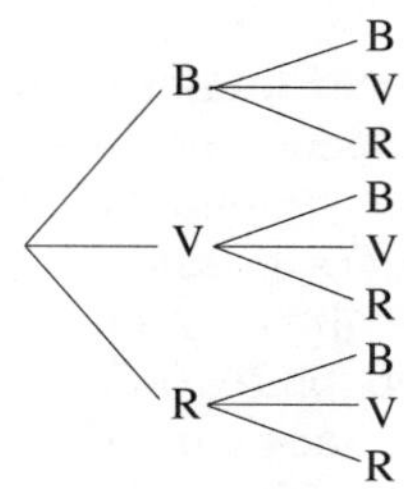

Lorsqu'on met les probabilités sur les branches de l'arbre, on parle d'**arbre pondéré**.

Ici $\Omega = \{(B, B) ; (B, V) ; (B, R) ; (V, B) ; (V, V) ; (V, R) ; (R, B) ; (R, V) ; (R, R)\}$ représente l'univers ou ensemble des éventualités de cette expérience.

$A_1 = \{(B, B); (V, V); (R, R)\}$ est l'événement « Obtenir 2 boules de même couleur ».

$A_2 = \{(B, R); (B, V); (B, B)\}$ est l'événement « Obtenir une boule bleue au premier tirage ».

$A_3 = \{(B, B)\}$ est l'événement « obtenir deux boules bleues ». C'est un événement qui ne contient qu'une seule éventualité. On dit que c'est un événement élémentaire.

L'événement A_3 est aussi l'événement « A_1 et A_2 », noté A_1 et A_2 mais aussi $A_1 \cap A_2$.

$A_4 = \{(R, R)\}$: « Obtenir deux boules rouges ».

Aucune éventualité ne réalise simultanément A_2 et A_4 ; on dit que A_2 et A_4 sont incompatibles et on note $A_2 \cap A_4 = \emptyset$.

On note $\overline{A_1}$ l'événement contraire de A_1, c'est-à-dire « obtenir un tirage bicolore ».

Probabilités conditionnelles

La notion de **probabilité conditionnelle** permet d'évaluer une probabilité sachant qu'un événement préalable s'est réalisé. Cette probabilité est alors estimée dans l'hypothèse où cet événement s'est produit. En lançant un dé, j'ai initialement autant de chance d'obtenir chacun des 6 chiffres (1 chance sur 6). Si je suppose maintenant que je sais que le chiffre obtenu est pair, je corrige ma probabilité, puisque les issues favorables ne sont plus que 2, 4 et 6 sur un dé. Sachant que mon tirage sera pair, j'ai alors 1 chance sur 3 d'obtenir l'un de ces trois chiffres. Cette probabilité est dite conditionnée par l'information initiale (mon tirage sera pair).

Formule d'une probabilité conditionnelle

En considérant deux événements A et B de l'univers Ω avec $P(B) \neq 0$, la probabilité de A sachant que B est réalisé est le nombre réel, noté $p_{E}(A)$, défini par :

$$p_B(A) = \frac{p(A \cap B)}{p(B)}$$

Probabilité totale

La **formule des probabilités totales** permet de calculer la probabilité qu'un événement global se produise en le décomposant en plusieurs événements isolés. Si je considère que je lance deux dés de façon simultanée, j'ai autant de chance d'obtenir le chiffre 6 dans chacun de mes deux lancers, considéré de façon indépendante. Si je cherche maintenant à évaluer la probabilité d'obtenir au moins une fois le chiffre 6 dans mes deux lancers, je vais alors calculer la probabilité totale en fonction de mes deux probabilités isolées (qui me donnent chacune 1 chance sur 6 d'obtenir un 6). Mes chances d'obtenir un 6 augmentent, puisque je lance deux dés.

N'OUBLIEZ PAS !

Formule des probabilités totales

Soient $A_1, A_2, \ldots, A_n$ des événements de probabilités non nulles constituant une partition de l'univers Ω (c'est-à-dire qu'ils constituent l'ensemble exhaustif des possibilités, autrement dit, tous les A_n sont possibles et l'un des A_n est forcément réalisé).

La probabilité d'un événement A_n peut être calculée sous la forme :

$$p(B) = p(A_1 \cap B) + p(A_2 \cap B) + \cdots + p(A_n \cap B)$$

qu'il est aussi possible d'écrire :

$$p(B) = p(A_1) \times p_{A_1}(B) + p(A_2) \times p_{A_2}(B) + \cdots + p(A_n) \times p_{A_n}(B)$$

EN PRATIQUE

- Au sein d'une entreprise, 40 % de l'effectif est masculin. Parmi les femmes de l'entreprise, une sur trois participe au relais de l'espoir alors que chez les hommes, le ratio est d'un sur deux. Quelle est la probabilité qu'un participant au relais de l'espoir pris au hasard soit une femme ?

  Notation : F est l'événement « être une femme » ; H l'événement « être un homme » et R est l'événement « participer au relais de l'espoir ».

  On a donc $P(H) = \frac{4}{10}$, d'où $P(F) = 1 - \frac{4}{10} = \frac{6}{10}$

  On note $P_F(R)$ la probabilité de participer au relais sachant que la personne est une femme. Ainsi $P_F(R) = \frac{P(F \cap R)}{P(F)} = \frac{1}{3}$ selon l'énoncé.

  On note $P_R(F)$ la probabilité d'être une femme sachant que la personne participe au relais (c'est la question posée). Alors $P_R(F) = \frac{P(F \cap R)}{P(R)}$. Il nous faut donc déterminer $P(F \cap R)$ et $P(R)$.

  Puisqu'on a vu que $P_F(R) = \frac{P(F \cap R)}{P(F)}$, on peut en déduire que $P(F \cap R) = P_F(R) \times P(F)$.

De la même manière, on vient d'observer que $P_R(F) = \frac{P(F \cap R)}{P(R)}$, ce qui permet d'en tirer $P(F \cap R) = P_R(F) \times P(R)$

D'où :

$$P(F \cap R) = P_R(F) \times P(R) = P_F(R) \times P(F) = \frac{1}{3} \times \frac{6}{10} = \frac{6}{30} = \frac{1}{5}.$$

On sait aussi grâce à la formule des probabilités totales que :

$$P(R) = P_F(R) \times P(F) + P_H(R) \times P(H)$$

$$= \frac{1}{3} \times \frac{6}{10} + \frac{1}{2} \times \frac{4}{10} = \frac{6 \times 2 + 4 \times 3}{60} = \frac{24}{60} = \frac{2}{5}$$

On peut alors déduire que $P_R(F) = \frac{P(F \cap R)}{P(R)} = \frac{\frac{1}{5}}{\frac{2}{5}} = \frac{1}{5} \times \frac{5}{2} = \frac{1}{2}.$

La probabilité qu'un participant au relais de l'espoir pris au hasard soit une femme est donc de $\frac{1}{2}$.

Deux événements A et B sont **indépendants** lorsque la probabilité d'un de ces deux événements ne dépend pas de la réalisation ou non de l'autre. Dans ce cas, on a donc :

$p(B) = p_A(B)$ ou $p(A) = p_B(A)$ et donc $\boldsymbol{p(A \cap B) = p(A) \times p(B)}$.

EN PRATIQUE

- On lance en même temps un dé et une pièce parfaitement équilibrés. Quelle est la probabilité d'obtenir un nombre premier sur le dé et que la pièce retombe du côté face ?

  Notation : A est l'événement « obtenir un nombre premier sur le dé » et B est l'événement « obtenir face avec la pièce ». La probabilité d'obtenir un nombre premier sur le dé et que la pièce retombe du côté face est notée $p(A \cap B)$.

  Sur un dé, trois faces sont des nombres premiers : $A = \{2; 3; 5\}$ avec un ensemble de cas possibles noté $\Omega_1 = \{1; 2; 3; 4; 5; 6\}$. Donc :

$$p(A) = \frac{\text{nombre de cas où } A \text{ est réalisé}}{\text{nombre de cas possibles}} = \frac{3}{6} = \frac{1}{2}$$

  Sur une pièce, un seul côté est noté face : $B_1 = \{F\}$ avec un ensemble de cas possibles noté $\Omega_2 = \{F; \bar{F}\}$. Obtenir face avec une pièce est représentée par une probabilité :

$$p(B) = \frac{\text{nombre de cas où } B \text{ est réalisé}}{\text{nombre de cas possibles}} = \frac{1}{2}$$

  Puisque les événements ne sont pas liés, ils sont indépendants. Donc :

$$p(A \cap B) = p(A) \times p(B) = \frac{1}{2} \times \frac{1}{2} = \frac{1}{4}$$

Variables aléatoires

Une variable aléatoire associe l'éventualité d'un événement à un gain. Elle représente une information dont la valeur dépend du résultat de l'expérience aléatoire. En reprenant l'exemple d'un lancer de dé, je peux nommer 0 l'événement « obtenir un nombre pair ». La probabilité d'obtenir un nombre pair lors de mon lancer sera alors noté $P(X = 0)$.

Formule d'une variable aléatoire

Soit Ω l'ensemble des résultats d'une expérience aléatoire. On appelle **variable aléatoire** tout nombre réel aléatoire dont la valeur est fonction de l'issue d'une expérience probabiliste.

- Soit les résultats d'un lancer de dé. On peut définir une variable aléatoire de la façon suivante :

  $X = 0$ si le nombre est pair

  $X = 1$ si le nombre est impair

  Dans ce cas, $\Omega = \{0\ ;\ 1\}$.

Loi de probabilité d'une variable aléatoire

Soit $\Omega = \{\omega_1;\ \omega_2;...;\omega_n\}$ un ensemble d'événements et $\{x_1;\ x_2;...;\ x_n\}$ l'ensemble des valeurs prises par une variable aléatoire X sur Ω.

La **loi de probabilité de X** est la fonction définie sur Ω, qui associe à chaque valeur de la variable aléatoire sa probabilité. Autrement dit, elle fait correspondre à chaque x_i un nombre $p_i = p(X = x_i)$. On a donc $\sum_{i=1}^{n} p_i = 1$.

Cette loi de probabilité est souvent présentée sous forme de tableau.

- La loi de probabilité de la variable aléatoire définie ci-dessus est :

$\boldsymbol{x_i}$	0	1
$\boldsymbol{p_i = p(X = x_i)}$	$\frac{1}{2}$	$\frac{1}{2}$

Loi de Bernoulli

Une expérience aléatoire qui ne comporte que deux issues possibles (succès S ou échec E) est appelée **épreuve de Bernoulli**.

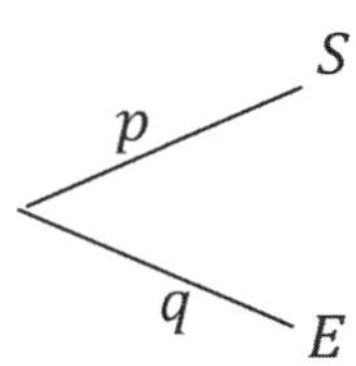

avec $q = 1 - p$.

La **loi de Bernoulli** associée à cette épreuve est définie par :

$\boldsymbol{x_i}$	S	E
$\boldsymbol{p_i}$	p	$q = 1 - p$

- On lance un dé cubique bien équilibré et on s'intéresse à l'obtention ou non du 6. La probabilité du succès, notée S, est $\frac{1}{6}$. La loi est résumée par le tableau :

x_i	S	E
p_i	$\boldsymbol{\frac{1}{6}}$	$1 - \frac{1}{6} = \boldsymbol{\frac{5}{6}}$

L'analyse combinatoire

L'analyse combinatoire aborde les combinaisons d'ensembles finis ainsi que les notions relatives au dénombrement.

Les p-listes

E étant un ensemble à n éléments, on appelle **p-liste** de E toute suite $(x_1, ..., x_p)$ où chaque x_k est élément (aussi appelé composant) de E. Il y a n^p p-listes d'un ensemble à n éléments.

- Le Mastermind® est un jeu proposant de découvrir un code de 5 couleurs. Pour constituer chaque composante de ce code, un joueur a le choix entre 8 couleurs différentes. Combien existe-t-il de codes distincts dans ce jeu ?

  Pour chacune de ces composantes, le joueur a le choix entre 8 couleurs. Le nombre de codes différents se calcule alors avec n^p où $n = 8$ (nombre de couleurs différentes) et $p = 5$ (nombre de composantes de chaque code). On a alors $n^p = 8^5 = 32\ 768$ codes distincts.

Les ensembles

On désigne par **cardinal d'un ensemble** fini E de n éléments, le nombre d'éléments qui composent E.

Considérez un dé composé de 6 faces allant de 1 à 6. On note alors $E = \{1 ; 2 ; 3 ; 4 ; 5 ; 6\}$ et $\text{card}(E) = 6$.

Soient A et B deux parties d'un ensemble E :

- L'intersection de A et B $(A \cap B)$ est l'ensemble des éléments de E qui appartiennent à la fois à A et B.

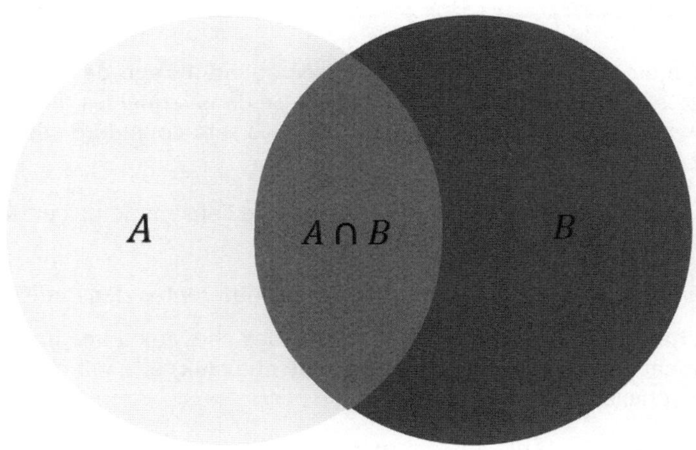

- A et B sont disjoints s'ils ne disposent d'aucun élément commun : $A \cap B = \emptyset$.
- La réunion de A et B $(A \cup B)$ est l'ensemble des éléments de E qui appartiennent soit à A soit à B.
- Si A et B sont disjoints, alors $\text{card}(A \cup B) = \text{card}(A) + \text{card}(B)$.

- Dans les autres cas :

  $\text{card}(A \cup B) = \text{card}(A) + \text{card}(B) - \text{card}(A \cap B)$.

- Sur 91 clients servis, ce midi, à l'Atmosphère Café, 41 clients ont mangé une salade alors que 32 ont dégusté une pizza. Sachant que 11 clients ont mangé une salade et une pizza, combien de clients n'ont mangé ni salade ni pizza ?

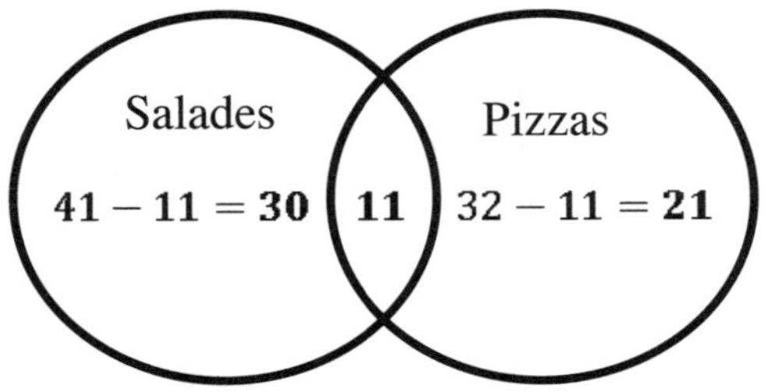

On voit alors que 30 clients ont mangé seulement une salade et 21 autres ont dégusté une pizza. Donc les clients qui n'ont mangé ni salade ni pizza sont au nombre de : 91 – 30 – 21 – 11 = 29 personnes.

Les arrangements

Un **arrangement** de r objets parmi n objets différents est un sous-ensemble ordonné de r objets choisis parmi les n objets. Pour dénombrer le nombre d'arrangements, on utilise la formule suivante :

Formule générale de l'arrangement

$$A_n^r = \frac{n!}{(n-r)!}$$

La formule de l'arrangement est utilisée quand il s'agit de sélectionner r objets parmi les n objets que l'on dénombre, et que l'ordre dans lequel les objets sont sélectionnés **a une importance** (ainsi un arrangement 1 – 2 – 3 sera considéré comme différent d'un arrangement 3 – 1 – 2).

n factoriel se note $n!$: il s'agit du produit de l'ensemble des entiers naturels de 1 jusqu'à n. Ainsi $n! = n \times (n-1) \times (n-2) \times \ldots \times 1$.

- Combien existe-t-il d'arrivées de tiercés différentes dans une course de 18 chevaux ?

  Sachant qu'au tiercé, l'ordre d'arrivée des chevaux a une importance, on utilise les arrangements avec ici $n = 18$ (le nombre de chevaux) et $r = 3$ puisqu'un tiercé est une arrivée de 3 chevaux. On a donc :

$$A_{18}^3 = \frac{18!}{(18-3)!} = \frac{18!}{15!} = \frac{18 \times 17 \times 16 \times \cancel{15 \ldots \times 1}}{\cancel{15 \times 14 \times \ldots \times 1}}$$

$$= 18 \times 17 \times 16 = 4\,896.$$

Les combinaisons

N'OUBLIEZ PAS !

Une **combinaison** de r objets parmi n objets différents est un sous-ensemble non ordonné de r objets choisis parmi les n objets.

N'OUBLIEZ PAS !

Formule générale de la combinaison

$C_n^r = \frac{n!}{r! \times (n-r)!}$, que l'on note plus généralement $\binom{n}{r}$.

La formule de la combinaison est utilisée quand il s'agit de sélectionner r objets parmi les n objets que l'on dénombre, et que l'ordre dans lequel les objets sont sélectionnés n'a pas d'importance (ainsi une combinaison 1 – 2 – 3 sera considérée comme équivalente à 3 – 1 – 2).

N'OUBLIEZ PAS !

Vous avez donc la relation $A_n^r = r!\binom{n}{r}$, ce qui implique que $A_n^r > \binom{n}{r}$. Se souvenir de cela permet d'arbitrer entre les deux méthodes dans le cadre d'un exercice.

- Combien existe-t-il de grilles différentes au Rapido®, sachant qu'il s'agit d'un tirage de 5 numéros impliquant tous les nombres de 1 à 20 ?

  Sachant que dans les jeux du tirage, l'ordre de sortie des numéros n'a pas d'incidence sur les résultats (que le numéro 17 sorte en première position ou en cinquième position n'a pas d'incidence sur le résultat du tirage), on utilise les combinaisons avec ici $n = 20$ (le nombre de numéros) et $r = 5$ puisqu'il y a 5 numéros tirés. On a donc :

$$\binom{20}{5} = \frac{20!}{5! \times (20-5)!} = \frac{20!}{5! \times 15!}$$

$$= \frac{20 \times 19 \times \ldots 16 \times \cancel{15 \times \ldots \times 1}}{5 \times 4 \times 3 \times 2 \times \cancel{15 \times \ldots \times 1}}$$

$$= \frac{20 \times 19 \times 18 \times 17 \times 16}{5 \times 4 \times 3 \times 2} = 19 \times 3 \times 17 \times 16$$

$$= 15\,504$$

Tests

Temps (indicatif) : 45 minutes	Difficulté : Difficile	Barème : 1 point par bonne réponse

ENTRAÎNEZ-VOUS !

QCM

1. A et B sont deux événements indépendants tels que $p(A) = 0{,}2$ et $p(B) = 0{,}3$. Que vaut $p(A \cup B)$?

A) 0,06 B) 0,44 C) 0,5 D) 0,56 E) 0,66

2. Marco lance un dé parfaitement équilibré. Quelle est la probabilité qu'il obtienne deux fois d'affilée le même nombre ?

A) $\frac{1}{6}$ B) $\frac{1}{3}$ C) $\frac{1}{2}$ D) $\frac{1}{36}$ E) $\frac{1}{12}$

3. David lance à son tour un dé parfaitement équilibré. Quelle est la probabilité qu'il obtienne deux fois d'affilée un 6 ?

A) $\frac{1}{6}$ B) $\frac{1}{3}$ C) $\frac{1}{2}$ D) $\frac{1}{36}$ E) $\frac{1}{12}$

4. Une urne contient 5 boules noires et 3 boules blanches. On tire successivement et sans remise 2 boules de l'urne. Quelle est la probabilité de l'événement : « la 2e boule tirée est noire sachant que la première l'est aussi » ?

A) $\frac{5}{4}$ B) $\frac{25}{64}$ C) $\frac{5}{14}$ D) $\frac{2}{3}$ E) $\frac{4}{7}$

5. Lors d'une course équestre comportant 20 partants, la probabilité de gagner le tiercé dans le désordre est combien de fois supérieure à la probabilité de gagner le tiercé dans l'ordre ?

A) 10 fois B) 7 fois C) 6 fois D) 5 fois E) 3 fois

6. Dans un tiroir, il y a 3 paires de chaussettes de couleurs différentes, on tire au hasard 2 chaussettes. Quelle est la probabilité qu'elles appartiennent à la même paire ?

A) $\frac{1}{4}$ B) $\frac{1}{3}$ C) $\frac{1}{5}$ D) $\frac{1}{6}$ E) $\frac{1}{2}$

7. Dans un jeu de 32 cartes, Marie tire une carte puis la remet dans le paquet. Elle réalise cela trois fois. Quelle est la probabilité qu'aucune de ces cartes ne soit un cœur ?

A) $\frac{1}{4}$ B) $\frac{3}{4}$ C) $\frac{9}{16}$ D) $\frac{7}{16}$ E) $\frac{27}{64}$

8. On considère l'épreuve qui consiste à lancer un dé non truqué. On gagne 20 € si on obtient le 6, on perd 4 € sinon. Quelle est l'espérance de gain pour ce jeu ?

A) 0,1 B) -0,4 C) 0 D) 1 E) -1,5

9. En considérant une année de 365 jours, quelle est la probabilité pour que dans un groupe de 23 personnes choisies au hasard, 2 personnes au moins aient la même date anniversaire ?

A) $\frac{\frac{365!}{342!}}{365^{23}}$ B) $\frac{23}{365}$ C) $\frac{46}{365}$ D) $\frac{23!}{365^{23}}$ E) $\frac{23\times365}{365^{23}}$

10. Un étudiant doit répondre à une série de 10 questions dont les réponses ne peuvent être que « Vrai » ou « Faux ». Sachant qu'il ne dispose d'aucune connaissance sur les questions qui lui sont posées et qu'il fait le choix de répondre totalement au hasard, quelle est la probabilité qu'il obtienne dix bonnes réponses (vous supposerez qu'il a répondu aux 10 questions) ?

A) $\frac{1}{2}$ B) $\frac{1}{5}$ C) $\frac{1}{10}$ D) $\frac{1}{100}$ E) $\frac{1}{1\,024}$

11. Parmi un jeu de 32 cartes, Louis tire une carte. Quelle est la probabilité que cette carte ne soit pas un roi ?

A) $\frac{1}{8}$ B) $\frac{7}{8}$ C) $\frac{1}{4}$ D) $\frac{1}{32}$ E) $\frac{3}{4}$

12. Dans un club de football, 30 % des licenciés sont des milieux de terrain. On sait qu'il y a 60 % de droitiers dont 55 % ne sont pas des milieux de terrain. Dominique évolue dans ce club. Quelle est la probabilité que Dominique, qui est gaucher, ne soit pas milieu ?

A) 7,5 % B) 10 % C) 15 % D) 90 % E) 92,5 %

13. Au sein d'un groupe, on a 40 % de filles. Un quart d'entre elles ont moins de 20 ans alors que deux tiers des garçons ont moins de 20 ans. Quelle est la probabilité qu'une personne de moins de 20 ans soit une fille ?

A) 13,3 % B) 20 % C) 26,7 % D) 33 % E) 40 %

14. J'ai devant moi un paquet de cartes qui va du 2 de cœur au 9 de cœur (seulement des cœurs). Quelle est la probabilité que je tire trois fois d'affilée la même carte (remise de la carte tirée dans le paquet après chaque tirage) ?

A) $\frac{1}{8}$ B) $\frac{1}{24}$ C) $\frac{1}{64}$ D) $\frac{1}{512}$ E) $\frac{1}{729}$

15. Dans une classe, on compte 60 % de filles. Un tiers d'entre elles fait de l'anglais alors que la moitié des garçons fait de l'anglais. Quelle est la probabilité qu'un élève de la classe d'anglais pris au hasard soit une fille ?

A) 20 % B) 40 % C) 50 % D) 60 % E) 80 %

16. Un championnat de football est constitué d'une poule unique avec 12 équipes qui s'affrontent toutes en match aller-retour. Combien y aura-t-il de matches dans ce championnat ?

A) 60 B) 66 C) 120 D) 132 E) 144

17. Suite à la loi de parité dans les entreprises, le conseil d'administration de Frima est composé de façon paritaire avec 4 hommes et 4 femmes. Daniel doit préparer le plan de table de la salle du conseil de telle façon à ce que personne ne soit assis à côté d'une personne de même sexe. Sachant que la table du conseil est ronde, de combien de façons différentes Daniel peut-il disposer ces 8 personnes ?

A) 112 B) 420 C) 840 D) 1 152 E) 1 680

18. Au départ de la course du 100 mètres féminin des Jeux olympiques, 8 concurrentes sont en lice pour la victoire finale. Combien de podiums différents peut-on constituer avec ces 8 concurrentes ?

A) 24 B) 56 C) 112 D) 168 E) 336

19. À la carte du restaurant le Marcel & Flo, le menu du jour comprend 4 choix d'entrées, 3 choix de plats principaux et 5 choix de desserts. Combien de menus (une entrée, un plat principal et un dessert) peut-on constituer à partir de ce menu ?

A) 60 B) 120 C) 180 D) 240 E) 300

20. Un parti politique se réunit pour désigner son nouveau bureau composé d'un secrétaire général, un porte-parole et un directeur de cabinet. Sachant que 15 personnes sont éligibles et qu'aucun cumul des mandats n'est autorisé, combien peut-on constituer de bureaux différents ?

A) 210 B) 455 C) 910 D) 2 730 E) 3 375

Correction des tests

1. Réponse B. $(A \cup B) = p(A) + p(B) - p\,(A \cap B) = p(A) + p(B) - p(A) \times p(B)$ car les événements sont indépendants.

Donc $p(A \cup B) = 0{,}2 + 0{,}3 - 0{,}2 \times 0{,}3 = 0{,}5 - 0{,}06 = 0{,}44$.

2. Réponse A. Peu importe le chiffre obtenu lors de son premier lancer, Marco devra obtenir ce même chiffre lors de son deuxième lancer. C'est ainsi qu'au moment de lancer le deuxième dé, Marco aura une chance sur six d'obtenir le même chiffre que lors de son premier lancer.

3. Réponse D. Bien que la question paraisse proche de la précédente, la réponse ne peut être la même puisqu'elle donne cette fois-ci un chiffre spécifique à obtenir lors des deux lancers. Il y a une chance sur six d'obtenir un six lors d'un lancer. Pour en obtenir deux d'affilée, la probabilité s'obtient de la façon suivante : $P(6 \text{ et } 6) = \frac{1}{6} \times \frac{1}{6} = \frac{1}{36}$.

4. Réponse E. Si la première boule tirée est noire, il ne reste plus que 7 boules dont 4 noires et 3 blanches. Et donc la probabilité que la deuxième boule soit noire sachant que la première l'est également est de $\frac{4}{7}$.

5. Réponse D. Pour trouver les nombres de triplets gagnants, il faut chercher combien il y a de façons de placer les 3 chevaux gagnants. Il y en a $3! = 3 \times 2 \times 1 = 6$.

Parmi les 6 triplets gagnants, 5 sont dans le désordre et 1 dans l'ordre. Il y a donc 5 fois plus de chances d'avoir le tiercé dans le désordre que dans l'ordre.

6. Réponse C. Il y a 6 chaussettes dans ce tiroir. Vu qu'on en tire deux, il y a donc $\binom{6}{2}$ tirages possibles, soit $\binom{6}{2} = \frac{6!}{2! \times 4!} = \frac{6\times5\times4\times3\times2\times1}{2\times1\times4\times3\times2\times1} = \frac{6\times5}{2} = 3\times5 = 15$ tirages différents. Parmi ces tirages, seuls 3 sont favorables (les trois tirages qui apparient deux chaussettes). La probabilité de tirer deux chaussettes de même couleur est donc de $\frac{3}{15} = \frac{1}{5}$

ASTUCE : Supposez le tirage d'une première chaussette de couleur A parmi les 6 chaussettes. Il reste désormais 5 chaussettes dont une seule est de couleur A. Lors du tirage de la deuxième chaussette, il y aura alors 1 chance sur 5 d'obtenir la chaussette de couleur A.

7. Réponse E. Avec C « tirer un cœur », on a $P(\overline{C}) = 1 - P(C) = 1 - \frac{1}{4} = \frac{3}{4}$, où $P(C)$ est la probabilité de ne pas tirer un cœur. Comme les événements sont indépendants (Marie remet les cartes dans le paquet), la probabilité de ne tirer aucun cœur est déterminée par $P(\overline{C}) \times P(\overline{C}) \times P(\overline{C}) = \frac{3}{4} \times \frac{3}{4} \times \frac{3}{4} = \frac{27}{64}$.

8. Réponse C. Soit X la variable aléatoire qui compte les gains. $X = 20$ si le dé tombe sur le « 6 » et $X = -4$ si le dé tombe sur tous les autres chiffres. Ainsi la loi de probabilité est : $P(X = 20) = \frac{1}{6}$ et $P(X = -4) = \frac{5}{6}$.

L'espérance est donc de $E(X) = 20 \times \frac{1}{6} + (-4) \times \frac{5}{6} = \frac{20}{6} - \frac{20}{6} = 0$

9. Réponse A. Il serait très fastidieux d'essayer de chercher toutes les possibilités d'avoir au moins deux personnes qui ont la même date d'anniversaire.

ASTUCE : Dans les exercices où il y a « au moins... » dans l'énoncé, il est préférable de passer par l'événement contraire. Ici l'événement contraire de « 2 personnes au moins ont la même date anniversaire » sur 23 personnes est « personne n'a la même date d'anniversaire » sur les 23.

Pour la première personne, on a donc le choix entre 365 dates, pour le deuxième 364, pour le troisième 363 et ainsi de suite. Il y a donc :

$365 \times 364 \times \ldots \times (365 - 23 + 1) = 365 \times 364 \times \ldots \times 343 = \frac{365!}{342!}$

Comme la probabilité est donnée par le quotient $\frac{\text{nombre de cas favorables}}{\text{nombre de cas possibles}}$, alors la probabilité qu'aucune personne n'ait la même date d'anniversaire est :

$$\frac{\frac{365!}{342!}}{365^{23}} = \frac{\overbrace{365 \times 364 \times \ldots \times 343}^{23 \text{ fois}}}{\underbrace{365 \times \ldots \times 365}_{23 \text{ fois}}} \approx 0,5$$

10. Réponse E. Pour chaque question, cet étudiant dispose d'une chance sur deux de bien répondre. Cet événement (répondre à une question) se reproduit 10 fois puisque le test est composé de 10 questions. La probabilité totale à calculer est donc composée de 10 événements indépendants qui se succèdent, où la probabilité de bonne réponse est à chaque fois de $\frac{1}{2}$. Donc $P(X) = \frac{1}{2} \times \frac{1}{2} \times \frac{1}{2} \times \frac{1}{2} \times \frac{1}{2} \times \frac{1}{2} \times \frac{1}{2} \times \frac{1}{2} \times \frac{1}{2} \times \frac{1}{2} = \left(\frac{1}{2}\right)^{10} = \frac{1^{10}}{2^{10}} = \frac{1}{1\,024}$.

11. Réponse B. Il y a exactement 4 rois sur 32 cartes. Il y a donc $\frac{4}{32} = \frac{1}{8}$ de chance de tirer un roi. Et donc pour tirer une carte qui n'est pas un roi, on passe par l'événement contraire. Il y a une probabilité de $1 - \frac{1}{8} = \frac{7}{8}$.

12. Réponse E. M est l'événement « être un milieu de terrain » et D est l'événement « être droitier ». La probabilité que Dominique ne soit pas milieu est donc $P_{\overline{D}}(\overline{M})$ puisqu'on cherche un joueur qui n'est pas milieu sachant qu'il est gaucher.

Donc $P_{\overline{D}}(\overline{M}) = \frac{P(\overline{D} \cap \overline{M})}{P(\overline{D})}$ avec $P(\overline{D}) = 1 - P(D) = 1 - 0,6 = 0,4$. On a aussi

$P(\overline{M}) = 1 - P(M) = 1 - 0,3 = 0,7$. On sait également que :

$$P(\overline{M}) = P(\overline{M} \cap D) + P(\overline{M} \cap \overline{D}) \Leftrightarrow P(\overline{M} \cap \overline{D}) = P(\overline{M}) - P(\overline{M} \cap D)$$

$\Leftrightarrow P(\overline{M} \cap \overline{D}) = 0,7 - 0,55 \times 0,6 = 0,7 - 0,33 = 0,37$, avec $P(\overline{M} \cap D)$ qui est la probabilité de ne pas être milieu de terrain et droitier, donné dans l'énoncé par « 60 % de droitiers, dont 55 % ne sont pas milieux de terrain ». Donc :

$P_{\overline{D}}(\overline{M}) = \frac{0,37}{0,4} = \frac{37}{40} = 1 - \frac{3}{40} = 1 - 0,075 = 0,925 = 92,5$ %.

13. Réponse B. On note A l'événement « être âgé de moins de 20 ans » et F l'événement « être une fille ». On a alors $P(F) = \frac{4}{10}$. La probabilité d'avoir moins de 20 ans, sachant que la personne est une fille, est notée $P_F(A)$. On a alors $P_F(A) = \frac{1}{4}$. La probabilité d'être une fille, sachant que l'on a moins de 20 ans, se note $P_A(F)$. On a donc :

donc $P_A(F) = \frac{P(F \cap A)}{P(A)}$. D'où $P(F \cap A) = P_A(F) \times P(A) = P_F(A) \times P(F) =$

$\frac{1}{4} \times \frac{4}{10} = \frac{4}{40} = \frac{1}{10}$. D'autre part, $P(A) = P_F(A) \times P(F) + P_G(A) \times P(G)$

$= \frac{1}{4} \times \frac{4}{10} + \frac{2}{3} \times \frac{6}{10} = \frac{1}{10} + \frac{12}{30} = \frac{1 \times 3 + 12}{30} = \frac{15}{30} = \frac{1}{2}$.

Ce qui donne $P_A(F) = \frac{P(F \cap A)}{P(A)} = \frac{\frac{1}{10}}{\frac{1}{2}} = \frac{1}{10} \times 2 = \frac{2}{10} = \frac{1}{5} = 20\ \%$

ASTUCE

Cette question peut être résolue en utilisant les pourcentages et notamment l'**astuce de la base 100** qui revient à attribuer la valeur 100 à l'ensemble de l'effectif. Ici on a 40 % de filles et 60 % de garçons, ce qui donne un groupe de 40 filles et 60 garçons. Un quart des filles ont moins de 20 ans, soit 10 filles ($\frac{1}{4} \times 40 = 10$). Deux tiers des garçons ont moins de 20 ans, ce qui fait que l'on a 40 garçons de moins de 20 ans ($\frac{2}{3} \times 60 = 2 \times 20 = 40$). Au total, le groupe compte donc 50 personnes : 10 filles et 40 garçons. La probabilité qu'une personne de ce groupe soit une fille est donc de $\frac{10}{50} = \frac{1}{5} = 20\,\%$.

14. Réponse C. Le paquet contient 8 cartes (2 ; 3 ; 4 ; 5 ; 6 ; 7 ; 8 ; 9 de cœur). Peu importe la carte tirée lors du premier tirage, j'ai 1 chance sur 8 de la tirer à nouveau au deuxième tirage. Même remarque entre le deuxième et troisième tirage. Donc la probabilité notée $P(X = 3)$ se calcule de la manière suivante : $P(X = 3) = \frac{1}{8} \times \frac{1}{8} = \frac{1}{64}$.

PIÈGE !

Si vous avez calculé la probabilité en faisant le calcul suivant $P(X = 3) = \frac{1}{8} \times \frac{1}{8} \times \frac{1}{8} = \frac{1}{512}$, vous avez obtenu la chance d'obtenir 3 fois une même carte précise. Ici, l'énoncé ne demande pas de savoir quelle est la probabilité de tirer 3 fois d'affilée le 2 de cœur (par exemple) mais trois fois la même carte, peu importe laquelle. Il existe donc 8 fois plus de chance, ce qui se caractérise par la probabilité $\frac{1}{64}$.

15. Réponse C. On note F l'événement « être une fille », G l'événement « être un garçon » et A l'événement « faire de l'anglais ». On a alors $P(F) = \frac{6}{10}$. La probabilité de faire de l'anglais, sachant que la personne est une fille, est notée $P_F(A)$. On a alors $P_F(A) = \frac{1}{3}$. La probabilité d'être une fille, sachant que l'on fait de l'anglais, se note $P_A(F)$. On a donc $P_A(F) = \frac{P(F \cap A)}{P(A)}$.

On a ainsi :

$$P(F \cap A) = P_A(F) \times P(A) = P_F(A) \times P(F) = \frac{1}{3} \times 0{,}6 = \frac{1}{3} \times \frac{6}{10} = \frac{6}{30} = \frac{1}{5}.$$

D'autre part :

$$P(A) = P_F(A) \times P(F) + P_G(A) \times P(G) = \frac{1}{3} \times \frac{6}{10} + \frac{1}{2} \times \frac{4}{10} = \frac{6}{30} + \frac{4}{20}$$

$$= \frac{6 \times 2 + 4 \times 3}{60} = \frac{24}{60} = \frac{2 \times 12}{5 \times 12} = \frac{2}{5}.$$

Ce qui donne $P_A(F) = \frac{P(F \cap A)}{P(A)} = \frac{\frac{1}{5}}{\frac{2}{5}} = \frac{1}{2}$. Il y a donc 50 % de chance que l'élève sélectionné au hasard dans la classe d'anglais soit une fille.

ASTUCE

Cette question peut être résolue en utilisant les pourcentages et notamment l'astuce de la base 100 qui revient à attribuer la valeur 100 à l'ensemble de l'effectif. Ici, puisqu'il y a 60 % de filles dans la classe, cela signifie qu'il y a 60 filles et par conséquent 40 garçons.

Un tiers des filles font de l'anglais, donc 20 % des élèves sont des filles qui font de l'anglais puisque 60 % × $\frac{1}{3}$ = 20 % (avec la base 100, on déduit que 20 filles font de l'anglais). La moitié des garçons fait de l'anglais, donc 20 % des élèves sont des garçons qui font de l'anglais puisque 40 % × $\frac{1}{2}$ = 20 % (avec la base 100, on déduit que 20 garçons font de l'anglais). Ainsi, il y a autant de filles que de garçons en classe d'anglais (20 dans les deux cas), la probabilité que l'un d'eux soit une fille est donc de 50 %.

16. Réponse D. Puisque les équipes s'affrontent en matches aller-retour, l'ordre des matches a une importance : le match où l'équipe 1 rencontre l'équipe 2 n'est pas le même que celui où l'équipe 2 rencontre l'équipe 1. Il faut donc utiliser les arrangements avec $n = 12$ et $r = 2$ (puisqu'un match oppose deux équipes). On a alors

$A_{12}^{2} = \frac{12!}{(12-2)!} = \frac{12!}{10!} = \frac{12\times11\times\cancel{10\times9\times...\times1}}{\cancel{10\times9\times...\times1}} = 12\times11 = 132.$

17. Réponse D.

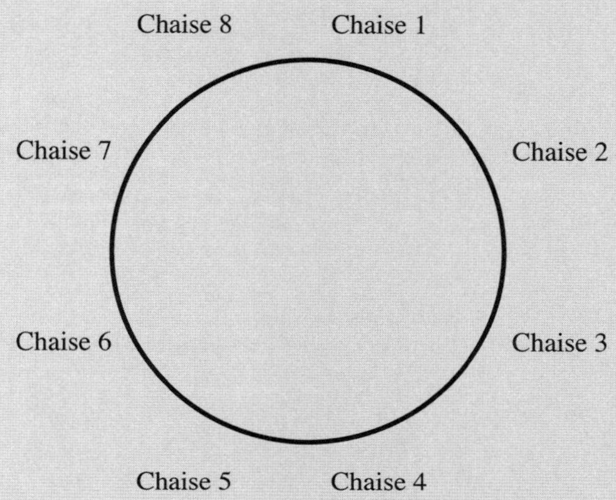

Essayez d'énumérer les choix qui s'offrent aux membres du conseil. Partez de la chaise 1 : il existe 8 possibilités puisque vous pouvez y placer n'importe quelle personne (homme ou femme). Pour la chaise 2, et selon le sexe de la personne assise sur la chaise 1, il n'y aura que 4 possibilités car on ne peut placer qu'une des quatre personnes de sexe différent de celle assise sur la chaise 1. Pour la chaise 3, il ne reste que 3 possibilités car on ne peut placer qu'une des trois personnes de même sexe que celle assise sur la chaise 1. De même, pour la chaise 4, on n'a que 3 possibilités. En procédant ainsi pour le reste des chaises, le nombre de possibilités est alors de $8 \times 4 \times 3 \times 3 \times 2 \times 2 = 32 \times 9 \times 4 = 32 \times 36 =$ 1 152.

ASTUCE

32×36 se déduit rapidement puisque la dernière unité doit être 2. Seules 2 propositions ont cette caractéristique mais on déduit rapidement que $32 \times 36 > 112$ et donc $32 \times 36 =$ 1 152.

18. Réponse E. Il s'agit ici d'une situation où l'ordre des personnes a une importance puisqu'il s'agit d'un podium (un podium A-B-C est différent d'un podium B-C-A) : il faut donc utiliser les arrangements avec $n = 8$ (nombre de concurrentes) et $r = 3$ (nombre de places sur le podium) $A_8^3 = \frac{8!}{(8-3)!} = \frac{8!}{5!} = 8\times7\times6 = 336.$

19. Réponse A. Vous avez ici 4 possibilités pour l'entrée, 3 choix pour le plat et 5 desserts différents. Le nombre de menus (noté n) se calcule alors $n = 4 \times 3 \times 5 = 60$.

20. Réponse D. Il s'agit d'une situation où l'ordonnancement a une importance : en effet, un bureau composé d'un secrétaire général X, d'un porte-parole Y et d'un directeur de cabinet Z est différent d'un bureau composé respectivement de Z, X et Y. On utilise alors les arrangements avec ici $n = 15$ (nombre de personnes éligibles) et $r = 3$ (nombre de personnes composant un bureau).

$A_{15}^{3} = \frac{15!}{(15-3)!} = \frac{15!}{12!} = 15\times14\times13 = 2\,730.$

Chapitre 16

Géométrie

Dans ce chapitre

- Propriétés des principales figures
- Périmètres, aires et volumes
- Théorèmes de Pythagore et Thalès
- Conversions de surface et volumes

La géométrie est une partie importante que vous croiserez dans les tests psychotechniques. Il est nécessaire de connaître, sur le bout des doigts, un très grand nombre de formules. Ne vous laissez pas impressionner ! En effet, celles-ci constituent la plus grande difficulté des questions qui consistent très souvent en leur simple application. On vous le dit, c'est du par cœur… Soyez donc plus malin et attardez-vous sur cette partie de cours ! Elle vous permettra de faire la différence face aux autres candidats.

Principales figures géométriques

Cette partie revoit les propriétés essentielles à connaître pour les principales figures géométriques que vous croiserez dans les tests psychotechniques. Elle regroupe essentiellement les calculs de périmètres, aires et volumes ainsi que les propriétés des polygones à connaître.

Les triangles

Un triangle est une figure plane formée de trois sommets reliés entre eux par trois segments (trois côtés).

Propriétés des triangles

On recense différentes typologies de triangle :

- le triangle **rectangle** qui possède un angle droit ;
- le triangle **isocèle** qui possède deux côtés de même longueur ;
- le triangle équilatéral qui possède trois côtés de même longueur.

On peut observer des **triangles rectangles isocèles** qui possèdent un angle droit, deux autres angles qui sont égaux (angles à 45°) et deux côtés de même longueur.

N'OUBLIEZ PAS !

La somme des mesures des angles d'un triangle est de 180°. On dit qu'ils sont **supplémentaires**.

Les angles à la base d'un triangle isocèle ont la même mesure. Les trois angles d'un triangle équilatéral ont la même mesure et mesurent donc 60°.

Dans un triangle rectangle, l'angle droit mesure 90° et la somme des deux autres angles aigus mesure ainsi 90°. Ils sont appelés **angles complémentaires**. Les angles aigus d'un **triangle rectangle isocèle** ont chacun pour mesures 45°.

La **hauteur** d'un triangle est la droite qui passe par un sommet et qui est perpendiculaire au côté opposé. Chaque triangle dispose ainsi de trois hauteurs. La **médiane** d'un triangle est une droite qui passe par un sommet et par le milieu du côté opposé. Les trois hauteurs d'un triangle se coupent en un même point appelé **orthocentre** et les trois médianes d'un triangle se coupent en un même point appelé le **centre de gravité.**

Orthocentre	Centre de gravité
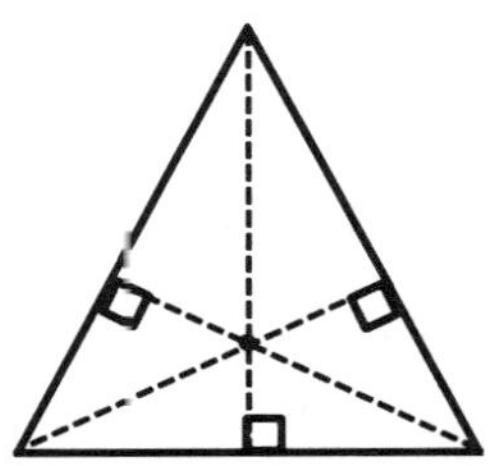	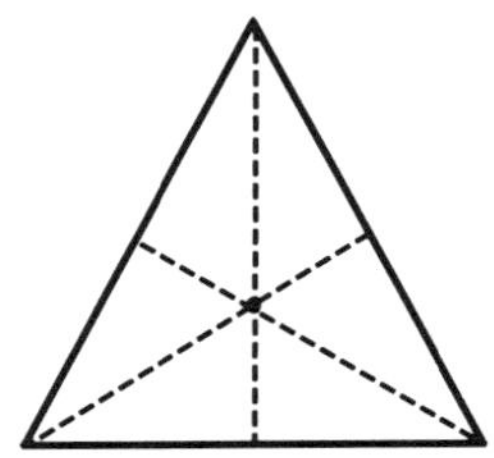

Figure 16-1 : Orthocentre et centre de gravité.

Aires et périmètres des triangles

On considère le triangle quelconque ci-dessous :

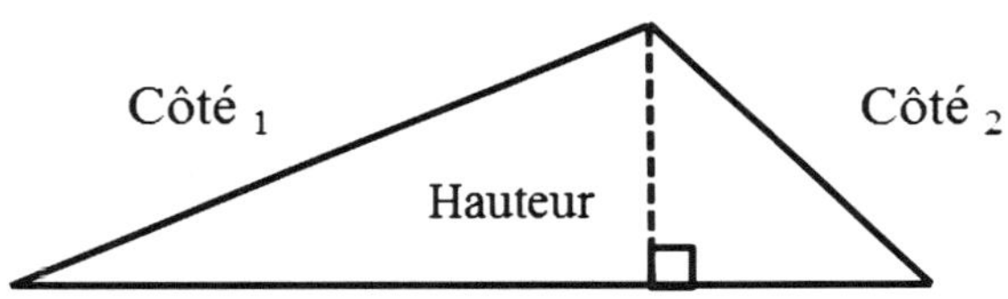

Figure 16-2 : Triangle quelconque.

N'OUBLIEZ PAS !

Formules de l'aire et du périmètre d'un triangle

$$\text{Aire d'un triangle : } A = \frac{\text{base} \times \text{hauteur}}{2}$$

$$\text{Périmètre d'un triangle : } P = \text{base} + \text{côté}_1 + \text{côté}_2$$

Théorème de Pythagore

Le théorème de Pythagore énonce qu'un triangle est rectangle si le carré de la longueur du plus grand côté (hypoténuse) est égal à la somme des carrés des deux autres côtés. Dans un triangle ABC rectangle en A (angle droit en A), on a alors la relation $BC^2 = AB^2 + AC^2$.

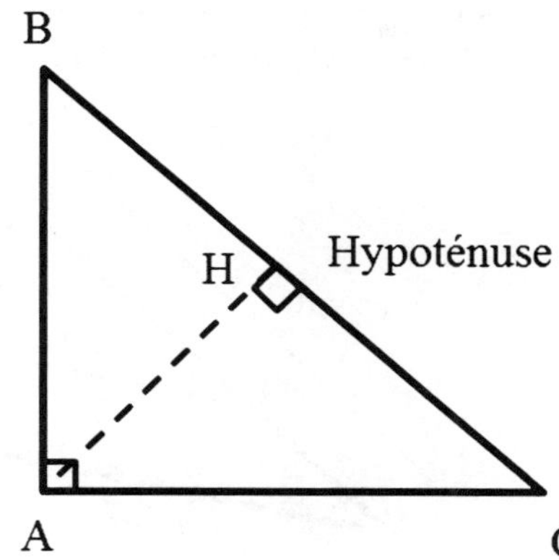

Figure 16-3 : Triangle rectangle.

- Dans un triangle ABC rectangle en B avec une hypoténuse AC de 5 cm et une hauteur AB de 4 cm, quelle est la valeur de la base BC ?

  En appliquant le théorème de Pythagore : $AC^2 = AB^2 + BC^2 \Leftrightarrow 5^2 = 4^2 + BC^2 \Leftrightarrow BC^2 = 25 - 16 \Leftrightarrow BC^2 = 9 \Leftrightarrow BC = \sqrt{9} = 3$ cm

On dit que trois nombres x, y et z entiers naturels forment un **triplet pythagoricien** s'ils vérifient la relation $x^2 + y^2 = z^2$. Connaître des triplets pythagoriciens permet ainsi de déduire rapidement la dimension d'un côté d'un triangle rectangle à partir de deux dimensions connues. La combinaison (3, 4, 5) est un triplet pythagoricien au même titre que (5, 12, 13). Cela signifie que dès que deux de ces valeurs apparaissent dans un triangle rectangle, on peut déduire directement la troisième. Ainsi, dans l'exercice ci-dessus, il était possible de déduire sans calcul que la valeur de la base est de 3 cm puisque l'hypoténuse valait 5 cm et l'un des deux côtés opposés valait 4 cm.

Théorème de Thalès

Dans un triangle ABC, où M est un point du côté [AC] et N est un point du côté [AB], si les droites (MN) et (CB) sont parallèles, alors on peut énoncer que :

$$\frac{AM}{AC} = \frac{AN}{AB} = \frac{MN}{BC}$$

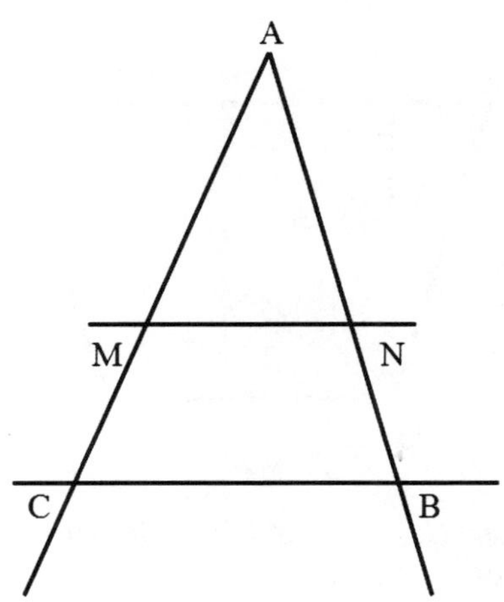

Figure 16-4 : Théorème de Thalès.

- Soit le triangle XYZ ci-dessous. On cherche à déterminer la longueur des segments [XZ] et [XN] sachant que N ∈ XY, M ∈ [XZ] et les droites (NM) et (YZ) sont parallèles.

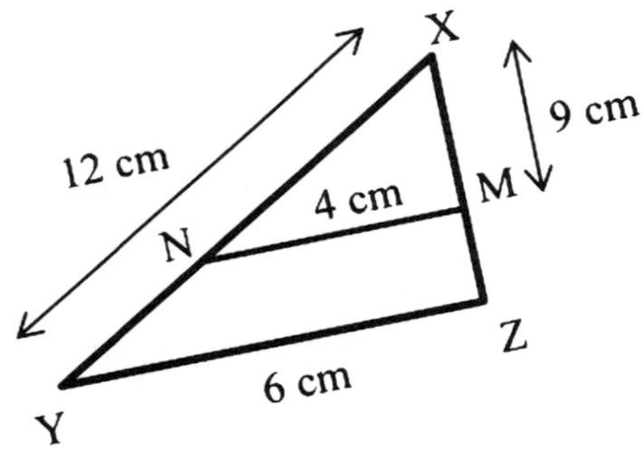

Figure 16-5 : Le triangle XYZ.

D'après le théorème de Thalès :

$$\frac{XN}{XY} = \frac{XM}{XZ} = \frac{MN}{YZ} \Leftrightarrow \frac{XN}{12} = \frac{9}{XZ} = \frac{4}{6}$$

Donc XZ = 9 × 6 ÷ 4 = 13,5 cm et XN = 12 × 4 ÷ 6 = 8 cm.

Les quadrilatères

Un **quadrilatère** est un polygone à quatre côtés. Dans les tests psychotechniques, vous croiserez principalement le trapèze, le parallélogramme, le rectangle, le losange et le carré. Tour d'horizon des principales propriétés et formules à connaître pour chacun d'entre eux.

Propriétés des quadrilatères

Le **trapèze** est un quadrilatère disposant de deux côtés opposés parallèles. Un quadrilatère qui est un trapèze a :

- deux côtés opposés parallèles ;
- une paire d'angles consécutifs dont la somme vaut 180°.

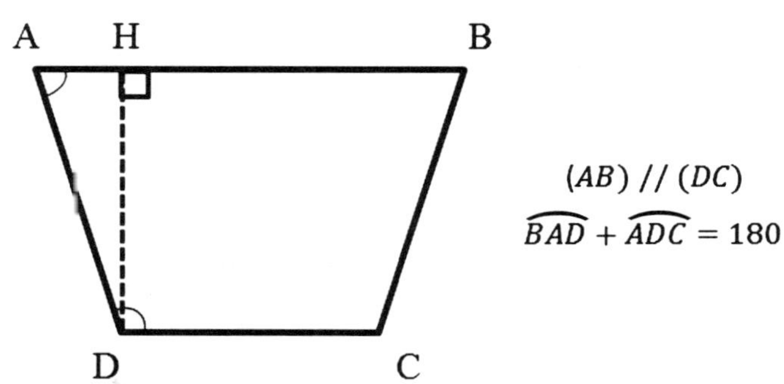

Figure 16-6 : Le trapèze.

AB est la grande base (notée B) et CD est la petite base (notée b). DH est la hauteur issue de D du trapèze (notée h).

Le **parallélogramme** est un quadrilatère dont les côtés opposés sont parallèles deux à deux. Un quadrilatère qui est un parallélogramme a :

- ses côtés opposés parallèles deux à deux et de même longueur ;
- ses diagonales qui se coupent en leur milieu ;
- ses angles opposés qui sont égaux.

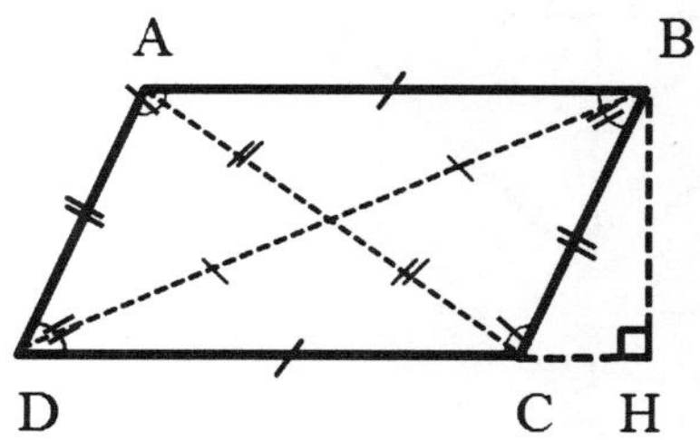

Figure 16-7 : Le parallélogramme.

(DC) est la base du parallélogramme (notée *b*) et (BH) est la hauteur issue de (DC) (notée *h*). Les droites (AC) et (BD) sont les diagonales du parallélogramme.

Le **rectangle** est un quadrilatère disposant de quatre angles droits. Un quadrilatère qui est un rectangle a :

- quatre angles droits ;
- ses côtés opposés parallèles deux à deux et de même longueur ;
- ses diagonales qui sont de même longueur et qui se coupent en leur milieu.

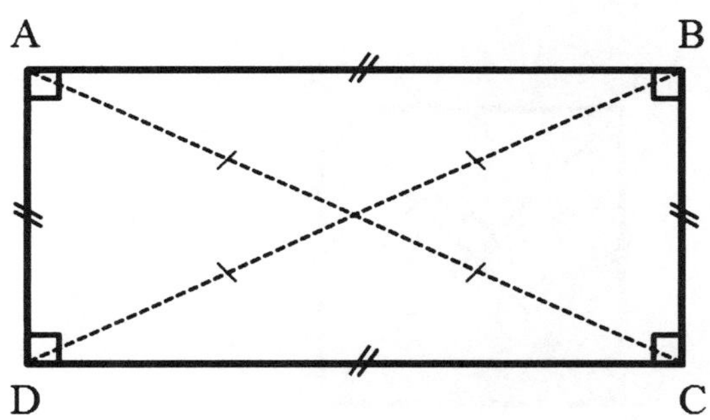

Figure 16-8 : Le rectangle.

(AB) et (CD) sont les deux longueurs du rectangle (notées *L*). (AD) et (BC) sont les deux largeurs du rectangle (notées *l*). Les droites (AC) et (BD) sont les diagonales du rectangle (notées *d*).

Il est possible de déduire la dimension de la diagonale d'un rectangle à partir du théorème de Pythagore. On a ainsi $d = \sqrt{L^2 + l^2}$.

Le **losange** est un quadrilatère dont les quatre côtés sont égaux. Un quadrilatère qui est un losange a :

- quatre côtés égaux ;
- ses diagonales qui sont perpendiculaires et qui se coupent en leur milieu ;
- ses angles opposés qui sont égaux.

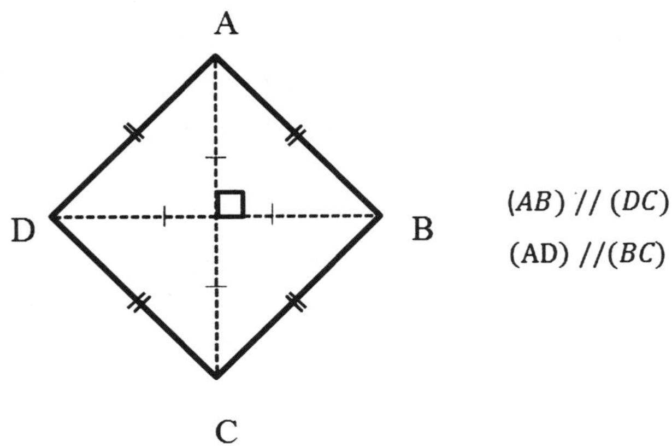

Figure 16-9 : Le losange.

(AC) et (BD) sont les deux diagonales du losange. La grande diagonale est celle disposant de la plus grande dimension (notée D). La petite diagonale est celle disposant de la plus petite dimension (notée d).

N'OUBLIEZ PAS !

Le **carré** est un quadrilatère qui est à la fois un rectangle et un losange. Un quadrilatère qui est un carré a :

- quatre angles droits et quatre côtés égaux ;
- ses côtés opposés parallèles deux à deux ;
- ses diagonales qui sont perpendiculaires, de même longueur et qui se coupent en leur milieu.

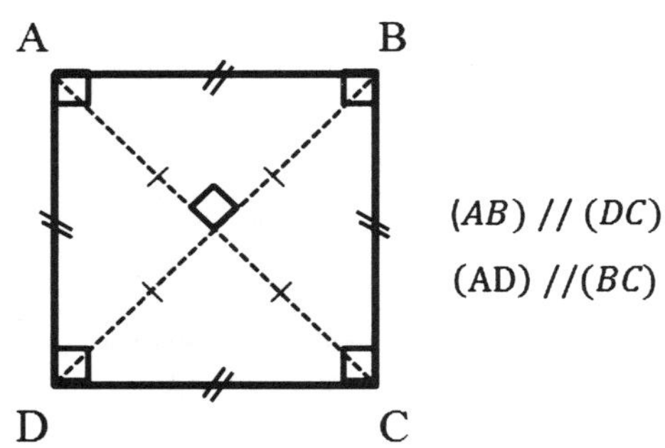

Figure 16-10 : Le carré.

(AB), (BC), (CD) et (AD) sont les quatre côtés du carré (notés c). Les droites (AC) et (BD) sont les diagonales du carré (notées d).

Il est possible de déduire la dimension de la diagonale d'un carré à partir du théorème de Pythagore. On a ainsi $d = c\sqrt{2}$ avec $\sqrt{2} \approx 1{,}41$.

Aires et périmètres des quadrilatères

Tableau 16-1 : Aires et périmètres des quadrilatères

	Périmètres	Aires
Trapèze	$P = c_1 + c_2 + c_3 + c_4$	$A = \frac{(B + b)\times h}{2}$
Parallélogramme	$P = 2 \times (c_1 + c_2)$	$A = b \times h$
Rectangle	$P = 2 \times (L + l)$	$A = L \times l$
Losange	$P = 4c$	$A = \frac{D\times d}{2}$
Carré	$P = 4c$	$A = c^2$

Le cercle

Un **cercle** est un ensemble de points situés à une même distance d'un même point appelé centre du cercle. On appelle **rayon** d'un cercle le segment qui a pour extrémités un point du cercle et le centre du cercle. On appelle **diamètre** d'un cercle le segment qui a pour extrémités deux points du cercle et qui passe par le centre du cercle.

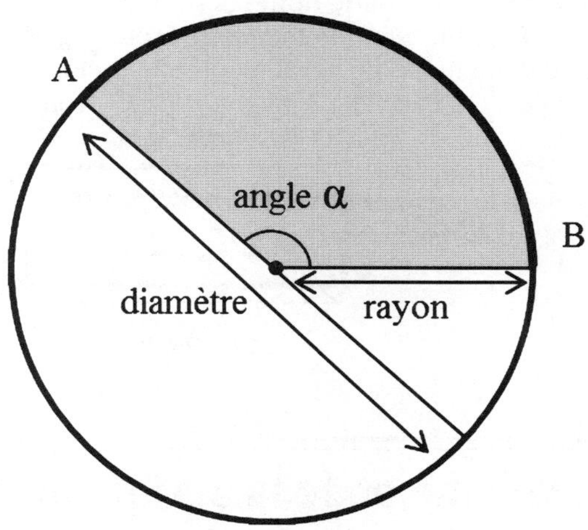

Figure 16-11 : Le cercle.

La distance AB est l'arc de cercle défini par l'angle α.

Propriétés d'un cercle

Deux points situés sur un même cercle sont situés à égale distance du centre de ce cercle. Le centre d'un cercle est le milieu de tous ses diamètres.

La longueur d'un arc de cercle de rayon r et d'angle α se détermine par : $2\pi r \times \frac{\alpha}{360}$

Aires et périmètres des cercles

N'OUBLIEZ PAS !

Formules de l'aire et du périmètre d'un cercle

Aire d'un cercle :

$A = \pi \times \text{rayon}^2$

Valeurs approchées de π :

$\pi \approx \frac{22}{7} \approx 3,14$

Périmètre d'un cercle :

$P = 2\pi \times \text{rayon} = \text{diamètre} \times \pi$, avec diamètre = $2 \times \text{rayon}$.

Les volumes

Un volume mesure l'espace situé à l'intérieur d'un solide (figure en trois dimensions). Voici les volumes des différents solides que vous croiserez dans les tests psychotechniques.

Le parallélépipède

Le **parallélépipède** est un solide dont les six faces sont des parallélogrammes. Un parallélépipède dispose de huit sommets, douze arêtes égales quatre à quatre et de six faces superposables deux à deux. Le parallélépipède rectangle est un solide dont les six faces sont des rectangles. On l'appelle également pavé droit.

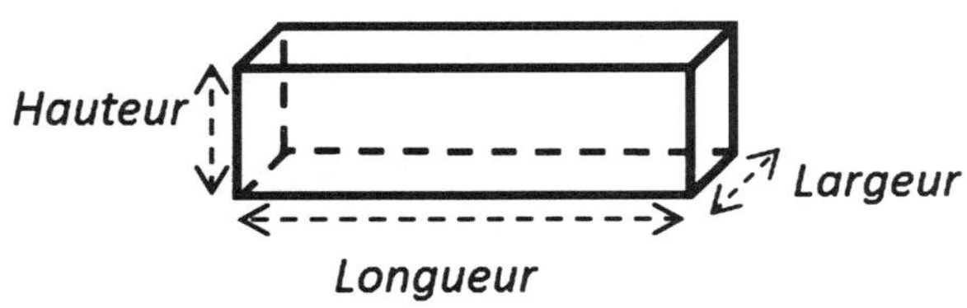

Figure 16-12 : Le parallélépipède.

N'OUBLIEZ PAS !

Formules du volume et de la surface d'un parallélépipède

Volume d'un parallélépipède :

Longueur × hauteur × largeur = $L \times h \times l$

Surface d'un parallélépipède :

$2 \times L \times h + 2 \times l \times h + 2 \times L \times l$

Le cube

Le **cube** est un parallélépipède particulier dont les six faces sont des carrés. Il dispose ainsi de douze arêtes de même dimension. Le cube dispose de 4 diagonales chacune déterminée par $d = c\sqrt{3}$.

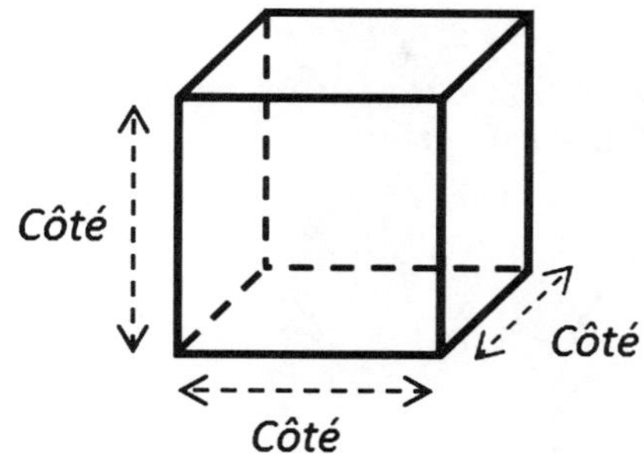

Figure 16-13 : Le cube.

N'OUBLIEZ PAS !

Formules du volume et de la surface d'un cube

Volume d'un cube : côté × côté × côté = c^3

Surface d'un cube : 6 × côté × côté = 6 × c^2

Le cylindre

Le **cylindre** est un solide délimité par une surface cylindrique et deux plans parallèles. La plupart du temps, vous ne croiserez que les cylindres de révolution.

Un cylindre de révolution est délimité par deux disques de même rayon qui sont situés dans des plans parallèles et une surface cylindrique nommée surface latérale. On nomme axe du cylindre, la droite passant par l'origine des deux disques et qui est perpendiculaire aux deux bases. Elle correspond à la hauteur du cylindre de révolution.

Un cylindre de révolution est un solide qui s'obtient en faisant faire un tour complet à un rectangle autour d'un de ses côtés.

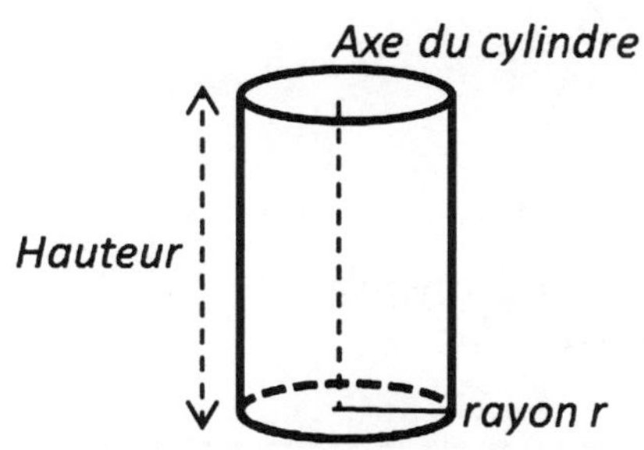

Figure 16-14 : Le cylindre de révolution.

N'OUBLIEZ PAS !

Formules du volume et de l'aire d'un cylindre

Volume d'un cylindre :

$$\underbrace{\pi \times \text{rayon}^2}_{\text{Aire du cercle de rayon r}} \times \text{hauteur} = \pi r^2 \times h$$

Aire d'un cylindre :

$$2 \times \pi \times \text{rayon}^2 + 2 \times \pi \times \text{rayon} \times \text{hauteur} = 2\,\pi r^2 + 2\,\pi r h$$

La sphère

On appelle **sphère** de centre O et de rayon r l'ensemble des points de l'espace qui sont situés à égale distance r du centre O.

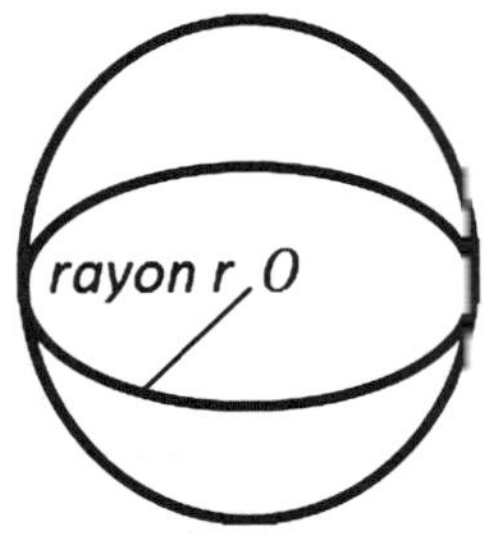

Figure 16-15 : La sphère.

N'OUBLIEZ PAS !

Formules du volume et de l'aire d'une sphère

Volume d'une sphère :

$\frac{4}{3}\pi \times \text{rayon}^3 = \frac{4}{3}\pi r^3$

Aire d'une sphère :

$4\pi \times \text{rayon}^2 = 4\pi r^2$

Les cônes

Dans les tests psychotechniques, vous ne croiserez que les **cônes de révolution**. Un cône de révolution est un solide qui s'obtient en faisant faire un tour complet à un triangle rectangle autour d'un des deux côtés de l'angle droit.

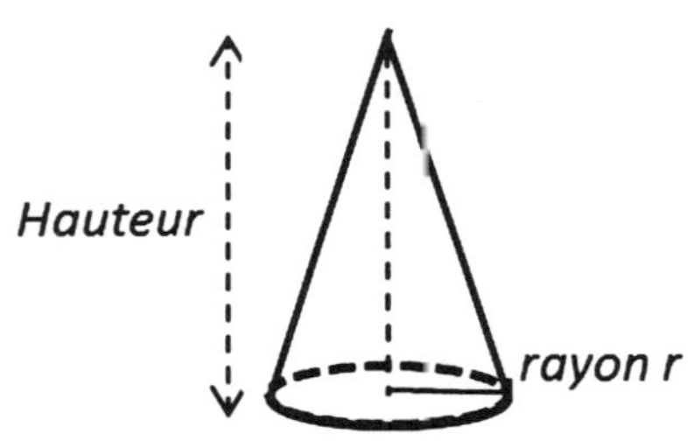

Figure 16-16 : Le cône de révolution.

N'OUBLIEZ PAS !

Formules du volume d'un cône et d'un cône de révolution

Volume d'un cône :

$V = \frac{1}{3} B \times h$ où B représente l'aire de la base.

Volume d'un cône de révolution :

$\frac{1}{3}\pi r^2 \times h$.

Conversions de surface et volumes

Bien que les conversions de dimension en géométrie plane se fassent de dix en dix (1 m = 10 dm = 100 cm), les conversions des unités de surface se font de **cent en cent**. Pour la même raison, les conversions des unités de volume se font de **mille en mille.** Ce piège classique est souvent tendu aux candidats qui passent les tests psychotechniques. Assurez-vous donc d'avoir bien en tête ces conversions.

À partir de 1 m = 10 dm = 100 cm = 1 000 mm.

On a ainsi : 1 m^2 = 100 dm^2 = 10 000 cm^2 = 1 000 000 mm^2.

Et donc 1 m^3 = 1 000 dm^3 = 1 000 000 cm^3 = 1 000 000 000 mm^3.

On a aussi 1 hectare (1 ha) = 100 ares (100 a) = 10 000 m^2 avec 1 are (1 a) = 100 m^2.

On se rend donc compte que pour passer des m aux m^2, on élève la valeur au carré : $(100 \text{ cm})^2$ = 10 000 cm^2. De la même façon, pour passer des m aux m^3, on élève la valeur au cube : $(100 \text{ cm})^3$ = 1 000 000 cm^3.

- Quel est le volume exprimé en cm^3, d'une pièce carrée de côté 8 m ?

Il est plus facile de convertir directement les m en cm que de réaliser cette conversion à la fin pour passer des m^3 aux cm^3. Ainsi 8 m = 800 cm. Le volume du terrain est alors de $V = (800 \text{ cm})^3 = (8 \text{ cm} \times 100 \text{ cm})^3 = 512 \text{ cm}^3 \times 1\,000\,000 \text{ cm}^3 = 512\,000\,000 \text{ cm}^3$

Augmentation et réduction de surfaces

Quand on double la longueur du côté d'un carré, son aire ne double pas comme certains le pensent… S'agissant d'une surface, il faut toujours penser à élever au carré l'augmentation de la surface. Ainsi, doubler la longueur du côté d'un carré a pour impact un quadruplement de l'aire $(\times 2)^2 = \times 4$. Sur le même principe, tripler la longueur du côté d'un carré entraîne la multiplication par 9 de son aire : $(\times 3)^2 = \times 9$.

Avec les volumes, le raisonnement est analogue. S'agissant d'un volume, il faut toujours penser à élever au cube l'augmentation d'une dimension. Ainsi, doubler la longueur du côté d'un cube entraîne un volume multiplié par 8 : $(\times 2)^3 = \times 8$.

Tests

Temps (indicatif) : 45 minutes	Difficulté : Difficile	Barème : 1 point par bonne réponse

Entraînez-vous !

QCM

1. Dans un vélodrome parfaitement circulaire d'un diamètre de 160 m, Florian fait 100 tours pour s'entraîner. Quelle distance approximative parcourt-il pour son entraînement ?

A) 30 km B) 20 km C) 40 km D) 50 km E) 60 km

2. Quel est le volume d'une balle de diamètre 8 cm ?

A) 21,5 cm³ B) 68 cm³ C) 268 cm³ D) 536 cm³ E) 2 145 cm³

3. Soit un fût cylindrique d'une hauteur de 1,50 m et dont la base a un rayon de 60 cm. Quel volume approximatif de vin ce fût peut-il contenir ?

A) 1,70 m³ B) 12,70 m³ C) 8,70 m³ D) 3,70 m³ E) 0,70 m³

4. Jackie veut carreler sa cuisine avec des carreaux en forme de losange comme celui ci-dessous :

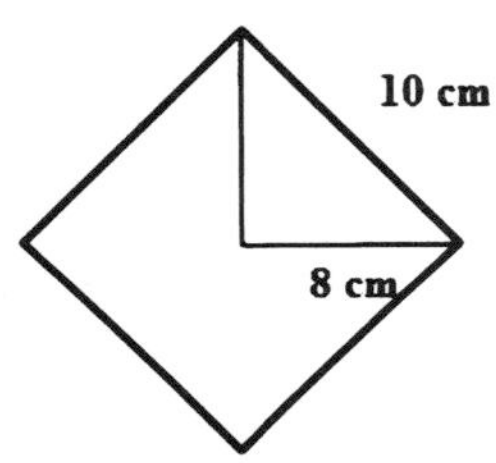

Quelle est la surface d'un carreau ?

A) 54 cm² B) 96 cm² C) 108 cm² D) 128 cm² E) 144 cm²

5. La surface d'un triangle rectangle vaut 30 cm² alors que son périmètre est de 30 cm. Quelle est la valeur de l'hypoténuse de ce triangle ?

A) 5 cm B) 8 cm C) 12 cm D) 13 cm

E) Il manque des informations pour le déterminer.

6. Quelle est l'aire du carré ABCD sachant que le périmètre du triangle équilatéral ACE est de 21,15 cm ?

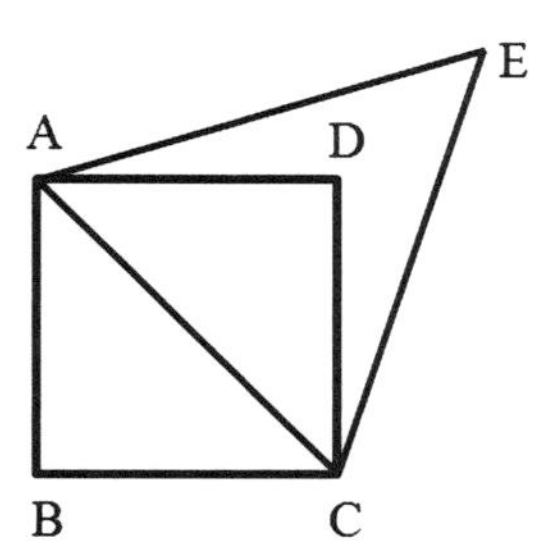

A) 5 cm² B) 14,1 cm² C) 25 cm² D) 49,7 cm² E) 64,2 cm²

7. Que vaut l'aire du losange IJKL ?

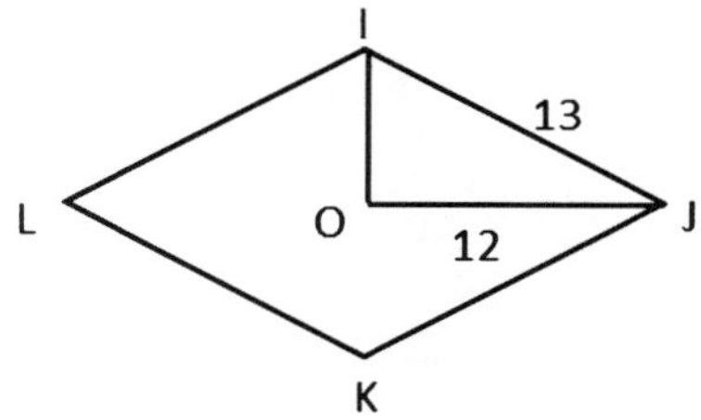

A) 98 B) 120 C) 144 D) 156 E) 165

8. Aimé souhaite agrandir son potager afin d'augmenter la production de sa parcelle. Actuellement, il dispose d'un terrain carré de 12 m de côté. Il souhaite disposer d'une parcelle dont l'aire serait doublée. Pour cela, de quel pourcentage Aimé doit-il augmenter la longueur des côtés de sa parcelle, sachant qu'elle restera de forme carrée ?

A) + 42 % B) + 66 % C) + 100 % D) + 200 % E) + 250 %

9. Sur une carte à l'échelle 1/10 000, la distance entre la ville Aha et la ville Bêh est de 44 cm. Dans les faits, quelle est la véritable distance qui sépare les deux villes ?

A) 44 km B) 44 m C) 4,4 km D) 440 m E) 44 cm

10. Soit le carré ABCD suivant dont la longueur AB vaut $\sqrt{8}$.

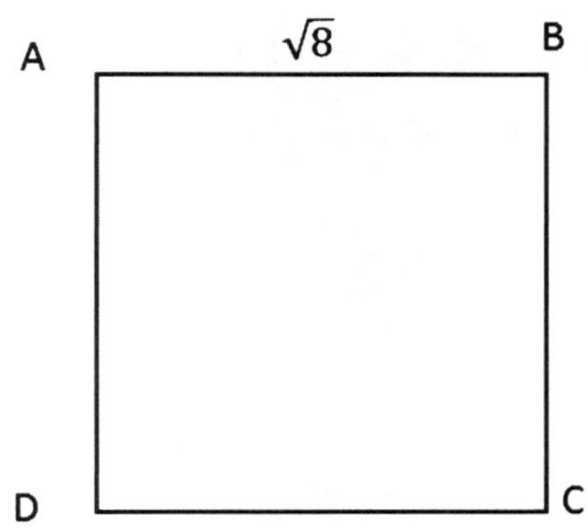

Quelle est la valeur de AC ?

A) $2\sqrt{8}$ B) 4 C) $\frac{\sqrt{8}}{2}$ D) $\frac{3\sqrt{8}}{2}$ E) 8

11. Le terrain rectangulaire de Mourad est devenu trop petit pour réaliser ses objectifs de production. Il lui est alors proposé 4 solutions pour augmenter la surface de son terrain :

Solution 1 : Augmenter la largeur de 5 % et augmenter la longueur de 50 % ;

Solution 2 : Diminuer la largeur de 20 % et augmenter la longueur de 100 % ;

Solution 3 : Augmenter la largeur de 25 % et augmenter la longueur de 10 % ;

Solution 4 : Diminuer la largeur de 50 % et augmenter la longueur de 75 %.

Parmi les quatre solutions, laquelle permettrait à Mourad de disposer d'un terrain le plus grand possible ?

A) 1 B) 2 C) 3 D) 4 E) Aucune

12. La figure suivante est constituée de 5 carrés identiques. Sachant que son aire est de 45 cm², quel est son périmètre ?

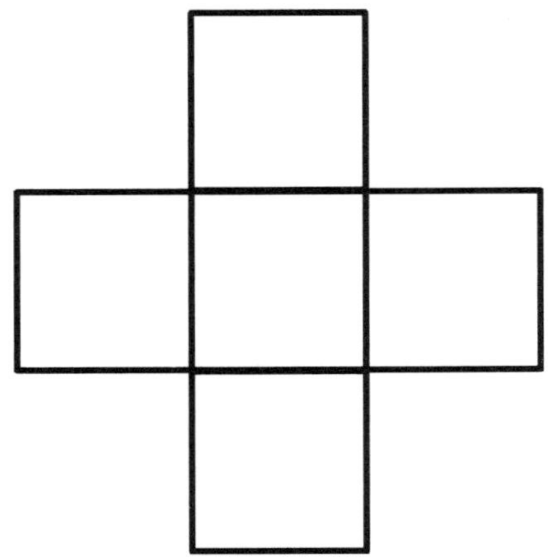

A) 28 cm B) 36 cm C) 38 cm D) 48 cm E) 76 cm

13. Le circuit conçu pour la course cycliste sur route des derniers JO était un cercle de 14 km de diamètre. L'épreuve consistait en une course de 5 tours de cette piste. Le vainqueur a roulé à une vitesse moyenne de 55 km/h. En combien de temps a-t-il bouclé la course ?

A) 3 h 30 B) 4 h 00 C) 4 h 30 D) 5 h 00 E) Plus de 5 h 00

14. Voici une figure où les droites (DE) et (BC) sont parallèles et avec AD = 5, AB = 8 et BC = 6. Quelle est la valeur de DE ?

A) 7 B) 6,7 C) 4,25 D) 3,75 E) 3

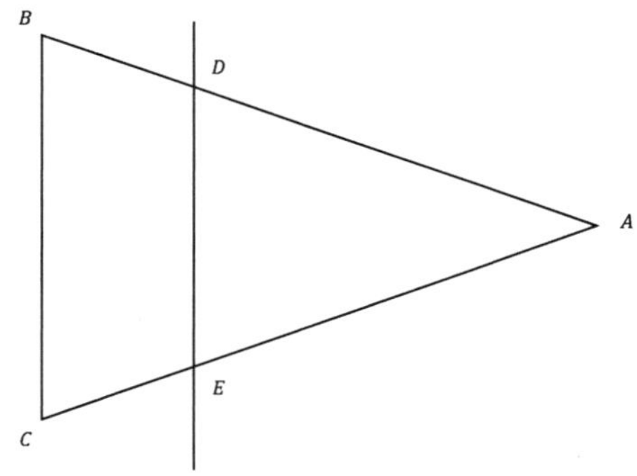

15. Un bassin de stockage d'eau de forme rectangulaire dispose d'un périmètre de 100 m. Sachant que la superficie de ce bassin est de 600 m², quelle est la largeur de ce bassin de stockage d'eau ?

A) 20 B) 30 C) 40 D) 50 E) 60

16. Un parallélépipède rectangle a pour largeur 25 cm et pour longueur 50 cm. Si on le remplit d'eau, alors le volume d'eau qu'il contient est de 25 litres. Quelle est la hauteur de ce parallélépipède ?

A) 25 cm B) 20 cm C) 5 cm D) 0,5 cm E) 2 cm

17. On augmente la longueur du côté d'un carré d'un mètre. Après l'augmentation, la surface a augmenté de 9 m². Quelle était la valeur de la surface du carré avant l'augmentation de la longueur du côté ?

A) 9 m² B) 25 m² C) 36 m² D) 16 m² E) 49 m²

18. Afin de rendre le stade de football aux normes de haut niveau durant les Jeux olympiques, la pelouse du stade de Wembley passe d'une dimension de 90 m sur 50 m à une dimension de 100 m sur 70 m. Quel est le pourcentage approximatif d'augmentation de surface de la pelouse du stade de Wembley ?

A) + 35 % B) + 46 % C) + 56 % D) + 62 % E) + 100 %

19. Quelle est la contenance en litres d'un cylindre de 3 m de hauteur et de 280 cm de diamètre ?

A) 12 600 L B) 18 480 L C) 21 210 L D) 25 200 L E) 27 990 L

20. Un cône de révolution de 50 cm est positionné sur un cylindre de 1 mètre de hauteur, formant ainsi une figure nommée φ. Sachant que les rayons des deux figures sont égaux, que représente le volume du cône par rapport au volume de φ ?

A) $\frac{1}{7}$ B) $\frac{1}{6}$ C) $\frac{2}{7}$ D) $\frac{1}{3}$ E) $\frac{3}{7}$

Correction des tests

1. Réponse D. Le périmètre d'un tour de vélodrome est donné par :

$P = \pi r \times d = \pi \times 160 \approx 3{,}14 \times 160 \approx 502$ m

Vu qu'il parcourt 100 tours lors de son entraînement, il parcourt environ :

$502 \times 100 \approx 50\,200$ m ≈ 50 km

2. Réponse C. Avec un diamètre de 8 cm, on a r = 4 cm. Le volume d'une sphère se détermine par $\frac{4}{3}\ \pi \times rayon^3$. D'où :

$$\frac{4}{3}\pi \times 4^3 \approx \frac{4}{3} \times \frac{22}{7} \times 64 \approx 4 \times 22 \times \frac{64}{21} \approx 88 \times 3 \approx 264 \text{ cm}^3$$

Étant donné les ordres de grandeur très différents des solutions proposées, un calcul très approché suffit.

3. Réponse A. Le volume d'un cylindre de rayon R et de hauteur h est donné par $V = \pi \times R^2 \times h$. Pour avoir le volume de ce fût, il faut effectuer le calcul suivant :

$V = \pi \times 0{,}6^2 \times 1{,}50 \approx 3{,}14 \times 0{,}36 \times 1{,}50 \approx 3{,}14 \times 0{,}54 \approx 1{,}70 \text{ m}^3$

4. Réponse B. Il existe deux méthodes pour répondre à cette question.

Grâce à la formule de l'aire d'un losange, l'aire de ce carreau est :

$$A = \frac{\text{petite diagonale} \times \text{grande diagonale}}{2}$$

La grande diagonale mesure 8 × 2 = 16 cm. Pour déterminer la longueur de la petite diagonale, il suffit d'appliquer le théorème de Pythagore dans le triangle rectangle. On reconnaît le double du triplet pythagoricien (3, 4, 5) qui vaut donc (6, 8, 10). La petite diagonale vaut 6 × 2 = 12 cm.

Ainsi, l'aire d'un carreau est donnée par :

$$A = \frac{12 \times 16}{2} = 96 \text{ cm}^2$$

La deuxième méthode consiste à observer que ce carreau est composé de quatre triangles rectangles ayant chacun une aire de $\frac{6 \times 8}{2} = 24 \text{ cm}^2$. L'aire d'un carreau est donc bien $4 \times 24 = 96 \text{ cm}^2$.

5. Réponse D. En notant X, Y et Z les trois sommets de ce triangle rectangle et en supposant qu'il soit rectangle en X, il est alors possible de noter la relation suivante issue du théorème de Pythagore : $YZ^2 = XY^2 + XZ^2$.

Par ailleurs, en notant S la surface du triangle rectangle, on a $S = \frac{XY \times XZ}{2} = 30 \Leftrightarrow XY \times XZ = 60$.

On sait aussi qu'avec P le périmètre de ce triangle, on a $P = XY + XZ + YZ = 30$. Avec 3 équations et 3 inconnues, il est donc possible de poser un système et de le résoudre. On trouve alors YZ = 13.

En regardant les deux équations de la surface et du périmètre, on peut se rendre compte qu'il s'agit d'un triangle au triplet pythagoricien 5, 12 et 13. En effet, la somme des côtés vaut 30 (5 + 12 + 13 = 30) et le produit des deux côtés opposés vaut bien 60 ($XY \times XZ = 12 \times 5 = 60$). On en déduit alors que la valeur de l'hypoténuse est de 13 cm (l'hypoténuse est toujours le côté le plus long dans un triangle rectangle).

6. Réponse C. Dans un triangle équilatéral, $P = 3x \Leftrightarrow 21{,}15 = 3x \Leftrightarrow x = 7{,}05$ avec x la longueur d'un côté du triangle équilatéral. La droite AC est la diagonale du carré ABCD, d'où $7{,}05 = c\sqrt{2} \Leftrightarrow c = \frac{7{,}05}{\sqrt{2}} = 5$ cm. Donc l'aire du carré notée A vaut $A = 5^2 = 25 \text{ cm}^2$.

7. Réponse B. Dans un premier temps, il faut trouver la hauteur du triangle rectangle OIJ. Puisqu'il s'agit d'un triangle rectangle, il faut utiliser le théorème de Pythagore :

$$IJ^2 = OJ^2 + OI^2 \Leftrightarrow 13^2 = 12^2 + OI^2 \Leftrightarrow OI^2 = 169 - 144 = 25 \Leftrightarrow OI = \sqrt{25} = 5$$

Rappel : aire d'un losange : $\frac{\text{petite diagonale} \times \text{grande diagonale}}{2}$

Dans ce losange, on a la valeur de la petite diagonale IK qui vaut 10 ($5 \times 2 = 10$) et la grande diagonale qui vaut 24 ($12 \times 2 = 24$), ce qui donne pour l'aire du losange : $\frac{24 \times 10}{2} = 120$.

On pouvait également calculer l'aire du triangle OIJ pour trouver l'aire du losange.

Soit $A_{OIJ} = \frac{OI \times OJ}{2} = \frac{5 \times 12}{2} = 30$.

En remarquant ensuite que le losange est composé de 4 triangles identiques à OIJ, on pouvait alors trouver l'aire du losange en faisant le calcul suivant : $A_{losange} = 4 \times A_{OIJ} = 4 \times 30 = 120$.

La combinaison (5, 12, 13) est un triplet pythagoricien au même titre que (3, 4, 5). Cela signifie que dès que deux de ces valeurs apparaissent dans un triangle rectangle, on peut déduire directement la troisième. Ainsi, dans cet exercice, il était possible de déduire sans calcul que la valeur de la hauteur est de 5 cm puisque l'hypoténuse vaut 13 cm et la base 12 cm. Cette astuce peut faire gagner un temps précieux.

8. Réponse A. Avant l'augmentation de la longueur des côtés, le champ d'Aimé dispose d'une aire de 144 m^2 ($12 \times 12 = 144$). Afin que l'aire soit doublée, il lui faut donc une parcelle avec une aire d'environ 288 m.

Puisque Aimé dispose d'un terrain carré, la longueur des côtés devra donc être d'environ $\sqrt{288}$ m.

ASTUCE

Pour approximer $\sqrt{288}$ et compte tenu de la finesse souhaitée pour le résultat (cf. les propositions), il est beaucoup plus rapide de trouver la valeur d'un carré parfait proche de 288. C'est le cas du carré de 17 qui est de 289. On peut donc dire que $\sqrt{288} \approx 17$.

Cela signifie donc qu'Aimé devra faire passer les côtés de sa parcelle de 12 m à 17 m. Soit une progression en pourcentage de $\frac{17-12}{12} = \frac{5}{12} \approx 42\ \%$.

ASTUCE

$\frac{5}{12}$ est nécessairement inférieur à 50 %. Or une seule proposition (la A) est inférieure à 50 %. Il est donc certain qu'il s'agit de la bonne réponse.

9. Réponse C. Une carte à l'échelle de 1/10 000 signifie que 1 cm sur la carte donne 10 000 cm en réel, soit 100 m dans la réalité.

Donc 44 cm sur la carte représente 44 fois 100 m, c'est-à-dire 4 400 m ($44 \times 100 = 4\,400$) soit 4,4 km.

10. Réponse B.

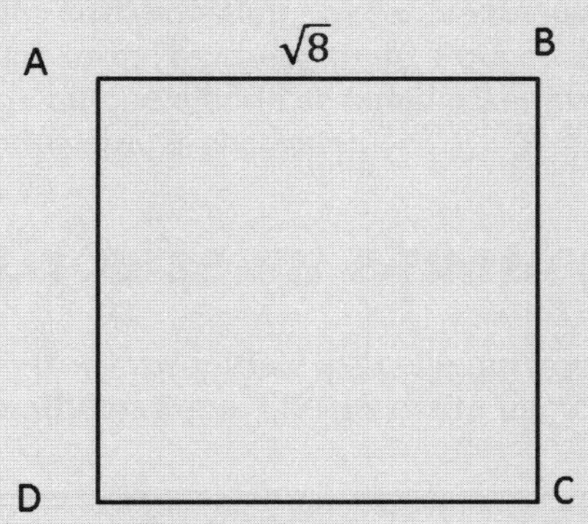

Il est possible d'utiliser le théorème de Pythagore dans le triangle ABC rectangle en B. Ce qui donne donc : $AC^2 = AB^2 + BC^2 \Leftrightarrow AC^2 = (\sqrt{8})^2 + (\sqrt{8})^2 \Leftrightarrow AC^2 = 8 + 8 \Leftrightarrow AC^2 = 16 \Leftrightarrow AC = \sqrt{16} = 4$.

ASTUCE

Il est ici encore plus rapide d'utiliser la propriété d'une diagonale d'un carré donnant $d = c\sqrt{2}$ avec d la longueur de la diagonale et c la longueur du côté du carré. Soit ici $AC = \sqrt{8} \times \sqrt{2} = \sqrt{4 \times 2} \times \sqrt{2} = 2\sqrt{2} \times \sqrt{2} = 2 \times (\sqrt{2})^2 = 2 \times 2 = 4$.

11. Réponse B. Soit l et L la largeur et la longueur initiales du terrain de Mourad. La surface initiale de ce terrain rectangulaire est $S = l \times L$. Il faut étudier les impacts sur la surface de chacune des quatre solutions proposées :

Solution 1 : $S_1 = (l + 0{,}05l) \times (L + 0{,}50L) = 1{,}05l \times 1{,}5L = 1{,}575l \times L$

Solution 2 : $S_2 = (l - 0{,}20l) \times (L + 1L) = 0{,}8l \times 2L = 1{,}60l \times L$

Solution 3 : $S_3 = (l + 0{,}25l) \times (L + 0{,}10L) = 1{,}25l \times 1{,}1L = 1{,}375l \times L$

Solution 4 : $S_4 = (l - 0{,}50l) \times (L + 0{,}75L) = 0{,}5l \times 1{,}75L = 0{,}875l \times L$

On a donc : $S_2 > S_1 > S_3 > S_4$. C'est la deuxième solution qui permettra à Mourad d'avoir le terrain le plus grand possible.

12. Réponse B. Soit A l'aire de chacun des 5 carrés composant la figure. L'aire A se détermine par $5\,A = 45 \Leftrightarrow A = \frac{45}{5} = 9$. Avec c la valeur du côté des carrés A, leur longueur se détermine par $c^2 = 9 = \Leftrightarrow c = \sqrt{9} = 3$. Puisque le périmètre P est de $P = 12\,c$, alors $P = 12 \times 3 = 36$ cm.

13. Réponse B. La première étape consiste à calculer la longueur d'un tour. Pour cela, il faut calculer le périmètre de la piste d'un rayon de 7 km : $A = 2\pi r = 2\pi \times 7$. Vous pouvez estimer π par sa valeur fractionnaire $\frac{22}{7}$, d'où : $A = 2\pi \times 7 = 2 \times \frac{22}{7} \times 7 = 2 \times 22 = 44$. La longueur d'un tour est donc d'environ 44 km. Ce qui signifie que la course est d'une longueur totale de 220 km ($5 \times 44 = 220$).

Puisque le vainqueur a roulé à une vitesse de 55 km/h, son temps de parcours a été de : $T = \frac{D}{V} = \frac{220}{55} = 4$ heures.

14. Réponse D. Puisque les deux droites (DE) et (BC) sont parallèles, il est possible d'utiliser le théorème de Thalès.

Il faut appliquer la relation $\frac{AD}{AB} = \frac{AE}{AC} = \frac{DE}{BC}$ en remplaçant par les données disponibles.

D'où $\frac{5}{8} = \frac{DE}{6}$, ce qui implique $8 \times DE = 5 \times 6 \Leftrightarrow DE = \frac{30}{8} = \frac{15}{4} = 3{,}75$.

15. Réponse A. Par définition $2 \times (l + L) = 100$ et $l \times L = 600$.

On a donc $2 \times (l + L) = 100 \Leftrightarrow l + L = \frac{100}{2} = 50$.

D'où l'on a les deux équations suivantes : $l \times L = 600$ (1) et $l + L = 50$ (2)

$$\begin{cases} l \times L = 600 \\ l + L = 50 \end{cases} \Leftrightarrow \begin{cases} (50 - L) \times L = 600 \\ l = 50 - L \end{cases} \Leftrightarrow \begin{cases} 50L - L^2 = 600 \\ l = 50 - L \end{cases}$$

On obtient alors $L^2 - 50L + 600 = 0$.

ASTUCE

Pour trouver les racines de cette équation du second degré, le plus rapide est de tester les propositions faites dans l'énoncé.

On remarque que les racines sont 20 et 30 puisque $20^2 - 50 \times 20 + 600 = 400 - 1\,000 + 600 = 0$ et $30^2 - 50 \times 30 + 600 = 900 - 1\,500 + 600 = 0$.

La largeur est donc de 20.

PIÈGE !

Il y a bien deux racines comme solution : 20 et 30. Dans l'énoncé, on demande la valeur de la largeur du bassin de stockage, il s'agit donc de 20 et la longueur est de 30. La longueur étant toujours plus grande que la largeur…

16. Réponse B. Le volume d'un parallélépipède se calcule de la manière suivante :

volume = longueur × largeur × hauteur

La seule information détenue sur le volume est la contenance d'eau. Il faut donc traduire cette donnée afin de l'exploiter facilement.

ASTUCE

Afin de manipuler facilement les litres et les longueurs, il est fondamental de convertir l'ensemble des données en décimètres. Cela permet de manipuler les grandeurs sans se soucier des unités. En effet, il est important de savoir que 1 dm^3 = 1 litre.

Cette relation est tirée des deux relations suivantes : 1 m³ = 1 000 litres et 1 m³ = 1 000 dm³, donc 1 dm³ = 1 litre.

Puisque le parallélépipède contient 25 litres d'eau, cela signifie que son volume est de 25 dm³. En traduisant la largeur et la longueur en décimètres, on note respectivement 2,5 dm et 5 dm.

D'où : $25 = 2{,}5 \times 5 \times h \Leftrightarrow h = \frac{25}{12{,}5} = 2$ décimètres soit 20 cm puisque 1 décimètre vaut 10 centimètres.

17. Réponse D. Soit c la longueur d'un côté avant l'agrandissement, A_1 et A_2 respectivement les aires du carré avant et après l'augmentation.

D'après l'énoncé, on a $A_1 = c^2$ et on peut noter qu'après l'agrandissement : $A_2 = (c+1)^2 = c^2 + 2c + 1$.

On sait que la différence entre les deux aires est de 9 m². D'où $A_2 = A_1 + 9 \Leftrightarrow c^2 + 2c + 1 = c^2 + 9 \Leftrightarrow c^2 - c^2 + 2c = 9 - 1 \Leftrightarrow 2c = 8 \Leftrightarrow c = 4\text{ m}^2$.

On retrouve donc la valeur du côté avant l'agrandissement et on peut alors en déduire la surface du carré avant l'augmentation qui est $A_1 = c^2 = 4^2 = 16\text{ m}^2$.

18. Réponse C. Avant la hausse des dimensions, l'aire de la pelouse était de 4 500 m² (90 × 50 = 4 500). Après la hausse, l'aire de la pelouse est de 7 000 m² (100 × 70 = 7 000). La progression se calcule de la manière suivante :

$$\frac{7000 - 4500}{4500} = \frac{2\,500}{4500} = \frac{25}{45} = \frac{5\times\cancel{5}}{9\times\cancel{5}} \approx 5\times 0{,}1111 \approx 56\ \%$$

19. Réponse B.

ASTUCE

Pour réaliser encore plus aisément les conversions de volume en litres, il est plus astucieux de convertir initialement toutes les dimensions en dm. En effet, puisque 1 m³ = 1 000 litres et que 1 m³ = 1 000 dm³ on a donc 1 000 dm³ = 1 000 litres ⇔ 1 dm³ = 1 litre. Cette astuce permet de ne pas se soucier des conversions en fin de calcul.

La hauteur du cylindre est ainsi de 30 dm et celle du diamètre de 28 dm, ce qui fait un rayon de 14 dm. S'agissant d'un cylindre, le volume se détermine par :

$\pi r^2 \times h = \pi\,(14)^2 \times 30 = 196\pi \times 30 = 196 \times \frac{22}{7} \times 30 = 28 \times 7 \times \frac{22}{7} \times 30 = 28 \times 22 \times 30 = 616 \times 30 = 18\,480$ litres.

20. Réponse A. Vous avez donc pour le cône : $V_1 = \frac{1}{3}\pi r^2 \times h = \frac{1}{3}\pi r^2 \times \frac{1}{2} = \frac{1}{6}\pi r^2$. Pour le cylindre, vous avez : $V_2 = \pi r^2 \times h = \pi r^2 \times 1 = \pi r^2$. Le volume global de la citerne est alors $V\varphi = V_1 + V_2 = \frac{1}{6}\pi r^2 + \pi r^2 = \frac{7}{6}\pi r^2$. Pour connaître le rapport de la contenance du cône sur la contenance globale, on utilise le rapport du volume du cône sur celui de la citerne, ce qui donne :

$$\frac{V_1}{V_\varphi} = \frac{\frac{1}{6}\pi r^2}{\frac{7}{6}\pi r^2} = \frac{\frac{1}{6}}{\frac{7}{6}} = \frac{6\times 1}{7\times 6} = \frac{1}{7}$$

Quatrième partie

Séries et ensembles

Dans cette partie...

Les aptitudes logiques sont abordées à travers les séries et les ensembles. Ces notions caractéristiques des tests psychotechniques évaluent les candidats sur leur capacité à déceler des paramètres communs entre des éléments géométriques, numériques et alphabétiques. Les compétences d'analyse, de perception et d'intuition pour discerner les logiques présentées sont testées. Elles mesurent la vitesse de compréhension, d'analyse et de déduction des candidats à partir de séries et suites logiques.

Ces notions requièrent une méthodologie rodée pour répondre ainsi qu'une connaissance des mécanismes et concepts des séries et ensembles. Que ce soit sur des questions ouvertes ou au travers de questions à choix multiples, cette partie vous permettra de vous mesurer aux séries graphiques, séries numériques, séries alphabétiques, matrices, ensembles, etc.

De prime abord, certaines formes de logique peuvent apparaître surprenantes, voire déstabilisantes, et mieux vaut ainsi les appréhender au travers d'une analyse précise. Par la suite, vous vous rendrez compte qu'avec de l'entraînement, vous développerez des mécanismes permettant de les identifier rapidement et efficacement.

Évidemment, l'esprit des concepteurs de tests foisonne d'idées pour déstabiliser les candidats. Toutefois, une connaissance approfondie des logiques de base développées dans ces chapitres – et un esprit entraîné à les repérer rapidement – permet de répondre à un grand nombre de questions.

Chapitre 17

Séries numériques et alphabétiques

Dans ce chapitre

- Séries simples numériques, alphabétiques et alphanumériques
- Séries doubles numériques, alphabétiques et alphanumériques

Les séries numériques et alphabétiques ont l'apparence de suites de lettres ou de nombres (quelquefois un mélange des deux) dont il faut déterminer la logique pour compléter la série rationnellement. Ces questions sont présentes au sein de nombreux tests psychotechniques et jugent de l'habileté des candidats à détecter des points communs et des récurrences entre différents éléments. Elles peuvent apparaître sous une forme simple (une seule série) ou double (entrecroisement de deux séries), avec propositions de réponse (QCM) ou sans proposition (questions ouvertes). La plupart du temps, ces séries sont à réaliser sous contrainte de temps, ce qui demande un entraînement préalable afin d'être efficace le jour de l'épreuve.

Les séries numériques

Les **séries numériques** utilisent les nombres pour former des suites qu'il faut compléter de façon logique. La réponse cherchée se situe la plupart du temps en fin de série, même si vous pourrez croiser des questions demandant de trouver un nombre au sein de la série. Les questions ouvertes (sans proposition de réponse) disposent d'une solution unique qu'il vous faut déterminer. Pour les questions QCM, même si plusieurs réponses pourraient correspondre, une seule solution est valable parmi les propositions.

Les séries simples numériques

Les séries simples numériques impliquent pour la plupart des **logiques basées sur les quatre opérations usuelles**.

- **Écarts réguliers**
  - 15 21 27 33 39 ?

  L'écart entre chaque terme est ici constant, il est de 6 :

  $15 + \mathbf{6} = 21$; $21 + \mathbf{6} = 27$; $27 + \mathbf{6} = 33$; $33 + \mathbf{6} = 39$; $39 + \mathbf{6} = \mathbf{45}$.

Ces écarts constants peuvent s'observer de façon croissante comme dans l'exemple ci-dessus, mais aussi de façon décroissante.

- **Écarts variables**

Les écarts peuvent également être **variables** :

• 57 50 42 35 27 ?

Il faut ici réaliser alternativement une soustraction de 7 et une soustraction de 8 :

57 – **7** = 50 ; 50 – **8** = 42 ; 42 – **7** = 35 ; 35 – **8** = 27 ; 27 – **7** = **20**

Parmi les écarts variables, vous pourrez également croiser des écarts suivant une **progression croissante ou décroissante** :

• 114 121 127 132 ?

Entre chaque terme, il faut ici ajouter un nombre de valeur décroissante (– 1) par rapport à l'addition précédente :

114 + **7** = 121 ; 121 + **6** = 127 ; 127 + **5** = 132 ; 132 + **4** = **136**.

- **Alternance d'opérations**

Les **alternances** peuvent également concerner d'autres opérations :

• 5 10 12 24 26 ?

Dans cette série, le chiffre 2 est alternativement additionné et multiplié :

5 × **2** = 10 ; 10 + **2** = 12 ; 12 × **2** = 24 ; 24 + **2** = 26 ; 26 × **2** = **52**

- **Séries imbriquées**

Dans une série simple, vous pourrez croiser des **séries imbriquées** les unes dans les autres. Il vous faut alors considérer deux séries en n'observant qu'un nombre sur deux :

• 18 19 20 17 22 15 ?

En décomposant cette série en deux suites (un nombre sur deux à chaque fois), cela permet d'obtenir :

1) 18 20 22 ?

2) 19 17 15 ?

Dans la première série, on note une addition de 2 en considérant un terme sur deux. Dans la deuxième série, on note une soustraction de 2 en considérant un terme sur deux. En suivant cette logique, il faut alors ajouter 2 à 22 pour obtenir **24**.

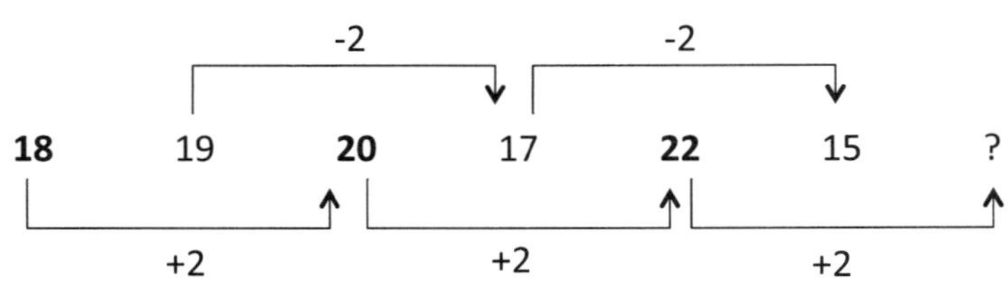

- **Autres séries**

Les concepteurs de tests sont inventifs et innovent sans cesse. Vous pourrez donc trouver de nombreuses autres séries, qui n'ont pas nécessairement comme thème les opérations usuelles. On peut citer parmi elles les nombres premiers, les carrés, les multiples, la répétition d'un chiffre, le positionnement d'un chiffre dans un nombre, etc.

• 71 73 79 83 89 ?

Il s'agit ici de la liste des nombres premiers consécutifs à partir de 71. Celui qui suivra 89 est alors **97**.

Certaines séries simples peuvent aussi **cumuler différentes logiques**, rendant plus difficile leur résolution.

- 2 5 10 17 26 ?

  Il s'agit des carrés de nombres entiers à partir de 1, auxquels on ajoute 1 à chaque fois : $1^2 + 1 = \mathbf{2}$; $2^2 + 1 = \mathbf{5}$; $3^2 + 1 = \mathbf{10}$; $4^2 + 1 = \mathbf{17}$; $5^2 + 1 = \mathbf{26}$; $6^2 + 1 = \mathbf{37}$.

Les séries doubles numériques

Les séries doubles confrontent **deux séries de termes**, l'une à l'horizontale et l'autre à la verticale, qui contiennent chacune leur logique distincte. L'objectif est de sélectionner parmi les propositions **celle qui répond à ces deux logiques** et qu'il est possible de placer au croisement des deux séries.

EN PRATIQUE

Les séries doubles sont ainsi l'**entrecroisement de deux séries simples**.

- Trouvez la proposition qui répond aux deux logiques horizontale et verticale.

		79		
		83		
		17		
		31		
23	56	??	01	78

A) 67 B) 32 C) 97 D) 14 E) 12

- Série horizontale : il y a une différence de +1 entre les deux chiffres de chaque terme.
- Série verticale : ce sont des nombres premiers.

Parmi les propositions, seule A (67) est à la fois un nombre premier et a la particularité d'avoir une différence de +1 entre ses deux chiffres.

CONSEILS DU FORMATEUR

Dans les séries doubles, il est conseillé **d'éliminer progressivement les propositions qui ne répondent pas aux critères d'une des deux séries**. Cela permet de ne garder que les propositions qui répondent à l'un des critères. Dans la question précédente, la série verticale permettait ainsi de ne garder que les propositions A et C alors que les propositions A et E répondaient, elles, à la série horizontale.

N'OUBLIEZ PAS !

Parmi les logiques que vous croiserez dans les séries doubles numériques, voici une liste des plus usuelles :

- Les multiples (tables de 2 à 20).
- Les carrés (jusqu'à 20^2).
- Les nombres premiers (jusqu'à 100).
- Les cubes (jusqu'à 10^3).
- Le déplacement d'un chiffre et/ou son positionnement.
- Opérations intra-termes (opérations à l'intérieur des termes).

Là encore, les séries doubles peuvent être créatives et faire apparaître des logiques surprenantes. Ouvrez donc bien l'œil et n'hésitez pas à vous entraîner pour vous familiariser avec ces séries.

Les séries alphabétiques

Les **séries alphabétiques** utilisent les lettres pour former des suites qu'il faut compléter de façon logique. Le fonctionnement reste identique à celui des séries numériques, mais les logiques sont différentes. Elles concernent ainsi la plupart du temps la **position de la lettre dans l'alphabet**. D'autres logiques plus inattendues apparaissent également. Ici encore, c'est l'entraînement qui vous permettra de devenir performant.

Les séries simples alphabétiques

Les séries de lettres font régulièrement appel aux **sauts de lettres**, qu'ils soient réguliers ou alternés, dans l'alphabet. Ces sauts peuvent s'observer en avant (sauts ascendants) ou en arrière (sauts descendants) dans l'alphabet.

- E J O T ?

Il y a un saut de quatre lettres en avant dans l'alphabet entre chaque terme de la série : **E** fghi **J** klmn **O** pqrs **T** ➔ uvwx **Y**.

Il peut s'avérer judicieux d'inscrire sur votre brouillon l'alphabet dès le début d'une telle épreuve. Cela vous permettra de naviguer plus facilement dans l'alphabet et de repérer les sauts plus rapidement.

Pour détecter les progressions alphabétiques, **remplacer les lettres par leurs positions dans l'alphabet** peut s'avérer très efficace. Il est ainsi plus facile de détecter un saut récurrent ou variable.

Lettres	A	B	C	D	E	F	G	H	I	J	K	L	M
Positions	1	2	3	4	5	6	7	8	9	10	11	12	13

Lettres	N	O	P	Q	R	S	T	U	V	W	X	Y	Z
Positions	14	15	16	17	18	19	20	21	22	23	24	25	26

En reprenant l'exemple plus haut, le remplacement des lettres par leurs positions alphabétiques donne :

- 5 10 15 20 ?

Il apparaît encore plus clairement qu'il y a une addition de + 5 au niveau de la position de chacune des lettres.

Lorsqu'on parle de progression alphabétique, on considère les positions des lettres dans l'alphabet. Quand on évoque un saut de lettres, on désigne alors le nombre de lettres qui séparent deux lettres dans l'alphabet. Cette distinction est importante puisqu'une progression de + 5 équivaut à un saut de quatre lettres (et non pas de cinq lettres !). En effet, entre E et J, on note une progression de + 5 entre les positions des lettres alors que quatre lettres sont sautées : F, G, H et I. Veillez donc à choisir une méthode et vous y tenir afin de ne pas vous embrouiller !

Dans les tests psychotechniques, l'alphabet est considéré comme un circuit fermé : la lettre qui suit Z est A. De la même manière, on considère ainsi que la lettre qui précède A est Z.

De la même façon que pour les séries numériques, vous croiserez au niveau des séries alphabétiques des logiques avec des **écarts réguliers**, des **écarts variables** et des **séries imbriquées**.

- W R N K ?

  Il s'agit ici de sauts variables de lettres en arrière dans l'alphabet. Tout d'abord il faut sauter 4 lettres entre W et R (W vuts R), puis 3 lettres entre R et N (R qpo N) et enfin 2 lettres entre N et K (N ml K). On s'attend donc à ne sauter qu'une lettre à la suite de K. On saute donc la lettre J pour obtenir **I**.

- F C H B J A ?

  Il s'agit de deux séries imbriquées, en considérant à chaque fois une lettre sur deux. Dans la première série, on observe un saut ascendant d'une lettre dans l'alphabet. Dans la deuxième série, les lettres se suivent dans le sens anti-alphabétique. La lettre cherchée devra être celle qui sera située une lettre après J dans l'alphabet : c'est donc **L** (J k L).

  Schématiquement on a (les nombres indiquent la progression alphabétique et non pas le saut de lettres) :

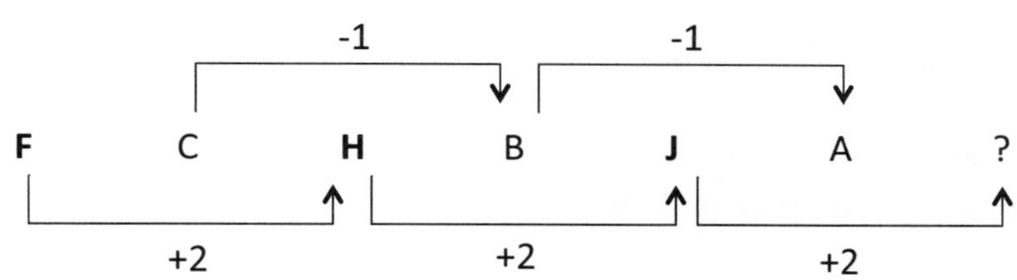

Plus encore qu'avec les séries de nombres, les concepteurs de test s'avèrent créatifs avec les séries alphabétiques. Ils peuvent ainsi considérer une lettre comme une initiale ou encore comme une voyelle ou une consonne.

- J V S D L M ?

  Dans cette série, les termes indiquent les premières lettres des jours de la semaine dans leur ordre chronologique : **J**eudi – **V**endredi – **S**amedi – **D**imanche – **L**undi – **M**ardi. Suite au lundi et au mardi, vient donc **M**ercredi.

Les séries doubles alphabétiques

Au sein d'une **série double alphabétique**, les termes de lettres sont composés du même nombre de lettres. La plupart du temps, les termes comportent 3 lettres. Cependant il arrive que des séries soient plus originales et contiennent 1, 2, 4 ou 5 lettres. Peu importe le nombre de lettres composant les termes d'une série, les formes de logique que vous croiserez restent identiques.

• Trouvez la proposition qui répond aux deux logiques horizontale et verticale.

IUI	UVU	TRT	??	YLY
			VEV	
			BVT	
			DVJ	
			VDE	
A) DUD	B) UJW	C) EVD	D) VDV	E) ZZD

• Série verticale : présence de la lettre V dans chaque terme (propositions C et D à garder).

• Série horizontale : les première et troisième lettres sont identiques (propositions A et D à garder). Il s'agit de palindromes (mots se lisant dans les deux sens et gardant le même sens. Exemple : KAYAK).

La réponse est la proposition D (VDV) puisqu'il s'agit de la seule à se conformer aux deux logiques.

Parmi les logiques que vous croiserez dans les séries doubles alphabétiques, voici une liste des plus usuelles :

- Répétition d'une lettre.
- Alternance de la position d'une lettre.
- Déplacement d'une lettre de terme en terme.
- Progression alphabétique.
- Opération intra-terme (somme des positions alphabétiques, etc.).
- Lettres bâtons (ou lettres allumettes).
- Consonne/voyelle.
- Palindrome.

Les séries de mots

Les **séries de mots** sont des questions qui regroupent plusieurs thèmes : intrus, suite logique, définition, etc. Ce sont des questions plus originales et moins prévisibles puisqu'il existe de nombreux formats et thèmes. Elles apparaissent sous la forme d'une série à compléter, d'un intrus à chasser ou encore d'un terme à ressortir. La plupart du temps, le thème des questions n'est pas précisé et c'est ainsi aux candidats de comprendre la question et d'y répondre. Elles peuvent ainsi faire référence à la fonction grammaticale d'un mot, sa définition, sa composition (voyelle, consonne, nombre de lettres, etc.), la culture générale, etc.

• Quel est l'intrus dans la série suivante ?

Ébéniste Évier Entracte Étage Éclaircissage

Tous les mots débutent et terminent par la lettre E, à l'exception d'évier qui se termine par R.

- Quel est l'intrus dans la série suivante ?

  Argentine Brésil Chili Mexique Paraguay Uruguay

  Tous les pays appartiennent au continent Amérique du Sud à l'exception du Mexique.

Même s'il est difficile d'appréhender l'ensemble des thèmes de ces questions, il s'avère souvent efficace de se préparer à l'imprévu en travaillant régulièrement des questions originales.

Il arrivera également que vous croisiez des séries de mots contenant des nombres. Il faut alors tenter de faire le rapprochement entre les nombres et les mots. Cela peut ainsi concerner le nombre de lettres, de consonnes, de syllabes, etc.

- Lundi (2) – Mardi (2) – Mercredi (3) – Jeudi (3) – Vendredi (?)

  Le chiffre entre parenthèses correspond au nombre de voyelles de chaque mot. La réponse est alors (3) puisque vendredi compte trois voyelles.

Tests

Temps (indicatif) : 60 minutes	Difficulté : Moyen	Barème : 1 point par bonne réponse

Séries à compléter

1. F	I	L	O	R	U	?				
2. D	A	X	U	R	?					
3. F	F	E	G	D	H	C	?			
4. J	M	O	R	T	W	?				
5. C	B	Z	W	S	?					
6. Z	C	H	O	?						
7. Q	M	S	O	U	Q	?				
8. G	E	J	E	M	E	?				
9. B	Z	F	D	J	H	P	N	V	T	?
10. K	G	G	K	C	O	Y	?			
11. AV	BC	CC	DC	EV	?					
12. VU	VC	CW	XC	VY	?					
13. GJ	IL	KN	MP	OR	?					
14. LU	MA	ME	JE	VE	?					
15. RL	UH	XD	AZ	DV	?					
16. CIN	SEP	NEU	ONZ	?						

17. CCX CXC CXC XCC CCX ?

18. ZAB VWX PQR JKL FGH ?

19. KNR NQU QTX TWA WZD ?

20. BKK DIO FGS HEW ?

21. 102 93 84 75 66 57 ?

22. 77 90 103 116 129 ?

23. 57 50 42 35 27 ?

24. 22 25 50 53 106 109 ?

25. – 17 17 8 42 33 ?

26. 124 62 64 32 34 ?

27. 15 552 2 592 864 144 48 ?

28. – 8 – 7 – 5 – 2 2 ?

29. 6 6 12 36 144 ?

30. 19 11 2 -8 -19 ?

31. 22 39 56 13 30 ?

32. 981 10100 11121 12144 13169 ?

33. 101 103 107 109 113 127 ?

34. 0 1 1 2 3 5 ?

35. 800 818 8216 8324 8432 ?

36. 28 327 464 5125 6216 ?

37. 1 3 9 27 81 ?

38. 5 25 125 625 ?

39. 134 5712 91120 131528 ?

40. 10 11 19 46 110 235 ?

41. Septembre (1) – Juillet (3) – Novembre (2) – Décembre (1) – Janvier (3) - ? (3)

42. CLASSE + OUILLE – CELLULE = ?

43. Regarder (1) – Venir (3) – Entendre (3) – Finir (2) – Réveiller (1) - Cueillir (?)

44. Loup (1) – Moto (2) – Voiture (3) – Chanter (2) – Banane (?)

45. Chant (U) – Chanter (S) – Chanteuse (F) – Chanteur (S) – Chansonnette (?)

Intrus

46. 11 99	12 108	13 117	14 127	15 135	16 144
47. 433	512	729	1 000	1 331	1 728
48. Égée	Ligure	Timor	Adriatique	Arctique	

Intrus à souligner

49. Bakoua	Panama	Chapeau	Quatre bosses	Akubra
Tuba	Cor	Clairon	Baryton	Cuivre
50. Bibliothèque	Livres	Romans	Pages	Mots
Herbacées	Flore	Fruits	Bananier	Plantes

QCM (Séries à compléter)

51. G I L P U ?

A) X B) A C) Z D) Y

52. O N P M Q L ?

A) R B) S C) T D) U

53. G B 4 N ? 8 W O 7

A) E B) V C) W D) F

54. EF = 11K BC = 5E JE = 15O VD = ?

A) 24V B) 25Y C) 26Z D) 24X

55. A H I T C W H H ?

A) Q B) H C) P D) Y

56. F R A M ? O I S E

A) V B) U C) X D) B

57. UN DX TS QE CQ ?

A) ST B) SX C) SI D) SE

58. Antidote (M) Opercule (M) Urticaire (F) Interstice (?)

A) M B) C C) V D) F

59. Z D H N T ?

A) X B) Y C) W D) A

60. B C E G K M Q ?

A) R B) S C) T D) U

61. – 15 – 8 – 12 – 5 – 9 – 2 – 6 ?

A) – 10 B) 10 C) 1 D) – 3

62. 56842056 36

87456201 ?

54789101 35

A) 33 B) 31 C) 34 D) 32

63. 2 3 6 18 108 ?

A) 126 B) 1 076 C) 1 648 D) 1 944

64. 100 200 300 ? 800 1 300

A) 400 B) 500 C) 600 D) 700

65. Vélo (22) Jean (10) Chat (3) Mais (13) Rien (?)

A) 8 B) 22 C) 18 D) 19

66. T N E M E C N A N I ?

A) F B) V C) C D) S

67. 15 35 75 155 315 ?

A) 620 B) 625 C) 630 D) 635

68. F 4 J A 6 G K ? S

A) 7 B) 8 C) 9 D) 10

69. 2 9 37 149 597 ?

A) 1 792 B) 2 389 C) 2 986 D) 3 459

70. B 4 E 10 K 22 Q ?

A) 32 B) 17 C) 34 D) 40

Séries doubles

Chaque question contient deux séries, une série verticale et une autre horizontale. Vous devez sélectionner la réponse permettant de lier les logiques respectives des séries verticale et horizontale.

71.

		343		
		27		
		216		
5256	918	??	261	18
		125		

A) 630 B) 729 C) 277 D) 512 E) 12

72.

		BST		
		MRC		
		DXV		
AWT	FKY	??	ZML	YYN
		FMF		

A) FTE B) TZM C) GOE D) RMN E) SRU

73.

		777		
		9255		
5313	9137	??	2139	2113
		32448		
		786		

A) 804813 B) 111731 C) 488 D) 13764 E) 55515

74.

XIK	BEO	??	CCD	KIH
		ILO		
		PSV		
		GJM		
		MPS		

A) BEH B) NQS C) MNO D) BHI E) RUX

75.

		389		
		444		
		526		
240	32	??	208	64
		714		

A) 166 B) 160 C) 176 D) 123 E) 128

76.

		51		
		17		
135	270	??	75	105
		102		
		204		

A) 255 B) 90 C) 73 D) 145 E) 34

77.

		AAA		
		TOT		
FCD	MOP	??	VHI	XLM
		WXW		
		HIH		

A) SQR B) VUV C) MQM D) IML E) IHH

78.

LZN	IJA	??	KVK	BFD
		JJB		
		CEN		
		SBA		
		GHG		

A) BLH B) TAA C) XYZ D) FOR E) JUK

79.

		781		
5153		??	263	4205	8648
		352		
		594		
		242		

A) 278 B) 2147 C) 2119 D) 242 E) 314

80.

		BFF		
		HLO		
STO	OMP	??	THA	ARD
		TXM		
		FJG		

A) NTR B) PTT C) PCT D) FFF E) PTM

Correction des tests

1. X. Deux lettres sont sautées entre chaque terme de la série.

2. O. Sauts de deux lettres en arrière dans l'alphabet entre chaque terme.

3. I. Deux séries s'entrecroisent en considérant une lettre sur deux :

F <u>F</u> **E** <u>G</u> **D** <u>H</u> **C** ?

- La première série (en gras) est la suite anti-alphabétique (sens inverse de l'alphabet) des lettres à partir de F.
- La deuxième série (soulignée) est une suite alphabétique des lettres partir de F.

La lettre cherchée appartient donc à la deuxième série : il faut donc trouver la lettre qui suit H dans l'alphabet. Il s'agit de I.

4. Y. Sauts alternatifs de deux lettres ou une lettre dans le sens alphabétique :

J (~~KL~~) M (~~N~~) O (~~PQ~~) R (~~S~~) T (~~UV~~) W (~~X~~) Y.

5. N. Sauts variables progressifs d'une lettre dans le sens anti-alphabétique. On saute tout d'abord 0 lettre, puis 1 lettre, puis 2 lettres et enfin 3 lettres : C ( ) B (~~A~~) Z (~~YX~~) W (~~VUT~~) S (~~RQPO~~) N. C'est en sautant quatre lettres en arrière dans l'alphabet que l'on obtient N.

PIÈGE !

N'oubliez pas que l'alphabet est à considérer comme un circuit fermé et que la lettre qui précède A est Z.

6. X. Le nombre de lettres sautées progresse de deux entre chaque terme de la série : 2 - 4 - 6 - 8. Z (~~AB~~) C (~~DEFG~~) H (~~IJKLMN~~) O (~~PQRSTUVW~~) X.

7. W. Sauts alternatifs de trois lettres en arrière puis de cinq lettres en avant :

Q (~~PON~~) M (~~NOPQR~~) S (~~RQP~~) O (~~PQRST~~) U (~~TSR~~) Q (~~RSTUV~~) W.

8. P. Deux séries s'entrecroisent : **G** E **J** E **M** E

- Dans la première série (en gras), saut de deux lettres en avant dans l'alphabet : G (~~HI~~) J (~~KL~~) M (~~NO~~) P.
- Deuxième série : répétition de la lettre E.

9. Z. Il faut considérer les lettres par couple de 2. Chaque couple de lettres entoure les voyelles de l'alphabet en suivant l'ordre de ce dernier, la première lettre du couple étant toujours celle qui succède à la voyelle. B (A) Z – F (E) D – J (I) H – P (O) N – V (U) T – Z (Y) X. Il ne manque ici que le Y : la lettre qui lui succède est donc Z.

Dans cette série, on remarque un grand nombre de lettres (10). Il s'agit d'un indice permettant de déduire qu'il faut considérer les lettres deux par deux pour obtenir 5 termes de deux lettres. En effet, les exercices contenant de nombreuses lettres considèrent souvent des groupes de lettres à former au sein de la série à compléter.

10. S. Deux séries s'entrecroisent : **K** G **G** K **C** O **Y**

- Dans la première série (en gras), saut de trois lettres en arrière dans l'alphabet : K (~~JIH~~) G (~~FED~~) C (~~BAZ~~) Y.
- Dans la deuxième série (soulignée), saut de trois lettres en avant dans l'alphabet : G (~~HIJ~~) K (~~LMN~~) O (~~PQR~~) S.

11. FC. Les premières lettres de chaque terme se suivent de terme en terme : AV BC CC DC EV. Le terme cherché débute donc par F. La deuxième lettre indique si la première lettre du terme est une consonne (C) ou une voyelle (V). F est une consonne et est donc suivie d'un C.

12. ZC. Il faut considérer deux séries :

- La première logique regroupe des lettres qui se suivent dans l'alphabet à partir de U (lettres soulignées ci-dessous). Ces lettres successives varient leurs positions de terme en terme : elles sont alternativement en 1re ou 2e position.
- La lettre C ou V s'il s'agit respectivement d'une consonne ou d'une voyelle.

VU
↓
VC
↓
CW
↓
XC
↓
VY

Repositionner les termes de façon verticale (comme ci-avant) permet souvent d'observer la série d'une façon différente. Lorsque vous réfléchissez depuis un moment sur une série, cela permet de détecter certaines logiques plus facilement.

La première lettre du terme cherché est alors Z (elle suit Y alphabétiquement). Elle sera accompagnée du C puisqu'il s'agit d'une consonne.

13. QT. Les lettres d'un terme sont séparées par deux lettres dans l'alphabet : G(~~HI~~) J, I(~~JK~~)L, etc. La première lettre d'un terme correspond à la lettre qui précède dans l'alphabet la dernière lettre du terme antécédent. Le terme IL débute par I qui précède alphabétiquement J (dernière lettre du terme précédent GJ). Le dernier terme connu de la suite termine par R, le prochain terme doit donc débuter par Q. En sautant deux lettres après Q, vous obtenez le terme QT.

Il est également possible ici d'observer qu'il y a un saut d'une lettre entre chaque première lettre des termes de la série. Même chose pour les deuxièmes lettres de tous les termes. Cette logique est issue de la logique détaillée précédemment et fonctionne tout aussi bien.

14. SA. Il s'agit des deux premières lettres des jours de la semaine à partir de lundi : LUndi – MArdi – MErcredi – JEudi - VEndredi. Il faut donc indiquer SA pour samedi.

15. GR. Il faut considérer deux séries :

- Les premières lettres de chaque terme se suivent dans l'alphabet avec un saut de deux lettres en avant : R (~~ST~~) U (~~VW~~) X (~~YZ~~) A (~~BC~~) D. Le terme cherché doit alors débuter par G : D (~~EF~~) G.
- Les deuxièmes lettres de chaque terme se suivent dans l'alphabet avec un saut de trois lettres en arrière : L (~~KJI~~) H (~~GFE~~) D (~~CBA~~) Z (~~YXW~~) V. Le terme cherché doit alors terminer par R : V (~~UTS~~) R.

16. TRE. Il s'agit des trois premières lettres de l'écriture de nombres. CIN pour CINq, SEP pour SEPt, NEU pour NEUf et ONZ pour ONZe. Il y a un saut d'un nombre entre chaque terme de la série, il faut donc noter les trois premières lettres de 13 (en sautant 12 après 11), soit TREize.

17. XCC. Il s'agit d'écrire les 6 anagrammes possibles avec les lettres C, C et X.

Il ne faut pas se laisser perturber par le fait que l'on ait deux fois la lettre C. Le mot manquant ici est alors XCC.

18. BCD. Chaque terme est constitué de trois lettres qui se suivent dans l'alphabet. La première lettre de chaque terme suit immédiatement les voyelles prises en ordre inverse de l'alphabet. (y)ZAB, (u)VWX, (o)PQR, (i)JKL, (e)FGH donc (a)BCD.

19. ZCG. Il faut considérer trois séries :

- La série des premières lettres de chaque terme : **K**NR **N**QU **Q**TX **T**WA **W**ZD. On note un saut de deux lettres dans l'alphabet entre les premières lettres de chaque terme (K lm N op Q rs T uv W).
- La série des deuxièmes lettres de chaque terme : K**N**R N**Q**U Q**T**X T**W**A W**Z**D. On note un saut de deux lettres dans l'alphabet entre les deuxièmes lettres de chaque terme (N op Q rs T uv W xy Z).
- La série des troisièmes lettres de chaque terme : KN**R** NQ**U** QT**X** TW**A** WZ**D**. On note un saut de deux lettres dans l'alphabet entre les troisièmes lettres de chaque terme (R st U vw X yz A bc D).

En suivant ces trois logiques, le terme cherché est alors ZCG.

20. JCA. Il faut considérer trois séries :

- La série des premières lettres de chaque terme : **B**KK **D**IO **F**GS **H**EW. On note un saut d'une lettre en avant dans l'alphabet entre les premières lettres de chaque terme (B c D e F g H).
- La série des deuxièmes lettres de chaque terme : B**K**K D**I**O F**G**S H**E**W. On note un saut d'une lettre en arrière dans l'alphabet entre les deuxièmes lettres de chaque terme (K j I h G f E).
- La série des troisièmes lettres de chaque terme : BK**K** DI**O** FG**S** HE**W**. On note un saut de trois lettres en avant dans l'alphabet entre les troisièmes lettres de chaque terme (K lmn O pqr S tuv W).

En suivant ces trois logiques, le terme cherché est alors JCA.

21. 48. La différence entre chaque terme est de – 9 : 102 (– 9) 93 (– 9) 84 (– 9) 75 (– 9) 66 (– 9) 57 (– 9) 48.

22. 142. La différence entre chaque terme est de +13 : 77 (+ 13) 90 (+ 13) 103 (+ 13) 116 (+ 13) 129 (+ 13) 142.

23. 20. Il faut réaliser alternativement une soustraction de 7 et une soustraction de 8. 57 (– 7) 50 (– 8) 42 (– 7) 35 (– 8) 27 (– 7) 20.

24. 218. Il faut réaliser alternativement une addition de 3 et une multiplication par 2. 22 (+ 3) 25 (× 2) 50 (+ 3) 53 (× 2) 106 (+ 3) 109 (× 2) 218.

25. 67. Il faut réaliser alternativement une addition de 34 et une soustraction de 9. – 17 (+ 34) 17 (– 9) 8 (+ 34) 42 (– 9) 33 (+ 34) 67.

26. 17. Il faut réaliser alternativement une division par 2 et une addition de 2. 124 (÷ 2) 62 (+ 2) 64 (÷ 2) 32 (+ 2) 34 (÷ 2) 17.

27. 8. Il faut réaliser alternativement une division par 6 et une division par 3. 15 552 (÷ 6) 2 592 (÷ 3) 864 (÷ 6) 144 (÷ 3) 48 (÷ 6) 8.

28. 7. Addition progressive d'un nombre qui croît de +1 entre chaque terme : – 8 (+ 1) – 7 (+ 2) – 5 (+ 3) – 2 (+ 4) 2 (+ 5) 7.

29. 720. Multiplication progressive d'un nombre qui croît de + 1 entre chaque terme : 6 (× 1) 6 (× 2) 12 (× 3) 36 (× 4) 144 (× 5) 720.

30. – 31. Soustraction progressive d'un nombre qui croît de – 1 entre chaque terme : 19 (– 8) 11 (– 9) 2 (– 10) – 8 (– 11) – 19 (– 12) – 31.

31. 47. Il faut considérer ici les nombres comme les minutes d'une horloge. Ainsi arrivé à 60, on repart de 0. On additionne à chaque fois 17 minutes pour obtenir le nombre suivant. Considérez que le premier chiffre correspond à 0 h **22**, on a alors : 0 h **22** + 17 minutes = 0 h **39** + 17 minutes = 0 h **56** + 17 minutes = 1 h **13** + 17 minutes = 1 h **30** + 17 minutes = 1 h **47**.

32. 14196. Il faut considérer chaque nombre comme deux parties distinctes : un entier (en gras ci-après) suivi de son carré (souligné ci-après). **9**81 ➔ 9^2 = 81 ; **10**100 ➔ 10^2 = 100 ; **11**121 ➔ 11^2 = 121 ; **12**144 ➔ 12^2 = 144 ; **13**169 ➔ 13^2 = 169 ; **14**196 ➔ 14^2 = 196.

ASTUCE

Quand les nombres d'une série sont constitués de plus de 3 chiffres, pensez à les décomposer comme plusieurs nombres.

33. 131. Suite des nombres premiers à partir de 100. Le nombre premier venant juste après 127 est ainsi 131.

34. 8. Il s'agit de la suite de Fibonacci où chaque chiffre correspond à l'addition des deux précédents. Ici on obtiendra donc 8 pour la somme de 3 et 5.

35. 8540. Il faut ici multiplier les deux premiers chiffres de chaque terme pour obtenir la dernière partie du nombre. Donc pour le premier terme : 8 × 0 = 0. Il s'agit en fait de la table de multiplication de 8. Suite à 8 × 4 = 32 (8432), on aura ainsi 8 × 5 = 40 (8540).

36. 7343. Il faut considérer chaque nombre comme deux parties distinctes : un entier (en gras ci-après) suivi de son cube (souligné ci-après). **2**8 ➔ $2^3 = 8$; **3**27 ➔ $3^3 = 27$; **4**64 ➔ $4^3 = 64$; **5**125 ➔ $5^3 = 125$; **6**216 ➔ $6^3 = 216$; **7**343 ➔ $7^3 = 343$.

37. 243. Il s'agit des calculs de puissance de 3. $3^0 = \mathbf{1}$, $3^1 = \mathbf{3}$, $3^2 = \mathbf{9}$, $3^3 = \mathbf{27}$, $3^4 = \mathbf{81}$ et donc $3^5 = \mathbf{243}$.

38. 3125. Chaque terme est le quintuple du précédent. 5 (× 5) 25 (× 5) 125 (× 5) 625 (× 5) 3125.

39. 171936. Les deux premières composantes de chaque terme sont des nombres impairs en succession. Leur somme donne la dernière partie du terme. Les nombres impairs sont ainsi répertoriés en partant de 1. Pour le premier terme, on a 1 + 3 = 4 (134). Ensuite 5 + 7 = 12 (5712). Puis 9 + 11 = 20 (91120). Puis 13 + 15 = 28 (131528). Et enfin 17 + 19 = 36 (171936).

40. 451. Les termes ajoutés au nombre qui précède sont les cubes successifs des nombres entiers en partant de 1 soit 1, 8, 27, 64 et 125 : 10 (+ 1) 11 (+ 8) 19 (+ 27) 46 (+ 64) 110 (+ 125) 235 (+ 216) 451.

41. Août. Le chiffre entre parenthèses correspond au nombre de voyelles différentes dans les mois de l'année. Le seul mois ayant 3 voyelles et n'étant pas déjà dans la liste est ainsi le mois d'août.

42. Oasis. En additionnant les lettres des mots « classe » et « ouille » et en enlevant les lettres composant « cellule », il reste alors les lettres suivantes : A S S O I. Avec lesquelles on forme le mot « oasis ».

PIÈGE !

La réponse « osais » peut également être considérée. Toutefois, « oasis » a l'avantage d'être un nom commun plutôt qu'un verbe conjugué et cela vient plus logiquement compléter la suite des trois noms communs de l'énoncé.

43. 3. Le chiffre entre parenthèses correspond au groupe auquel appartient le verbe associé. Le verbe « cueillir » appartient au troisième groupe (3).

44. 3. Le chiffre entre parenthèses correspond au nombre de syllabes dans le mot associé. Banane compte trois syllabes : ba – na – ne.

45. F. La lettre entre parenthèses est celle qui suit alphabétiquement la dernière lettre du mot associé. Chant se termine par T et la lettre associée est la suivante alphabétiquement, donc U. De cette manière, chansonnette termine par un E et la lettre cherchée est la suivante dans l'alphabet, soit F.

46. 14 127. Il faut considérer chaque nombre en deux parties : la première partie est constituée des deux premiers chiffres et la deuxième partie correspond à la multiplication de ce premier nombre par 9. Exemples : 11**99 :** 11 × 9 = 99 ➔ 1199 ; 12**108 :** 12 × 9 = 108 ➔ 12 108.

Le seul nombre ne respectant pas cette logique est 14 127 puisque 14 × 9 = 126 ≠ 127. Le nombre aurait dû être 14 126 pour respecter la logique de la série.

47. 433. Il s'agit des cubes de 7 à 12. Seul le cube de 7 est faux, puisque $7^3 = 343$ et non 433.

48. Arctique. « Arctique » est le seul nom qui correspond à un océan. Les autres termes sont tous associés à une mer.

49. Cuivre. Le mot « chapeau » est souligné puisque les autres termes de cette série sont tous des chapeaux. En suivant cette logique, le mot « cuivre » doit être souligné puisque les quatre autres termes sont des instruments à vent de la famille des cuivres.

50. Herbacées. Dans la première série, on note que les termes sont rangés du plus générique au plus particulier. Ensuite, le troisième mot y est souligné. Il faut donc ordonner les termes de la deuxième série selon la même logique et souligner alors le troisième mot. Ce qui donne ainsi :

Flore Plantes Herbacées Bananier Fruits

51. Réponse B. L'écart de position dans l'alphabet entre chaque terme progresse d'une lettre en remontant l'alphabet : 1 - 2 - 3 - 4. G (~~H~~) I (~~JK~~) L (~~MNO~~) P (~~QRST~~) U (~~VWXYZ~~) A.

52. Réponse A. On observe une alternance de saut en avant et de saut en arrière dans l'alphabet. La valeur de ce saut dans l'alphabet progresse de 1 de terme en terme.

Entre la lettre O et la lettre N, il y a un mouvement de 1 lettre en arrière dans l'alphabet.
Entre la lettre N et la lettre P, il y a un mouvement de 2 lettres en avant dans l'alphabet.
Entre la lettre P et la lettre M, il y a un mouvement de 3 lettres en arrière dans l'alphabet.
Entre la lettre M et la lettre Q, il y a un mouvement de 4 lettres en avant dans l'alphabet.
Entre la lettre Q et la lettre L, il y a un mouvement de 5 lettres en arrière dans l'alphabet.
Entre la lettre L et la lettre R, il y a un mouvement de 6 lettres en avant dans l'alphabet.

ASTUCE

Visuellement on peut s'apercevoir que l'ensemble des lettres se suivent dans l'alphabet en observant le mouvement suivant : on part de la dernière lettre de la série (L) et on saute une lettre en arrière (la lettre Q) pour obtenir la lettre M. En sautant une nouvelle lettre en arrière (la lettre P), on arrive à N. Ensuite, on repart de la lettre O et on fait ce même saut, mais cette fois-ci en avant dans la série : on obtient alors P. Avec un nouveau saut d'une lettre en avant (la lettre M) on arrive à Q. Et donc au final on saute une nouvelle lettre (la lettre L) pour arriver à la lettre cherchée et qui sera donc celle qui succède à Q dans l'alphabet : R.

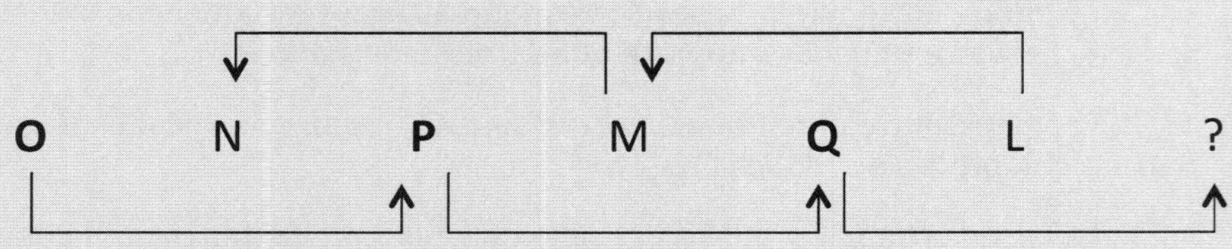

53. Réponse A. Il faut considérer la suite comme trois séries de trois termes :
G B 4 - N ? 8 - W O 7

Le chiffre correspond au nombre de lettres sautées entre les deux lettres qui le précèdent. G B 4 → B (~~CDEF~~) G et W O 7 → O (~~PQRSTUV~~) W. Il faut donc sauter 8 lettres en arrière à partir de L pour trouver la solution cherchée. D'où N (~~MLKJIHGF~~) E.

PIÈGE ! Attention, le saut est à réaliser en arrière dans l'alphabet et non en avant puisque la première lettre des deux est toujours celle qui est la plus grande (la plus éloignée du début de l'alphabet).

54. Réponse C. La somme des positions alphabétiques des deux premières lettres permet d'obtenir le nombre de chaque terme. La troisième lettre de chaque terme correspond à la position dans l'alphabet du chiffre qui le précède.

EF = 11K ➔ E est en 5e position et F en 6e position : 5 + 6 = 11. La lettre K est en 11e position dans l'alphabet.

BC = 5E ➔ B est en 2e position et C en 3e position : 2 + 3 = 5. La lettre E est en 5e position dans l'alphabet.

JE = 15O ➔ J est en 10e position et E en 5e position : 10 + 5 = 15. La lettre O est en 15e position dans l'alphabet.

VD = ? ➔ V est en 22e position et D en 4e position : 22 + 4 = 26. La lettre Z est en 26e position dans l'alphabet.

55. Réponse C. Il faut considérer trois séries de trois lettres de manière indépendante. On se rend alors compte que la somme des positions dans l'alphabet des deux premières lettres de chaque série permet d'obtenir la position de la troisième lettre de chaque série.

A	H	I	|	1	8	9	➔	1 + 8 = 9
T	C	W	|	20	3	23	➔	20 + 3 = 23

Pour la lettre cherchée, on a alors :

H	H	?	|	8	8	16	➔	8 + 8 = 16

C'est ainsi la lettre P qui est recherchée puisqu'elle est en position 16 dans l'alphabet.

56. Réponse D. Il faut considérer la suite de lettre comme un mot. Il donne FRAM?OISE. Seule la lettre B permettrait de former un mot, en l'occurrence FRAMBOISE.

57. Réponse B. Il s'agit de la première lettre et de la dernière lettre des chiffres en partant de 1 lorsqu'on les écrit : **UN - DEUX - TROIS - QUATRE - CINQ**.

58. Réponse A. La lettre entre parenthèses correspond au genre du nom auquel elle est associée : M pour masculin et F pour féminin. Interstice est un mot masculin.

59. Réponse A. Chacun des termes de la suite est une lettre qui précède une voyelle dans l'alphabet. Z précède A, D précède E, H précède I, N précède O, T précède U et donc X précède Y. On remarque également que cette suite logique suit le sens de l'alphabet au niveau des voyelles impliquées : A – E – I – O – U. C'est donc bien la lettre X qu'il faut considérer ici.

ASTUCE Lorsque les termes d'une suite sont exclusivement des consonnes, il peut être utile de se concentrer sur une logique impliquant des voyelles et des consonnes.

60. Réponse B. La position de chacune de ces lettres dans l'alphabet correspond aux nombres premiers dans leur ordre chronologique.

ASTUCE

En remplaçant les lettres par leurs positions alphabétiques, cette logique s'observe plus facilement :

B	C	E	G	K	M	Q	?
2	3	5	7	11	13	17	19

On cherche ainsi la 19e lettre de l'alphabet. La réponse est la lettre S.

61. Réponse C. Alternance d'addition de + 7 et de soustraction de – 4.

– 15 (+ 7) **– 8** (– 4) **– 12** (+ 7) **– 5** (– 4) **– 9** (+ 7) **– 2** (– 4) **– 6** (+ 7) **1**

62. Réponse A. Sur chaque ligne, le nombre de droite correspond à la somme des chiffres du nombre de gauche.

56842056 ➔ 5 + 6 + 8 + 4 + 2 + 0 + 5 + 6 = 36

54789101 ➔ 5 + 4 + 7 + 8 + 9 + 1 + 0 + 1 = 35

Et donc 87456201 ➔ 8 + 7 + 4 + 5 + 6 + 2 + 0 + 1 = 33

63. Réponse D. Chaque terme est obtenu en réalisant le produit des deux termes qui le précèdent.

$$6 = 2 \times 3$$

$$18 = 3 \times 6$$

$$108 = 6 \times 18$$

Le terme cherché est alors le produit de 18 et 108 : 18 × 108 = 1 944

ASTUCE

Il n'est pas nécessaire de calculer le produit de 18 et 108 ici. En anticipant la valeur de l'unité du produit, cela est suffisant. L'unité du produit de 18 et 108 peut être anticipée grâce aux produits des unités de ces deux nombres. Pour 1**8** et 10**8**, l'unité du produit sera donc 4 puisque l'unité de la multiplication de 8 par 8 est 4 (8 × 8 = 6**4**). Parmi les propositions, seule une proposition se termine par 4 (proposition D).

64. Réponse B. Chaque terme correspond à la somme des deux termes qui le précèdent. Le terme recherché est donc 500 qui est la somme de 200 et 300.

65. Réponse C. Le nombre entre parenthèses correspond à la position de la première lettre du mot dans l'alphabet : **V**élo (22) ➔ V est en position 22 dans l'alphabet. Sur ce même modèle, R est en position 18 dans l'alphabet.

66. Réponse A. En lisant les lettres de la droite vers la gauche, cela donne ?INANCEMENT. La lettre F permet alors de former le mot FINANCEMENT.

67. Réponse D. Chaque terme correspond au double du terme qui le précède auquel on ajoute 5.

35 = 15 × 2 + 5 ; 75 = 35 × 2 + 5 ; 155 = 75 × 2 + 5 ; 315 = 155 × 2 + 5 . Donc le terme cherché est égal à 315 × 2 + 5 = 630 + 5 = 635.

68. Réponse B. Il faut considérer chaque séquence de trois termes de manière isolée. L'addition de la position de la première lettre et du nombre permet d'obtenir comme résultat la position de la deuxième lettre de la série.

F 4 J ➔ F est en sixième position : 6 + 4 = 10 soit la position de la lettre J dans l'alphabet.

A 6 G ➔ A est en première position : 1 + 6 = 7 soit la position de la lettre G dans l'alphabet.

K ? S ➔ K est en onzième position et S en dix-neuvième position. La différence entre 19 et 11 est de 8.

69. Réponse B. Chaque terme correspond au quadruple du terme qui le précède auquel on ajoute 1. 9 = 2 × 4 + 1. 37 = 9 × 4 + 1. 149 = 37 × 4 + 1 ; 597 = 149 × 4 + 1. Donc le terme cherché est égal à 597 × 4 + 1 = 2 389.

70. Réponse C. Le nombre qui succède la lettre correspond au double de la position de la lettre dans l'alphabet. La lettre B est positionnée en deuxième dans l'alphabet : 2 × 2 = 4. La lettre E est positionnée en cinquième dans l'alphabet : 5 × 2 = 10. La lettre K est positionnée en onzième dans l'alphabet : 11 × 2 = 22.

71. Réponse B.

- Série horizontale : les termes sont tous des multiples de 9. *Seules les propositions A et B et respectent cette logique.*
- Série verticale : il s'agit de cubes. *Seules les propositions B et D respectent cette logique.*

72. Réponse A.

- Série horizontale : il faut considérer les lettres comme des figures géométriques formées chacune d'un certain nombre de traits ou « bâtons », comme si on les avait écrites avec des allumettes.

AWT : A (3 bâtons) – W (4 bâtons) – T (2 bâtons)

FKY : F (3 bâtons) – K (3 bâtons) – Y (3 bâtons)

ZML : Z (3 bâtons) – M (4 bâtons) – L (2 bâtons)

YYN : Y (3 bâtons) – Y (3 bâtons) – N (3 bâtons)

On s'aperçoit alors que la somme du nombre de bâtons de chaque terme vaut neuf.

ASTUCE

Pour repérer facilement les logiques des lettres « allumettes », il faut partir d'une observation simple : quand aucune lettre de la série n'est une lettre ronde (B, C, D, G, J, O, P, Q, R, S et U), il faut se douter qu'une logique de lettres « allumettes » est présente.

Seules les propositions A et B respectent cette logique.

- Série verticale : il y a un saut alphabétique d'une lettre alterné entre les premières et dernières lettres (en gras ci-dessous) :

BST

MR**C**

DXV

?? B C D E F

FMF

On recherche donc une proposition terminant par E. *Seules les propositions A et C respectent cette logique.*

73. Réponse D.

- Série horizontale : chaque terme comporte le nombre 13. *Seules les propositions A et D respectent cette logique.*
- Série verticale : la somme des chiffres de chaque terme est égale à 21. *Seules les propositions D et E respectent cette logique.*

74. Réponse A.

- Série horizontale : chaque terme respecte une symétrie horizontale.

~~XIK BEO ?? CCD KIH~~

Pour qu'un terme respecte une symétrie horizontale, il faut que ses trois lettres aient elles-mêmes une symétrie horizontale. *Seules les propositions A et D respectent cette logique.*

- Série verticale : il y a un saut de deux lettres entre les lettres de chacun des termes.

ILO : I - jk - L - mn - O

PSV : P - qr - S - tu – V

GJM : G - hi - J - kl - M

MPS : M - no - P - qr - S

Seules les propositions A et E respectent cette logique.

75. Réponse B.

- Série horizontale : multiples de 16. *Seules les propositions B, C et E respectent cette logique.*
- Série verticale : il s'agit d'une suite de chiffres alternée entre la première et la deuxième position de terme en terme.

389
444
526
?6?
714

Seules les propositions A et B respectent cette logique.

76. Réponse A.

- Série horizontale : multiples de 15. *Seules les propositions A et B respectent cette logique.*
- Série verticale : multiples de 17. *Seules les propositions A et E respectent cette logique.*

Dans les séries de multiples de 17, le nombre 51 doit agir comme un marqueur vous permettant de vous mettre sur la voie. Vous pouvez également remarquer ici que la différence entre les deux plus petits nombres de la série (51 et 68) et celle entre les deux plus grands nombres de la série (187 et 204) est de 17. Cette observation peut vous mettre sur la piste d'une série de multiples de 17.

Lorsque deux séries de multiples se croisent, la bonne réponse est bien souvent la multiplication des deux nombres entre eux. Ici, la réponse est bien 255 qui correspond au produit de 15 et 17.

77. Réponse B.

- Série horizontale : les deux dernières lettres de chaque terme se suivent dans l'alphabet. *Seules les propositions A et B respectent cette logique.*
- Série verticale : les première et dernière lettres de chaque terme sont identiques. *Seules les propositions B et C respectent cette logique.*

78. Réponse A.

- Série horizontale : la somme des rangs alphabétiques de la première lettre et de la troisième lettre est égale au rang de la deuxième lettre. *Seules les propositions A et E respectent cette logique.*
- Série verticale : la somme des rangs alphabétiques des trois lettres vaut 22. *Seules les propositions A et B respectent cette logique.*

79. Réponse D.

- Série horizontale : la multiplication du premier et dernier chiffre donne le nombre du milieu.

5**15**3 : 5 × 3 = **15**

2**6**3 : 2 × 3 = **6**

4**20**5 : 4 × 5 = **20**

8**64**8 : 8 × 8 = **64**

Seules les propositions B et D respectent cette logique.

- Série verticale : la somme des premier et dernier chiffres donne celui du milieu. *Seules les propositions C et D respectent cette logique.*

80. Réponse B.

- Série horizontale : la troisième lettre d'un terme est la première lettre du terme suivant. *Seules les propositions B et C respectent cette logique.*
- Série verticale : il y a un saut de trois lettres entre la première et la deuxième lettre de chaque terme. *Seules les propositions B et E respectent cette logique.*

Chapitre 18

Séries graphiques

Dans ce chapitre

- Séries graphiques : conventions et mécanismes
- Séries graphiques : les différentes catégories

Les séries graphiques sont un passage obligé dans les tests psychotechniques. À l'image des séries numériques et alphabétiques vues précédemment, le principe des séries graphiques repose sur un lien logique à trouver entre les figures de l'énoncé qui permet de déduire, parmi les propositions, celle qui poursuit la série. Deux grandes catégories de principes régissent les séries graphiques : les déplacements (horizontaux, rotations, etc.) et les progressions (dénombrement, agrandissement, etc.).

EN PRATIQUE

Dans les pages qui suivent, un vocabulaire spécifique sera utilisé :

- série : suite de plusieurs figures ;
- figure : élément d'une série contenant différents objets ;
- objet : élément constituant d'une case.

Les conventions

Les séries graphiques sont régies par des **conventions de déplacement et des niveaux de restriction** qu'il vous faut connaître avant de vous y mesurer.

Les conventions de déplacement

Dans les séries graphiques, la figure doit être considérée comme un espace fermé. Ainsi, un objet « sortant » d'un côté de la figure peut revenir dans la case suivante par le côté opposé. Sortir par la droite dans une case peut impliquer de revenir par la gauche dans la case suivante (et inversement). Une sortie réalisée par le haut peut entraîner une entrée par le bas dans la case suivante (et inversement). Même remarque pour les diagonales où une sortie par un coin peut déboucher sur une entrée dans le coin opposé dans la case suivante.

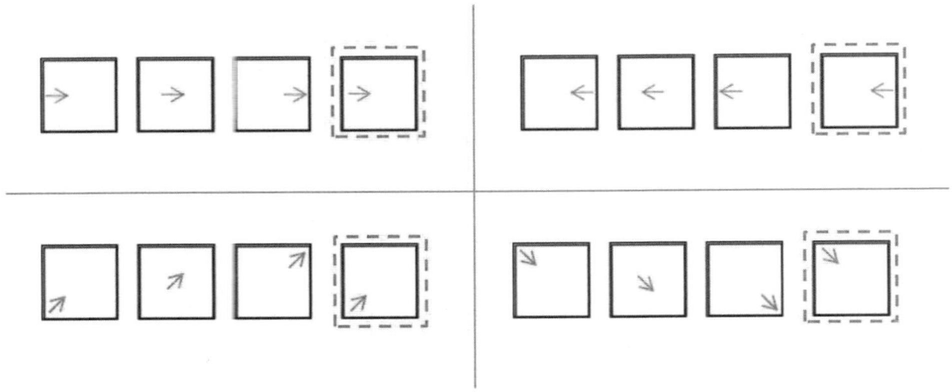

Figure 18-1 : Les conventions de déplacement.

PIÈGE !

L'espace fermé d'une figure ne rend pas ce principe d'entrée et sortie systématique, il s'agit bien d'une option. On peut naturellement compter comme autre option des déplacements d'avant en arrière de figure en figure (*cf.* le paragraphe consacré aux déplacements pour plus de détails).

Les liens interfigures

On recense trois types de **liens interfigures** qui permettent de déterminer la logique de la progression des figures d'une série :

- **Les analogies** font correspondre les figures deux à deux (ou trois à trois) en leur appliquant la même logique. On dénote deux analogies : l'analogie suivie et l'analogie figures paires/figures impaires. L'analogie suivie fait correspondre la logique de la figure 1 avec celle de la figure 2 alors que la figure 3 est liée à la figure 4. L'analogie figures paires/figures impaires lie les figures 1 et 3 (voire 5, 7, etc.) d'un côté puis les figures 2 et 4 (voire 6, 8, etc.) de l'autre côté.

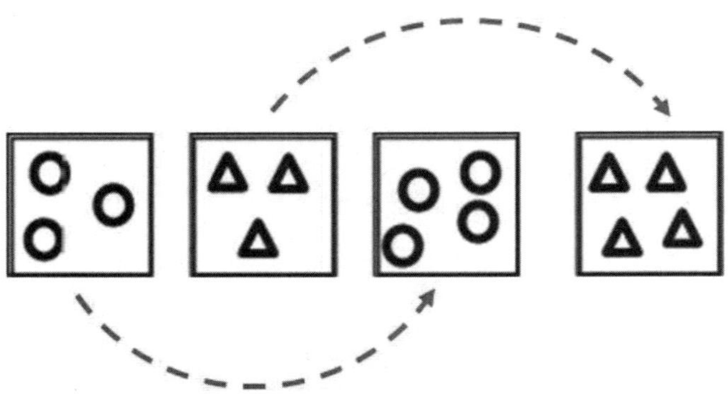

Figure 18-2 : Analogie figures paires/figures impaires.

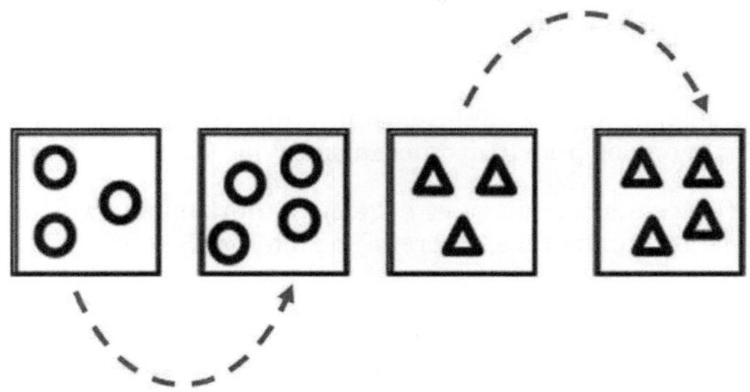

Figure 18-3 : Analogie suivie.

- **Les enchaînements** correspondent à une suite des plusieurs figures qui se succèdent les unes aux autres avec un même lien logique de figure en figure. Chacune des figures est alors la suite logique de la case précédente.

Figure 18-4 : Les enchaînements.

- **Les ensembles.** Un ensemble fait état d'un point commun entre chacune des figures sans qu'il y ait de progression visible (à l'inverse d'un enchaînement).

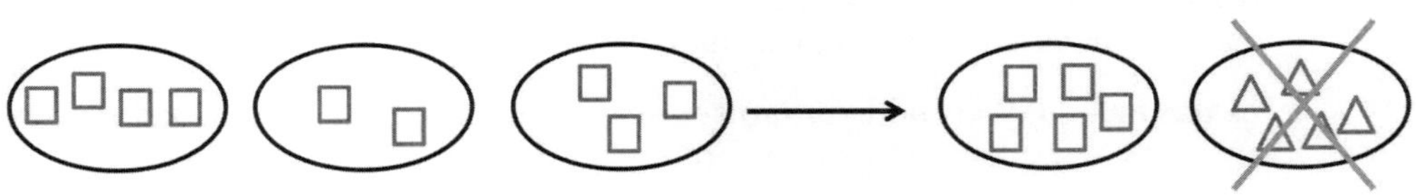

Figure 18-5 : Les ensembles.

Les ensembles sont à différencier des séries graphiques. Une série est une transformation graduelle de figure en figure. L'ensemble ne possède pas, lui, cette notion de progression. Pour cette raison, il ne faut pas l'associer aux séries graphiques, même si les notions apparaissent proches. Le point des ensembles sera développé dans le chapitre suivant traitant d'homologie, similitude et intrus.

Le niveau de restriction

Les séries graphiques appliquent la **convention du niveau de restriction**. Ainsi, plus une logique affiche un caractère restrictif, meilleure elle est. À titre d'exemple, la multiplicité par 10 est plus restrictive que la multiplicité par 2, dans le sens où 10 est à la fois multiple de 2 et de 5, ce qui permet de dire qu'il est plus restrictif d'être multiple de 10 que d'être multiple de 2. Cela vient du fait que tous les multiples de 10 sont multiples de 2 alors que l'inverse n'est pas vrai.

L'additivité des logiques

Une série graphique peut tout à fait contenir plusieurs logiques qui viennent se compléter. Tant que ces logiques ne sont pas contradictoires, **elles peuvent se cumuler**. Il sera toujours préférable de sélectionner une proposition respectant plusieurs logiques qu'une proposition n'en respectant qu'une seule.

Les mécanismes

Les mécanismes regroupent les logiques rencontrées dans les séries graphiques. Voici un tour d'horizon des principaux mécanismes que vous croiserez en série graphique :

- **Les déplacements** peuvent être linéaires (horizontaux, verticaux et diagonaux), circulaires (sens horaire ou antihoraire) ou alternatifs (changement de position de manière alternative : analogie).
- **Les figures**. Vous croiserez des polygones ou des objets. Les logiques concernent alors la typologie de la figure (carré, triangle, etc.), le nombre de côté ou d'angles, le nombre de droites parallèles ou perpendiculaires, etc. Lorsque plusieurs figures sont présentes dans une même case, d'autres logiques s'observent, comme le nombre de côtés communs, de points d'intersection, etc.
- **Les orientations et positions**. Il s'agit de mouvements rotatifs et de transformations effectués par les objets. Il peut s'agir de rotations (45° ou 90° pour les plus répandues), de pivotements ou bien encore de symétrie.
- **Le dénombrement** Il apparaît dans des séries où il faut comptabiliser un nombre d'objets. La logique est alors induite par la somme (ou une autre opération) des objets qui peut être constante, croissante (accumulation) ou décroissante (diminution).
- **Les couleurs**. La couleur peut être utilisée dans les séries graphiques afin de constituer des logiques. Il est néanmoins d'usage d'utiliser deux seules couleurs pour ne désavantager personne : le blanc et le noir. Elles peuvent notamment servir à remplir des figures. Vous croiserez donc des figures qui gardent une couleur et d'autres qui alternent de couleur selon leur position, leur mouvement, etc.
- **La dimension**. Vous pourrez croiser des séries jouant sur les dimensions des figures avec des agrandissements et des rétrécissements.
- **Les lettres** peuvent être utilisées pour réaliser des logiques. Parmi elles, les logiques les plus récurrentes sont les rangs et progressions alphabétiques et les lettres bâtons. Ces logiques utilisent régulièrement des opérations grâce à la traduction des rangs alphabétiques et du nombre de bâtons d'une lettre. Vous pouvez aussi croiser des logiques faisant appel à la signification d'une lettre. Elle peut en effet jouer le rôle d'initiale pour constituer la première lettre d'un mot : nom d'un polygone (C pour Carré), le nombre de côtés d'une figure (T pour Trois), une position (D pour Droite), etc.
- **Les nombres** apparaissent très régulièrement en série graphique. Ils peuvent être les seuls éléments d'une série ou bien être utilisés avec d'autres objets (polygones, lettres, etc.). Ils peuvent alors former des logiques inhérentes à des progressions, des calculs (addition, multiplication, etc.), des dénombrements, etc.

Tests

Temps (indicatif) : 60 minutes	Difficulté : Moyen	Barème : 1 point par bonne réponse

Séries à compléter

1.

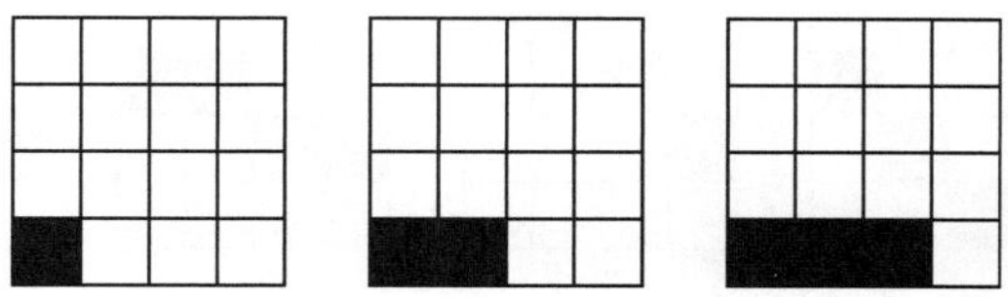

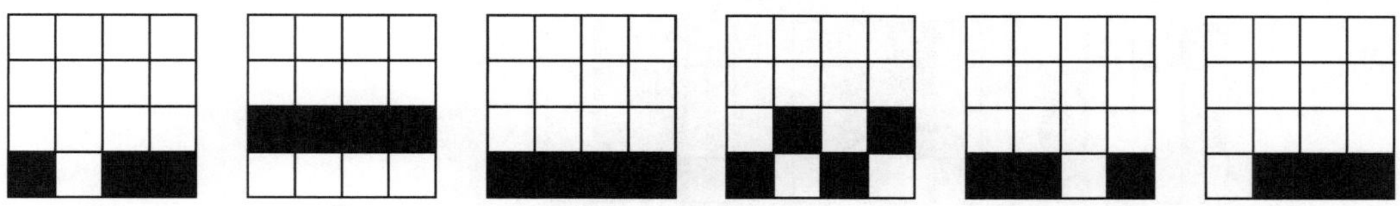

A B C D E F

2.

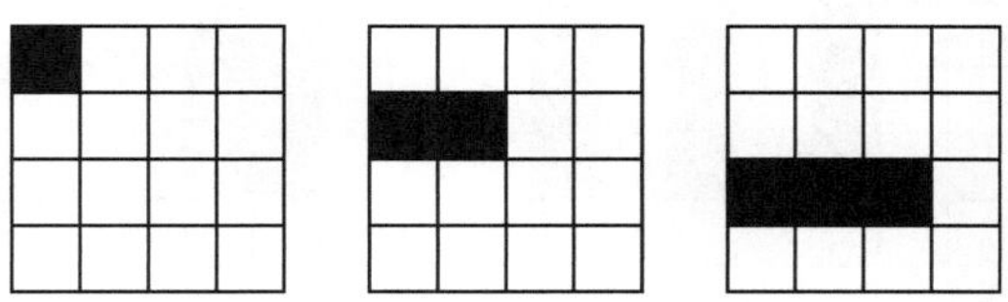

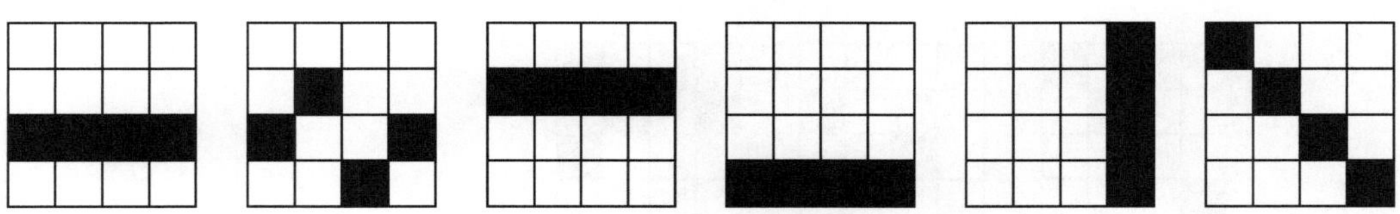

A B C D E F

3.

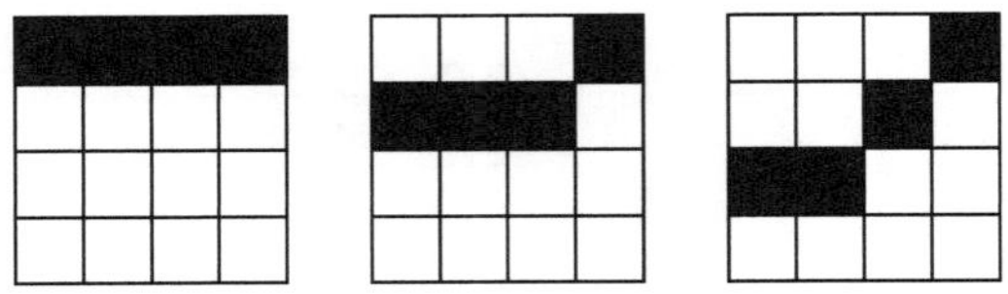

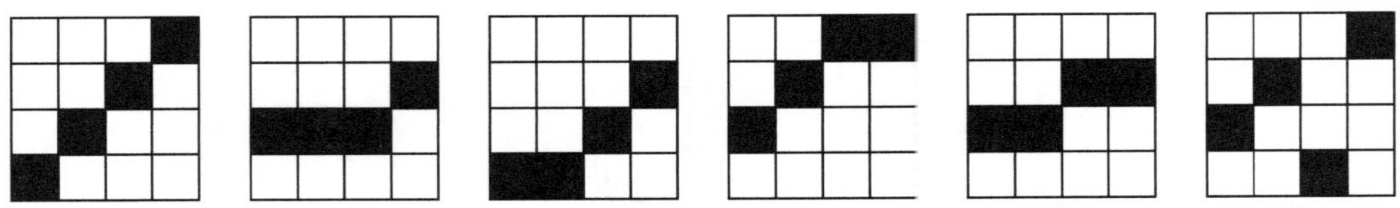

A B C D E F

4.

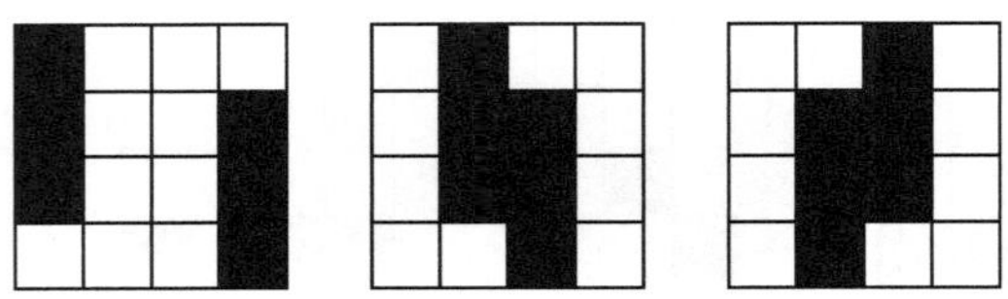

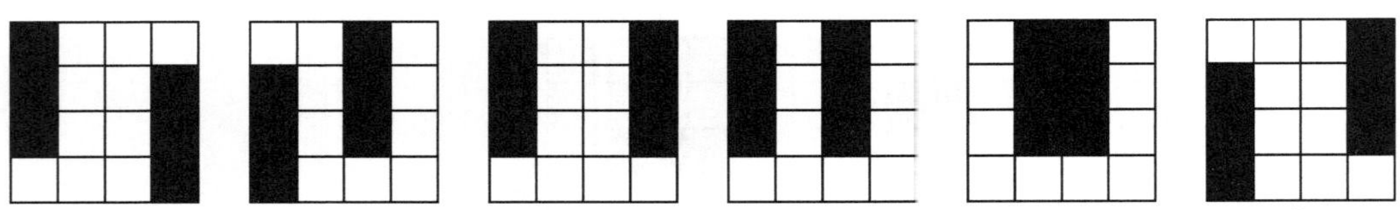

A B C D E F

5.

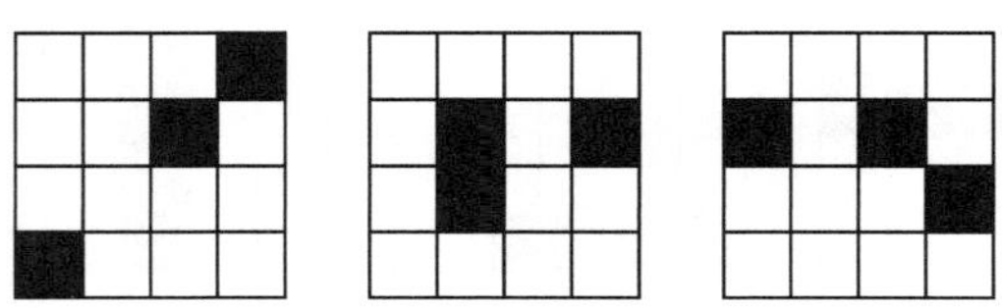

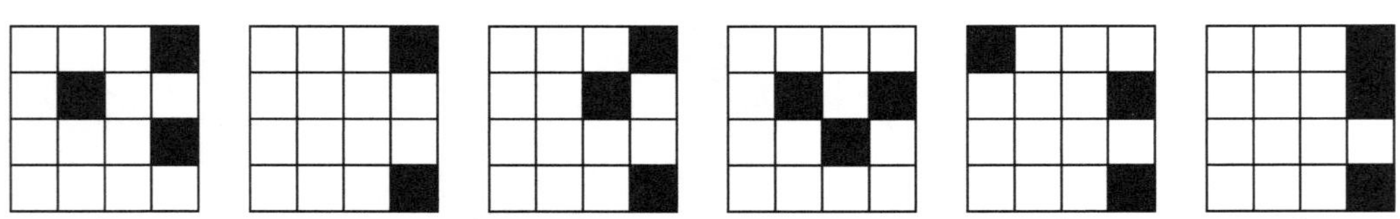

A 3 C D E F

6.

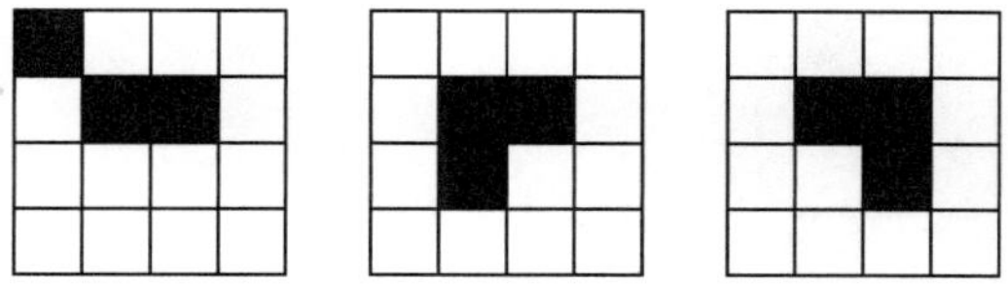

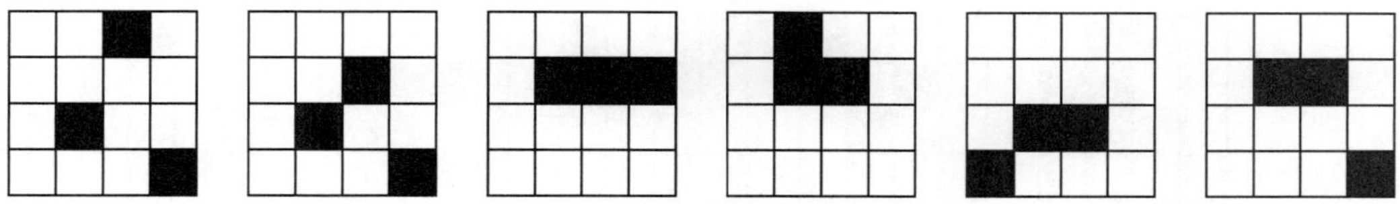

A B C D E F

7.

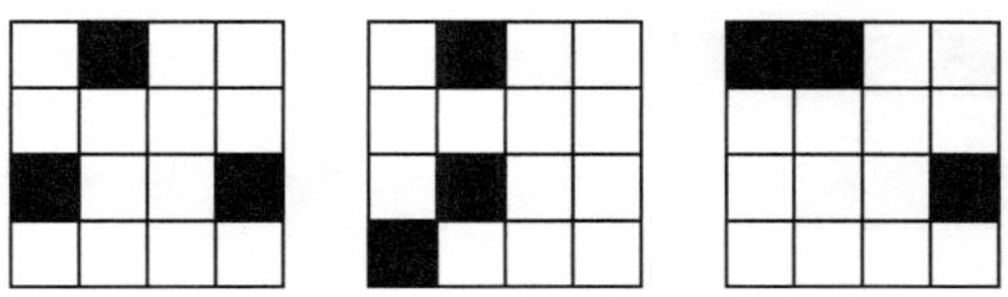

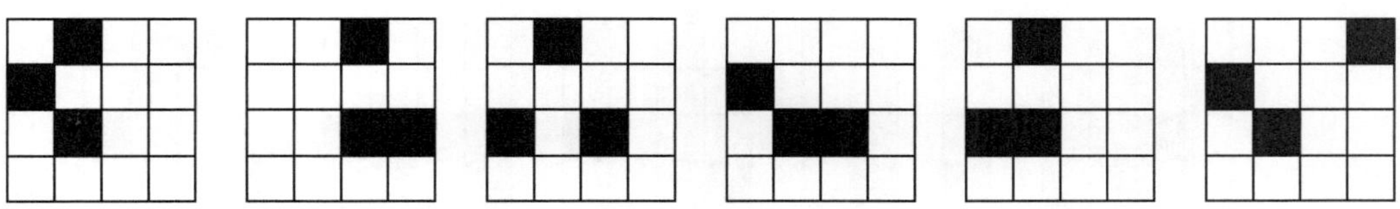

A B C D E F

8.

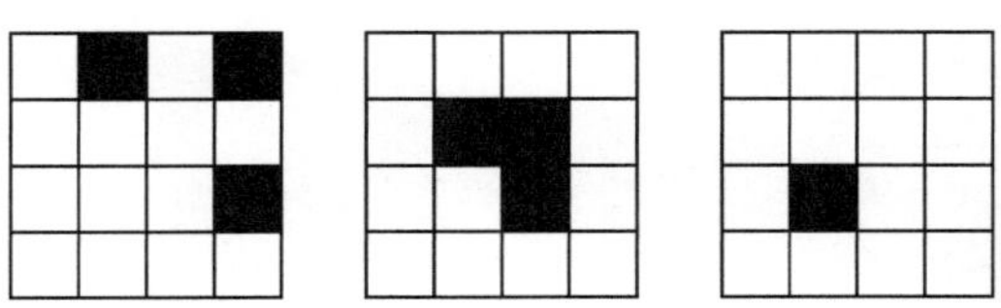

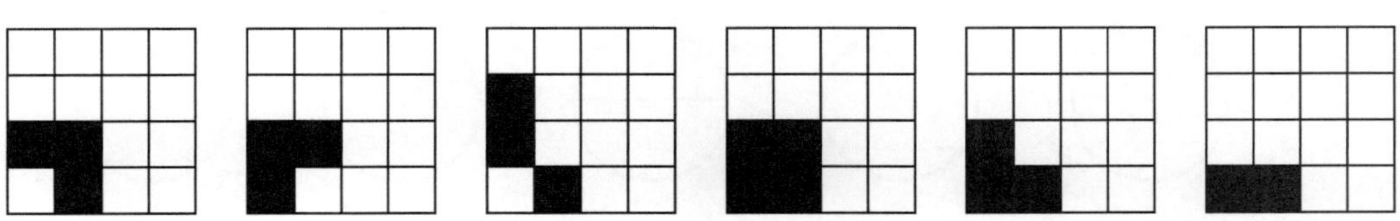

A B C D E F

9.

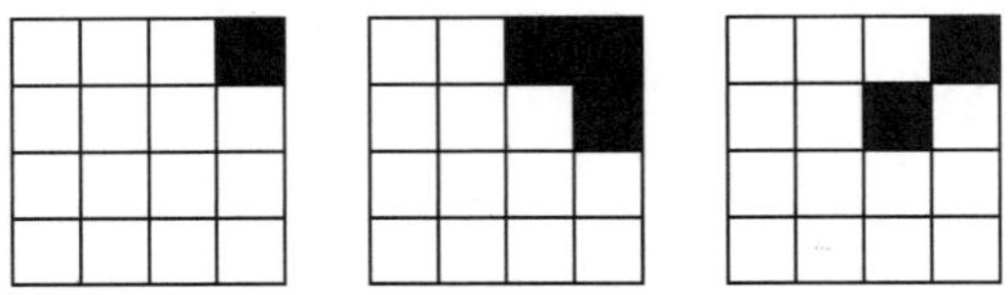

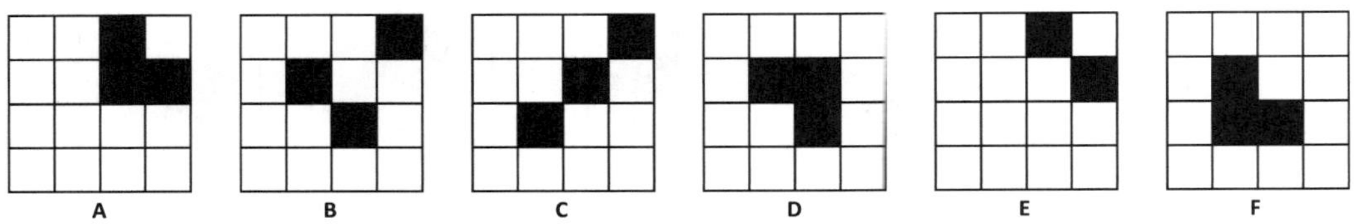

10.

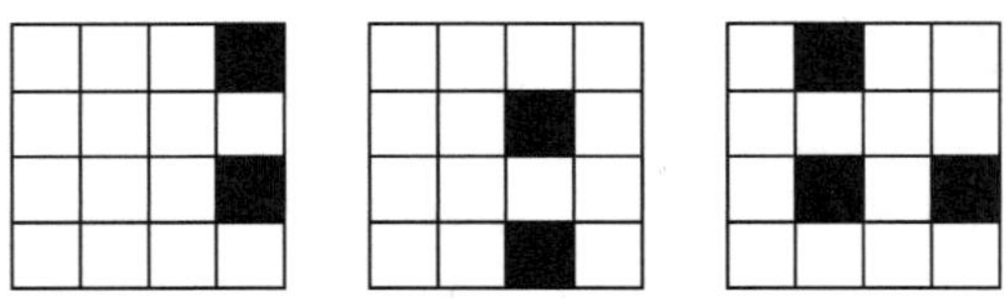

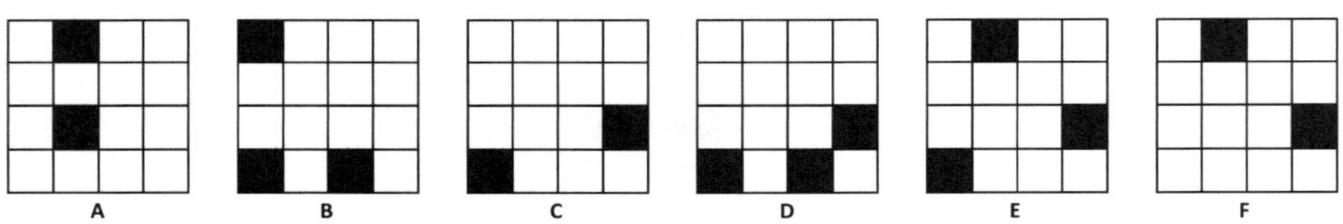

11.

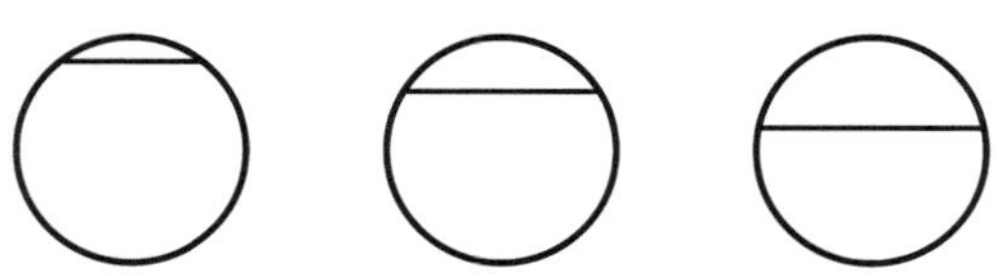

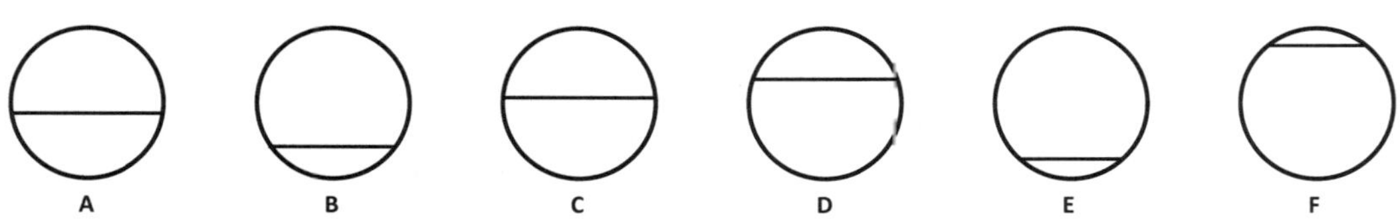

12.

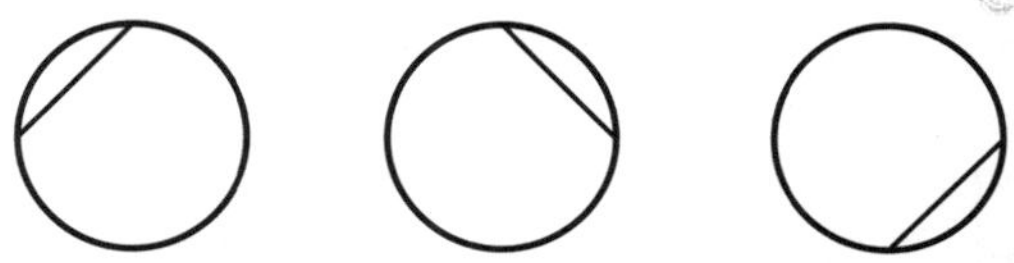

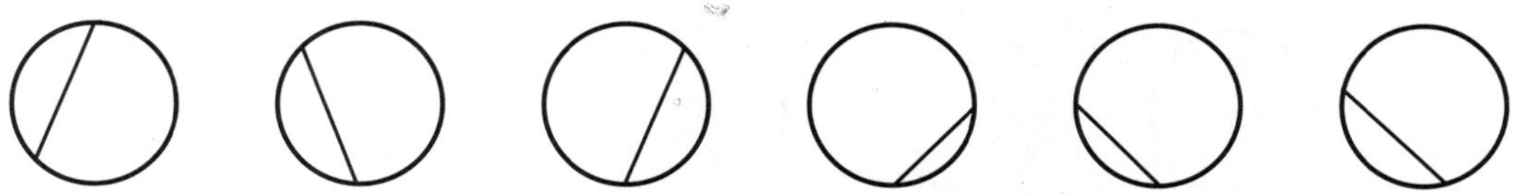

A B C D E F

13.

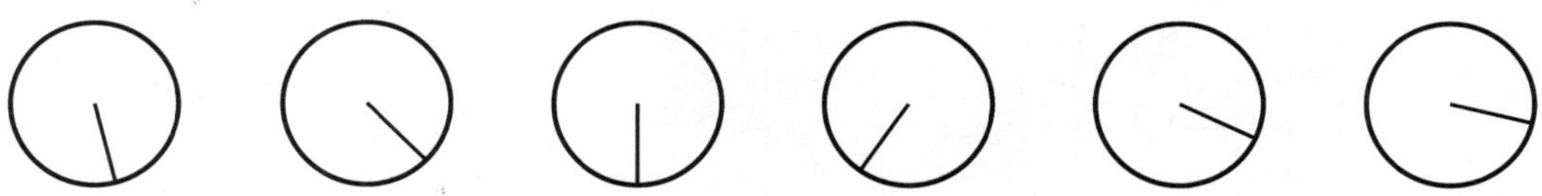

A B C D E F

14.

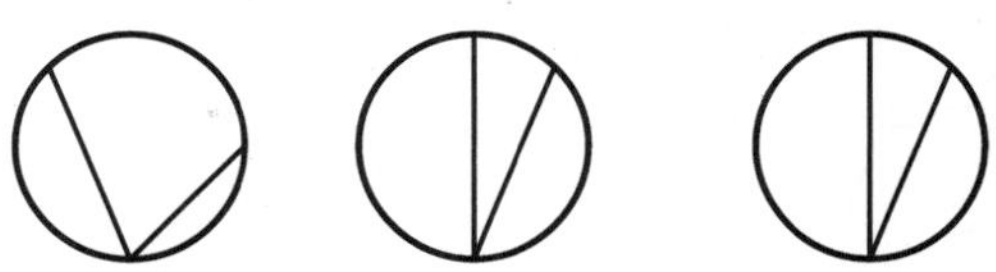

A B C D E F

15.

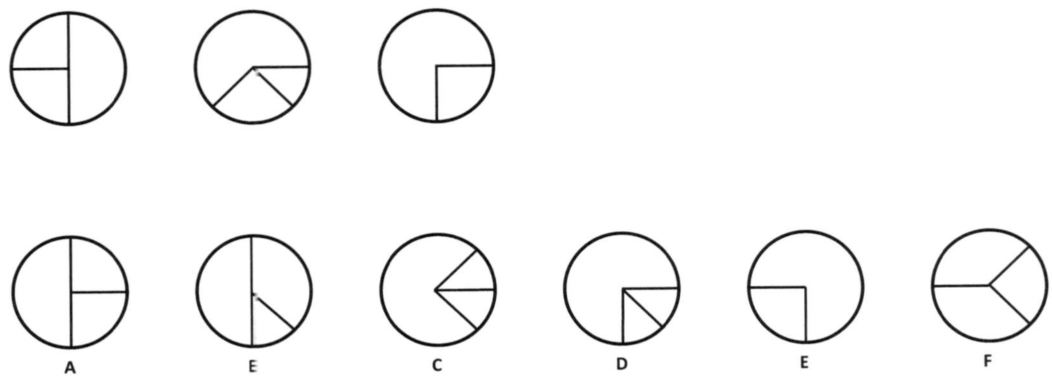

16.

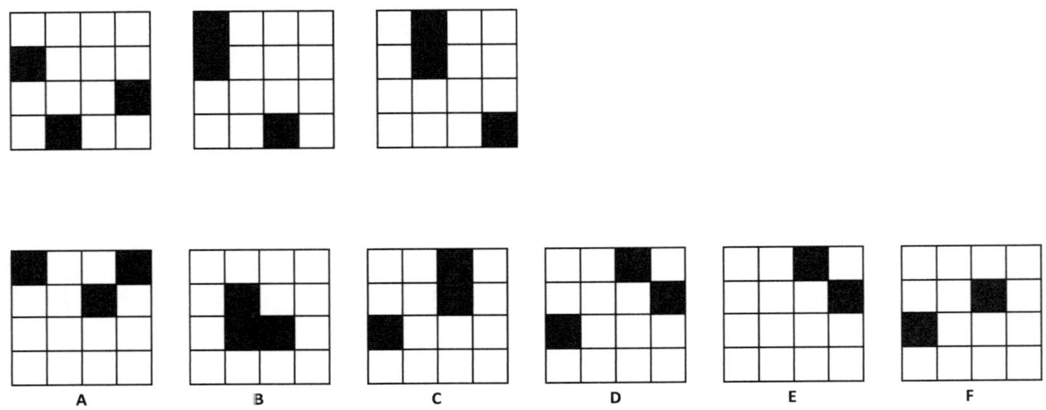

17.

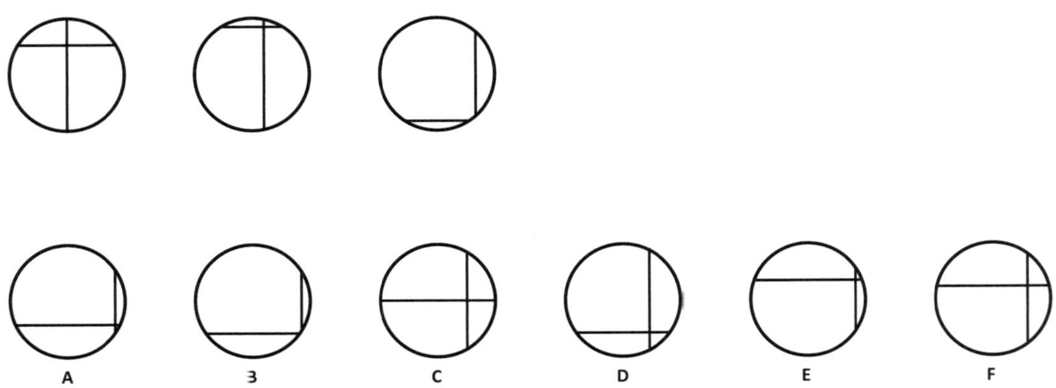

18.

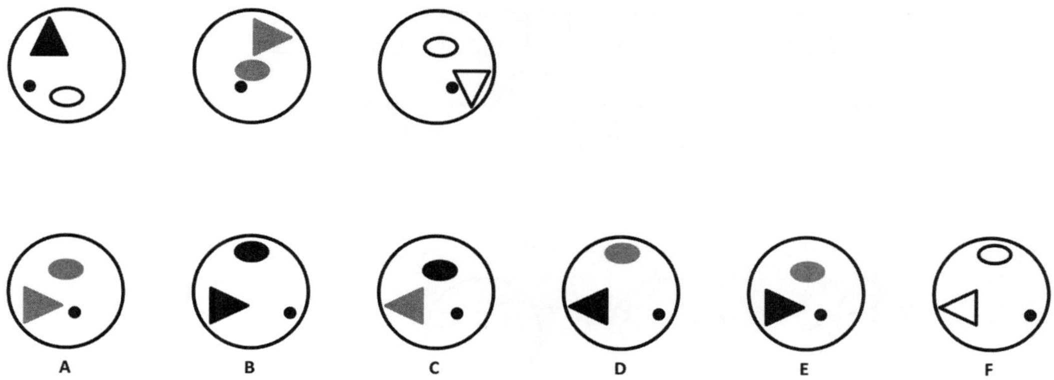

19.

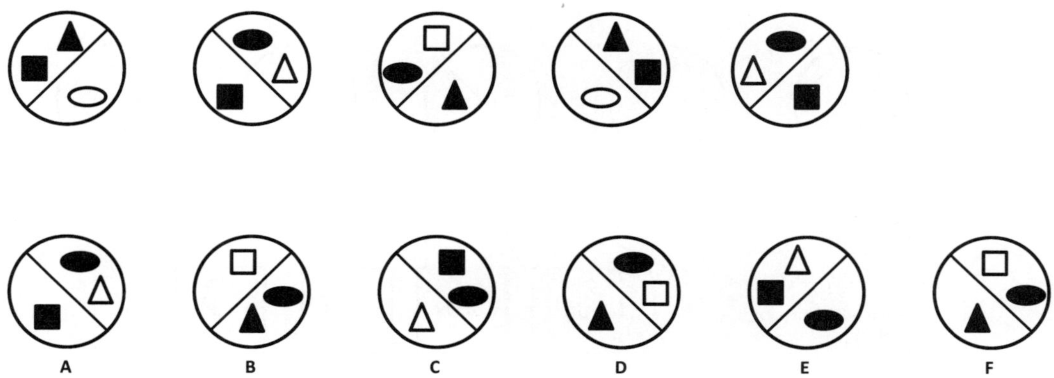

20.

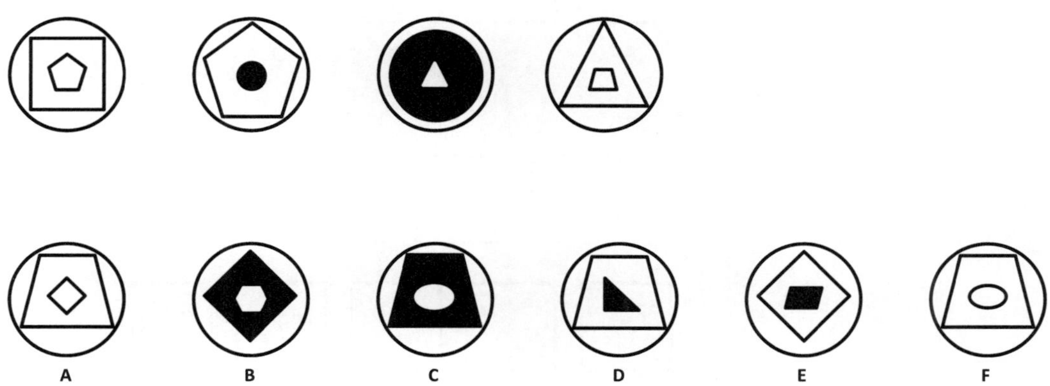

21.

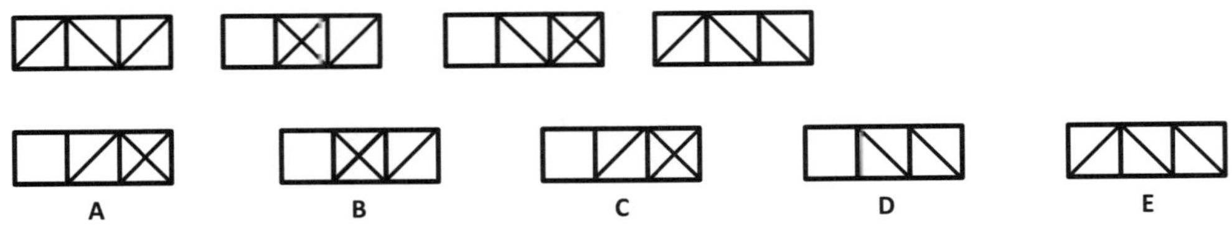
A
B
C
D
E

22.

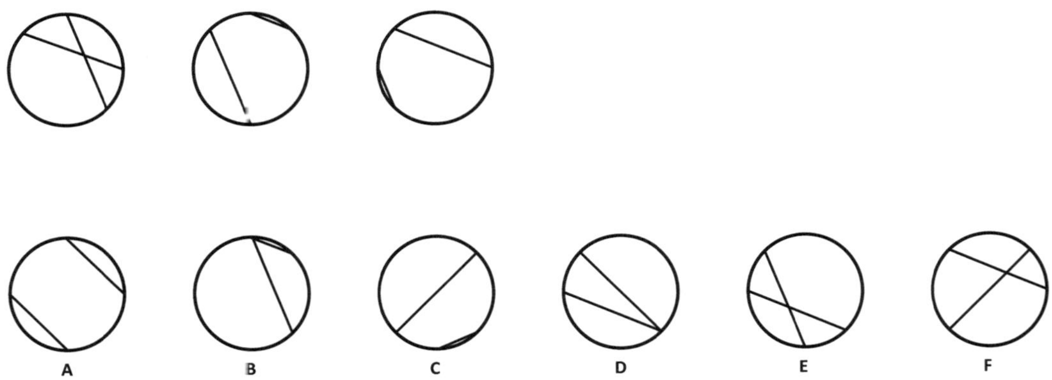
A
B
C
D
E
F

23.

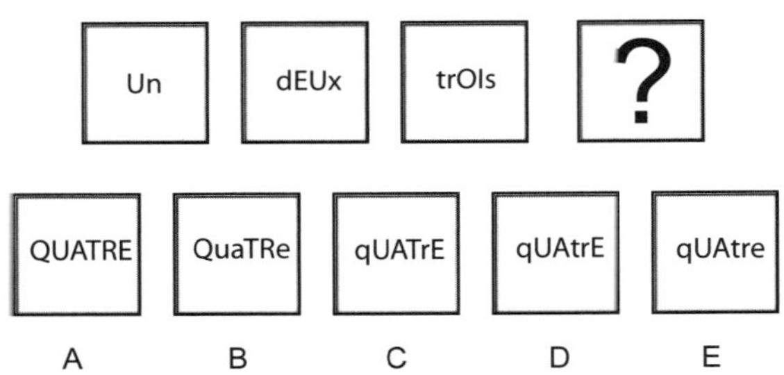
Un
dEUx
trOIs
?
QUATRE
QuaTRe
qUATrE
qUAtrE
qUAtre
A
B
C
D
E

24.

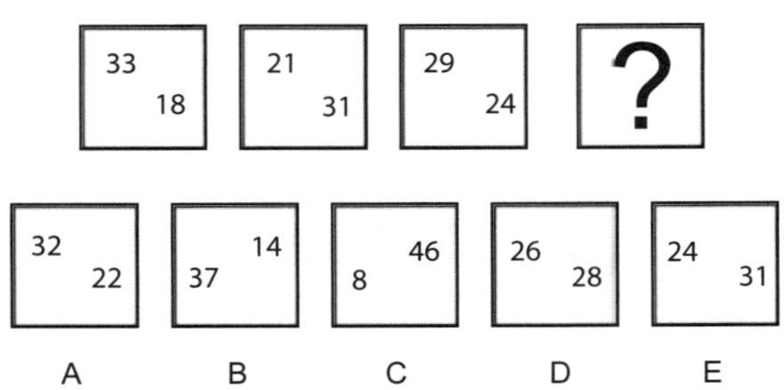
33 18
21 31
29 24
?
32 22
14 37
46 8
26 28
24 31
A
B
C
D
E

25.

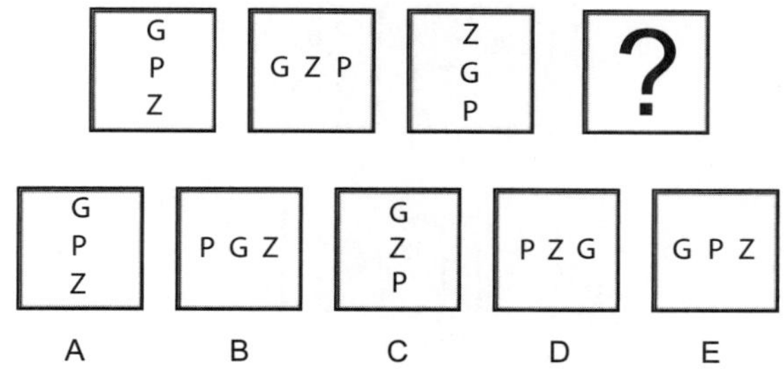
G P Z
G Z P
Z G P
?
G P Z
P G Z
G Z P
P Z G
G P Z
A
B
C
D
E

26.

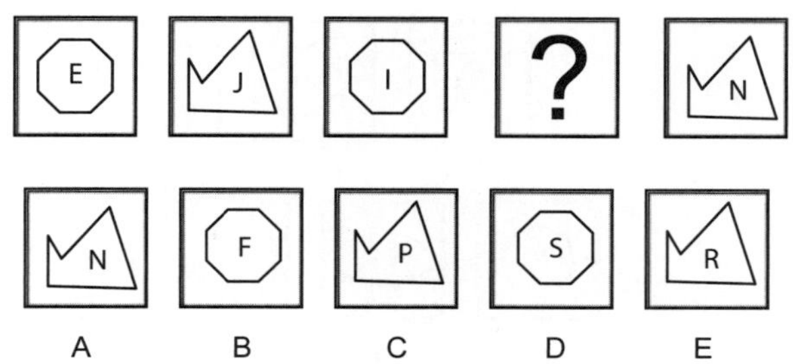
E
J
I
?
N
N
F
P
S
R
A
B
C
D
E

27.

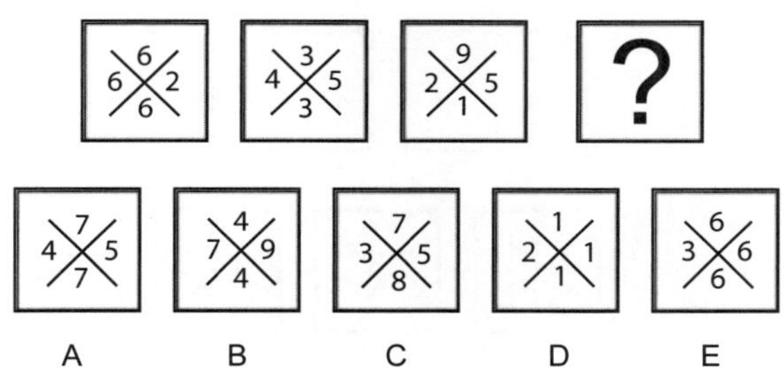
6 6 2 6
3 4 5 3
9 2 5 1
?
7 4 5 7
4 7 9 4
7 3 5 8
1 2 1 1
6 3 6 6
A
B
C
D
E

28.

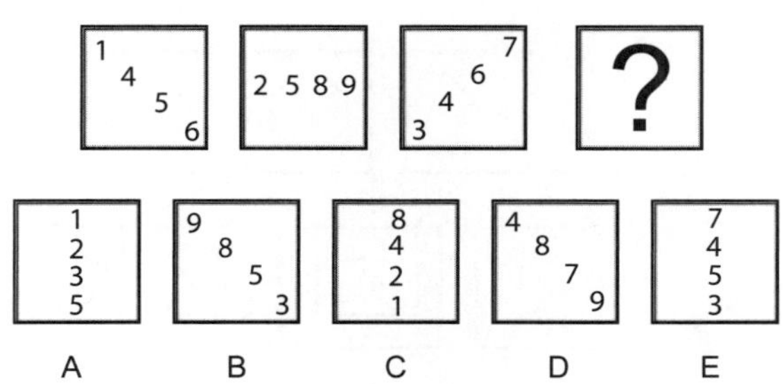
1 4 5 6
2 5 8 9
7 6 4 3
?
1 2 3 5
9 8 5 3
8 4 2 1
4 8 7 9
7 4 5 3
A
B
C
D
E

29.

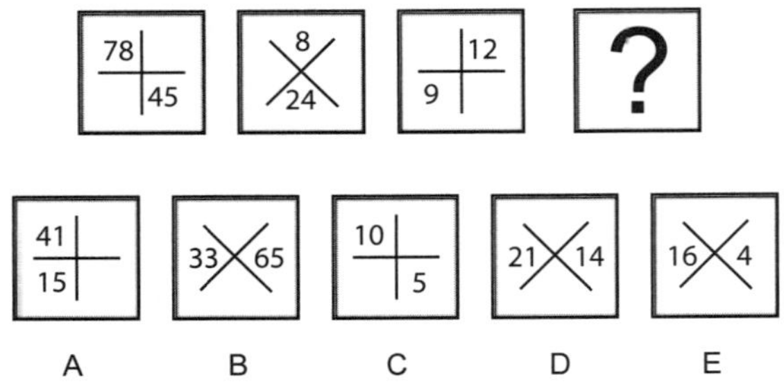
78
45
8
24
12
9
?
41
15
33
65
10
5
21
14
16
4
A
B
C
D
E

30.

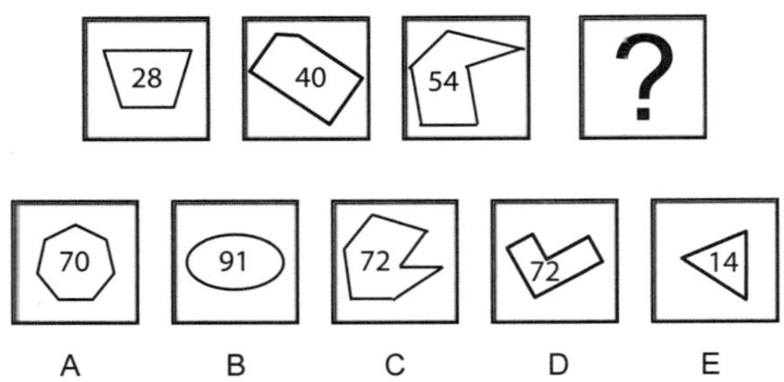
28
40
54
?
70
91
72
72
14
A
B
C
D
E

31.

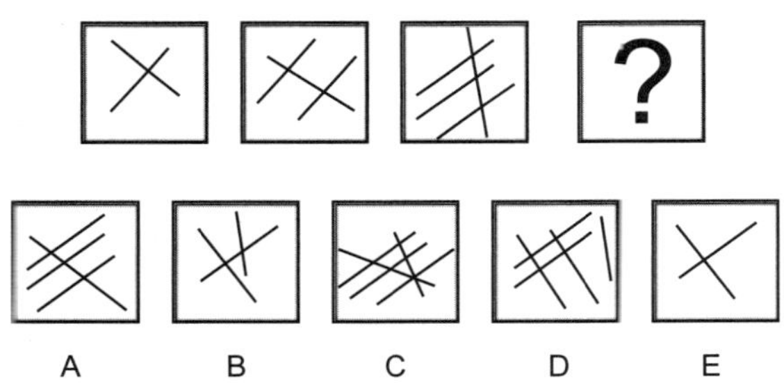
?
A
B
C
D
E

32.

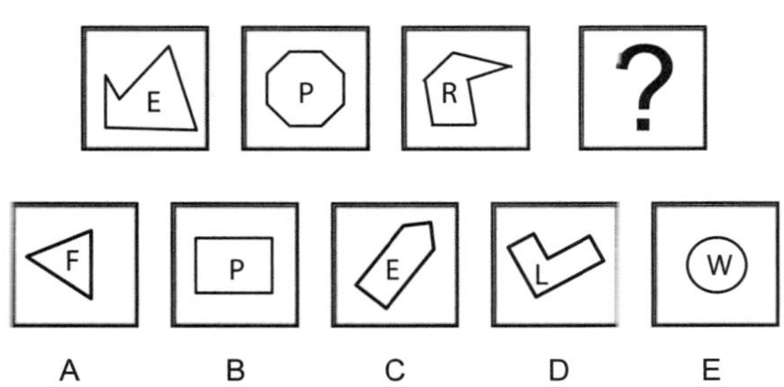
E
P
R
?
F
P
E
L
W
A
B
C
D
E

33.

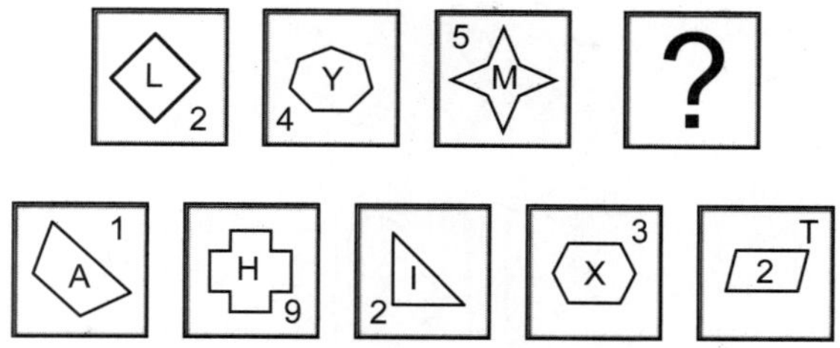

A B C D E

34.

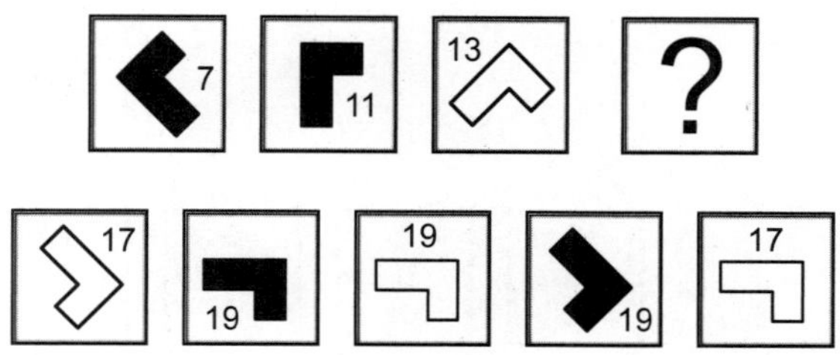

A B C D E

35.

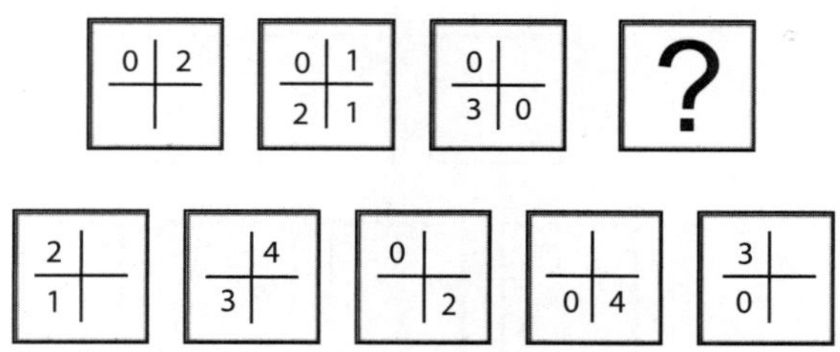

A B C D E

36.

A B C D E

37.

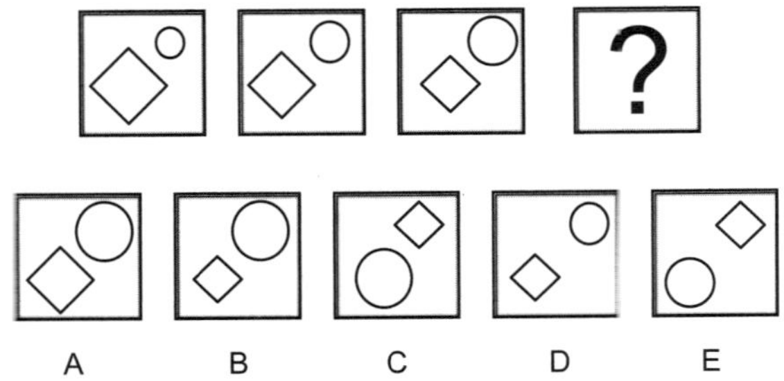
?
A B C D E

38.

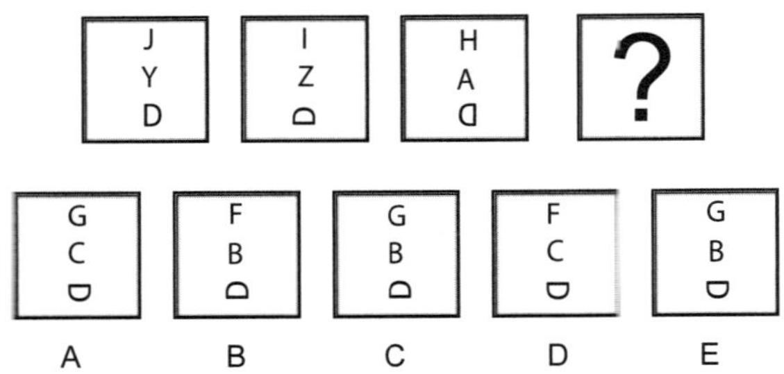
J Y D
I Z D
H A D
?
G C D
F B D
G B D
F C D
G B D
A B C D E

39.

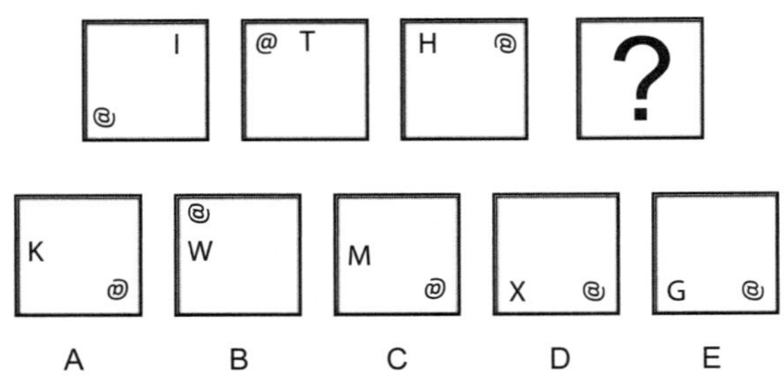
I @
@ T
H @
?
K @
@ W
M @
X @
G @
A B C D E

40.

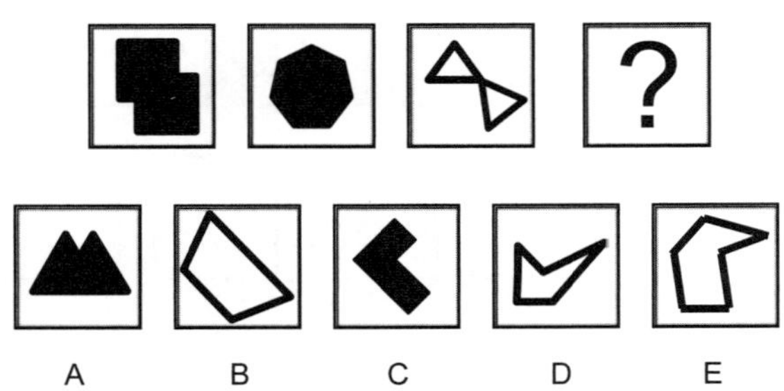
?
A B C D E

41.

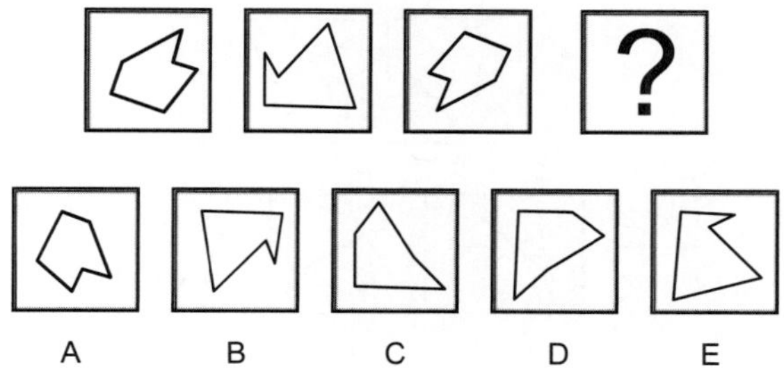
?
A
B
C
D
E

42.

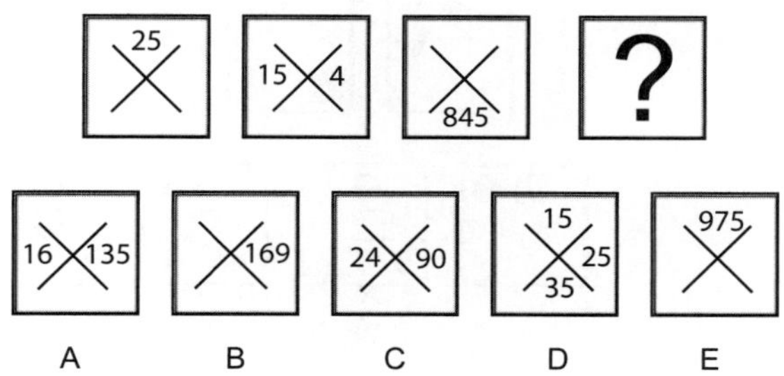
25
15 4
845
?
16 135
169
24 90
15 25 35
975
A
B
C
D
E

43.

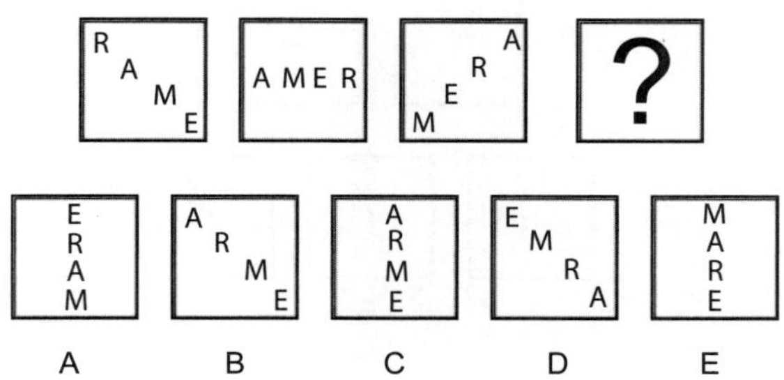
R A M E
A M E R
M E R A
?
E R A M
A R M E
A R M E
E M R A
M A R E
A
B
C
D
E

44.

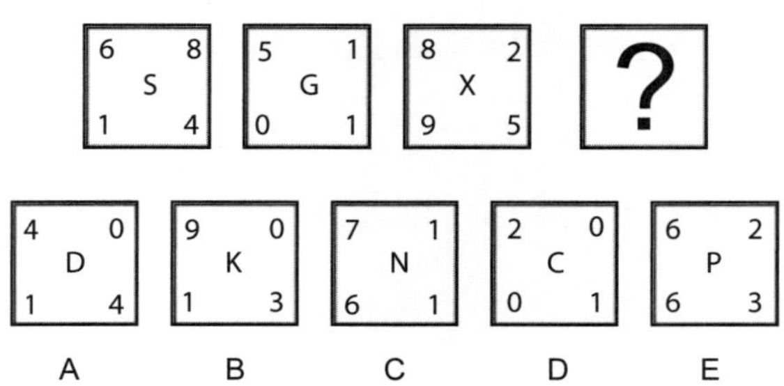
6 8 S 1 4
5 1 G 0 1
8 2 X 9 5
?
4 0 D 1 4
9 0 K 1 3
7 1 N 6 1
2 0 C 0 1
6 2 P 6 3
A
B
C
D
E

45.

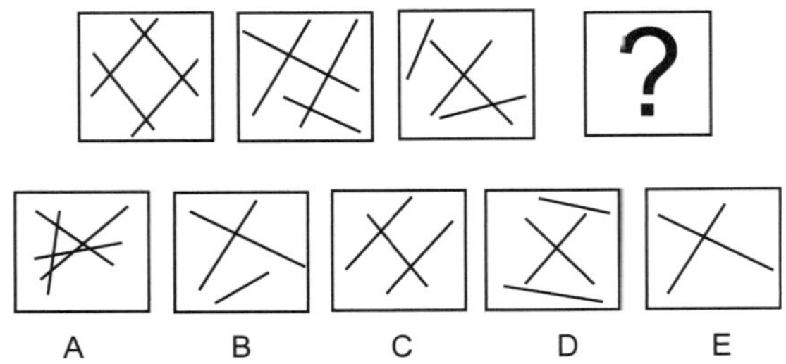

46.

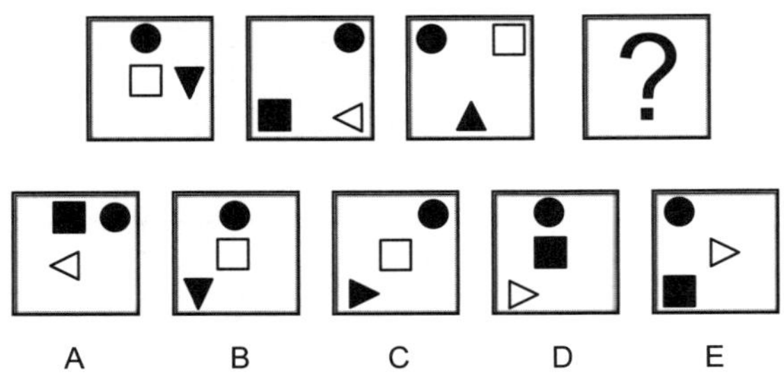

47.

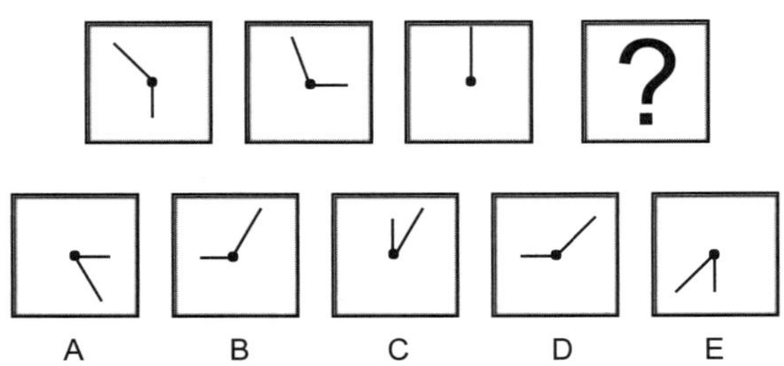

Correction des tests

1. Réponse C. De figure en figure, une case noire supplémentaire apparaît sur la dernière ligne.

2. Réponse D. De figure en figure, une case noire supplémentaire apparaît sur la même ligne, qui elle-même se déplace de haut en bas.

3. Réponse A. La ligne horizontale de la première figure se déplace de haut en bas avec, au fur et à mesure, une case qui reste statique par rapport à la figure précédente. La case statique est celle qui est positionnée la plus à droite sur la ligne horizontale qui se déplace de haut en bas.

4. Réponse F. Il faut considérer deux lignes verticales qui se déplacent chacune dans des sens opposés. Leur déplacement s'effectue toujours d'une case :

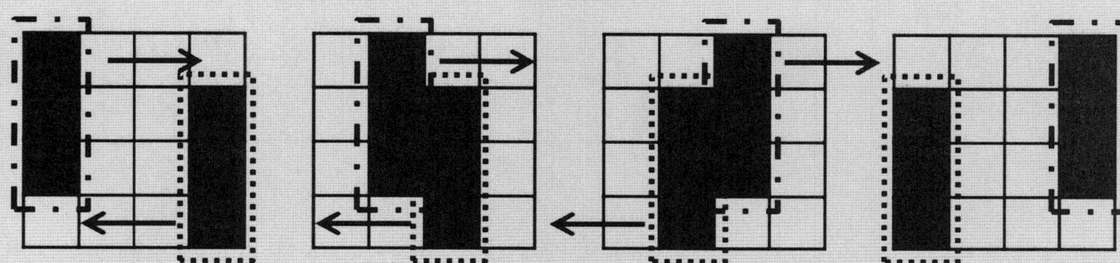

5. Réponse F. Trois déplacements. La case A se déplace diagonalement. La case B se déplace horizontalement de droite à gauche (à noter qu'en arrivant sur la gauche de la figure, elle revient par la droite dans la réponse, sur la même ligne). La case C se déplace verticalement de bas en haut.

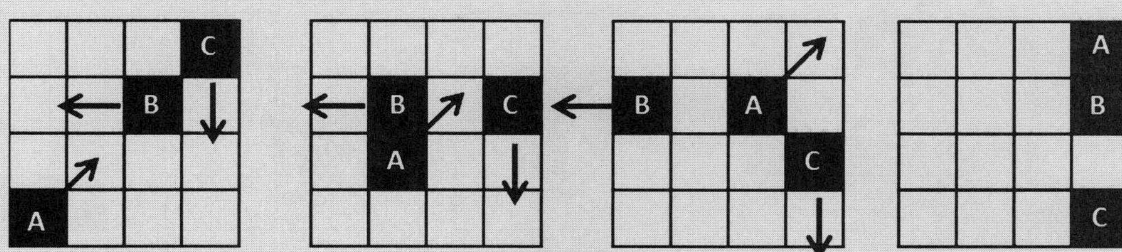

PIÈGE !

La case B aurait très bien pu revenir en arrière, une fois qu'elle avait atteint la gauche de la figure. Toutefois, aucune figure ne proposait cette possibilité agrégée aux deux autres logiques. À ce moment-là, la figure aurait dû être :

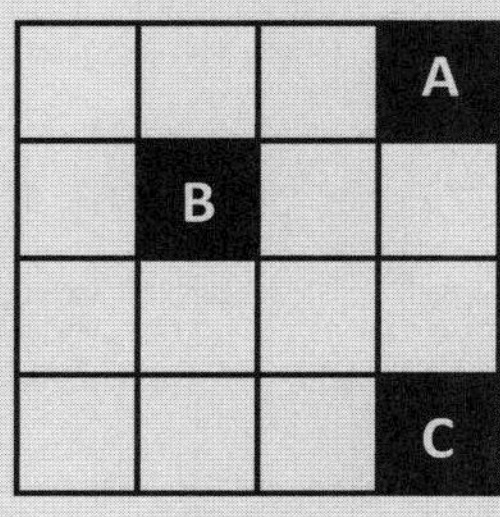

6. Réponse B. Trois déplacements. La case A se déplace diagonalement. La case B alterne de position entre deux cases. La case C reste statique.

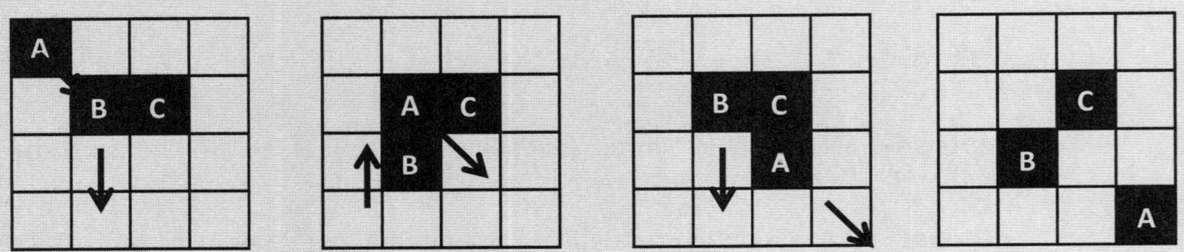

7. Réponse A. Trois déplacements. La case A reste statique. La case B alterne de position entre deux cases. La case C se déplace verticalement.

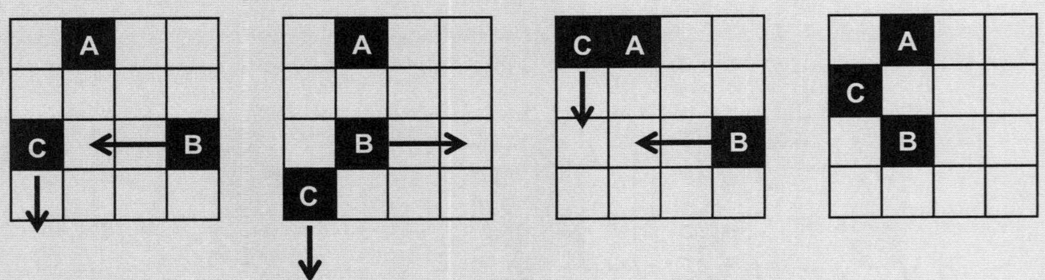

8. Réponse E. On remarque que le carré B se déplace dans la diagonale de droite à gauche. On s'attend alors à ce qu'il soit positionné en bas à gauche. Le carré A se déplace lui de manière verticale de haut en bas, en restant toujours positionné dans la deuxième colonne. On s'attend alors à ce qu'il soit positionné dans la deuxième colonne sur la quatrième ligne. Enfin, le carré C effectue lui un déplacement horizontal de droite à gauche, en restant toujours positionné sur la troisième ligne. On s'attend alors à ce qu'il soit positionné complètement à gauche au niveau de la troisième ligne.

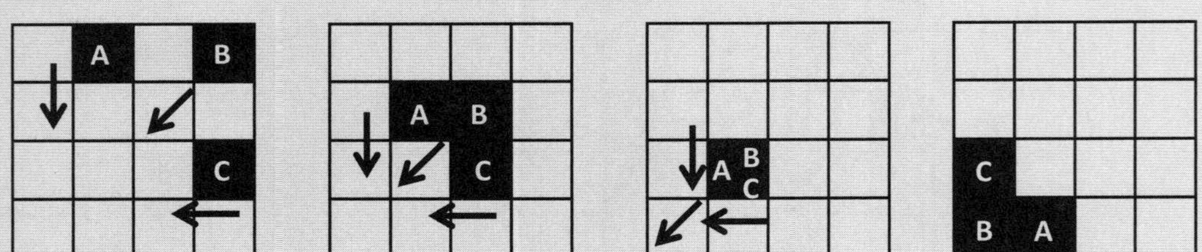

9. Réponse B. Le carré B reste statique. Le carré A effectue un déplacement alternatif : une fois à gauche et une fois vers le bas. Le carré C effectue également un déplacement alternatif, mais dans le sens inverse de A : une fois vers le bas puis une fois vers la gauche. Ils sont donc confondus dans la troisième figure.

PIÈGE !

N'oubliez pas que certaines cases peuvent être superposées. Pour éviter de vous faire piéger, imaginez toujours plusieurs *scénarii* en supposant qu'une case noire peut contenir différentes cases noires.

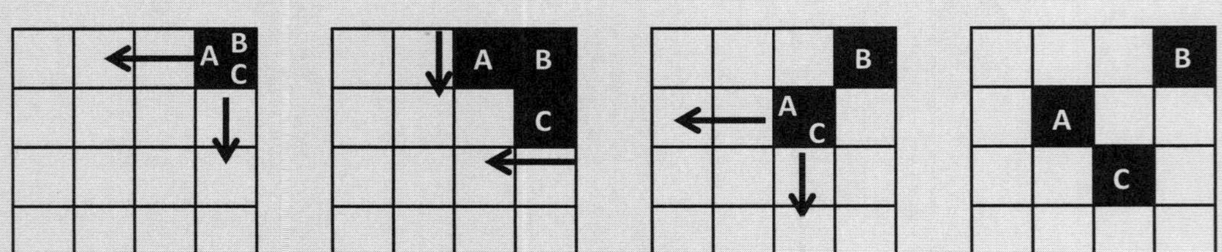

10. Réponse D.

Pour anticiper les carrés confondus, il faut toujours considérer la figure avec le plus de carrés. Ici, la dernière figure contient trois carrés, il faut alors considérer qu'il y a également trois carrés dans les deux premières figures.

La case A se déplace diagonalement du coin haut droit au coin bas gauche. La case B alterne entre deux positions. La case C se déplace diagonalement. Dans la figure recherchée, elle reviendra à sa position initiale.

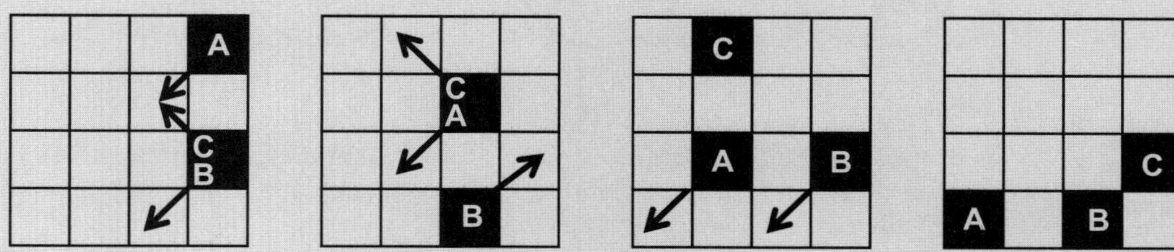

11. Réponse A. La barre horizontale se déplace de bas en haut dans un mouvement qui est toujours de même ampleur.

12. Réponse E. Le cercle réalise une rotation circulaire dans le sens horaire de 90°.

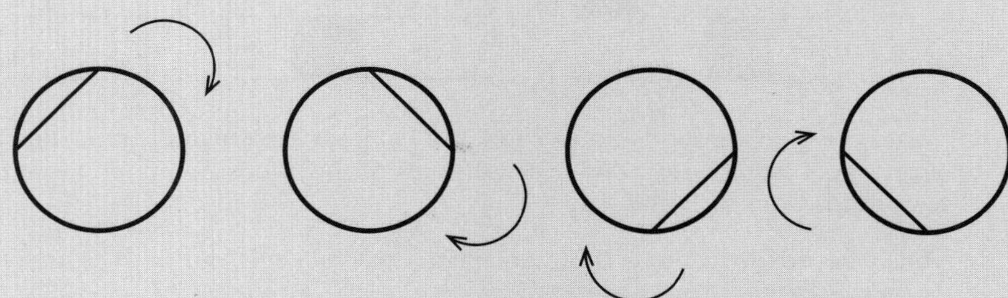

13. Réponse B. Le cercle réalise une rotation circulaire dans le sens horaire de 45°.

14. Réponse D. Il faut considérer une répétition entre les figures 2 et 3 de façon à ce que les figures 2 et 3 soient identiques. Ainsi les figures 1 et 4 doivent également être identiques.

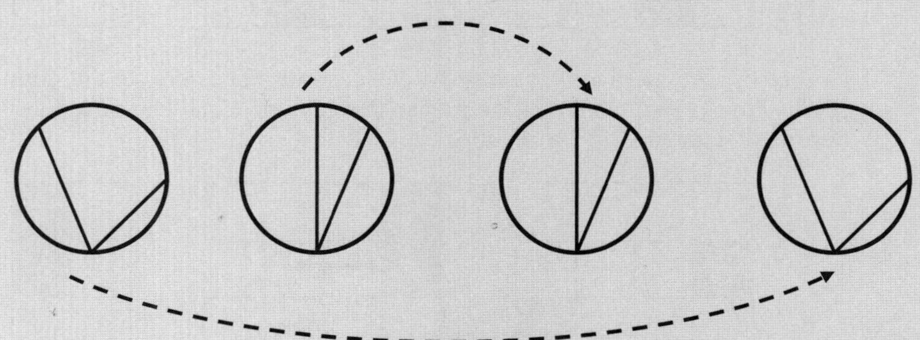

15. Réponse F. Trois barres se déplacent à l'intérieur du cercle. La barre A se déplace dans le sens horaire de 90°. La barre B se déplace dans le sens antihoraire de 45°. Ces deux barres sont ainsi confondues dans la figure 3. La barre C se déplace également dans le sens inverse des aiguilles d'une montre de 45°.

ASTUCE

16. Réponse C.

Ici les propositions doivent vous permettre rapidement d'identifier le mouvement de la case A et d'éliminer des propositions. En se concentrant sur la case A, 4 possibilités s'offrent à elle dans la figure suivante :

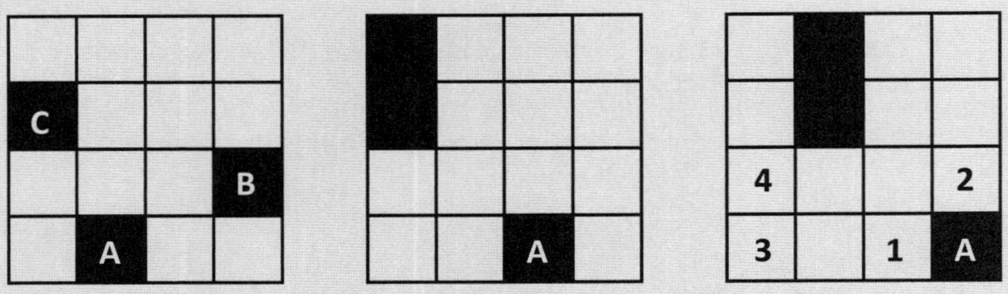

Parmi ces quatre propositions, seule la 4 est possible puisqu'aucune des trois autres n'est proposée. De fait, vous pouvez éliminer les propositions qui n'ont pas la possibilité 4 soit les propositions A, B et E.

Vous vous rendez alors compte que la case C réalise le tour de la figure (seule possibilité au vu des deux cases restantes) :

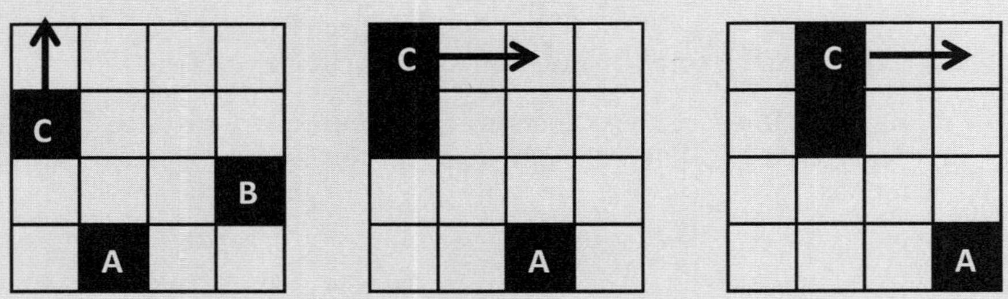

La case C continuera alors sa route d'une case vers la droite, ce qui permet d'éliminer la proposition F. Le mouvement de la case B, qui va de la gauche de la figure vers la droite, permet de conclure que la réponse est C.

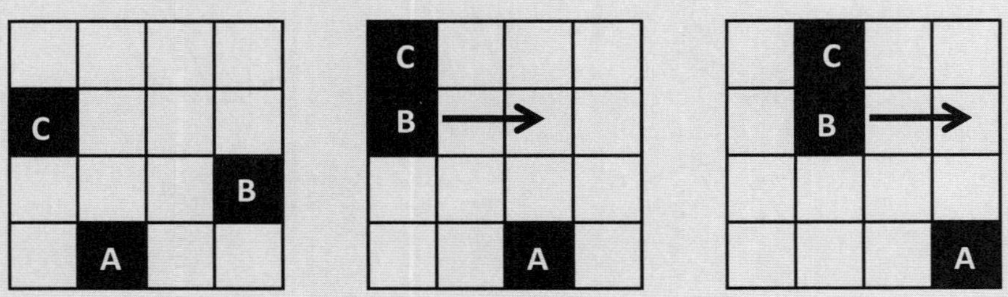

17. Réponse B. La barre horizontale se déplace du bas vers le haut dans un mouvement toujours de même ampleur. Entre les figures 2 et 3, elle sort par le haut pour revenir par le bas. C'est ainsi que les propositions B et D permettent de retrouver un déplacement de même ampleur entre les figures 3 et 4. Verticalement, la barre se déplace de la gauche vers la droite de la figure, dans un mouvement toujours de même ampleur. Entre les deux propositions restantes, seule la B permet de retrouver la barre verticale qui se déplace vers la droite de la figure (dans la proposition D, la barre verticale se déplace vers la gauche).

18. Réponse D.

ASTUCE

En se concentrant uniquement sur un des trois objets des figures, il est possible de répondre. Observez le triangle : sa couleur varie entre noir, gris et blanc. Pour continuer cette alternance, le triangle se doit donc d'être noir dans la prochaine figure puisque seulement trois couleurs semblent possibles. De plus, le triangle pivote de 90° de figure en figure, de telle façon à ce que sa pointe doit indiquer la gauche. Avec ces seuls éléments, seule la proposition D est valable.

Pour les deux autres objets :

L'ellipse se déplace vers le haut d'un mouvement de même ampleur en alternant entre le blanc et le gris.

Le point noir se déplace sur la même ligne, de la gauche vers la droite.

19. Réponse F. Première remarque : un seul objet est blanc par figure. C'est alternativement celui du bas, puis celui du milieu et enfin celui du haut, etc. En suivant ce même schéma, on s'attend à ce que l'objet du haut soit blanc. En considérant trois lignes (haut, milieu et bas), on observe que les objets alternent une fois sur trois entre un triangle, une ellipse et un carré. En se concentrant sur la ligne du haut, cela donne : triangle – ellipse – carré – triangle – ellipse. Il faut donc un carré blanc pour terminer cette alternance en haut. Seules les propositions B et F permettent d'obtenir cela. Il faut alors préférer la proposition F pour retrouver l'alternance de position diagonale de la barre oblique.

20. Réponse D. On note deux objets dans chaque figure : un grand qui contient le plus petit. Le plus petit objet devient ensuite le plus grand objet dans la figure suivante. À noter que quand l'objet est noir (figure 2), il reste noir dans la figure suivante (figure 3). Au sujet des couleurs :

La figure 1 contient deux objets blancs.

La figure 2 contient un grand objet blanc et un plus petit noir.

La figure 3 contient un grand objet noir et un plus petit blanc.

La figure 4 contient deux objets blancs comme la figure 1.

Il faut alors que la figure 5 respecte le même code couleur que la figure 2 par analogie. On cherche donc une figure qui contient un grand objet blanc et un plus petit noir. Il faut également que le grand objet soit le même que le petit objet de la figure 4, c'est-à-dire un trapèze.

21. Réponse B. Trois barres se déplacent. La barre A reste toujours dans le même sens (diagonale bas gauche/haut droite) et se déplace de la gauche de la figure jusqu'à la droite. Elle est attendue dans la deuxième case dans la diagonale bas gauche/haut droite. La barre B reste statique, toujours positionnée dans la diagonale bas droite/haut gauche dans la deuxième case. Enfin la troisième barre est toujours positionnée dans la troisième case et reste deux fois d'affilée dans la même diagonale avant d'alterner sa position dans l'autre diagonale pour deux figures consécutives à nouveau.

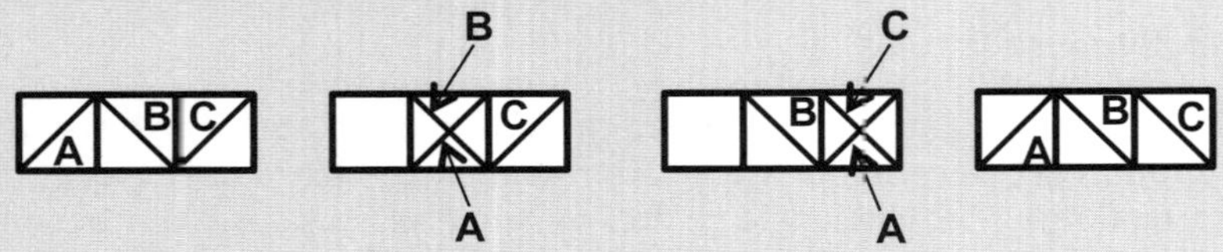

22. Réponse E. Deux barres obliques se déplacent de figure en figure, de façon parallèle, avec un mouvement de même ampleur. Elles ont la particularité de repartir en arrière quand elles s'apprêtent à quitter la figure.

23. Réponse D. On lit successivement « Un » « Deux » et « Trois » et on s'attend donc à lire « Quatre ». La logique est ici que les voyelles sont inscrites en caractère majuscule alors que les consonnes sont inscrites en caractère minuscule. On s'attend alors à « qUAtrE » comme inscrit dans la proposition D.

24. Réponse D. La somme des deux nombres progresse de +1 de figure en figure : 51 (33 + 18), 52 (21 + 31) puis 53 (29 + 24). On s'attend alors à une somme donnant 54 dans la quatrième figure. De plus, on observe une alternance entre la position du plus grand chiffre qui est alternativement en haut et en bas. On s'attend ainsi que le plus grand nombre soit en bas pendant que le plus petit est positionné en haut. La proposition D permet un tel positionnement avec une somme donnant 54 (26 + 28 = 54).

25. Réponse E. La première logique permet de s'apercevoir visuellement d'une alternance dans le positionnement des lettres, qui sont successivement écrites verticalement puis horizontalement. Ensuite, il faut s'intéresser au positionnement de la lettre Z pour comprendre le positionnement de chacune des lettres. La lettre Z effectue un mouvement d'arrière en avant dans le mot, ainsi elle est d'abord en troisième position, puis en deuxième position et enfin en première position. Pour que cette série continue, il faut donc que la lettre Z soit positionnée en troisième place. Seules les propositions B et E correspondent à ces critères. Il faut cependant préférer la proposition E puisqu'elle permet de garder la lettre G en première position comme dans les cases lorsque la lettre Z n'occupe pas cette place.

26. Réponse A. Il y a tout d'abord une alternance entre les deux objets qui permet de dire que le polygone à 5 côtés doit apparaître dans la réponse recherchée. Ensuite, on remarque une progression de + 2 entre les cases si on additionne le nombre de côtés du polygone et la position de la lettre dans l'alphabet.

Case 1 : 8 côtés + 5^{e} position : 8 + 5 = 13.

Case 2 : 5 côtés + 10^{e} position : 5 + 10 = 15.

Case 3 : 8 côtés + 9^{e} position : 8 + 9 = 17.

Afin d'obtenir 19 avec un polygone à 5 côtés, il faut y adjoindre la quatorzième lettre de l'alphabet, soit la lettre N.

27. Réponse B. Il faut considérer ici deux groupes de chiffres : les chiffres horizontaux et les chiffres verticaux. De manière alternée, la somme des chiffres d'un groupe (horizontale ou verticale, en alternance) correspond au produit des chiffres de l'autre groupe.

Case 1 : $6 + 6 = 6 \times 2$

Case 2 : $3 \times 3 = 4 + 5$

Case 3 : $9 + 1 = 2 \times 5$

Afin de garder l'alternance, il faut donc que la somme du groupe des nombres horizontaux soit égale au produit du groupe des nombres verticaux. C'est le cas de la proposition B avec : $4 \times 4 = 7 + 9$.

28. Réponse C. La première logique visuelle que l'on remarque est que la série de quatre chiffres réalise une rotation de 45° à l'intérieur des figures. On s'attend ainsi que la série de chiffres soit verticale. Ensuite, on remarque que les chiffres sont rangés dans l'ordre croissant du début de la série à la fin de la série (lecture à partir de la gauche) :

Case 1 : 1 – 4 – 5 – 6

Case 2 : 2 – 5 – 8 – 9

Case 3 : 3 – 4 – 6 – 7

Il faut donc une proposition où les chiffres sont inscrits de manière verticale, dans un ordre croissant, en débutant du bas (afin de respecter le mouvement de 45° pour la première lettre de la série).

29. Réponse B. Le nombre positionné en bas vaut le triple de la somme des deux chiffres du nombre positionné en haut.

Case 1 : $45 = 3 \times (7 + 8) = \mathbf{3} \times 15$.

Case 2 : $24 = \mathbf{3} \times 8$.

Case 3 : $9 = 3 \times (1 + 2) = \mathbf{3} \times 3$.

À cette logique, il faut ajouter deux autres logiques visuelles :

La croix effectue une rotation de 45° de figure en figure. Il faut donc que la croix soit positionnée de la même façon que dans la case 2 (élimination des propositions A et C).

Le chiffre du haut se déplace dans le sens des aiguilles d'une montre. Il devra alors être positionné sur la droite de la case 4.

La proposition B est celle qui regroupe l'ensemble de ces logiques :
$33 = 3 \times (6 + 5) = \mathbf{3} \times 11$.

30. Réponse A. Le nombre présent au centre de la figure correspond à un multiple du nombre de côtés de la figure.

Ce multiple progresse de + 1 au fur et à mesure, de même que le nombre de côtés du polygone.

Case 1 : 4 côtés. $28 \div 4 = 7$

Case 2 : 5 côtés. $40 \div 5 = 8$

Case 3 : 6 côtés. $54 \div 6 = 9$

Il faut donc un polygone de 7 côtés et un multiple de 10 : $70 \div 7 = 10$.

31. Réponse D. Le nombre de barres progresse de + 1 de case en case : 5 barres sont ainsi attendues en case 4 (élimination des propositions A, B et E). Ensuite le nombre d'intersections entre les barres progresse de + 1 de case en case : 1 intersection – 2 intersections – 3 intersections. 4 intersections sont ainsi attendues (proposition D).

32. Réponse B. Le rang alphabétique de la lettre correspond au produit du nombre de côtés avec un facteur qui progresse de + 1 de case en case. Case 1 : 5 côtés × 1 = 5 (rang de E). Case 2 : 8 côtés × 2 = 16 (rang de P). Case 3 : 6 côtés × 3 = 18 (rang de R). Le facteur sera donc de 4 pour la case 4. La seule proposition qui permet ce calcul est la B :
4 côtés × 4 = 16 (rang de P).

33. Réponse A. Le chiffre additionné au nombre de barres de la lettre correspond au nombre de côtés du polygone (proposition D à éliminer). La lettre est toujours indiquée à l'intérieur de la figure (proposition E à éliminer). Enfin, le chiffre exécute un mouvement horaire dans les quatre coins de la case : il est ainsi attendu dans le coin haut droit (propositions B et C à éliminer).

34. Réponse E. Les nombres correspondent aux nombres premiers consécutifs à partir de 7 : dans la figure 4 est alors attendu le nombre premier 17 (propositions B, C et D à éliminer). Analogie suivie concernant la couleur de la figure : la figure devra être blanche pour respecter cette analogie (proposition B et D à éliminer). Enfin la figure réalise un pivotement de 45° : elle est donc attendue dans la même position que les propositions B, C et E. Seule la proposition E respecte conjointement ces logiques.

35. Réponse C. La somme des chiffres de chaque case correspond au nombre de chiffres présent dans chaque case. Case 1 : 0 + 2 = **2 chiffres**. Case 2 : 0 + 1 + 1 + 2 = **4 chiffres**. Case 3 : 0 + 0 + 3 = **3 chiffres**. La proposition C est la seule à respecter cette logique :
0 + 2 = 2 chiffres.

36. Réponse B. La somme des rangs alphabétiques des deux consonnes vaut la somme des rangs alphabétiques des deux voyelles. Case 1 : 1 (A) + 5 (E) = 3 (C) + 3 (C). Case 2 : 15 (O) + 9 (I) = 22 (V) + 2 (B). Case 3 : 5 (E) + 5 (E) = 4 (D) + 6 (F). La proposition B est celle qui fonctionne : 1 (A) + 25 (Y) = 13 (M) + 13 (M).

PIÈGE !

Même si le calcul s'avère bon pour les propositions A, C et D, on ne peut les considérer puisqu'elles ne contiennent pas 2 voyelles et 2 consonnes.

37. Réponse B. Le rond positionné en haut grossit de case en case quand dans le même temps le losange positionné en bas réduit de taille.

38. Réponse E. En partant du haut, on note trois logiques pour chacune des lettres :

La première lettre effectue un saut en arrière d'une lettre dans l'alphabet (J – I – H – **G**).

La deuxième lettre effectue un saut en avant d'une lettre dans l'alphabet (Y – Z – A – **B**). Rappel : l'alphabet est à considérer comme un circuit fermé de telle sorte que la lettre qui suit Z est A.

La lettre D effectue une rotation de 90°. Elle est donc attendue dans la même position que dans les propositions A, D et E.

39. Réponse C. La lettre est progressivement constituée d'une barre supplémentaire de case en case. La lettre attendue devra ainsi être composée de quatre barres (propositions B et C à garder). De plus, elle effectue un déplacement dans le sens antihoraire avec un mouvement de même ampleur : ainsi les propositions D et E proposent un déplacement d'une trop grande ampleur. Ensuite, déplacement horaire aux quatre coins de la case du sigle @. De plus, le sigle effectue un pivotement de 90°, de telle manière qu'il est attendu dans la même position que dans les propositions A et C (élimination des propositions B, D et E).

ASTUCE

Pour observer un pivotement, il peut être utile de se fixer sur un point précis du sigle. En fixant un point précis du sigle @ (symbolisé par le point), voici la retranscription de son pivotement :

40. Réponse D. Le nombre de côtés des polygones décroît de 1 de case en case : 8 – 7 – 6. Un polygone de 5 côtés est attendu (propositions A et D à garder). Afin de respecter l'alternance suivie des couleurs, il faut préférer une figure blanche.

41. Réponse B. Analogie case paire et case impaire. Dans les cases impaires (1 et 3), la figure est identique : elle a cependant subi une rotation de 180° entre les deux cases. Il faut alors retrouver dans la case 4 la même figure que dans la case 2 (propositions B et E à garder). Mais seule la proposition B reprend cette figure avec une rotation de 180°.

42. Réponse A. Deux nombres se déplacent dans des sens opposés : le premier dans le sens des aiguilles d'une montre double sa valeur de case en case (2 – 4 – 8) et le deuxième dans le sens inverse des aiguilles d'une montre qui triple sa valeur (5 – 15 – 45). En suivant cette logique, 8 devient 16 et doit être placé sur la gauche et 45 devient 135 et doit être placé sur la droite.

PIÈGE !

Les nombres peuvent être constitués de plusieurs groupes de nombres. Ainsi en case 1, on ne considère pas le nombre 25, mais plutôt les deux chiffres 2 et 5. Même remarque en case 3 : les nombres 8 et 45 sont mis côte à côte.

43. Réponse E. Les lettres se déplacent de telle manière que le mot de 4 lettres qu'elles forment débute d'abord en haut à gauche (case 1), puis au milieu à gauche (case 2) et enfin en bas à gauche (case 3). La première lettre se déplace autour de la case dans le sens inverse des aiguilles d'une montre : il est donc attendu que le mot débute au milieu en bas (élimination des propositions B et D). Les lettres changent de place à l'intérieur du mot : elles avancent chacune d'une place de case en case. Ainsi entre la case 1 et 2 : le A passe de la 2e à la 1re place, le M passe de 3e à 2e, le E passe de la 4e place à la 3e place et le R passe de la 1re place à la 4e. Afin de réitérer le même mouvement entre les cases 3 et 4, il faut alors que le mot MERA devienne ERAM avec le E placé en bas au milieu.

PIÈGE !

Attention à ne pas vous faire piéger en pensant qu'il s'agit d'anagrammes de mot présent dans le dictionnaire. Certes « rame » et « amer » sont des mots présents dans le dictionnaire, mais ce n'est pas le cas de « mera » qui n'a pas de sens.

44. Réponse D. Le somme des quatre chiffres permet d'obtenir le rang alphabétique de la lettre. Case 1 : 6 + 8 + 1 + 4 = 19 (rang de la lettre S). Case 2 : 5 + 1 + 0 + 1 = 7 (rang de la lettre G). Case 3 : 8 + 2 + 9 + 5 = 24 (rang de la lettre X). Seule la proposition D permet d'obtenir une somme qui correspond à la position alphabétique de la lettre : 2 + 0 + 0 + 1 = 3 (rang de la lettre C).

45. Réponse D. Dans chacune des trois cases, 4 bâtons sont présents. Ensuite, on dénombre une progression du nombre d'intersections de -1 entre chacune des cases. La case 1 compte ainsi quatre croisements, la case 2 en a trois et la case 3 en a deux. La case 4 doit compter une seule intersection et quatre bâtons. La seule proposition valable est ainsi la D.

46. Réponse D. Il faut ici observer le mouvement et le déplacement de chacun des trois objets de manière indépendante. Le rond : il reste noir et se déplace uniquement sur le haut de la case de la gauche vers la droite. On s'attend ainsi à ce que le rond se retrouve dans la même position que dans la case 1.

Le carré alterne entre blanc et noir : on s'attend à ce qu'il soit noir. Il réalise un mouvement diagonal au sein de la case en se déplaçant du coin en haut à droite vers le coin en bas à gauche. On s'attend ainsi à ce que le carré se retrouve dans la même position que dans la case 1.

Le triangle alterne entre noir et blanc : on s'attend à ce qu'il soit blanc. Il réalise un mouvement circulaire autour de la case dans le sens des aiguilles d'une montre. On s'attend ainsi à ce que le triangle se retrouve dans le coin en bas à gauche. De plus, il opère une rotation de 90° sur la gauche : on s'attend ainsi à ce que la pointe du triangle soit orientée vers la droite.

ASTUCE

Si vous vous intéressez en premier lieu aux différentes logiques suivies par le triangle, alors la proposition D est la seule réponse valable.

47. Réponse B. Afin de bien comprendre les mouvements, considérez qu'il s'agit de la grande aiguille et de la petite aiguille d'une montre. La petite aiguille réalise des mouvements de 90° dans le sens inverse des aiguilles d'une montre (puisque les deux aiguilles sont confondues dans la case 3). On s'attend donc à ce que la petite aiguille soit orientée vers le « 9 » du cadran, comme c'est le cas dans les propositions B et D. La grande aiguille, elle, réalise un mouvement dans le sens des aiguilles d'une montre équivalent à 5 minutes entre deux cases. On s'attend donc à ce que la grande aiguille soit positionnée de façon identique aux propositions B et C.

Chapitre 19

Homologie, similitude et intrus

Dans ce chapitre

- Les ensembles : les différentes catégories de questions

À l'image du chapitre précédent, il est ici encore question de logique visuelle. Toutefois, elle n'est plus abordée au travers de séries graphiques, mais avec des ensembles. Le socle des logiques est très proche (même s'il existe des différences) et c'est surtout la forme qui diffère. L'analyse requiert de trouver des points communs entre les figures ou, à l'inverse, des dissimilitudes.

Selon les tests psychotechniques, vous pourrez retrouver ces typologies de questions sous différentes formes. Il s'agit en effet d'un périmètre de questions qui laisse particulièrement place à la créativité des tests et à l'inattendu.

Les caractéristiques des ensembles

- Un ensemble fait état d'un point commun entre chacune des figures sans qu'il y ait de progression visible (à l'inverse d'un enchaînement).

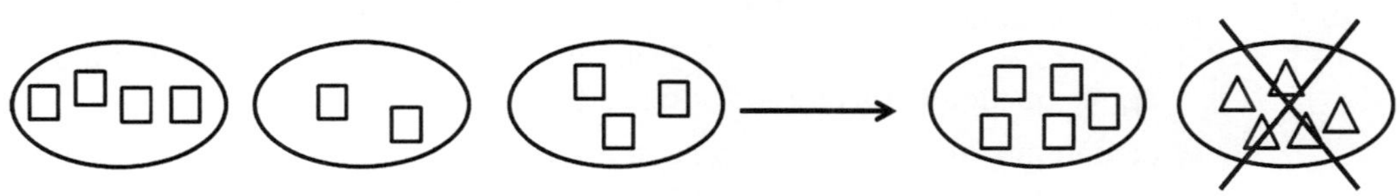

Figure 19-1 : Les ensembles.

LE SAVIEZ-VOUS ?

L'objectif est alors de trouver des similitudes entre les différentes figures présentées dans l'énoncé. Il faut ainsi se concentrer sur les caractéristiques des figures présentées pour déterminer des traits communs, et cela même si elles présentent *a priori* des aspects différents.

Selon les questions, il peut être demandé de visualiser les différences entre les figures.

La principale convention qui régit les ensembles souligne la supériorité des règles évidentes au détriment de logiques particulières, voire alambiquées.

Les catégories de questions

On peut classer les questions en trois catégories :

- **Les intrus.** Il est demandé de chasser la figure qui est la plus éloignée des autres. Le plus souvent, la question ne précise pas les dimensions sur lesquelles il faut se concentrer pour répondre. L'intrus se définit comme la figure qui ne respecte pas une règle commune à l'ensemble des autres figures. La méthode la plus efficace pour résoudre ces questions est de comparer deux à deux les figures pour en déterminer les points communs. Il convient ensuite de tenter de généraliser ces points communs à l'ensemble des figures. La règle à retenir est celle qui permettra d'isoler une unique figure.
- **Les assimilations.** Il s'agit de la catégorie de questions opposée aux intrus. Il faut trouver, parmi les propositions, celle qui détient le même point commun que l'ensemble des figures données dans l'énoncé et qui peut alors intégrer l'ensemble de façon logique. La technique de résolution est similaire : il faut ici encore rechercher les points communs entre les figures représentées.
- **Les complétions.** Ces questions se rapprochent des assimilations. Il est demandé de compléter un ensemble en sélectionnant la proposition qui permettra de parachever le groupe d'éléments, en dénombrant ainsi la totalité des cas possibles. Il y est souvent question de combinaisons.

Les catégories de logiques

Bien que cette liste n'ait rien d'exhaustif, elle répertorie les logiques que vous croiserez le plus souvent dans ces questions.

N'OUBLIEZ PAS !

Plusieurs d'entre elles peuvent être associées afin de trouver des points communs.

- **Les polygones et figures.** Les logiques les concernant peuvent se référer au nombre de côtés, au nombre d'angles (droits ou autres), à leur dimension et leurs caractéristiques particulières (surface, taille, etc.).
- **Le dénombrement.** Il s'agit de comptabiliser un nombre d'objet, d'éléments ou de paramètres et de noter une récurrence. Ces règles sont d'autant plus présentes quand des nombres sont présents dans les ensembles.
- **Le positionnement.** Cette catégorie regroupe les positions des éléments les uns par rapport aux autres.
- **La couleur.** Le remplissage des éléments peut constituer un élément important.
- **Les orientations.** Elles se réfèrent aux différentes directions que peut prendre une figure et sont souvent issues de pivotements ou rotations. Il s'agit d'une catégorie régulièrement associée aux polygones et figures.

Tests

Temps (indicatif) : 25 minutes	Difficulté : Moyen	Barème : 1 point par bonne réponse

Trouvez l'intrus

1.

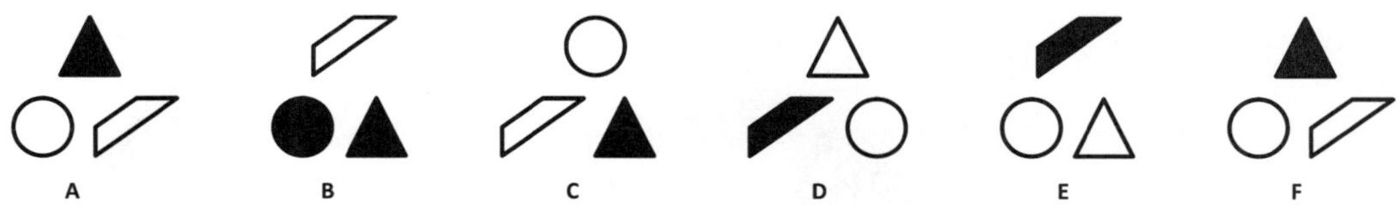

2.

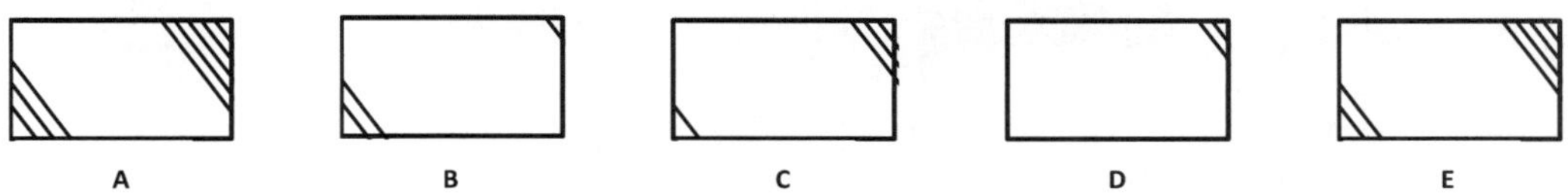

3.

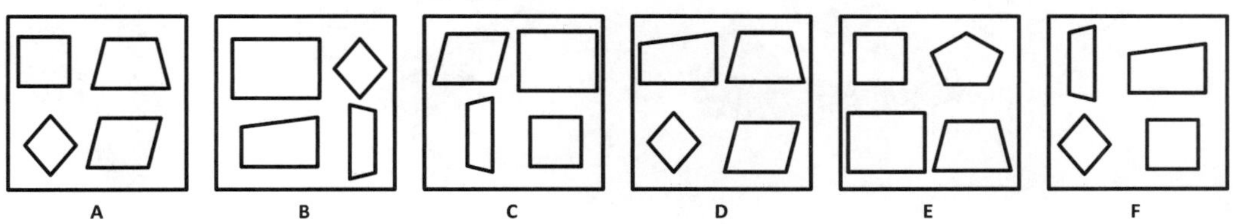

4.

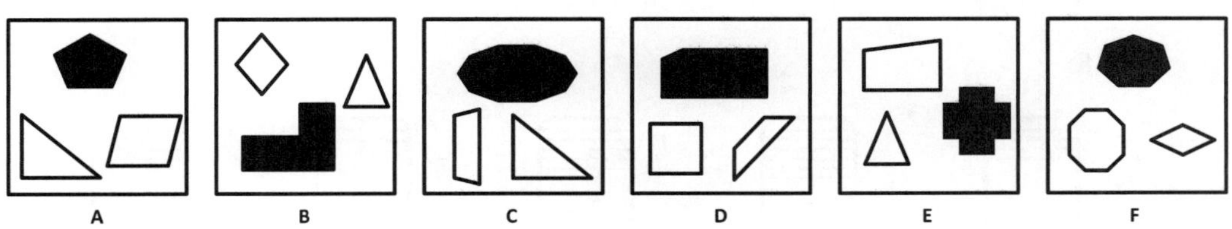

5.

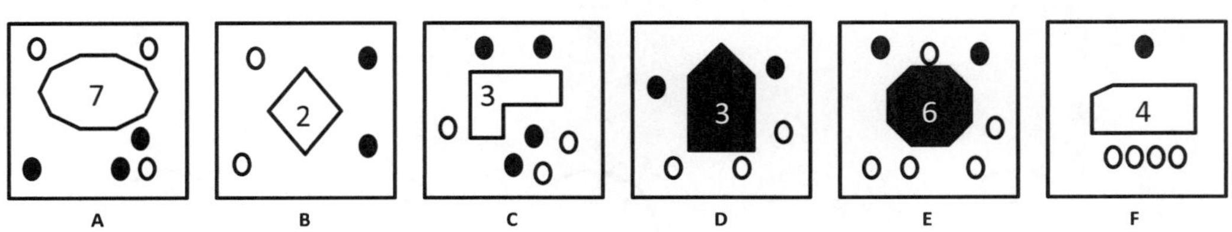

6.

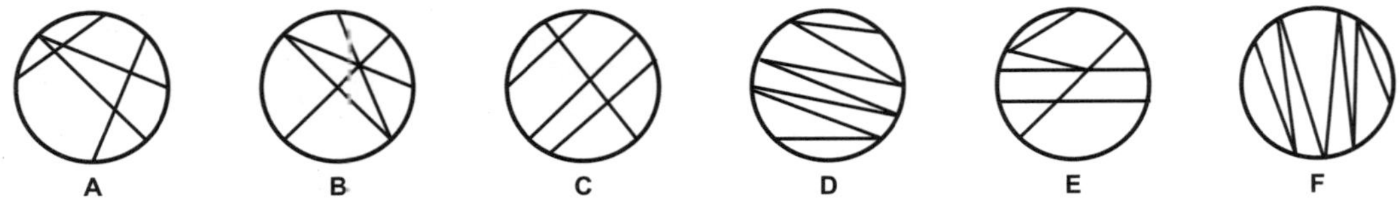
A
B
C
D
E
F

7.

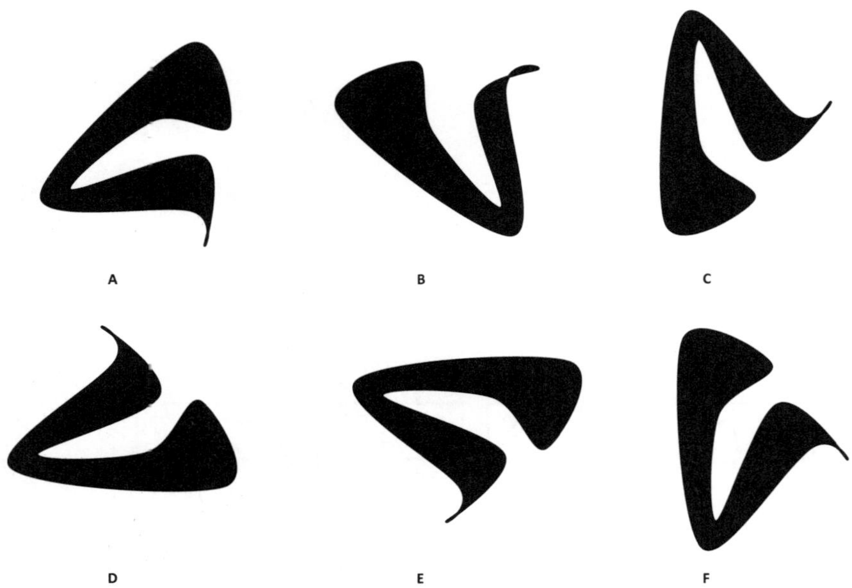
A
B
C
D
E
F

8.

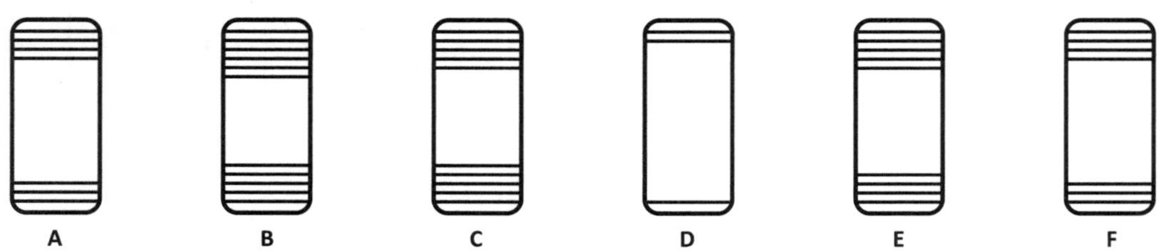
A
B
C
D
E
F

9.

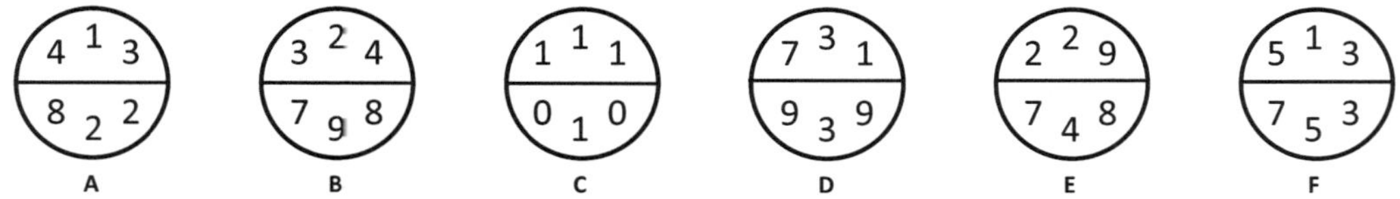
4 1 3
8 2 2
A
3 2 4
7 9 8
B
1 1 1
0 1 0
C
7 3 1
9 3 9
D
2 2 9
7 4 8
E
5 1 3
7 5 3
F

10.

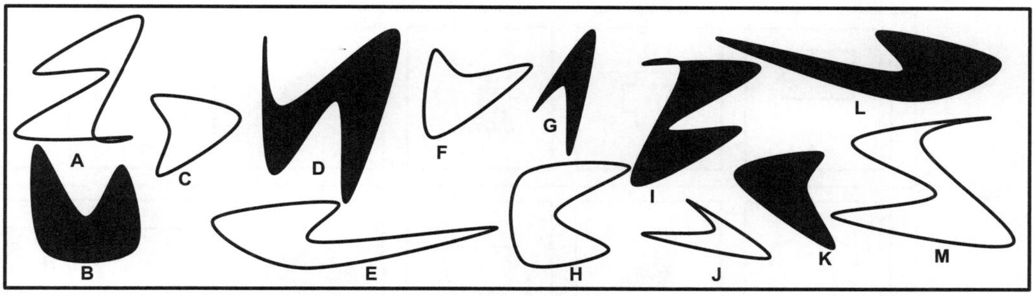

Séries à compléter.

11.

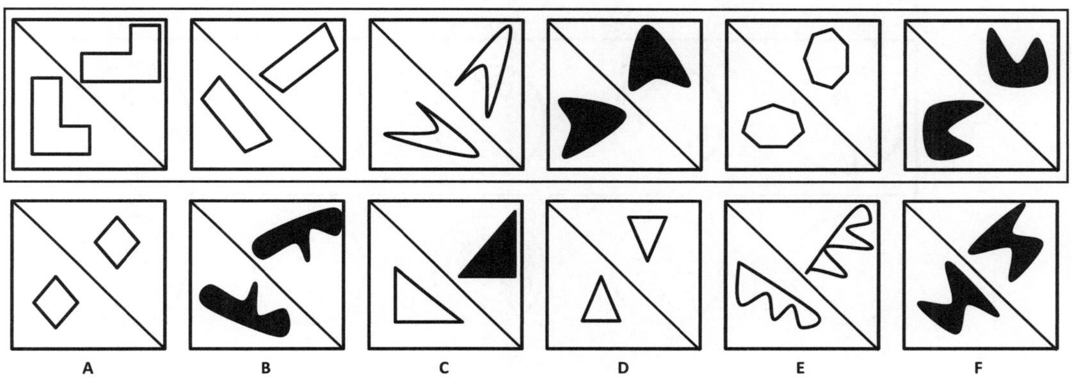

12.

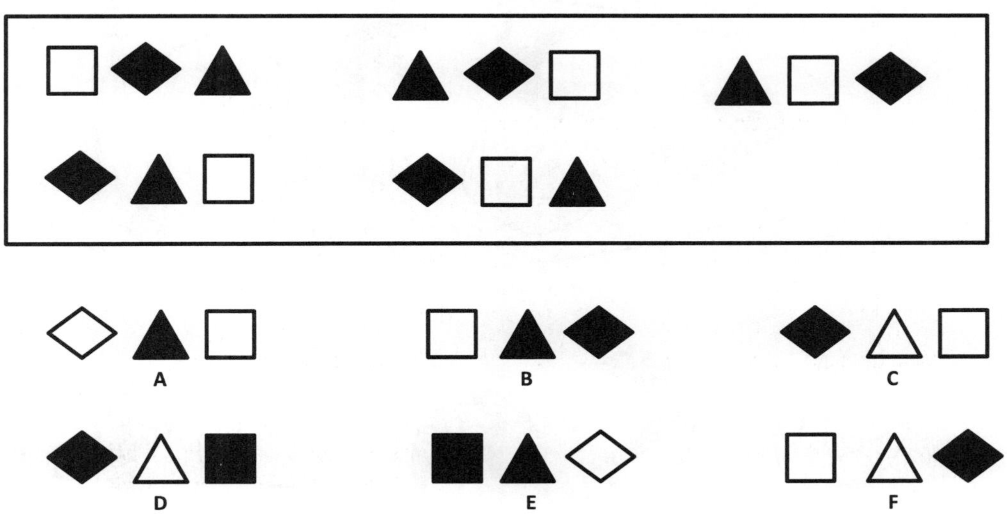

13.

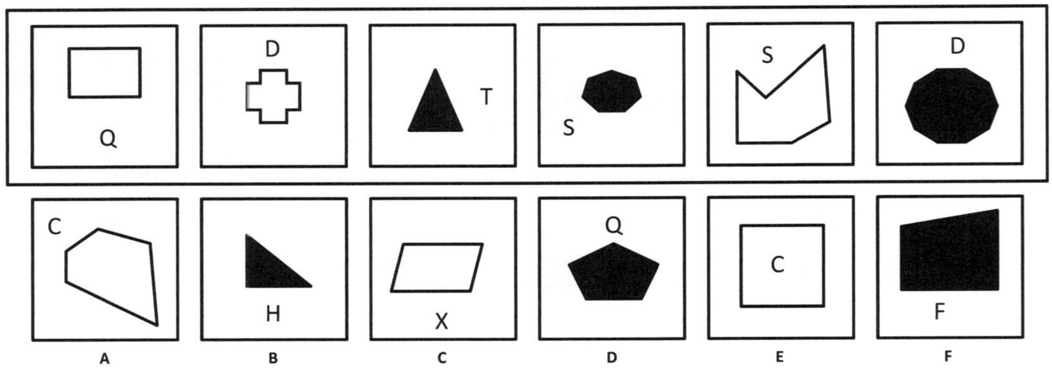

14.

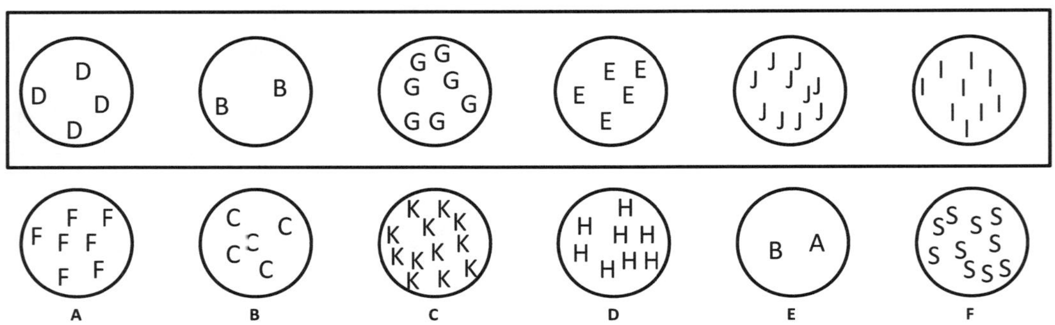

15.

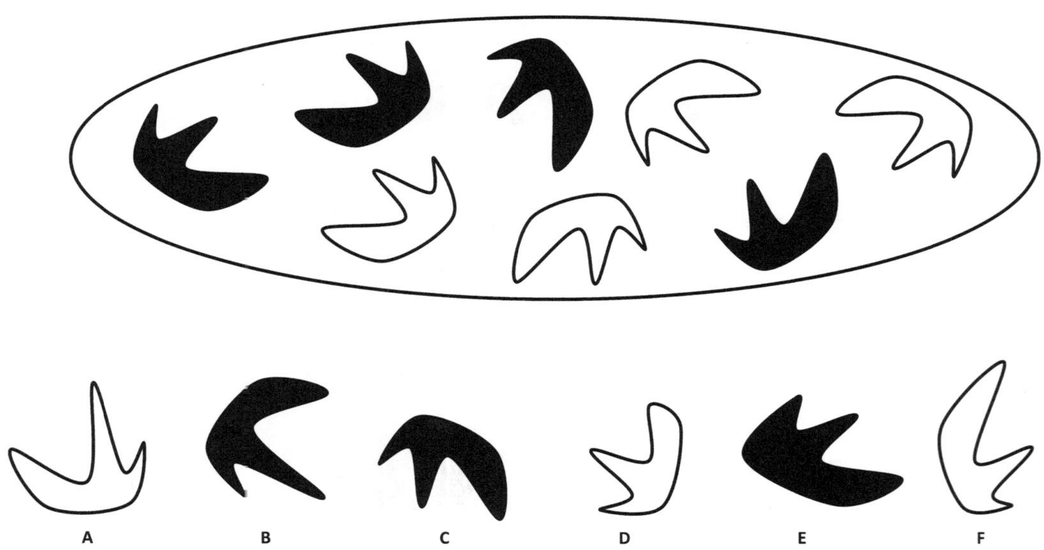

Correction des tests

1. Réponse B. Chaque figure compte trois éléments : un rond, un trapèze et un triangle. On compte partout deux éléments blancs et un seul élément noir, sauf dans la proposition B.

2. Réponse B. Le coin inférieur gauche de toutes les figures est coupé par deux segments de moins que leur coin supérieur droit, sauf pour la proposition B, pour laquelle c'est l'inverse.

3. Réponse E. Toutes les propositions contiennent 4 quadrilatères, à l'exception de la proposition E qui compte un pentagone et 3 quadrilatères.

4. Réponse F. Chaque proposition contient 3 polygones parmi lesquels celui qui compte le plus de côtés est noirci, à l'exception de la proposition F.

5. Réponse F. Quand la figure est blanche, le nombre de points blancs additionné au chiffre à l'intérieur de la figure permet de donner le nombre de côtés du polygone. Quand la figure est noire, le nombre de points noirs additionné au chiffre à l'intérieur de la figure permet de donner le nombre de côtés du polygone.

6. Réponse A. Chaque cercle est divisé en 8 zones à l'exception de la proposition A qui compte 9 zones.

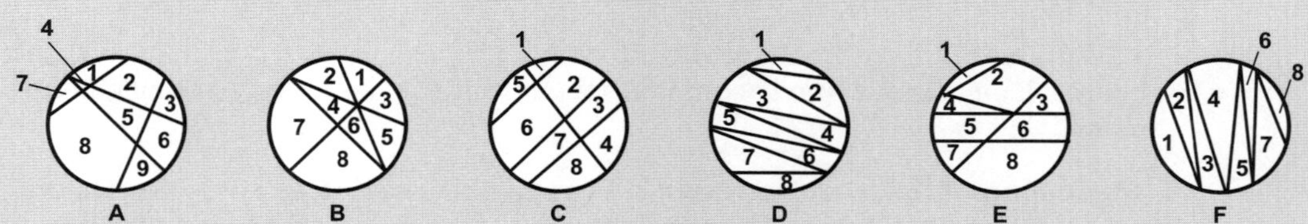

7. Réponse B. Toutes les formes sont identiques, seule leur orientation diffère. Toutefois la figure B est différente, cela se reconnaît notamment sur la partie entourée ci-dessous qui apparaît moins fine que les autres.

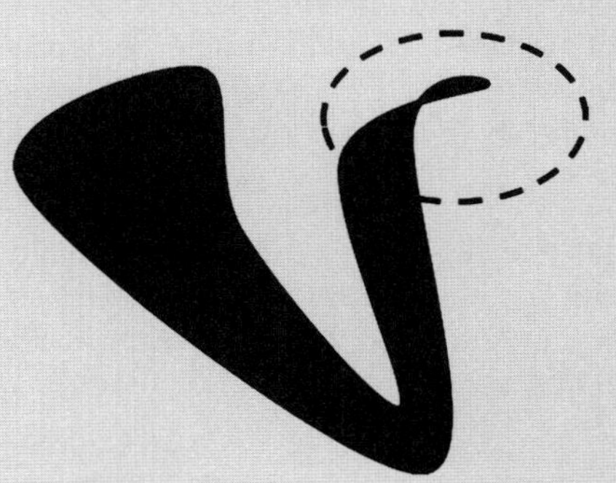

8. Réponse C. Dans chacune des figures, le nombre de barres en haut est toujours supérieur d'une barre au nombre de barres situées en bas.

9. Réponse E. Le produit des chiffres situés en haut donne la somme des chiffres situés en bas. Ainsi pour A : $4 \times 1 \times 3 = 8 + 2 + 2$. Pour B : $3 \times 2 \times 4 = 7 + 9 + 8$. Pour C : $1 \times 1 \times 1 = 0 + 1 + 0$. Pour D : $7 \times 3 \times 1 = 9 + 3 + 9$. Pour F : $5 \times 1 \times 3 = 7 + 5 + 3$. Et donc pour E : $2 \times 2 \times 9 \neq 7 + 4 + 8$.

10. Réponse C. Chacune des figures est présente deux fois : une fois blanche et une fois noire. Ces couples de figures apparaissent sous des formes différentes, avec des rotations. Voici deux à deux les paires de figures : A et I, B et H, D et M, E et L, F et K, G et J. La seule à ne pas avoir de pair est la figure C.

11. Réponse F. Chacune des cases de l'ensemble de l'énoncé propose dans le coin haut la même figure que dans le bas, avec un pivotement de 90° sur la gauche de la figure.

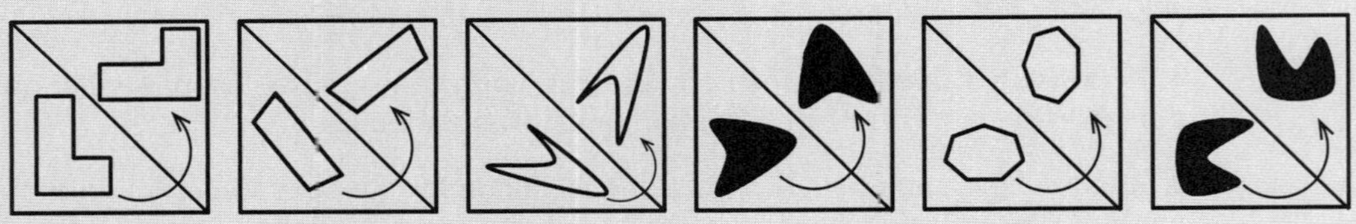

La proposition A contient deux fois la même figure sans rotation. La proposition B compte deux fois la même figure, mais la rotation entre les deux est de 180° et non pas 90°. Si la proposition C indique bien un pivotement de 90°, les deux figures ont des couleurs différentes. La proposition D représente une rotation de 180° entre les deux figures. La proposition E ne contient pas exactement deux fois la même figure.

12. Réponse B. L'ensemble contient 5 combinaisons sur les 6 possibles avec les trois figures. Il ne manque que la combinaison suivante : carré blanc – triangle noir – losange noir.

13. Réponse A. La lettre correspond à l'initiale du nombre de côtés de la figure, lorsqu'il est écrit en toutes lettres. Dans la première case de l'ensemble, on compte quatre côtés (lettre Q). Pour la deuxième case, on comptabilise dix côtés (lettre D). Avec cette même logique, seule la proposition A contient cette correspondance. Elle compte une figure à cinq côtés et contient bien la lettre C, initiale du nombre de côtés.

14. Réponse D. Le nombre de répétitions de la lettre dans chacune des figures correspond à la position de celle-ci dans l'alphabet. Dans le premier cercle, D est répété 4 fois puisqu'il est en quatrième position dans l'alphabet. Dans le deuxième cercle, B est inscrit deux fois puisqu'il est positionné deuxième dans l'ordre alphabétique. Seule la proposition D respecte cette règle avec 8 répétitions de la lettre H qui correspond à la huitième place de H dans l'alphabet.

15. Réponse C. L'ensemble considéré contient des figures qui sont toutes identiques, mais orientées de manière différente et qui peuvent être noires ou blanches. La seule proposition à reprendre scrupuleusement la même figure est la C. Les autres propositions s'éloignent plus ou moins fidèlement de la figure recherchée. Ci-dessous sont encerclées les différences proposition par proposition :

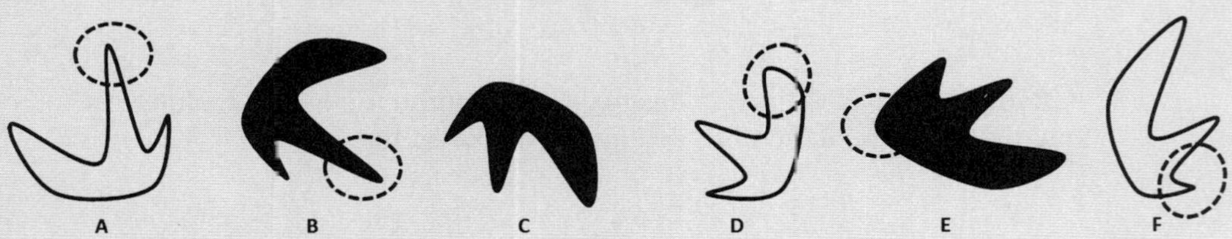

Chapitre 20

Espace et repérage

Dans ce chapitre

- Patrons et solides dans l'espace
- Spatialisation : symétrie, surface et rotation

Voici des questions où les candidats ne se battent pas à armes égales ! C'est scientifiquement prouvé : savoir se repérer dans l'espace dépend de la constitution des cerveaux de chacun. Ceux qui ont la chance d'être à l'aise avec la spatialisation s'en sortiront sans même voir où se situent les difficultés, quand d'autres devront passer du temps à comprendre les rotations et formations de volumes. Toutefois, rassurez-vous, en travaillant ces questions, même les plus désorientés arriveront à y répondre. Abordez donc ce chapitre de façon ludique et partez à la conquête de l'espace... sur papier !

Les patrons et solides dans l'espace

Vous croiserez des questions traitant des solides sous deux approches : avec les patrons (solides déployés) ou de façon modélisée dans l'espace en trois dimensions.

Les patrons

Un **solide** (aussi appelé volume) est la **représentation géométrique en trois dimensions d'une figure**. Il se forme à partir de figures planes en deux dimensions (carré, triangle, cercle, etc.).

Les solides sont abordés dans la deuxième partie de l'ouvrage, notamment à travers le calcul des volumes et des contenances. Ici, l'objet est tout autre : il s'agit d'imaginer la formation d'un solide à partir de son patron. Le patron s'apparente à une **figure plane en deux dimensions, qui permet de former un solide par pliage**. Pour former un patron, il faut alors se figurer le dépliage d'un solide de façon à le représenter à plat. Il est possible de reconstituer le solide en trois dimensions en pliant le patron à partir de chacune de ses arêtes.

Dans les tests psychotechniques, les patrons que vous croiserez le plus régulièrement sont les cubes, parallélépipèdes, prismes, pyramides, cônes et cylindres.

N'OUBLIEZ PAS !

On compte **11 patrons de cubes** qu'il est important de connaître pour les tests psychotechniques.

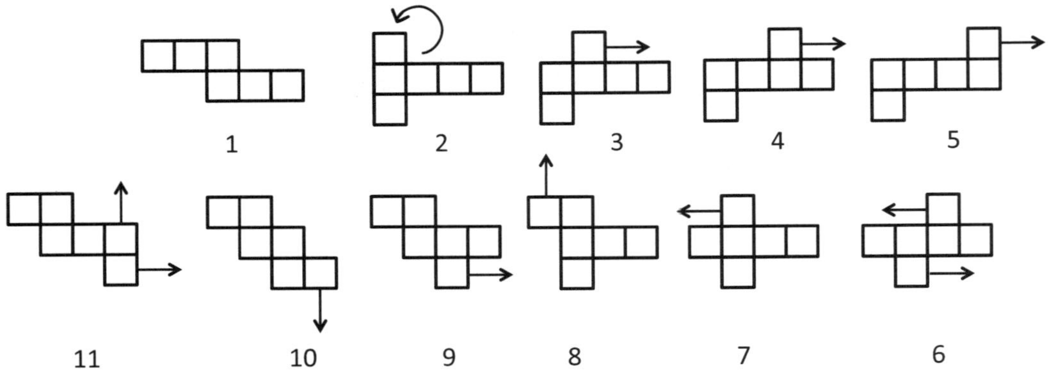

Voici ci-dessous deux **patrons de parallélépipèdes** réalisés à partir de la figure plane d'un rectangle :

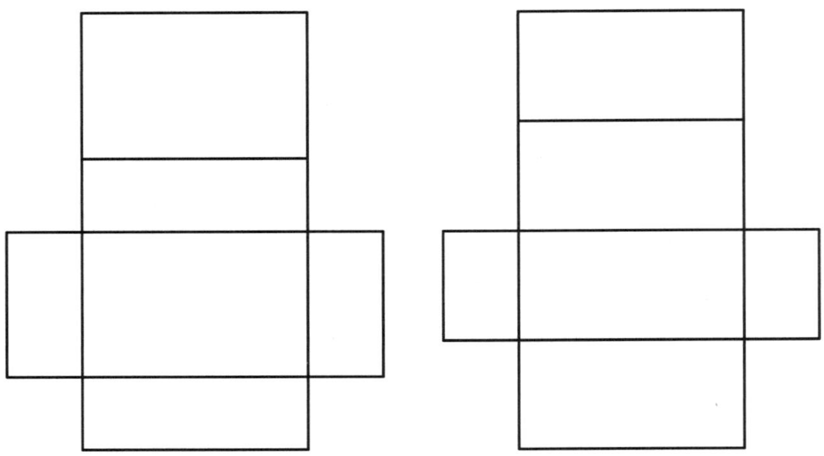

Figure 20-1 : Patrons de parallélépipèdes.

Il vous arrivera aussi de croiser des **prismes**. Un prisme est un polyèdre (volume à plusieurs faces) qui se forme à partir de deux bases polygonales (à plusieurs côtés) identiques et situées dans des plans parallèles, reliées entre elles par des parallélogrammes. C'est ainsi qu'un prisme peut être à base triangulaire, pentagonale, hexagonale, etc.

Voici ci-dessous des prismes à base triangulaire, pentagonale et hexagonale :

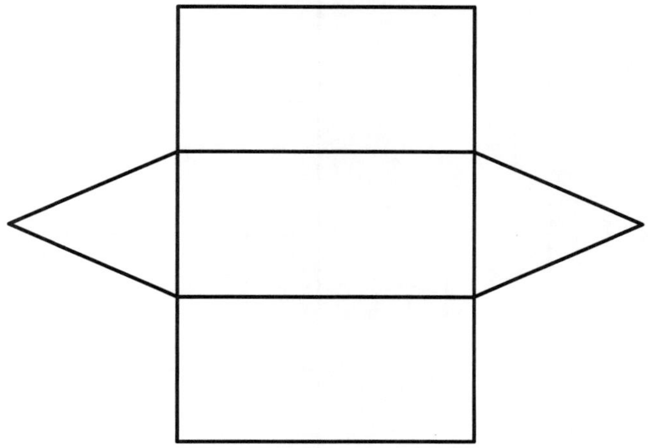

Figure 20-2 : Patron d'un prisme à base triangulaire.

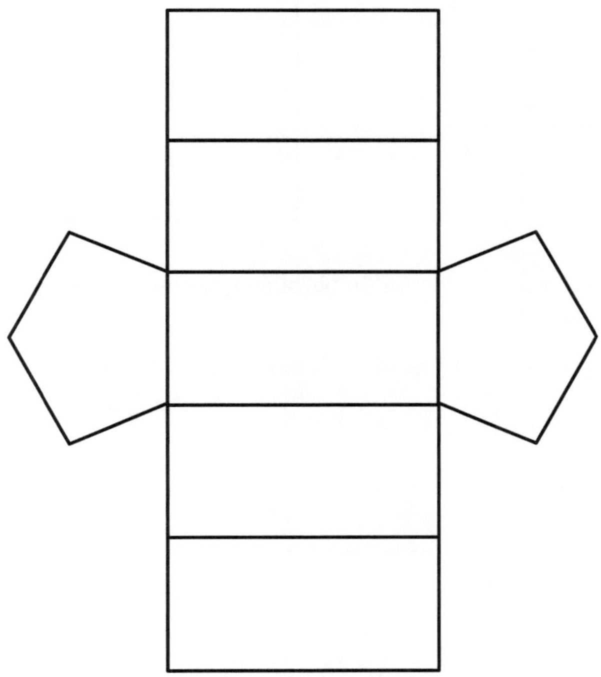

Figure 20-3 : Patron d'un prisme à base pentagonale.

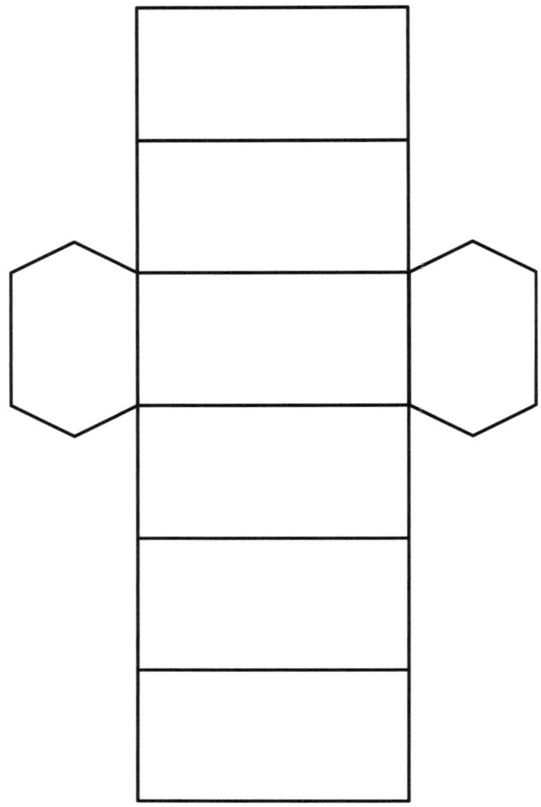

Figure 20-4 : Patron d'un prisme à base hexagonale.

N'OUBLIEZ PAS !

Dans un prisme, le nombre de parallélogrammes correspond au nombre de côtés de la figure de base.

Voici les patrons de **pyramides à base triangulaire et à base carrée** :

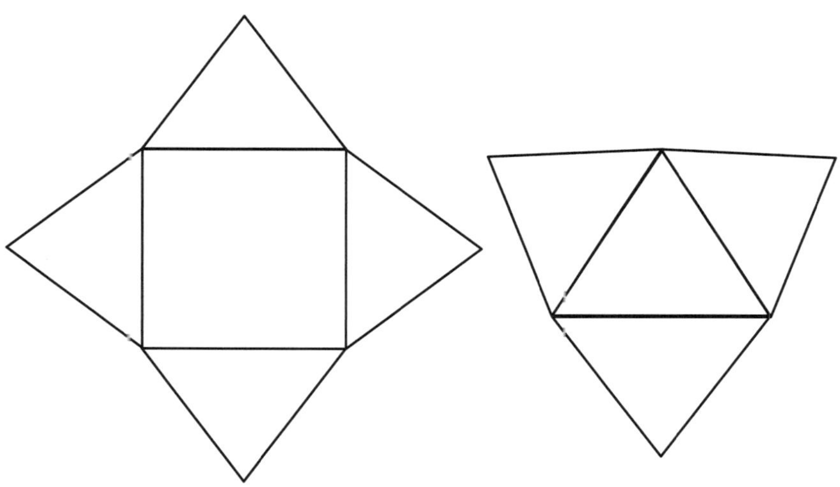

Figure 20-5 : Patron de pyramides à base carrée (à gauche) et triangulaire (à droite).

Voici le **patron d'un cône** :

Figure 20-6 : Patron d'un cône.

Voici **le patron d'un cylindre** :

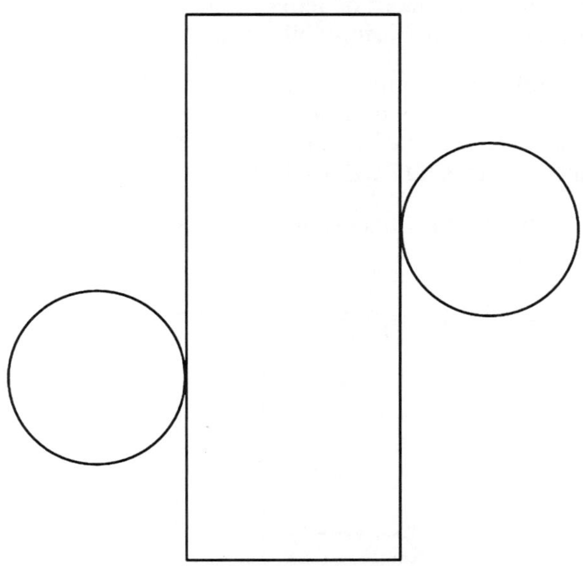

Figure 20-7 : Patron d'un cylindre de révolution.

• Parmi les quatre patrons ci-dessous, lequel permet de reconstituer un prisme octogonal ?

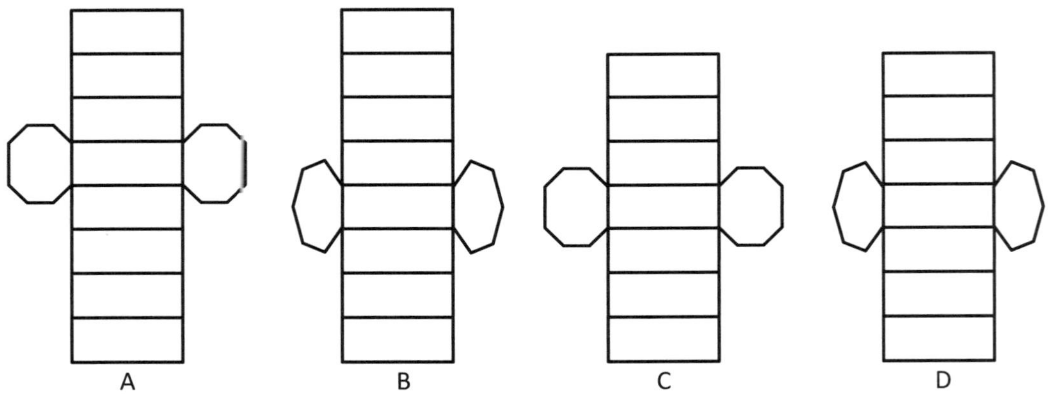

Un prisme octogonal doit détenir huit parallélogrammes avec pour base deux octogones (figure à huit côtés). Seule la proposition A reprend ce modèle. La proposition B a pour base deux heptagones (figure à sept côtés) tout comme la proposition D. La proposition C a bien pour base deux octogones, mais compte seulement sept parallélogrammes.

Les solides dans l'espace

Dans les tests d'espace et repérage, vous croiserez également les **solides sous leur forme constituée**. Ils apparaissent alors comme des solides dans l'espace et les questions sont axées sur le dénombrement de leurs faces. Il s'agit alors de se représenter le solide sous toutes les faces pour les comptabiliser.

Pour comptabiliser le nombre de faces d'un solide dans l'espace, il est conseillé de les griser au crayon au fur et à mesure du comptage. Cela permet de s'assurer que toutes les faces ont bien été prises en compte. S'agissant de figures en trois dimensions, n'oubliez pas les faces cachées de l'arrière du schéma !

• Combien compte de côtés le solide ci-dessous ?

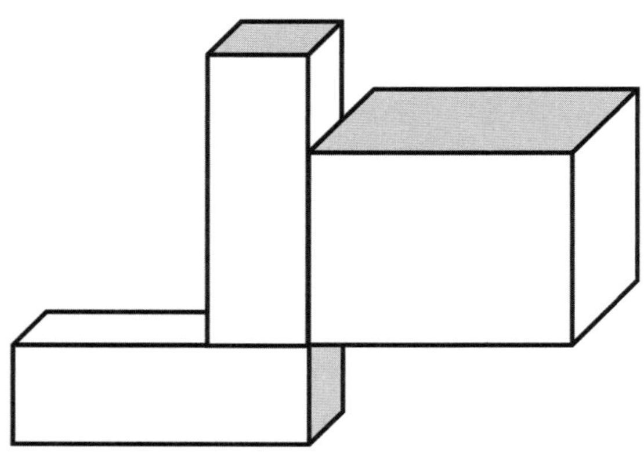

On compte en tout 17 faces.

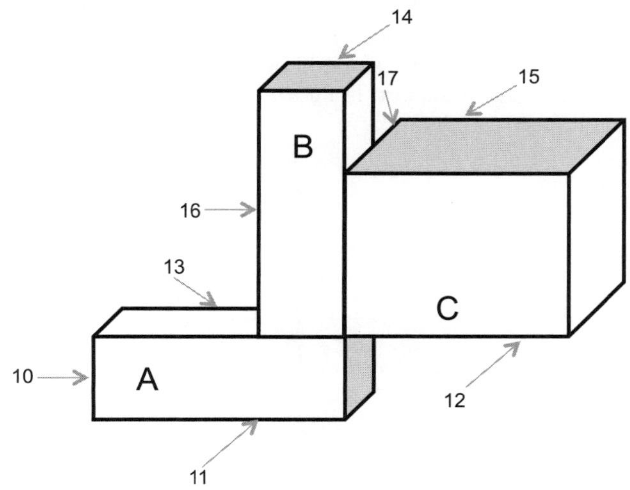

Sur le solide A : faces 1, 2, 3, 10, 11 et 13

Sur le solide B : faces 4, 8, 9, 14, et 16

Sur le solide C : faces 5, 6, 7, 12, 15 et 17

N'OUBLIEZ PAS !

Ici, il est encore plus facile de remarquer que les trois figures ont chacune 6 faces, soit 18 faces en tout. Une seule face n'est pas à comptabiliser : il s'agit de la face B entièrement posée sur le solide A (parallèle à la face 9). Il y a donc 17 faces à dénombrer (18 faces moins la face de B posée sur A).

Spatialisation

La **spatialisation** regroupe des questions faisant appel principalement aux **symétries**, **rotations** et **surfaces**. Les schémas de ces questions sont principalement des figures planes en deux dimensions.

Les rotations

Les questions de rotations s'appuient sur l'observation de figures qui pivotent. Les candidats doivent se prononcer sur les figures qui sont semblables, mais présentées sous un aspect différent.

EN PRATIQUE

- Parmi les propositions, laquelle correspond scrupuleusement à celle-ci dessous ?

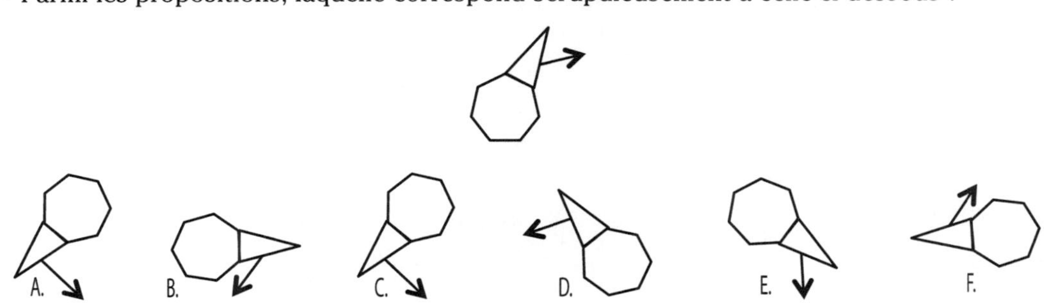

Pour répondre à ces questions, il est conseillé de se fixer un point précis de la figure et observer sa position selon les différentes rotations. Ici, en remarquant que le côté du pentagone adjacent au triangle forme un angle droit avec la flèche, cela permet ainsi de facilement remarquer que seule la figure E dispose de cet angle droit parmi les rotations proposées. En agrandissant la figure, on remarque mieux cet angle droit formé dans le prolongement de la flèche :

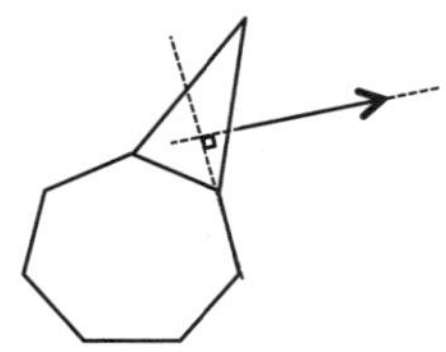

Parmi les réponses, cela permet de s'apercevoir que seule la proposition E détient cet angle droit :

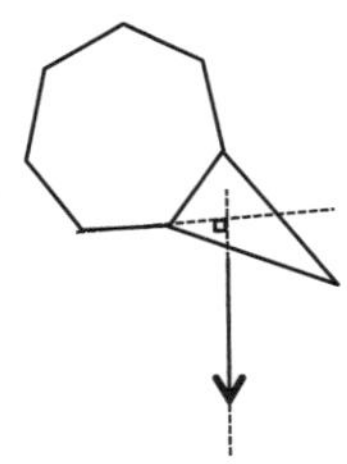

Les symétries

Les **symétries** s'observent au travers de figures qu'il faut soit comparer afin de déceler lesquelles disposent d'une symétrie soit observer en anticipant le positionnement de la figure par rapport à un axe de symétrie tracé. Les symétries les plus courantes sont les symétries verticales, horizontales, diagonales et centrales (demi-tour).

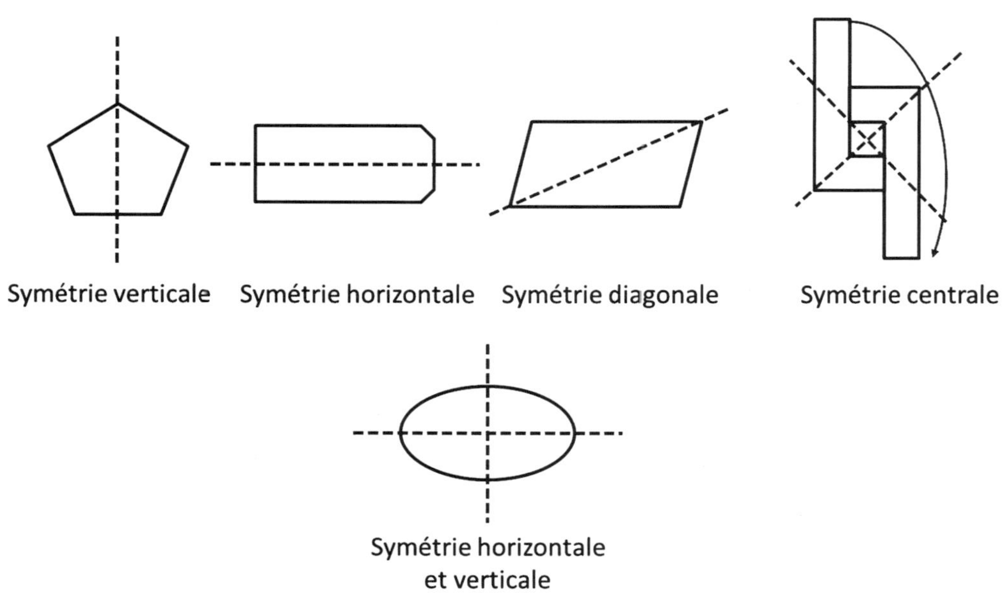

Figure 20-8 : Les différentes symétries.

EN PRATIQUE

- Quelle proposition reprend le schéma selon l'axe de symétrie vertical ?

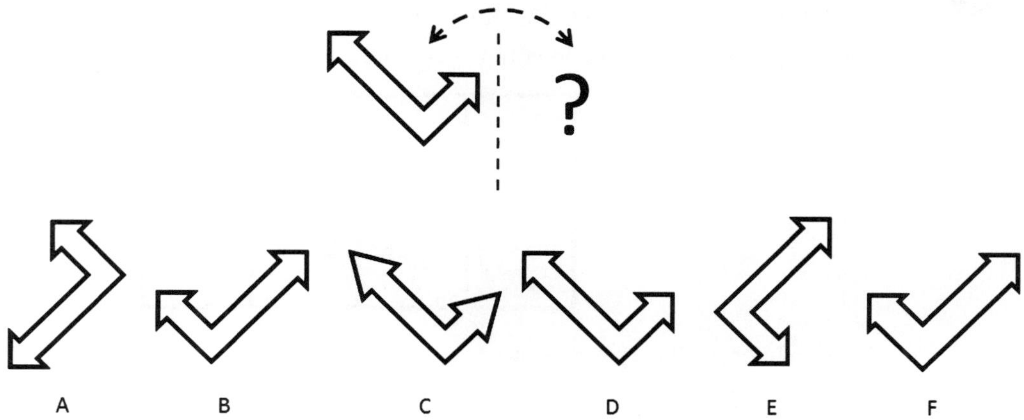

Il s'agit de la proposition B :

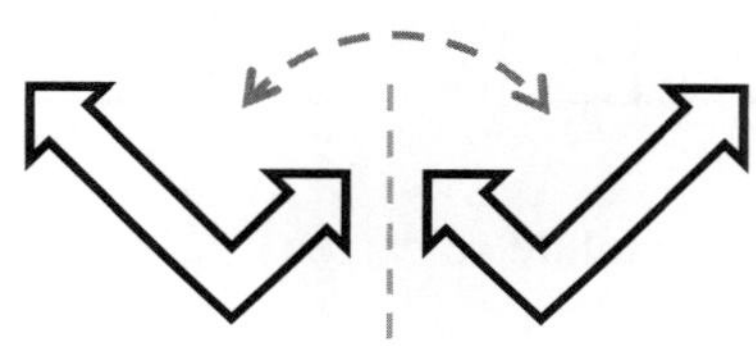

Dénombrement de surfaces et figures

À l'image de solides dans l'espace, vous croiserez des questions demandant de comptabiliser un nombre de surfaces ou de figures parmi un ensemble. Il faut alors être méthodique et attentionné pour dénombrer parfaitement les figures.

EN PRATIQUE

- Combien de carrés compte la figure ci-dessous ?

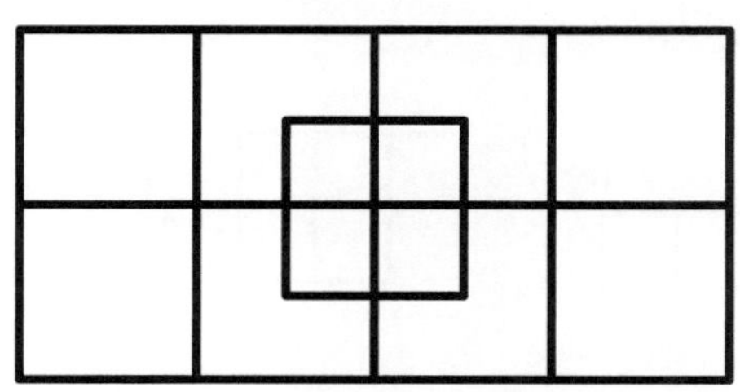

Évidemment la figure compte 9 carrés de côté 1 comme ci-dessous :

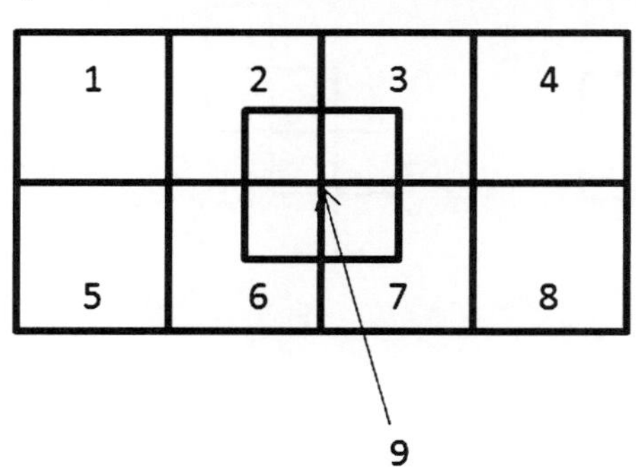

PIÈGE !

Ces questions regorgent de subtilités ! La question demande combien la figure compte de carrés de façon globale. Il faut donc comptabiliser les carrés de côté 2 et de côté 0,5 qui ne sont pas les premiers auxquels pensent les candidats à première vue.

On compte ainsi 4 carrés de côté 0,5 comme ci-dessous :

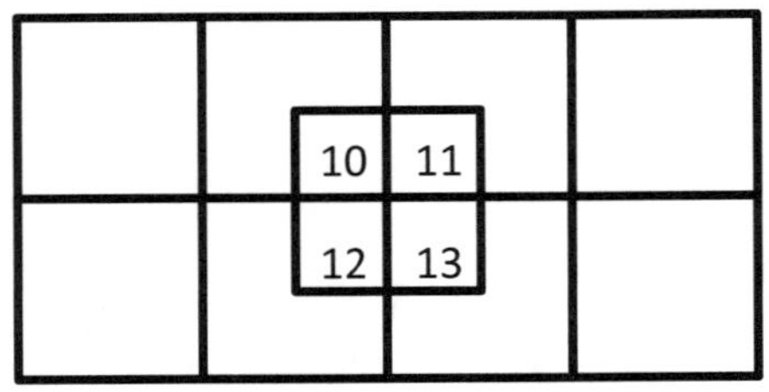

Sans oublier les 3 carrés de côté 2 :

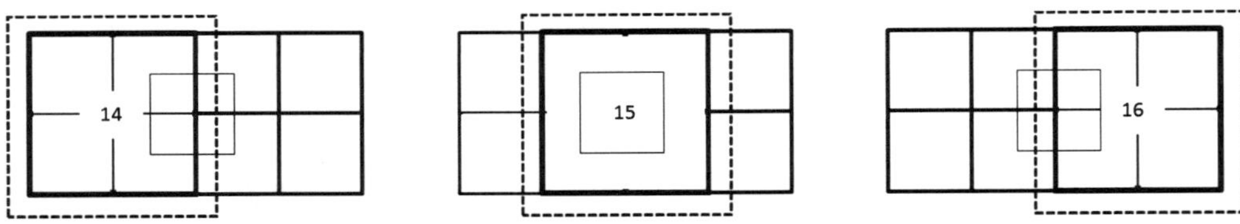

Soit un décompte total de 16 carrés.

Tests

Temps (indicatif) : 25 minutes	Difficulté : Moyen	Barème : 1 point par bonne réponse

ENTRAÎNEZ-VOUS !

Le bon choix

1. Parmi les patrons ci-dessous, lesquels permettent de former des carrés (plusieurs réponses possibles) ?

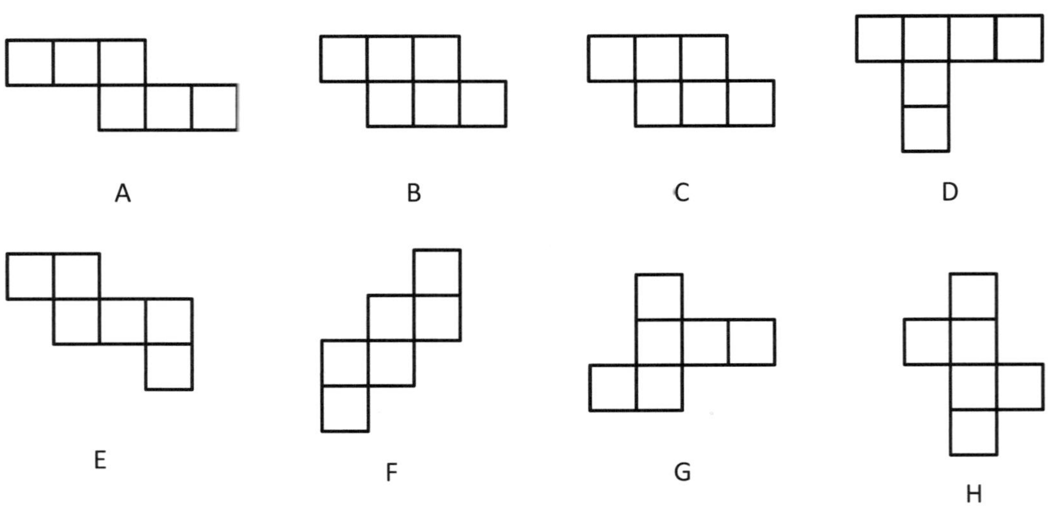

2. Quelle proposition permet de recomposer le solide ci-dessous ?

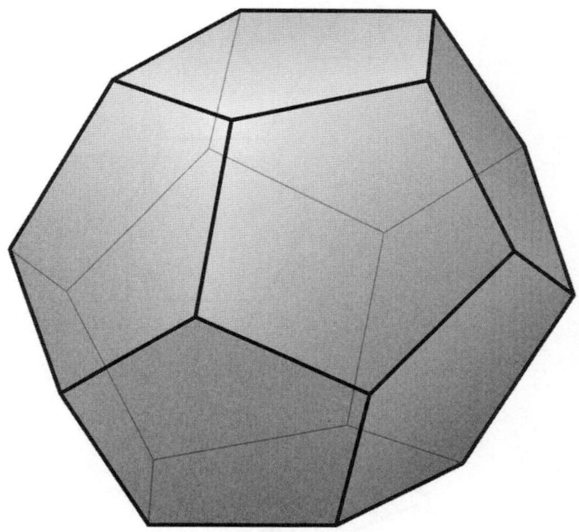

© PeterHermesFurian Vectoriel: 36723628

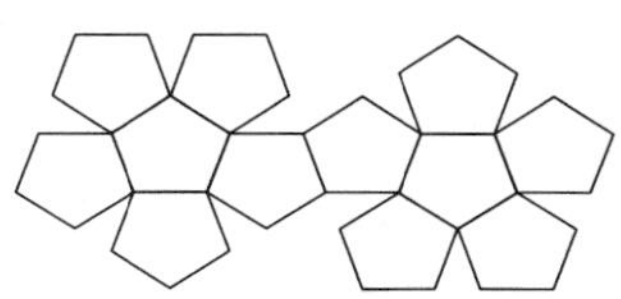

A

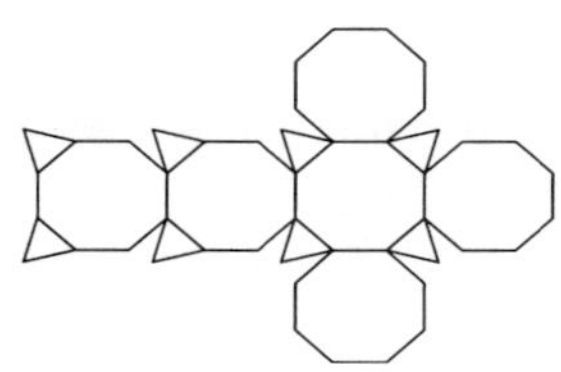

B

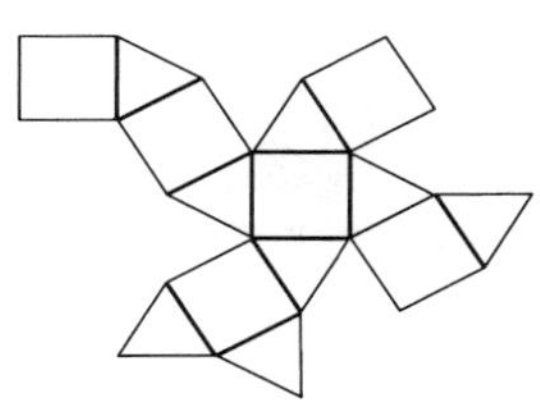

C

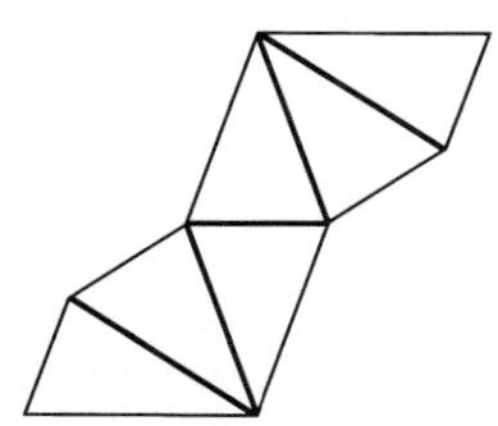

D

3. À quel volume correspond le patron ci-dessous ?

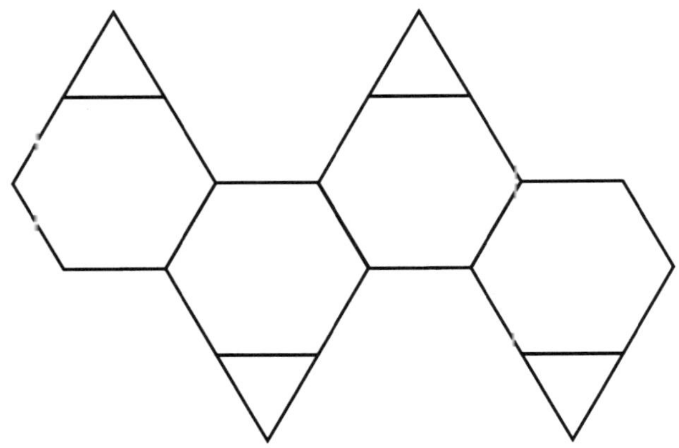

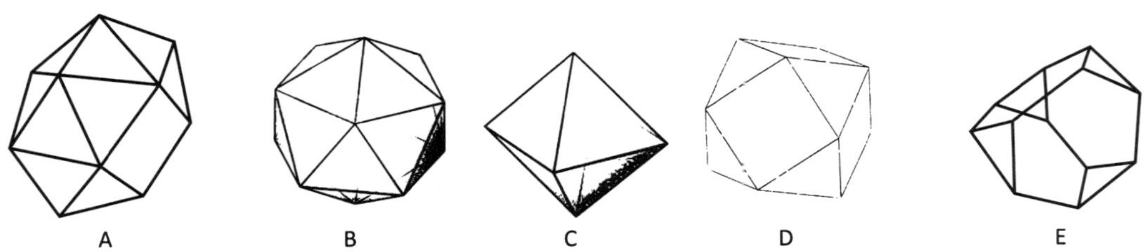

4. Voici le patron d'un dé déplié :

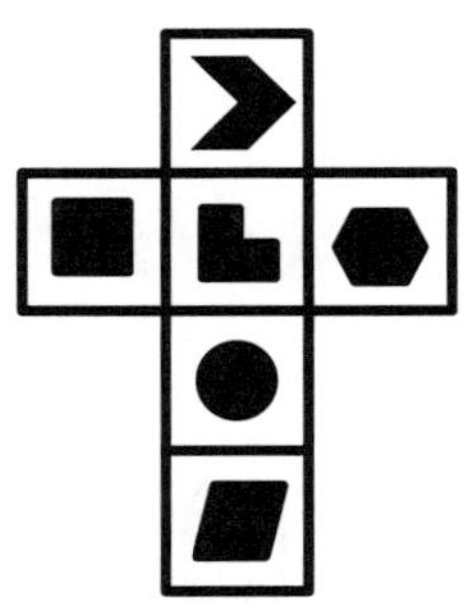

Antoine lance le dé sur une table et celui-ci s'arrête de la manière suivante :

Quelle est la figure qui apparaît sous le dé (face contre la table) ?

A B C D E F

5. Voici à nouveau le même dé :

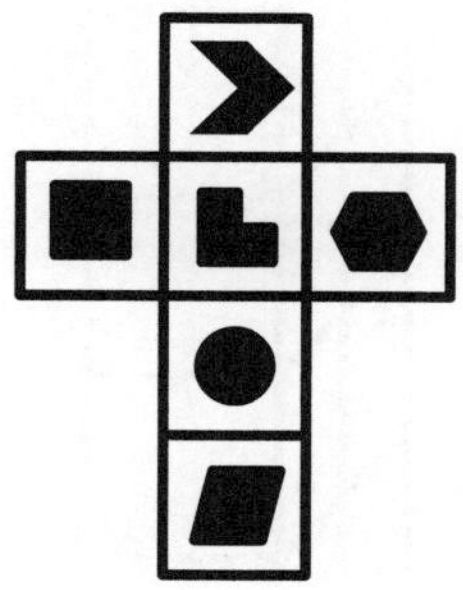

Parmi les propositions, lequel est exactement identique ?

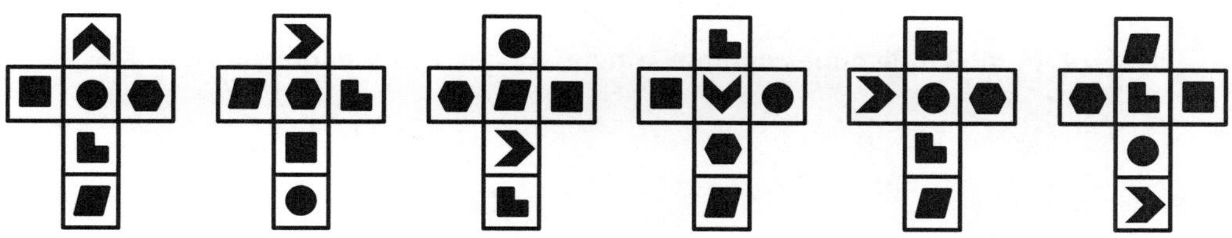

A B C D E F

Questions ouvertes

6. Combien de cubes compte la figure ci-dessous ?

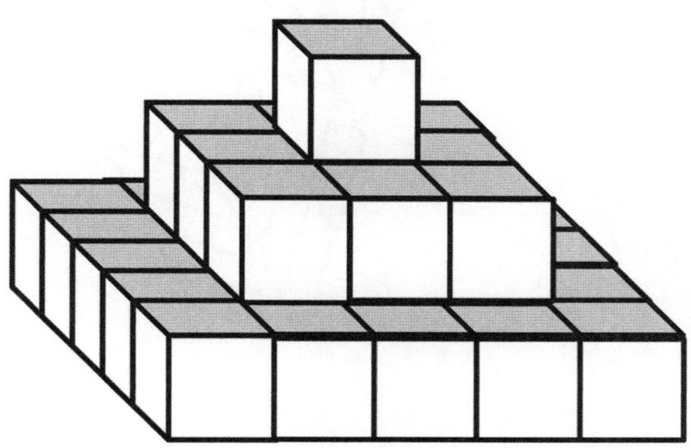

7. En considérant à nouveau la figure de la question 6, on suppose que celle-ci est posée au sol. Combien compte-t-on de cubes qui ont au moins 3 phases visibles ?

8. En considérant à nouveau la figure de la question 6, on suppose que celle-ci est posée au sol. Combien compte-t-on de faces de cubes visibles sur la figure ?

9. Combien de cubes compte la figure ci-dessous ?

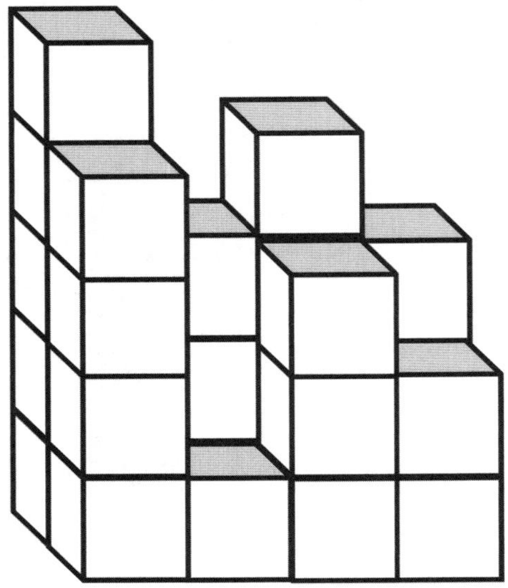

10. Combien de cubes compte la figure ci-dessous vue du ciel ?

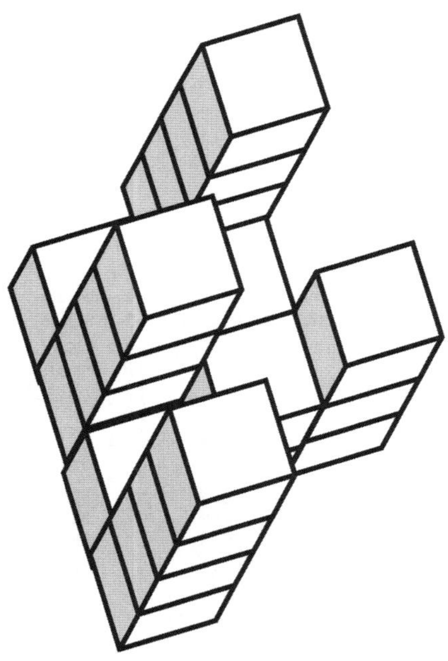

11. Combien de carrés compte la figure ci-dessous ?

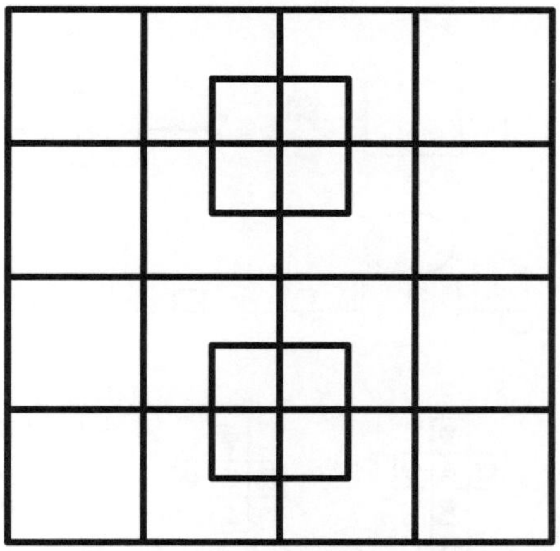

12. Combien de triangles tracés et non plats compte la figure ci-dessous ?

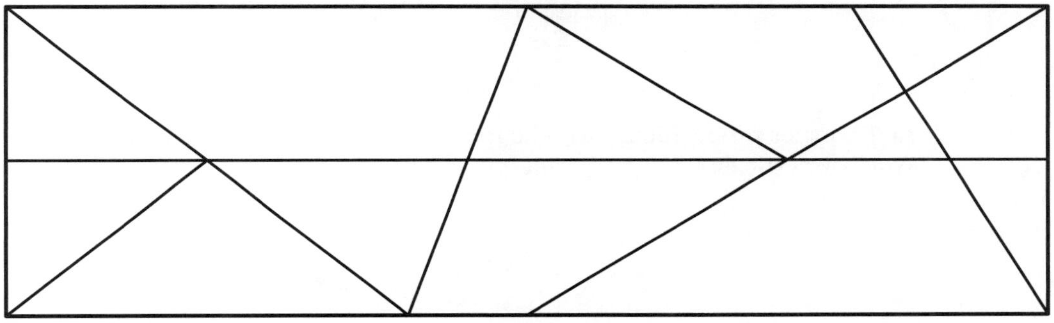

13. Combien de triangles tracés et non plats compte la figure ci-dessous ?

14. Parmi les figures ci-dessous, combien comptent au moins un axe de symétrie ?

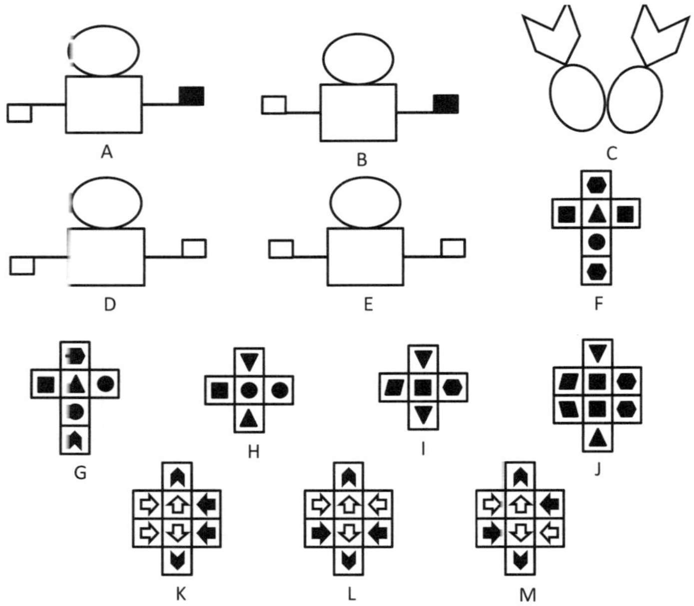

15. Parmi les propositions, laquelle reprend scrupuleusement celle de l'énoncé avec une symétrie verticale ?

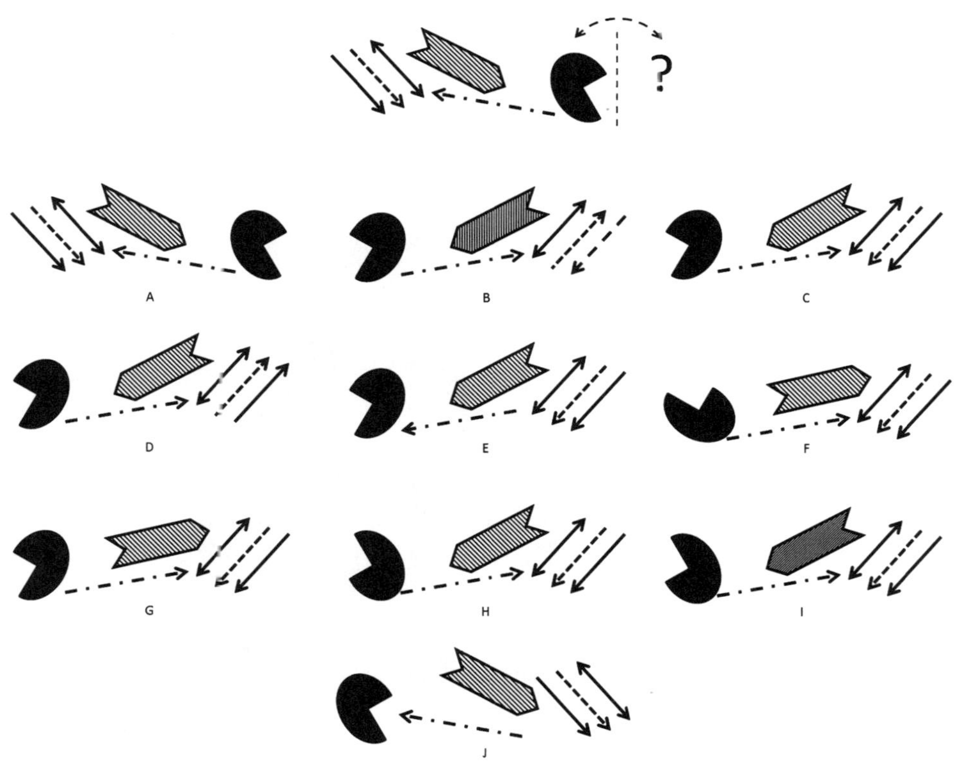

Correction des tests

1. Réponses A, E, F, G et H. Les patrons A et E reprennent respectivement les patrons 1 et 11 donnés dans le cours. Les patrons F, G et H représentent respectivement les patrons 10, 8 et 6 du cours, avec une rotation de 90° (mais ce sont bien les mêmes patrons).

2. Réponse A. Le solide représenté est un dodécaèdre, c'est-à-dire une figure à 12 côtés avec ici une base pentagonale (figure à 5 côtés). La proposition A représente ce patron.

3. Réponse E. Le patron représente un tétraèdre tronqué, un solide à 4 faces hexagonales chacune surmontée d'un triangle, tout comme la proposition E. La proposition A est un antiprisme carré et la proposition D est un cuboctaèdre.

4. Réponse F. La face visible du dé sur la table montre que la figure a réalisé une rotation de 180° puisqu'elle n'est pas dans la même position que sur le patron :

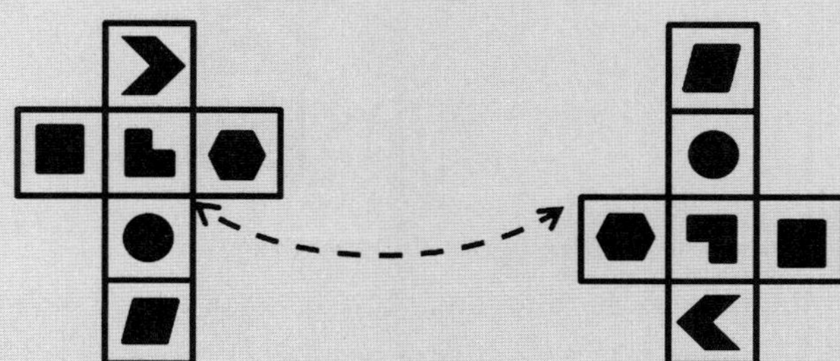

L'image permet de se rendre compte que la face qui est contre la table est alors la flèche, orientée vers la gauche.

5. Réponse C.

ASTUCE

Pour répondre à cette question, il faut se concentrer sur les faces dites opposées sur un dé. Pour mieux saisir, voici un dé classique :

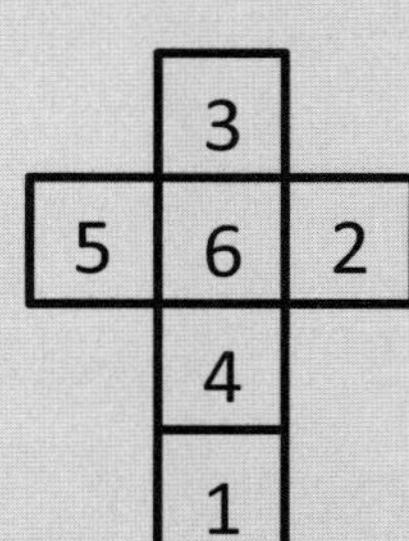

Les faces opposées marchent par deux. Sur ce dé, les trois paires de faces opposées sont les suivantes :

- Les faces 1 et 6.
- Les faces 2 et 5.
- Les faces 3 et 4.

Deux faces opposées sur un dé sont celles qui ne sont pas adjacentes (elles ne se touchent pas). Vous noterez ainsi que sur un dé classique comme représenté plus haut, la somme des faces opposée donne toujours 7.

En reprenant le dé de cette question, le dé cherché doit garder comme faces opposées les trois paires de faces suivantes :

- Les faces de la flèche et du rond.
- Les faces du carré et de l'hexagone.
- Les faces du parallélogramme et la figure en L.

Parmi les propositions, seul le dé de la proposition C garde ces trois paires de faces opposées.

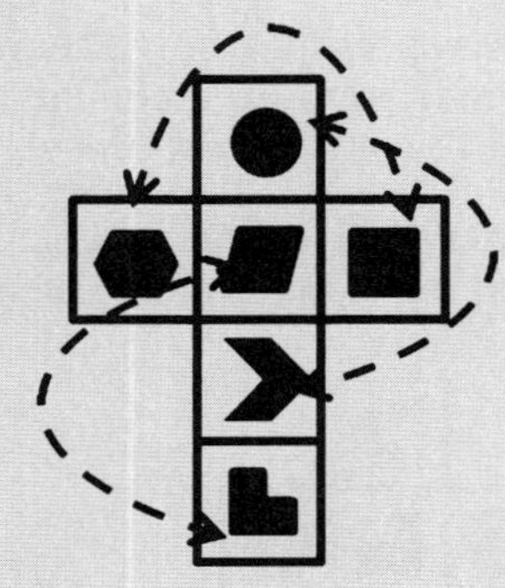

6. Il faut décomposer cette figure en trois étages :

- 1er étage (bas) il s'agit d'un carré de 5 cubes de côté soit 25 cubes (5 × 5 = 25).
- 2e étage (milieu) : il s'agit d'un carré de 3 cubes de côté soit 9 cubes (3 × 3 = 9).
- 3e étage (haut) : un seul cube.

Ce qui fait un total de **35** cubes (25 + 9 + 1 = 35).

7. Seuls les cubes des angles ont au moins trois faces visibles. Par étage cela fait alors :

- 1er et 2e étages : les 4 cubes aux angles de chaque étage, soit 8 cubes pour les deux étages.
- 3e étage (haut) : le cube dispose de cinq faces visibles.

Ce qui fait un total de **9** cubes (8 + 1 = 9).

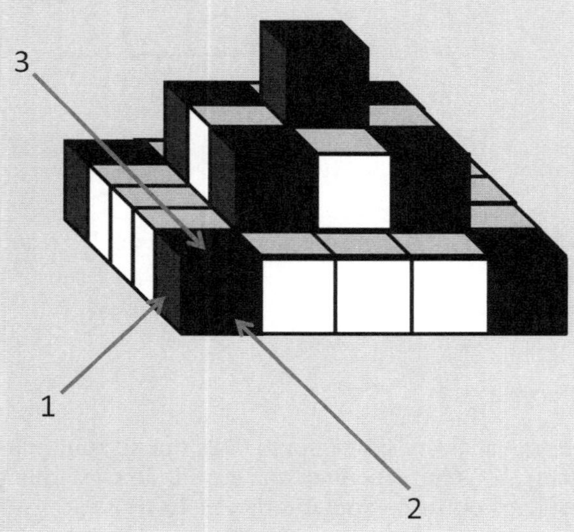

8. Pour décompter le nombre de faces visibles, il faut les considérer étage par étage

- 1er étage : on note deux types de cubes :
  - Les 4 cubes qui ont 3 faces visibles (en noir sur le schéma) soit 12 faces visibles.
  - Les 12 cubes qui ont 2 faces visibles (en gris sur le schéma) soit 24 faces visibles.
- 2e étage : on note deux types de cubes :
  - Les 4 cubes qui ont 3 faces visibles (en noir sur le schéma) soit 12 faces visibles.
  - Les 4 cubes qui ont 2 faces visibles (en gris sur le schéma) soit 8 faces visibles.
- 3e étage : le seul cube (en noir) a 5 faces visibles.

Ce qui fait un total de **61** faces visibles (12 + 24 + 12 + 8 + 5 = 61).

9.

ASTUCE

Utiliser un tableau permet de mieux visualiser le nombre de cubes. Pour cette figure cela donne :

5	3	4	3
4	1	3	2

Soit un total de **25 cubes**.

10. En décomptant tour par tour, cela donne :

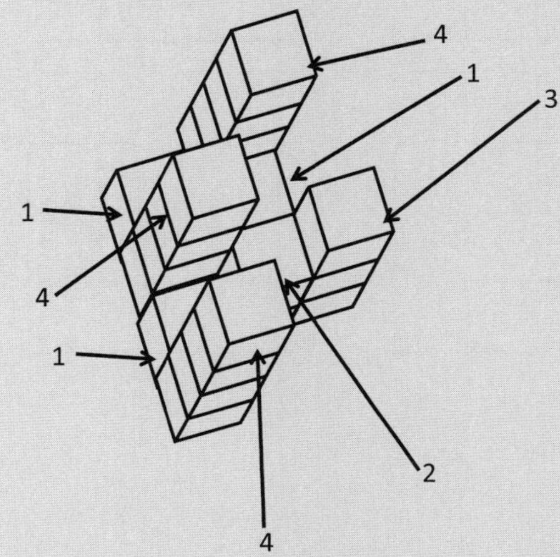

Soit un total de **20 cubes**.

PIÈGE !

Attention à ne pas décompter deux cubes dans la colonne immédiatement au-dessus de celle fléchée « 2 » sur le schéma (qui, elle, en compte réellement deux) ! Il suffit de la comparer à la colonne de 4 cubes adjacente pour voir qu'elle n'en compte qu'un. La perspective est parfois trompeuse !

11. On compte **40 carrés** dans cette figure, répartis de la manière suivante :

18 carrés de côté 1 (numérotés de 1 à 18)

8 carrés de côté 0,5 (numérotés de 19 à 26)

9 carrés de côté 2 (numérotés de 27 à 35)

4 carrés de côté 3 (numérotés de 36 à 39)

1 carré de côté 4 (numéroté 40)

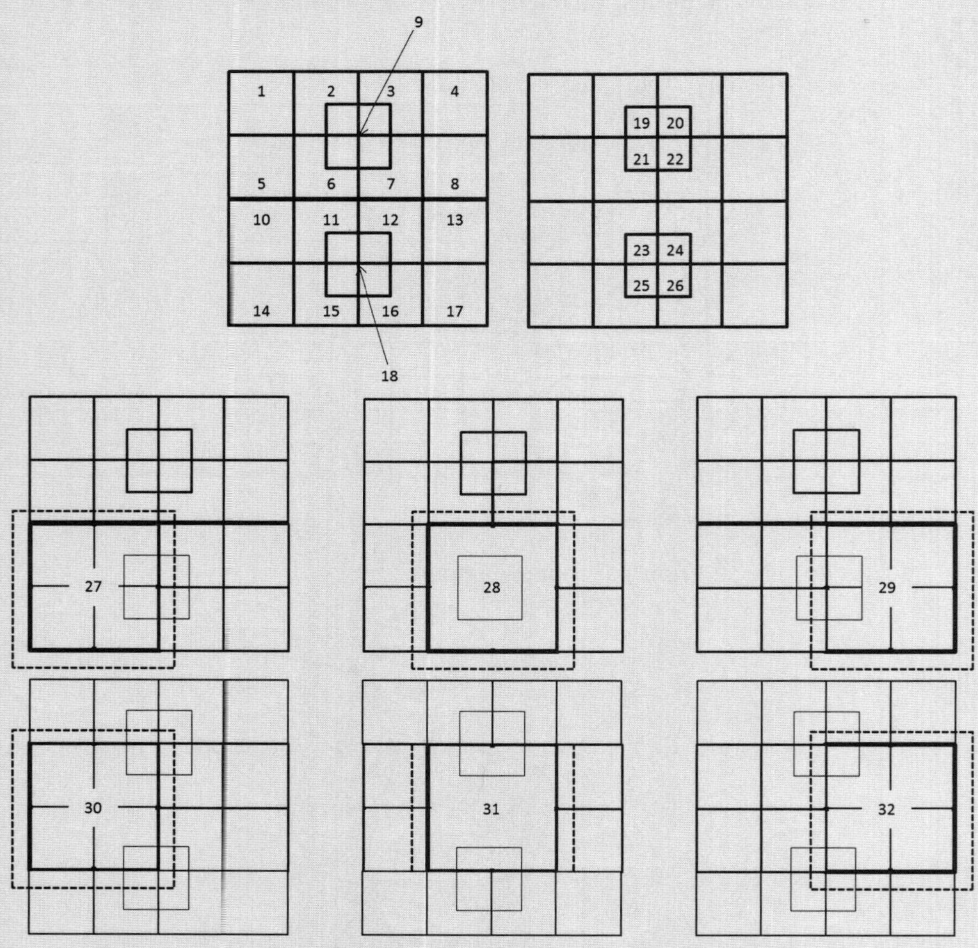

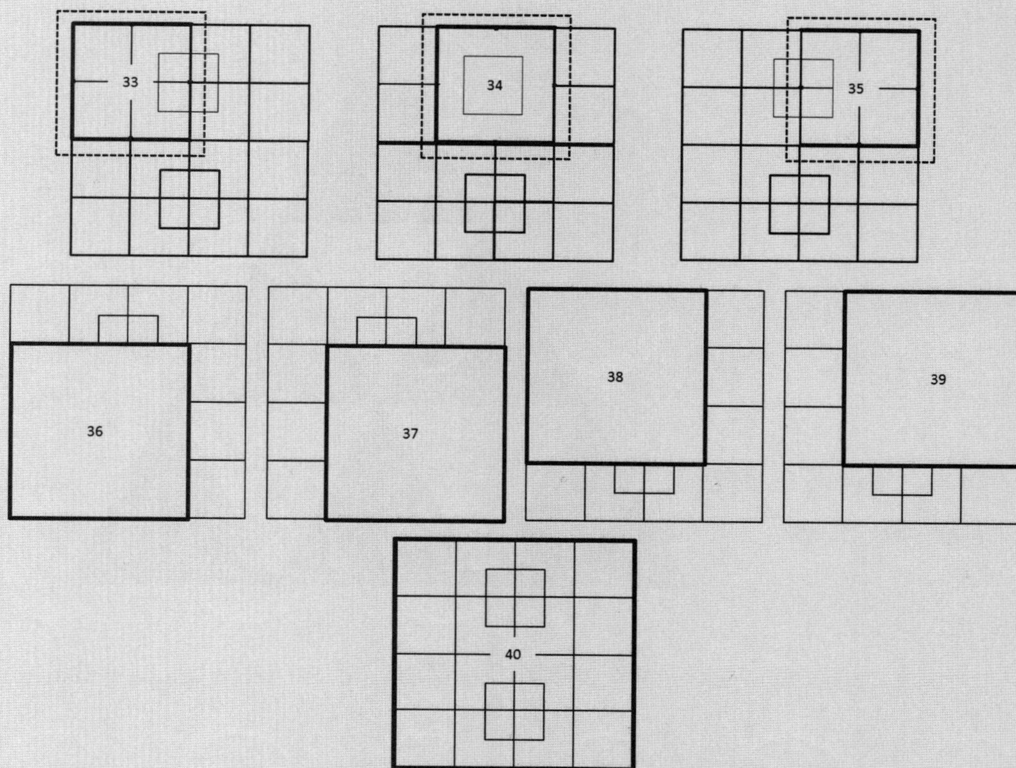

12. En considérant la numérotation des points du schéma ci-dessous, voici les **17 triangles** répertoriés dans cette figure : ABD, ACD, BCD, ACE, CDE, DEF, AGE, FGI, GIM, HKO, HMO, IKL, IMN, JKM, JMO, KMO et LNO.

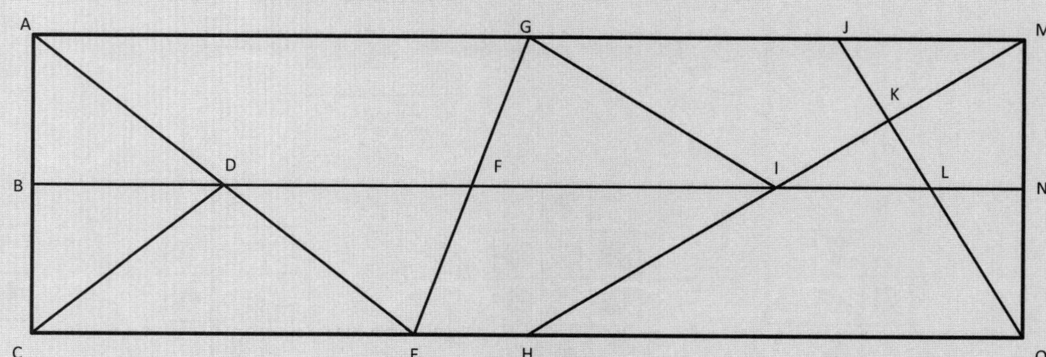

13. On compte **13 triangles** présents dans cette figure :

- 9 petits triangles : ABC, BDE, BCE, CEF, DGH, DEH, EHI, EFI et FIJ.
- 3 triangles de taille moyenne (chacun contenant 4 petits triangles) : ADF, BGI et CHJ.
- Le grand triangle AGJ.

Soit un total de 13 triangles.

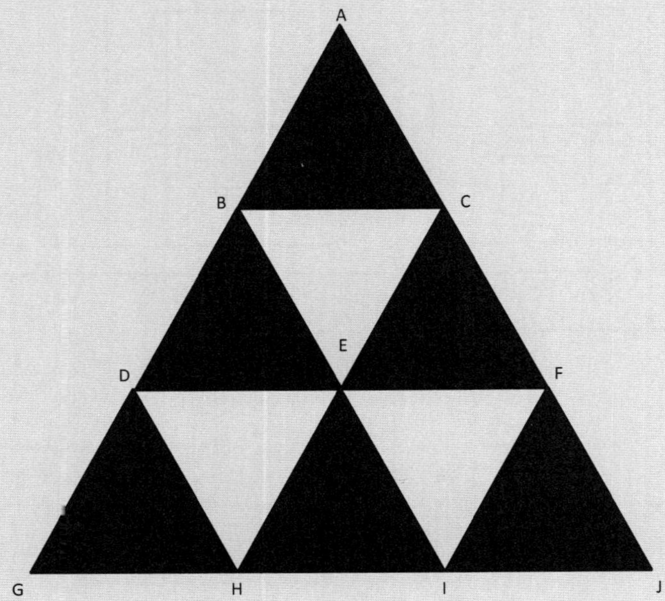

14. Les **7 figures** C, E, F, H, J, K et L disposent au moins d'un axe de symétrie.

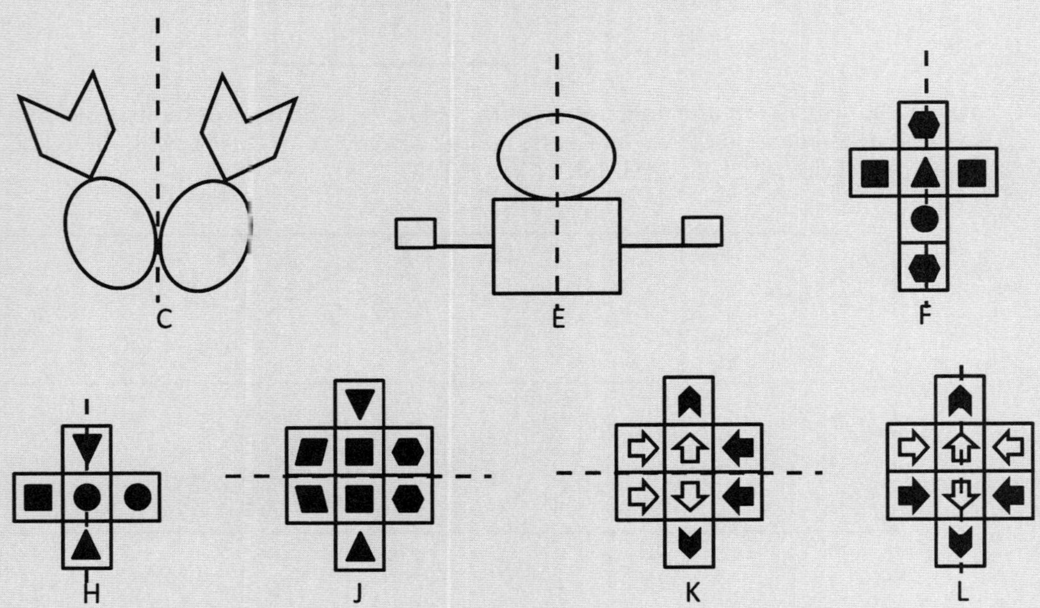

15. Réponse C. Il s'agit de la proposition C.

C

Chapitre 21

Logique numérique

Dans ce chapitre

- Les schémas numériques : matrices et figures géométriques
- Les symboles numériques

Voici un chapitre qui mêle à la fois les aspects numériques et la notion de logique. La logique numérique fait appel tant aux notions mathématiques qu'à la logique. Au travers de questions employant tant des nombres que des symboles, les raisonnements s'appuient sur les règles opératoires de base. La plupart du temps, les consignes restent évasives et il est demandé aux candidats de comprendre l'exercice. Les méthodes de résolution consistent alors à effectuer différents tests-essais jusqu'à trouver la règle permettant de donner un sens aux éléments de la question. Les candidats à l'aise avec la manipulation des nombres seront servis.

Les schémas numériques

Les **schémas numériques** mêlent logique visuelle et manipulation des nombres. Les questions, souvent originales, apparaissent sous la forme de matrices ou au sein de figures géométriques. Mais le principe reste identique : **décoder les opérations cachées** pour faire parler les nombres…

Les matrices numériques

Les **matrices numériques** sont les questions qui apparaissent le plus fréquemment en logique numérique. Elles prennent la forme d'**un tableau à plusieurs colonnes et lignes**. Chacune des cases de cette « matrice » contient un nombre. L'objectif est alors d'associer ces nombres les uns aux autres pour en déceler la logique. La plupart du temps, une case (voire plusieurs) reste vide : c'est alors aux candidats de la remplir en fonction de la logique trouvée.

Les logiques s'apparentent à des opérations numériques à réaliser (addition, soustraction, multiplication et division) selon une règle à déterminer.

•

3	5	2	10
4	4	5	13
6	3	1	?
13	12	8	33

Ici, la colonne de droite et la ligne du bas indiquent respectivement la somme des nombres des lignes horizontales et verticales, de la façon suivante :

3	+	5	+	2	=	10
+		+		+		+
4	+	4	+	5	=	13
+		+		+		+
6	+	3	+	1	=	**10**
=		=		=		=
13	+	12	+	8	=	33

La méthode de résolution consiste à tester différentes possibilités, jusqu'à trouver la règle régissant la matrice. Parmi les logiques récurrentes, on note :

- les additions, soustractions, multiplications et divisions ;
- le mélange de différentes opérations ;
- des déplacements de nombres (avec ou sans transformation) ;
- des suites de nombres (consécutifs, en progression, etc.).

Il est important de suivre une **méthode rodée et rigoureuse** pour réaliser toutes sortes de tests. Attention cependant à ne pas papillonner d'un test à l'autre sans réel lien logique entre eux : le risque de perte de temps est grand. Réalisez les tests dans un ordre judicieux, en débutant par les additions, puis les soustractions avant les multiplications et divisions. Tentez ensuite des combinaisons. Si aucun test n'est concluant au niveau des opérations, observez d'autres règles (déplacements, progressions, etc.). Quand vous réalisez un test concluant, veillez à ce qu'il s'applique à l'ensemble de la matrice : il se doit d'être valable globalement.

Les figures numériques

Le format des schémas numériques peut diverger du carré classique. Ainsi, vous pourriez croiser des nombres articulés au sein de formes géométriques variées : triangles, cercles, rectangles, etc. Les différentes catégories de logique restent identiques, toutefois le format de ces questions requiert d'**effectuer les tests de façon indépendante pour chaque figure**. C'est ainsi que, pour les triangles, l'articulation des tests s'effectue entre les chiffres au sommet de la figure et celui indiqué à l'intérieur.

EN PRATIQUE

- 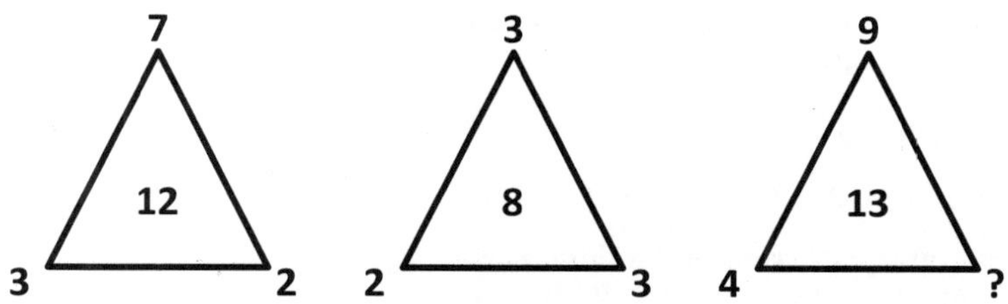

Dans chacun des deux premiers triangles, la somme des nombres aux sommets permet d'obtenir le nombre à l'intérieur de la figure. Le chiffre cherché correspond alors au calcul suivant ; $9 + 4 + x = 13 \Leftrightarrow x = 13 - 9 - 4 = 0$. Le chiffre cherché est ainsi 0.

EN PRATIQUE

- 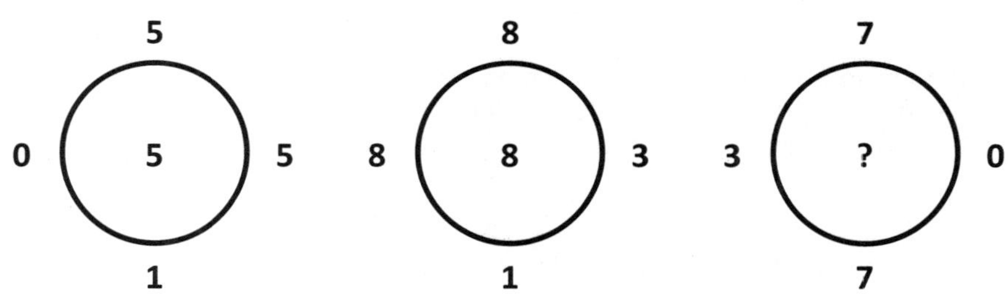

Dans chacun des deux premiers cercles, le chiffre à l'intérieur de la figure correspond au chiffre qui est présent deux fois autour du cercle. Dans le dernier cercle, on note deux fois la présence du chiffre 7 autour du cercle. La réponse cherchée est donc 7.

Logique numérique et symboles

En logique numérique, vous croiserez des questions utilisant **des symboles, des nombres et des lettres**. Les règles n'ont plus rien de graphique et requièrent alors d'**associer les valeurs à des symboles ou des lettres**. Ces questions s'apparentent à des opérations codées où vous devez déterminer la valeur des symboles et/ou lettres.

Les mots codés

La catégorie de mots codés associe mots et nombres. Toute la difficulté réside dans le lien à trouver entre les termes et les nombres, en s'appuyant sur des exemples donnés dans l'énoncé. Parmi les logiques récurrentes au sein de ces questions, on note les consonnes/voyelles, les rangs alphabétiques des lettres, le décompte de certaines lettres, etc.

EN PRATIQUE

- MONTAIGNE : 9 VOLTAIRE : 8

  ROUSSEAU : 8 MONTESQUIEU : ?

  Le nombre correspond ici au nombre de lettres dans chacun des noms de philosophes. Montesquieu compte 11 lettres et doit donc voir afficher ce nombre à la place du point d'interrogation.

EN PRATIQUE

- NEY : 1 JOURDAN : 0

  KELLERMAN : 2 MASSENA : ?

  Le nombre correspond à l'occurrence de la lettre E dans chacun des noms de ces maréchaux. Un « 1 » doit être affiché pour Masséna, qui compte un seul E dans son nom.

Logique numérique et symboles à valeur relative

Ces questions demandent aux candidats de **comparer plusieurs combinaisons de symboles** et de déterminer, à partir de correspondances relatives, celle qui aura la valeur la plus grande (voire la plus faible dans certains cas).

CONSEILS DU FORMATEUR

Pour résoudre ces questions, le plus aisé est de transformer la valeur de chaque combinaison **en fonction de la valeur relative du symbole le plus petit**. Cela donne ainsi une base comparable permettant de valoriser chaque combinaison.

EN PRATIQUE

- 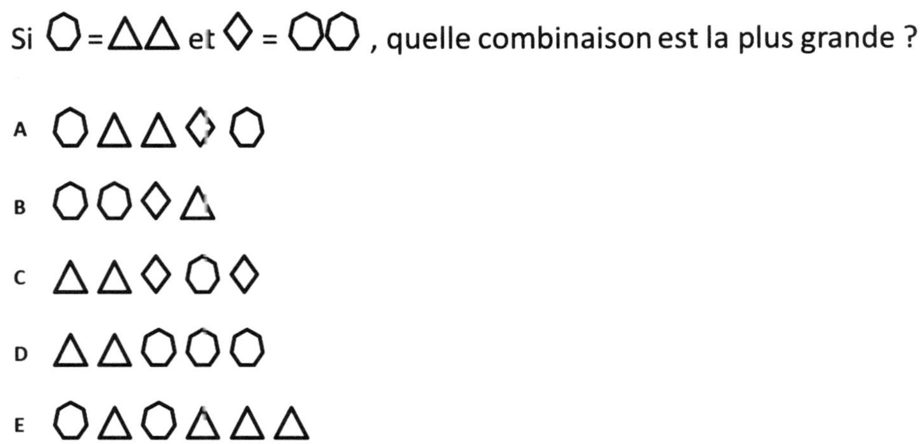

Puisque ◇=⬡⬡ et ⬡= △△ alors ◇>⬡>△. La valeur de base (la plus petite) est donc le triangle. L'heptagone vaut deux triangles et puisque le losange vaut deux heptagones, le losange vaut quatre triangles. En transformant chaque proposition par son équivalent en triangle, cela donne :

A	⬡ △ △ ◇ ⬡	⟶	△△△△△△△△△△
B	⬡ ⬡ ◇ △	⟶	△△△△△△△△△
C	△ △ ◇ ⬡ ◇	⟶	△△△△△△△△△△△△
D	△ △ ⬡ ⬡ ⬡	⟶	△△△△△△△△
E	⬡ △ ⬡ △ △ △	⟶	△△△△△△△△

La proposition la plus grande est alors C.

ASTUCE

Pour résoudre cette question, il peut être plus rapide d'identifier la proposition contenant le plus de symboles avec la valeur la plus élevée (le losange en l'occurrence). En identifiant rapidement que la proposition C en détient deux, nous pouvons conclure qu'il s'agit de la réponse la plus grande.

Il est également possible de remplacer chaque symbole par un nombre pour valoriser les propositions. En utilisant 1 comme valeur de base pour un triangle, on obtient la valeur 2 pour un heptagone et 4 pour le losange. Par proposition cela donne :

A	⬡ △ △ ◇ ⬡	⟶	2 + 1 + 1 + 4 + 2 =10
B	⬡ ⬡ ◇ △	⟶	2 + 2 + 4 + 1 = 9
C	△ △ ◇ ⬡ ◇	⟶	1 + 1 + 4 + 2 + 4 =**12**
D	△ △ ⬡ ⬡ ⬡	⟶	1 + 1 + 2 + 2 + 2 = 8
E	⬡ △ ⬡ △ △ △	⟶	2 + 1 + 2 + 1 + 1 + 1 = 8

Logique numérique et symboles à valeur absolue

Dans ces questions de logique et symboles à valeur absolue, les questions combinent symboles et nombres. L'objectif est de trouver la valeur d'un symbole à partir d'égalités s'apparentant à des équations.

EN PRATIQUE

- Que vaut ◇ ?

⬡ △ △ = 19

◇ △ = 17

⬡ ◇ △ = 22

Bien qu'il soit tentant de vouloir transformer chacune des égalités par une équation et résoudre un système, ces questions ne nécessitent pas une telle méthodologie lourde et complexe. Il s'agit d'être astucieux pour établir une démarche déductive et non pas mathématique.

Ici en additionnant les deux dernières égalités, on obtient :

⬡ ◇ △ + ◇ △ = 22 + 17 ⟶ ⬡ ◇ △ ◇ △ = 39

En retranchant cela à la première égalité, on a :

⬡ ◇ △ ◇ △ - ⬡ △ △ = 39 – 19 ⟶ ◇ ◇ = 20 ⟶ ◇ = 10

Tests

Temps (indicatif) : 25 minutes	Difficulté : Moyen	Barème : 1 point par bonne réponse

QCM

Matrices numériques à compléter

1.

1	3	4
4	?	6
5	5	10

2.

5	6	2	6
7	3	9	0
3	7	4	5
4	3	4	?

3.

2	16	18	?
4	14	20	30
6	12	22	28
8	10	24	26

4.

7	5	3	2
11	13	?	19
37	31	29	23
41	43	47	53

5.

1	8	2	16
5	19	10	38
14	?	28	12
0	7	0	14

Figures numériques à compléter

6.

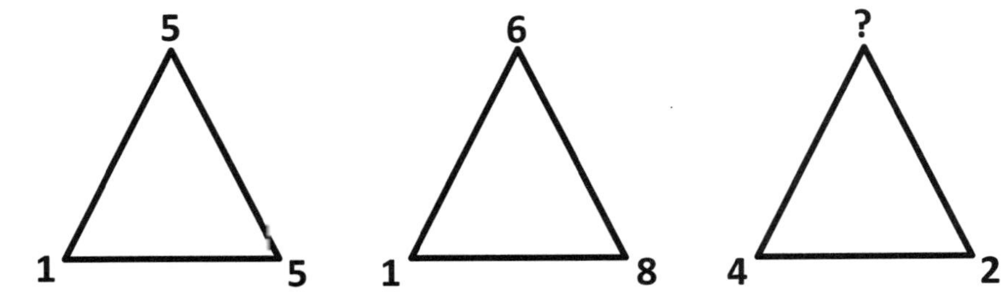

7.

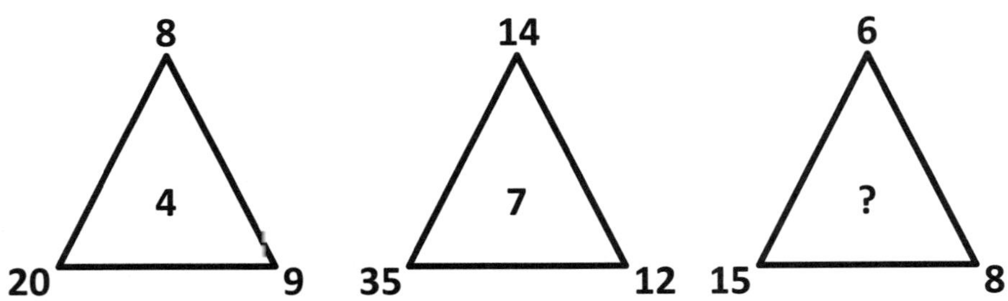

8.

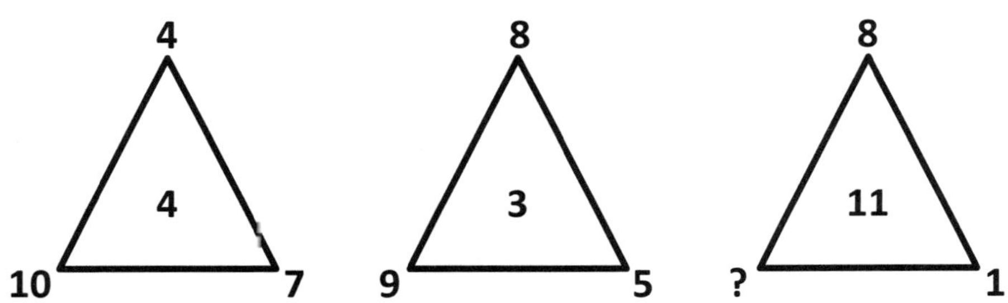

9.

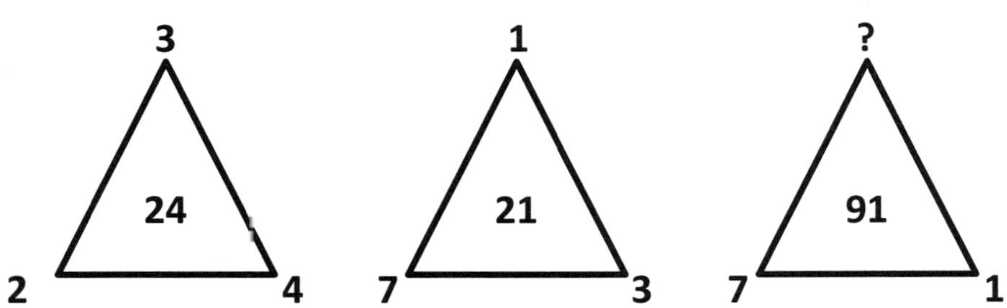

10.

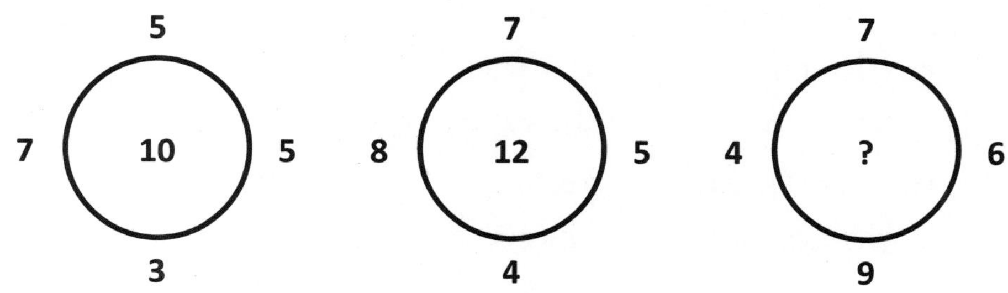

11.

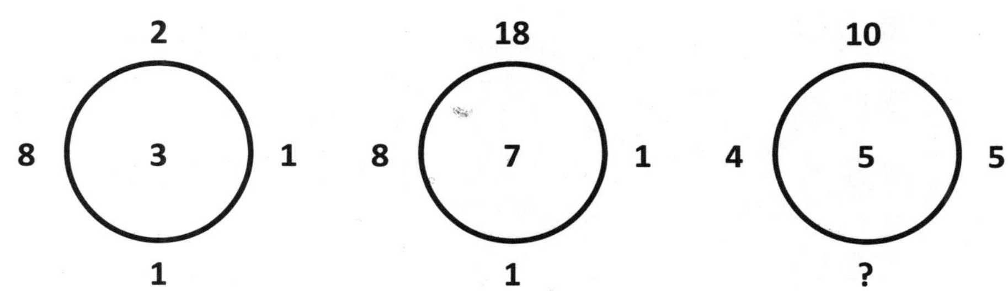

12.

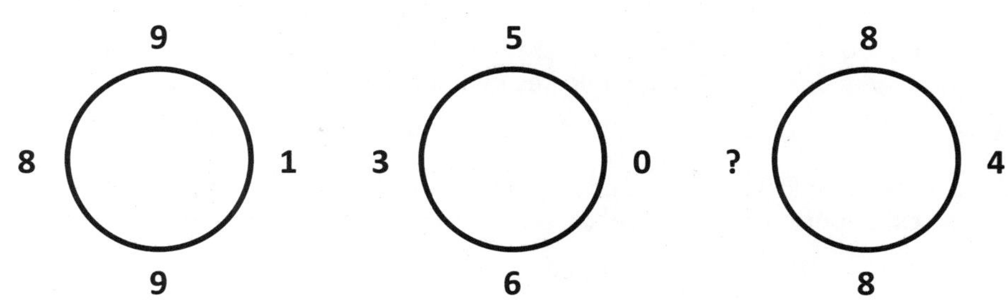

Logique numérique

13. PARIS : 10 — WASHINGTON : 20 — LONDRES : 14

ROME : 8 — MADRID : ?

14. JACQUES : 10 — NICOLAS : 14 — FRANÇOIS : 6

JULIEN : 10 — CHARLES : ?

15. VERT : 3 ROUGE : 2 BLEU : 2 INDIGO : 3 JAUNE : ?

16. REGARDER : 18 ENVERGURE : 5 ÉLIMINATION : 9 CHROMOSOME : 15 CAVALCADE : ?

17. TRANCHER : 4 AJOUTANT : 7 NUIT : 1 CHIEN : 5 AUTOMATISATION : ?

18. PYRÉNÉES : 44 JURA : 22 ALPES : 32 VOSGES : 42 MORVAN : ?

Symboles

19.

Si ● =○○ et □=■○ et■ =●●, quelle combinaison est la plus grande ?

A ■○○

B ■○●

C ●●○○

D □●□

E □○○●

20. Sachant que 鋻 vaut 2 銉, que 錣 vaut la moitié de 鋩 qui lui est le double de 鋻 mais que 錂 est supérieur à 鋩, lequel de ces symboles est le plus grand ?

A) 鋻 B) 銉 C) 錣 D) 鋩 E) 錂

21. Sachant que 鋻 vaut 2 銉, que 錣 vaut la moitié de 鋩 qui lui est le double de 鋻 mais que 錂 est supérieur à 鋩, lequel de ces symboles est le plus petit ?

A) 鋻 B) 銉 C) 錣 D) 鋩 E) 錂

22. Chacun des trois ensembles suivants est équivalent :

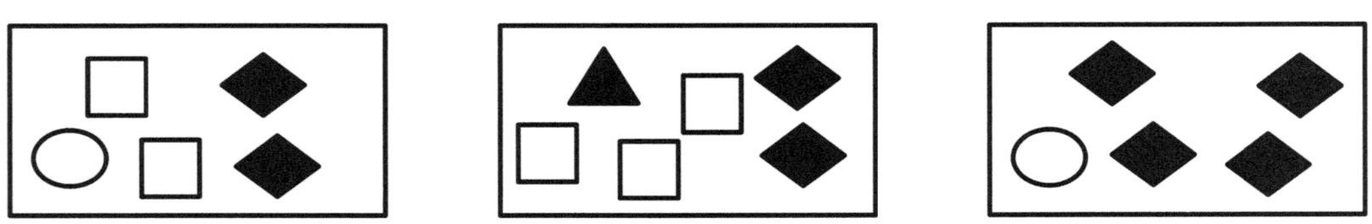

A B C

Lequel des 4 symboles a la plus grande valeur ?

23. Chacun des trois ensembles suivants est équivalent :

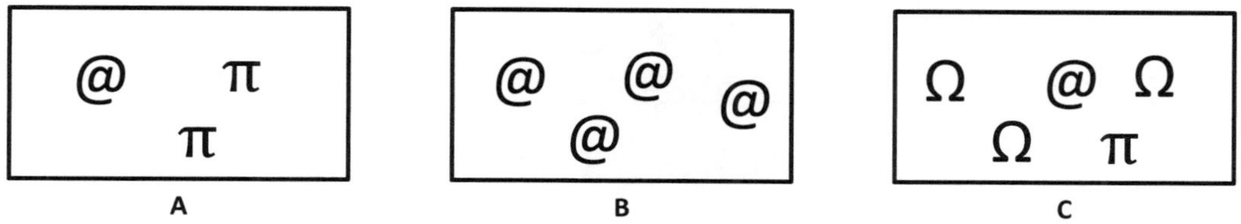

Combien de symboles faut-il pour qu'un ensemble uniquement composé de Ω soit équivalent en valeur à chacun des ensembles A, B et C ?

24.

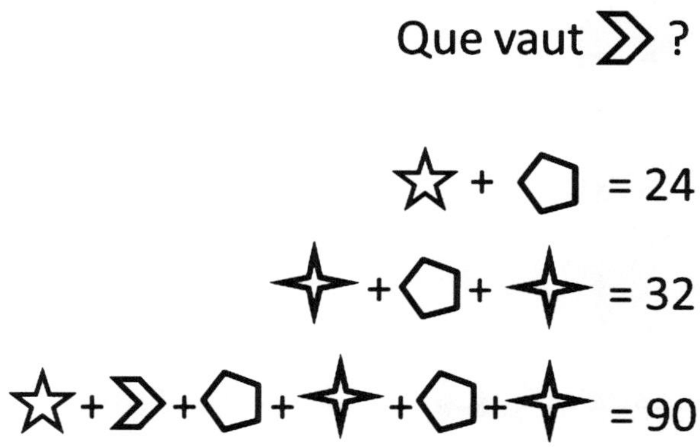

Correction des tests

1. Il faut **2**. Ici, la colonne de droite et la ligne du bas indiquent respectivement la somme des nombres des lignes horizontales et verticales, de la façon suivante :

1	+	3	=	4
+		+		+
4	+	?	=	6
=		=		=
5	+	5	=	10

Le nombre cherché correspond alors à $4 + x = 6$ et $3 + x = 5$. Il s'agit donc de 2.

2. Il faut **8**. La somme de chaque ligne et chaque colonne permet d'obtenir 19.

5	+	6	+	2	+	6	=	**19**
+		+		+		+		
7	+	3	+	9	+	0	=	**19**
+		+		+		+		
3	+	7	+	4	+	5	=	**19**
+		+		+		+		
4	+	3	+	4	+	?	=	**19**
=		=		=		=		
19		**19**		**19**		**19**		

Pour que la dernière ligne du tableau permette d'obtenir une somme qui vaut 19, il faut trouver x dans l'équation suivante : $4 + 3 + 4 + x = 19 \Leftrightarrow x = 19 - 11 = 8$.

3. Il faut **32**. Il s'agit de la liste des nombres pairs à partir de 2, qui se suivent dans la matrice de la manière suivante :

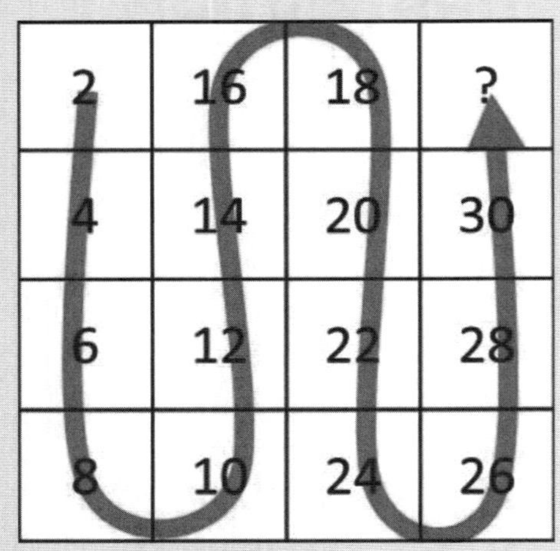

Le nombre manquant est donc le nombre pair successif à 30, il s'agit alors de 32.

4. Il faut **17**. Il s'agit de la suite des nombres premiers à partir de 2 dans le sens de lecture suivante :

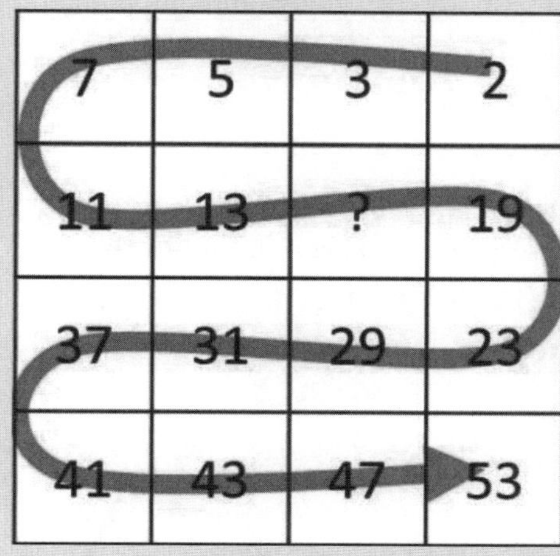

Le nombre premier compris entre 13 et 19 est donc 17.

5. Il faut **6**. Le carré est à considérer en 2 parties avec un axe de symétrie vertical comme ci-dessous. Les nombres sont ensuite associés de façon symétrique deux à deux : le chiffre de droite étant égal au double de celui auquel il est associé à gauche.

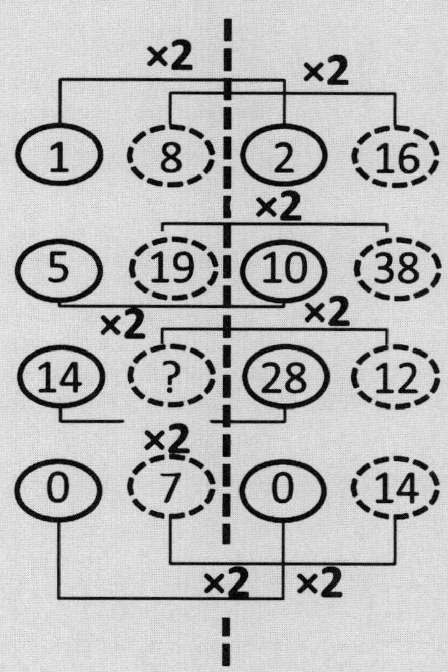

Le nombre cherché est alors la moitié de 12, soit 6.

6. Il faut **14**. Les deux chiffres positionnés à la base du triangle sont à considérer comme un seul et même nombre de deux chiffres (dans le premier triangle, il faut ainsi considérer 1 et 5 comme 15). Ce nombre correspond au triple du nombre positionné au sommet :

- Triangle 1 : 15 = 3 × 5
- Triangle 2 : 18 = 3 × 6
- Triangle 3 : 42 = 3 × **14**

7. Il faut **3**. Au sein d'un triangle, les nombres disposés aux trois sommets sont le résultat de 3 opérations réalisées avec le nombre du centre :

- Le nombre du haut est trouvé en multipliant par 2 celui du centre.
- Le nombre de gauche en bas est multiplié par 5 par celui du centre.
- Le nombre de droite en bas est la somme de celui du centre et 5.

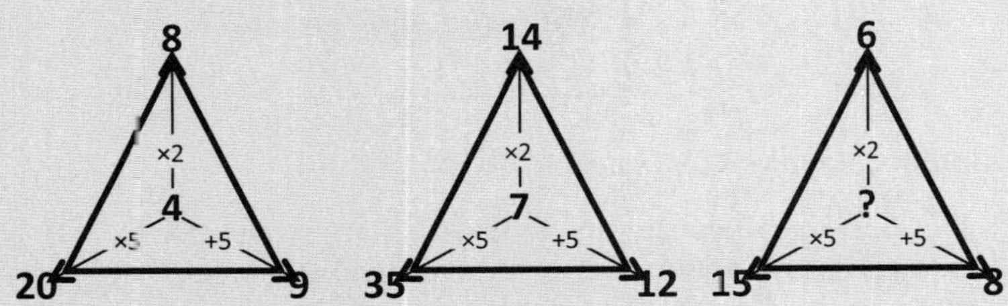

Le nombre cherché est alors le résultat de 6 ÷ 2, de 15 ÷ 5 et de 8 – 5, c'est-à-dire 3.

8. Il faut **5**. La somme des trois nombres des sommets et celui du centre vaut 25. Le nombre cherché dans le troisième triangle est alors de 25 – 11 – 8 – 1 = 5.

9. Il faut **13**. Le nombre du centre est le produit des trois nombres des sommets de chaque triangle :

- Triangle 1 : 3 × 2 × 4 = 24
- Triangle 2 : 1 × 7 × 3 = 21
- Triangle 3 : ? × 7 × 1 = 91 ⇔ ? = 91 ÷ 7 = 13

10. Il faut **13**. Le nombre du centre vaut la somme du nombre de gauche et de celui du bas ainsi que la somme de celui du haut et de celui de droite :

- Cercle 1 : 10 = 7 + 3 = 5 + 5
- Cercle 2 : 12 = 8 + 4 = 7 + 5
- Cercle 3 : 4 + 9 = 7 + 6 = 13

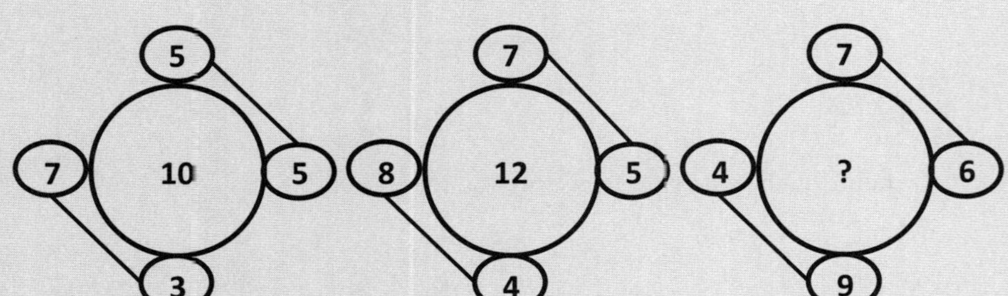

11. Il faut **1**. Le nombre du centre est la moyenne des quatre nombres situés autour du cercle

- Cercle 1 : $\frac{2+8+1+1}{4} = \frac{12}{4} = 3$
- Cercle 2 : $\frac{18+8+1+1}{4} = \frac{28}{4} = 7$
- Cercle 3 : $\frac{10+4+?+5}{4} = 5 \Leftrightarrow 19+? = 5\times4 \Leftrightarrow\ ? = 20 - 19 = 1$

12. Il faut **6**. Les chiffres de gauche et droite de chaque cercle sont à considérer comme un seul nombre de deux chiffres (dans le premier cercle, 8 et 1 forment 81).

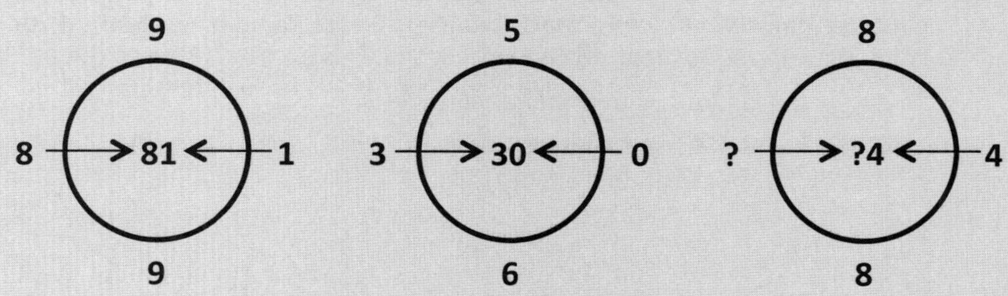

- Cercle 1 : 81 = 9 × 9
- Cercle 2 : 30 = 5 × 6
- Cercle 3 : 8 × 8 = **64** ; le chiffre manquant est alors 6.

13. Il faut **12**. Le nombre correspond au double du nombre de lettres de la capitale à laquelle il est associé.

14. Il faut **3**. Le nombre correspond à la position alphabétique de la première lettre du prénom : Jacques ⇒ J est en 10e position dans l'alphabet ; Nicolas ⇒ N est en 14e position dans l'alphabet, etc. La première lettre de Charles, le C, est positionnée troisième dans l'alphabet.

15. Il faut **2**. Le chiffre correspond au nombre de consonnes dans chacune des couleurs soit 3 pour vert (V, R et T), 2 pour rouge (R et G), etc. On compte 2 consonnes dans jaune (J et N).

16. Il faut **1**. Chaque mot compte trois lettres identiques : R dans Regarder, E pour Envergure, I dans Élimination, etc. Le nombre correspond à la position alphabétique de cette lettre répétée trois fois. Dans le mot Cavalcade, la lettre A est présente trois fois. La position du A dans l'alphabet est 1.

17. Il faut **14**. Le nombre correspond à la position de la lettre N dans chacun des mots : N est en 4e position dans le mot « trancher », en 7e position dans le « ajoutant », en 1re position dans le mot « nuit », en 5e position dans « chien » et en 14e position dans le mot « automatisation ».

ASTUCE

Une méthode efficace dans ces questions consiste à repérer les points communs entre chacun des termes de la série. Ici, on remarque que seule la lettre N revient dans chacun des mots. Cela peut vous mettre sur la piste rapidement.

18. Il faut **42**. Le premier chiffre du nombre correspond au nombre de consonnes et le deuxième indique le nombre de voyelles :

- PYRÉNÉES : 4 consonnes et 4 voyelles
- JURA : 2 consonnes et 2 voyelles
- ALPES : 3 consonnes et 2 voyelles
- VOSGES : 4 consonnes et 2 voyelles
- MORVAN : 4 consonnes et 2 voyelles

19. Réponse D. On identifie rapidement que la figure avec la plus grande valeur est le carré blanc. On sait par ailleurs qu'un carré noir vaut 2 ronds noirs, soit 4 ronds blancs. Un carré blanc vaut alors 5 ronds blancs (un carré noir équivalent à 4 ronds blancs + un rond blanc). L'équivalent de chacune des figures en ronds blancs donne :

- Un carré blanc vaut 5 ronds blancs.
- Un carré noir vaut 4 ronds blancs.
- Un rond noir vaut 2 ronds blancs.

La proposition A vaut ainsi 6 ronds blancs, la proposition B équivaut à 7 ronds blancs, la proposition C correspond à 6 ronds blancs, la proposition D équivaut à 12 ronds blancs et la proposition E en vaut 9.

ASTUCE

En identifiant rapidement que la proposition D contenait 2 carrés blancs, on pouvait en déduire qu'il s'agissait de la proposition la plus grande par comparaison aux autres.

20. Réponse E. On a 鋻>錍 (avec 鋻 vaut 2 錍) et 鉪 > 錣 (錣 vaut la moitié de 鉪). Puisque 鉪 est le double de 鋻, on a 鉪 > 鋻. Ce qui fait de 鉪, le symbole le plus fort pour l'instant. On sait enfin que 錂 >鉪, ce qui indique alors que 錂 est le plus grand des cinq symboles.

21. Réponse B. Seuls 錍 et 錣 peuvent être les plus petits puisqu'ils sont respectivement inférieur à 鋻 et 鉪. On sait que 錍 est la moitié de 鋻 et que 錣 est la moitié de 鉪. Puisque 鉪 > 鋻, cela implique que 錣 > 錍.

22. Le rond. En soustrayant l'ensemble B à A, on sait que le rond est supérieur au triangle et au carré. En soustrayant C à A, on sait que deux losanges valent deux carrés, c'est-à-dire qu'un losange vaut un carré. Puisque le rond est supérieur au carré, qui est égal au losange, le rond est ainsi également supérieur au losange. Le rond est donc la figure avec la plus grande valeur.

23. 8. En comparant les ensembles A et C, on déduit que π = 3Ω. Ainsi, on peut déduire que l'ensemble C équivaut à 6Ω + 1@ en remplaçant π par 3Ω. C'est alors que 6Ω + 1@ correspondent à 4@ (ensemble B) et donc 6 Ω = 3@. On en déduit que @ = 2Ω. Il faudra donc 8Ω pour équivaloir 4@.

24. La réponse est **34**. En additionnant les deux premières égalités et en soustrayant ensuite la troisième, on obtient que ≫ vaut 90 – 24 – 32 = 90 – 56 = 34.

Cinquième partie
Raisonnement logique

Dans cette partie...

La partie d'aptitudes au raisonnement logique teste les compétences de raisonnement en évaluant principalement la capacité de traitement de l'information. L'éventail des questions est large : des questions de logique verbale (syllogismes, analogies, etc.) aux tests d'attention et d'organisation en passant par les classiques dominos et cartes à jouer, la variété des questions est inépuisable et le format des questions variable. Toutefois, un travail en profondeur sur les notions élémentaires de logique formelle et les méthodes classiques de résolution de casse-tête permettent de pouvoir s'en sortir.

Ces exercices demandent une connaissance élémentaire de la logique inductive (allant de la situation particulière à sa généralisation) et déductive (basée sur l'anticipation des conséquences déduites d'axiomes de base). Ils se résolvent à l'aide de méthodes d'analyse d'information et de déduction.

S'il apparaît ambitieux de catégoriser l'ensemble des problèmes pouvant se présenter, cette partie regroupe néanmoins l'ensemble des types de casse-tête classiques et les méthodes de résolution s'y rapportant.

Chapitre 22

Logique verbale

Dans ce chapitre

- Analogies
- Syllogismes et ensembles
- Anagrammes

La logique verbale apparaît le plus souvent ludique aux candidats. Le format original des questions provoque une certaine émulation quand il s'agit de s'y frotter. Derrière leurs aspects quelquefois fantasques, ces questions font appel à une interprétation rigoureuse de la logique. Il faut ainsi se révéler méthodique et consciencieux pour y répondre, sans se laisser emporter ou distraire par les situations originales que vous croiserez.

Analogies

En logique verbale, les analogies sont un des grands classiques des tests psychotechniques.

Qu'est-ce qu'une analogie ?

Une analogie est un rapport entre des choses ou des personnes qui présentent des **caractéristiques communes**. On parle alors le plus souvent de similitude.

Vous croiserez les analogies présentées sous forme de phrase liant deux couples de termes entre eux et qui présentent une relation commune. L'exercice consiste alors soit à compléter la phrase présentée, soit à trouver une phrase qui reproduit une analogie similaire.

EN PRATIQUE

- A est à voyelle ce que B est à …

  On voit ici une première analogie « A est à voyelle » qui fait correspondre au premier terme « A » la catégorie « voyelle ». Il s'agit ici d'un rapport d'appartenance puisque A est une voyelle. La deuxième partie de la phrase doit faire apparaître une analogie d'appartenance sur le même thème. Il faut donc trouver la catégorie à laquelle appartient B. Il agit en l'occurrence d'une consonne.

Parmi les catégories d'analogies, on en note trois catégories principalement testées :

1) **Les analogies au sens strict**. Elles présentent un lien logique relatif à la nature de la relation entre les termes :

- Contenu/contenant – général/particulier – genre/espèce, etc.
- Dénombrement d'une caractéristique (nombre de lettres, de consonnes, de syllabes, etc.).
- Cause/conséquence.

- Rose est à fleur ce que cerise est à …

  Il s'agit ici d'une relation genre/espèce. La rose est une fleur et la cerise est un fruit.

2) **Les analogies lexicales**. Elles présentent un lien logique provenant du sens qui lie deux termes. L'analogie s'intéresse alors au vocabulaire. Il peut ainsi s'agir de synonymie, homonymie, antonymie, paronymie, métonymie, etc.

- Gauche est à droite ce que haut est à …

  Il s'agit ici d'une analogie liant des antonymes puisque gauche est l'opposé de droite. En suivant cette même logique, l'opposé de haut se trouve être bas.

3) **Les analogies linguistiques**. Elles sont liées aux règles grammaticales, orthographiques et syntaxiques. Elles concernent alors les règles usuelles de la langue française (accords, genre, etc.) comme les fonctions grammaticales (adverbe, nom, adjectif, etc.)

- Oie est à féminin ce que linge est à …

  Le genre du nom « oie » est féminin et le genre du terme « linge » est masculin.

Syllogismes

Les syllogismes, bien que mettant en scène des notions linguistiques, tirent leur fondement des mathématiques. Ce sont des questions à traiter de façon cartésienne, sans tenter d'évaluer le sens des mots et se laisser influencer par sa subjectivité.

Qu'est-ce qu'un syllogisme ?

Un syllogisme met en rapport **deux termes** (le terme majeur et le terme mineur) au sein de **deux prémisses** (mineure et majeure) qui permettent de déduire une conclusion grâce à une articulation logique réalisée à l'aide d'un **terme moyen**. Un syllogisme est donc présenté en trois phrases qui mettent en rapport trois termes.

Pour résoudre ces questions, il faut utiliser **la méthode formelle**. La méthode formelle s'appuie sur les règles de construction syntaxique et logique d'un syllogisme. Elle permet de s'assurer que la construction d'un syllogisme est valide, c'est-à-dire qu'il respecte l'ensemble des règles de construction.

Forme générale d'un syllogisme

Voici un syllogisme bien connu :

Prémisse majeure	« Tous les Hommes »	sont	« mortels »
Prémisse mineure	« Aristote »	est	« un homme »
Conclusion	« Aristote »	est	« mortel »

Ce syllogisme respecte la forme générale d'un syllogisme dont voici ci-dessous les deux formes les plus courantes.

- Forme A

Prémisse majeure	« Terme moyen »	est	« Terme majeur »
Prémisse mineure	« Terme mineur »	est	« Terme moyen »
Conclusion	« Terme mineur »	est	« Terme majeur »

- Forme B

Prémisse majeure	« Terme majeur »	est	« Terme moyen »
Prémisse mineure	« Terme moyen »	est	« Terme mineur »
Conclusion	« Terme majeur »	est	« Terme mineur »

La **prémisse majeure** est la première phrase d'un syllogisme et la **prémisse mineure** est la deuxième phrase d'un syllogisme. La **conclusion** est la dernière phrase d'un syllogisme qui est déduite des deux prémisses.

Le **terme moyen** est celui qui se retrouve à la fois dans la prémisse majeure et dans la prémisse mineure. Le **terme majeur** est le terme qui est dans la prémisse majeure et qui n'est pas le terme moyen. Le **terme mineur** est le terme qui est dans la prémisse mineure et qui n'est pas le terme moyen.

Validité d'un syllogisme

On demande aux candidats de se prononcer sur **la validité d'un syllogisme**. Il faut néanmoins distinguer cette notion du sens d'un syllogisme. En effet, la validation d'un syllogisme s'effectue sur l'articulation des liens logiques et des termes au sein des trois phrases. **Il ne se prononce jamais sur le fond du syllogisme**, c'est-à-dire sur le véritable sens des phrases.

Pour illustrer cela, voici un exemple :

Prémisse majeure	« 2 »	est	« un nombre premier »
Prémisse mineure	« Les nombres premiers »	sont	« impairs »
Conclusion	« 2 »	est	« impair »

Le sens de ce syllogisme est paradoxal : on conclut en effet que 2 est impair. Cela n'a effectivement pas de sens mathématique véritable. Néanmoins, on considère que **ce syllogisme est valide puisqu'il respecte bien les articulations logiques d'un syllogisme**. Ce n'est donc pas le sens que l'on valide, mais bien la structure du syllogisme.

Les mots de liaison

Dans les syllogismes, il existe de nombreux mots de liaison (tous, aucun, certains, quelques, etc.) qui **permettent de quantifier et d'atténuer la valeur des termes**. Leur prise en compte est essentielle dans la validation de l'articulation d'un syllogisme.

Voici quatre lois essentielles à connaître concernant les mots de liaison :

1) Loi d'exclusion

Quand la prémisse majeure débute par le terme « aucun » et est de forme négative et que la prémisse mineure débute par « tous », alors la conclusion devra débuter par « aucun » et sera de forme négative.

2) Loi d'inclusion n° 1

Quand la prémisse majeure débute par le terme « tous » et que la prémisse mineure débute par « certains », alors la conclusion devra débuter par « certains ».

3) Loi d'inclusion n° 2

Quand la prémisse majeure débute par le terme « aucun » et est de forme négative et que la prémisse mineure débute par « certains », alors la conclusion devra débuter par « certains » et sera de forme négative.

4) Loi de super-inclusion

Quand la prémisse majeure débute par le terme « tous » et que la prémisse mineure débute par « tous », alors la conclusion devra débuter par « tous ».

Il est important de noter que **la présence d'une de ces quatre lois n'est pas obligatoire** pour qu'un syllogisme soit valide. Un syllogisme qui ne respecte pas une de ces quatre lois peut en effet être valide dans certains cas. Néanmoins, quand deux prémisses débutent par les termes utilisés dans les lois, **la conclusion devra nécessairement commencer par le mot de liaison cité**.

Il est également utile de savoir que **la présence lexicale de ces mots de liaison n'est pas nécessaire pour qu'une loi soit valide**. Il peut y avoir à la place des mots au **sens équivalent** et avec la **même notion lexicale**. Ainsi, l'exemple sur Aristote respecte la loi de super-inclusion puisque Aristote peut être compris comme « tous les Aristote ».

La conclusion d'un syllogisme suit **toujours** le terme ou le mot de liaison le plus « faible » :

- Quand l'une des deux prémisses est négative, alors la conclusion sera négative.
- Quand l'une des deux prémisses indique un groupe particulier (introduit par des mots de liaison impliquant la partie d'un groupe : certains, aucun, etc.), la conclusion doit être particulière (elle est alors introduite par un le mot de liaison particulier).

Les ensembles

Les ensembles représentent une catégorie de questions traitant d'informations qui sont liées entre elles. L'objectif est de **distinguer les relations entre les différents ensembles** grâce aux **inclusions et aux exclusions**.

Afin d'illustrer les relations entre les ensembles et sous-ensembles, il est souvent très utile de s'aider d'un schéma à l'aide de cercles symbolisant les différentes notions.

La méthode des cercles

Les informations données dans l'énoncé permettent d'établir des relations et des recoupements entre les différentes notions. **La méthode des cercles** permet de dessiner des ensembles et des sous-ensembles établissant des relations entre les notions.

- Tous les éléphants sont roses, mais aucun animal rose n'est atteint de schizophrénie. En dessinant des cercles, on obtient :

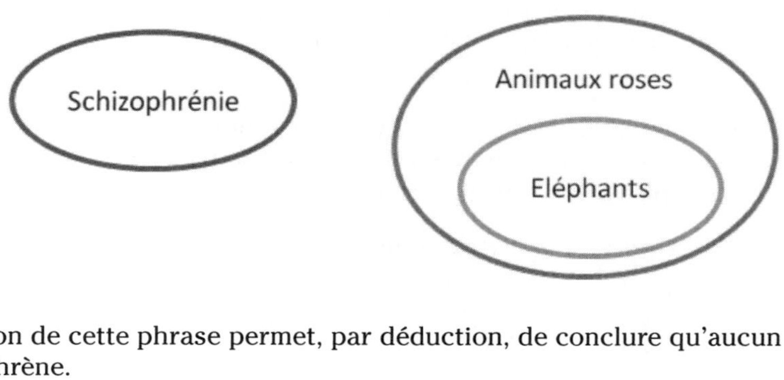

L'interprétation de cette phrase permet, par déduction, de conclure qu'aucun éléphant n'est schizophrène.

Pour interpréter des phrases aussi simples, le dessin n'est pas indispensable pour comprendre l'information. Néanmoins, il peut s'avérer très utile lorsque **les recoupements se multiplient**. Considérez l'information complémentaire suivante : certains animaux roses sont misogynes, mais aucune girafe n'est rose.

Voici donc l'illustration de cette nouvelle information :

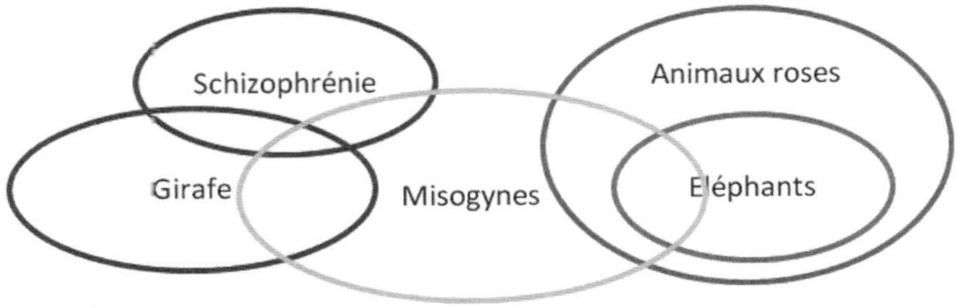

Grâce au schéma, on se rend compte qu'il peut exister des girafes schizophrènes et misogynes. On voit également qu'il peut exister des éléphants roses misogynes, etc.

La difficulté de ces représentations est d'arriver à **faire la distinction entre ce qui est possible et ce qui est certain**. En effet, certaines fois, on déduit d'un énoncé une possibilité qui n'est pas littéralement donnée dans l'énoncé. Pour cela, il faut se poser la question de savoir quel est le lien entre cette nouvelle information et chacun des cercles déjà établi.

Regardez l'exemple du cercle « girafe ». Il est dit qu'aucune girafe n'est rose. On en déduit que le cercle « girafe » ne devra pas avoir de liens avec les cercles « roses » et « éléphants ». Néanmoins, puisque rien n'indique le contraire, on peut penser qu'il existe des girafes misogynes et des girafes schizophrènes. On peut même aller jusqu'à penser qu'il existe des girafes à la fois misogynes et schizophrènes.

C'est pour cette raison qu'il faut considérer les superpositions des cercles girafes, schizophrènes et misogynes comme des éventualités qui ne sont pas encore certaines. **Mais tant que l'énoncé ne dit pas l'inverse, on doit l'interpréter comme possible**. En allant encore plus loin, il est tout à fois possible de considérer que l'ensemble des girafes soient schizophrènes et misogynes. En effet rien n'indique le contraire.

L'importance dans le dessin est donc de bien situer ce qui est certain et ce qui est possible.

Les ensembles et les syllogismes

La méthode des cercles est souvent utilisée pour résoudre des syllogismes. Il est en effet tout à fait possible de le faire en dessinant les relations entre les trois termes d'un syllogisme.

Il faut cependant se méfier de son utilisation puisqu'elle **peut amener à la conclusion d'un syllogisme valide sans que celui le soit véritablement**. Bien que cela puisse représenter une infime partie des syllogismes, cette possibilité reste ouverte.

- Pour illustrer cela, voici un exemple :

  Tous les nains sont ravis.

  Tous les lapins sont nains.

  Aucun lapin n'est jaune.

Il amène au schéma suivant d'après l'analyse des deux prémisses :

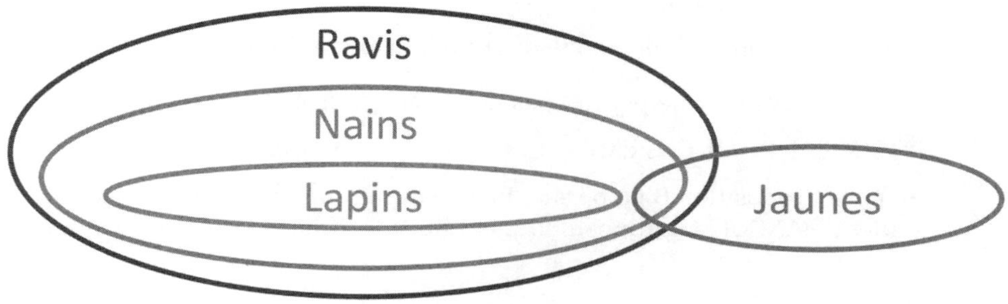

On se rend compte qu'aucun lapin n'est jaune puisqu'il n'a pas été possible de positionner de cercles représentant les animaux jaunes. À la lecture de ce schéma, on pourrait conclure à la validité du syllogisme.

Or, ce syllogisme n'est pas valide puisque, d'une manière formelle, il ne respecte pas la loi de super-inclusion qui dit que quand la prémisse majeure débute par le terme « tous » et que la prémisse mineure débute par « tous » alors la conclusion devra débuter par « tous ». Donc ici la conclusion aurait dû être « Tous les lapins sont ravis ».

La conclusion est la suivante : **dès qu'un syllogisme paraît valide avec la méthode des cercles, il est nécessaire de s'assurer de sa validité en regard des règles de la méthode formelle**. Ce qui revient à utiliser la méthode formelle… Il n'est ainsi pas évident que la méthode des cercles permette de gagner du temps lorsqu'elle est appliquée aux syllogismes. Tout au plus, elle permet d'éliminer des propositions farfelues.

Jeux de mots

Les jeux de mots regroupent des **questions qui se concentrent sur la formation des mots**. Il est alors question d'ordonner des lettres pour trouver un mot ou encore de rechercher des syllabes pour former des mots communs. Les jeux de mots les plus récurrents concernent **les anagrammes et les mots à former**.

Anagrammes

Qu'est-ce qu'une anagramme ?

Une anagramme est un **mot formé à partir des lettres d'un autre terme, en changeant leurs positions**. C'est ainsi que « rime » est une anagramme de « émir » puisqu'il reprend les mêmes lettres dans un ordre différent.

Dans les tests psychotechniques, les anagrammes sont souvent utilisées. Les questions sont regroupées en deux catégories :

- Les **questions ouvertes**, où le principe est de trouver le nombre d'anagrammes à construire à partir de lettres données.

- Quel nom masculin de cinq lettres peut se former avec les lettres suivantes : R N M A I ?

  Il s'agit du mot MARIN.

✔ Les **QCM**, où il est demandé de trouver la bonne anagramme ou celle qui est l'intruse.

- Quelle anagramme ne permet pas de former un fruit ?

  A. GUMEAN B. CSERIM C. GNERAO D. NNEBAA

  Seule la proposition B ne permet pas de former un terme qui est un fruit. Avec A, on obtient MANGUE, la proposition C donne ORANGE et D est une anagramme de BANANE.

Mots à former

Cette catégorie de questions consiste à former un mot sous diverses formes. Elle nécessite d'avoir du vocabulaire et d'être à l'aise avec la manipulation des mots.

Lorsqu'il s'agit de mot, l'objectif est de trouver une syllabe ou un terme permettant de former un ou plusieurs mots.

- Quel mot permet de construire deux mots composés

  A) • • • • • - misère B) • • • • • - col

  Il peut s'avérer utile de comptabiliser le nombre de points. Il permet de donner une indication du nombre de lettres du mot cherché.

  Il s'agit de CACHE qui permet de former cache-misère et cache-col.

- Quelle syllabe commune permet de former deux mots en terminant le premier et débutant le deuxième ?

  Poti • • • dade

  La syllabe RON permet de former POTIRON et RONDADE.

Tests

Temps (indicatif) : 45 minutes	Difficulté : Moyen	Barème : 1 point par bonne réponse

QCM

1. Trouvez la conclusion du syllogisme suivant :
Tous les chats sont des vengeurs masqués.
Tous les vengeurs masqués sont des justiciers.

A) Tous les chats sont des justiciers.

B) Tous les justiciers sont des chats.

C) Tous les vengeurs masqués sont des chats.

D) Tous les chats peuvent être des justiciers.

E) Tous les justiciers sont des vengeurs masqués.

2. Trouvez la conclusion du syllogisme suivant :
Tous les charlatans sont des marabouts.
Aucun marabout n'est fanfaron.

A) Tous les charlatans ne sont pas des fanfarons.

B) Aucun charlatan n'est fanfaron.

C) Tous les fanfarons sont des charlatans.

D) Aucun fanfaron n'est marabout.

E) Tous les fanfarons ne sont pas des charlatans.

3. Trouvez la conclusion du syllogisme suivant :
Tous les facteurs sont des héros du quotidien.
Aucun homme politique n'est considéré comme un héros du quotidien.

A) Aucun facteur n'est homme politique.

B) Tous les facteurs ne sont pas des hommes politiques.

C) Tous les hommes politiques ne sont pas des facteurs.

D) Aucun homme politique n'est facteur.

E) Aucun héros du quotidien n'est un homme politique.

4. Trouvez la conclusion du syllogisme suivant :
Tous les enfants blonds sont des anges.
Aucun ange ne ment.

A) Tous les enfants blonds mentent.

B) Aucun enfant ne ment.

C) Quelques anges sont des enfants blonds.

D) Quelques menteurs sont des anges.

E) Aucun enfant blond ne ment.

5. Les hommes de cet immeuble sont tous mégalomaniaques. Sachant qu'aucun misanthrope n'est mégalomaniaque, que peut-on conclure ?

A) Il n'y a aucun homme de cet immeuble qui est un misanthrope.

B) Certains hommes de l'immeuble peuvent être considérés comme misanthropes.

C) Parmi les mégalomaniaques, certains sont des misanthropes.

D) Dans l'immeuble, il est possible de croiser un homme mégalomaniaque et misanthrope.

E) Aucun mégalomaniaque de cet immeuble n'est un homme.

6. Les femmes de lettres sont toutes des dames remarquables. Cette reconnaissance est notable et pour cette raison aucune bagnarde n'est considérée comme une dame remarquable. On compte cependant, parmi les dames remarquables, certaines femmes légionnaires. En revanche, aucune femme bandit n'est une dame remarquable. Quelle proposition est fausse ?

A) Une femme de lettres peut être une femme légionnaire.

B) Certaines femmes bandits peuvent être considérées comme des femmes de lettres.

C) Il est possible qu'une femme soit à la fois bagnarde, légionnaire et bandit.

D) Parmi les dames remarquables, il peut exister des femmes qui sont légionnaires.

E) Aucune femme bandit n'est femme de lettres.

7. Dans ce village, tous les agriculteurs bourrus possèdent un tracteur. Tous les éleveurs du village ont un tatouage. Tout propriétaire d'un tracteur est un éleveur. Quelle est la seule proposition à pouvoir être considérée comme vraie ?

A) Tous les tatoués au sein de ce village possèdent un tracteur.

B) Dans ce village, tout éleveur dispose d'un tracteur.

C) Dans ce village, il peut exister des éleveurs sans tatouage.

D) Tous les propriétaires de tracteurs sont tatoués dans le village.

E) Chaque éleveur possède un tatouage et un tracteur.

Analogies à compléter

8. Chat est à félin ce que chien est à …

A) canidé B) mammifère C) chenil D) canin

9. Bleu est à turquoise ce que … est à vermillon

A) vert B) rouge C) bleu D) blanc

10. Deux est à trois ce que quatre est à …

A) deux B) trois C) cinq D) six

11. Coq est à poule ce que … est à brebis.

A) mouton B) bélier C) agneau D) chèvre

12. Chien est à niche ce que poule est à …

A) étable B) poulet C) abri D) loupe

13. E est à étrenne ce que A est à …

A) Alabama B) attaqua C) aggrava D) avatar

14. Quadriceps est à … ce que … est à bras.

A) jambe/biceps B) muscle/coude C) cuisse/triceps D) biceps/jambe

15. Raisin est à … ce que … est à cidre.

A) grappe/pommier B) vigne/verger

C) vin/pomme D) Muscat/Golden

16. … est à … ce que fromage est à chèvre.

A) tomate/gaspacho B) miel/abeille

C) pomme/jus D) vache/entrecôte

Couples de mots

Sélectionnez la proposition dont la logique est identique au couple de mots de l'énoncé.

17. Garçon – Fille

A) Femme – Homme B) Mâle – Femelle

C) Monsieur – Messieurs D) Prince – Reine

18. Finir – Choisir

A) Prendre – Aimer B) Punir – Venir

C) Transmettre – Regarder D) Rugir – Gravir

19. Ail – Aulx

A) Épouvantail – Épouvantaux B) Landau – Landaus

C) Chacal – Chacaux D) Chou – Chous

20. Cuisinier – Cuisinière

A) Docteur – Doctoresse B) Professeur – Professeure

C) Cerf – Biche D) Ministre – Ministère

21. Hase – Levraut

A) Jument – Hongre B) Coq – Poussin

C) Jars – Oie D) Cane – Caneton

22. Médecin – Stéthoscope

A) Cuisinier – Piano B) Garagiste – Essence

C) Danseuse – Musique D) Ballon – Footballeur

Anagrammes

23. Une profession.

A) GNOFROER B) BTACEU C) STIDENT D) EFURAC

24. Un insecte.

GENIARAE B) FEEUTRF C) HECIN D) PPLLONAI

25. Un moyen de locomotion.

A) NAOVIX B) NARTI C) NTEAPARP D) TUVIER

26. Une capitale de pays.

A) SYNYDE B) YRKWENO C) NGIHTOWSAN D) AEMNTORL

27. Un fruit.

A) OMEMP B) BFGTAIA C) IRPORIE D) VOIRNPO

28. Une couleur.

A) GRUON B) OGDIIN C) IGAOLL D) OSERA

29. Un sport.

A) LFOTBLA B) KSSTABIE C) SIENTN D) FURTS

30. Un vêtement.

A) AHCEPRE B) HAUSEETTC C) PAUHCA D) FERASTR

Mots composés

31.

•••• — d'œuvre / jeu

32.

••••• — échange / service

33.

•••• — fesses / lait / fond

34.

•••• — brise / feu

35.

••••• — vent / gorge / file

Mots composés : deux mots à former

Exemple : avant •••• droit. La réponse est « bras » qui permet de constituer avant-bras et bras droit en remplaçant les pointillés.

36. attrape •••• à-l'égout.

37. chou ••••• de lys.

38. grille •••• d'épices.

39. volte •••• à-face.

40. branle ••• de gamme.

Correction des tests

1. Réponse A. Le terme moyen (vengeurs masqués) lie le terme majeur (tous les chats) et le terme mineur (des justiciers). S'agissant d'une forme classique de syllogisme, le terme majeur doit débuter la conclusion alors que le terme mineur doit être en deuxième partie de conclusion. La conclusion est alors : tous les chats sont des justiciers.

2. Réponse B.

ASTUCE

Le particulier l'emporte toujours sur le général : la conclusion doit débuter par « aucun » (loi d'exclusion ; élimination des propositions A, C et E). Parmi les deux propositions restantes, on se rend compte que la D inclut le terme moyen « marabout » dans sa conclusion : cela contrevient à l'équilibre du syllogisme et il est donc possible de l'éliminer. La bonne réponse est donc la proposition B.

3. Réponse D. Dans ce syllogisme, le terme moyen est « héros du quotidien » qui est positionné en fin de phrase dans chacune des deux prémisses. Puisqu'ici une des deux prémisses est négative, la conclusion devra être négative également. Le terme majeur « tous les facteurs » est ici universel alors que le terme mineur « aucun homme politique » est particulier. La conclusion devra alors être particulière et débuter par le terme mineur. La conclusion est alors : « Aucun homme politique n'est facteur ».

PIÈGE !

Attention à ne pas associer le mot de liaison « aucun » au terme majeur « facteur » puisque ce dernier est introduit par le mot de liaison « tous » dans la prémisse majeure.

4. Réponse E. Le terme moyen (ange) ne doit pas apparaître dans la conclusion (élimination des propositions C et D). Le terme majeur (les enfants blonds) doit apparaître en début de conclusion en étant précédé de « Aucun » puisque le particulier (aucune) a prévalence sur la généralité (tous ; élimination de la proposition A). Il est ensuite préférable de sélectionner la proposition E qui reprend bien l'ensemble du terme majeur (enfant blond) à la différence de la proposition B qui ne précise pas que les enfants doivent être blonds.

5. Réponse A. Voici de manière schématique ce qu'implique l'énoncé de cette question :

Si tous les hommes de cet immeuble sont mégalomaniaques et qu'aucun misanthrope n'est mégalomaniaque, alors par transitivité, aucun homme de cet immeuble n'est misanthrope.

6. Réponse B. En dessinant les cercles, il faut se poser la question des liens entre chaque autre ensemble, même ceux qui ne sont pas explicitement mentionnés dans une information. De cette manière, le schéma doit illustrer toutes les éventualités.

Ainsi, parmi les dames remarquables, on compte certaines femmes légionnaires. Puisque, parmi les dames remarquables, il y a des femmes de lettres, il existe une éventualité que certaines d'entre elles soient des femmes légionnaires (élimination de la proposition A).

Puisqu'aucune femme bandit n'est une dame remarquable et qu'une femme de lettres est une dame remarquable, il est certain qu'aucune femme bandit n'est une femme de lettres. La proposition B est fausse.

Avec toutes les éventualités et implications, voici le schéma résumant cette question :

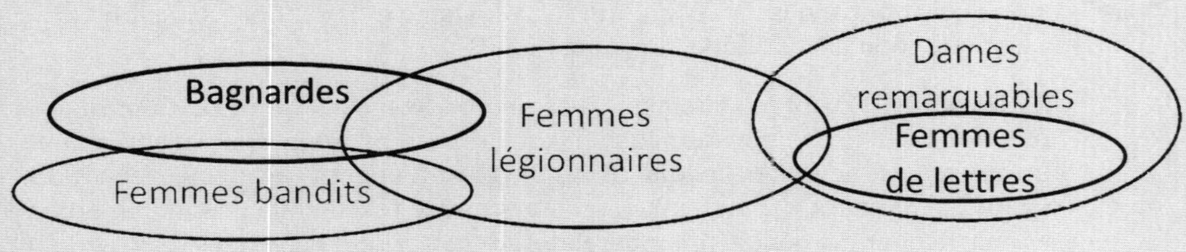

ASTUCE

La question posée demande de trouver la seule phrase fausse : il est donc possible de répondre sans réaliser tous les cercles. Il est ainsi possible de rapidement se rendre compte qu'aucune femme bandit n'est une dame remarquable et qu'une femme de lettres est une dame remarquable, donc par déduction qu'aucune femme bandit n'est une femme de lettres. Ainsi, la proposition B apparaît comme fausse.

7. Réponse D. « Tous les agriculteurs bourrus possèdent un tracteur » se schématise de la manière suivante :

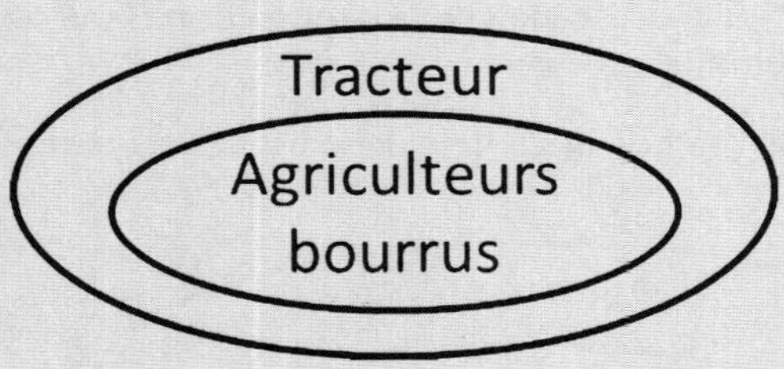

« Tous les éleveurs du village ont un tatouage » se schématise de la manière suivante :

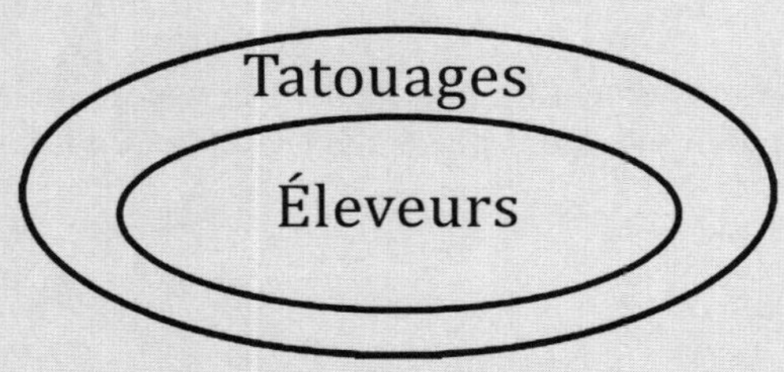

« Tout propriétaire d'un tracteur est un éleveur » lie les deux schémas précédents en incluant les propriétaires de tracteur à l'intérieur du cercle des éleveurs. Ce qui donne :

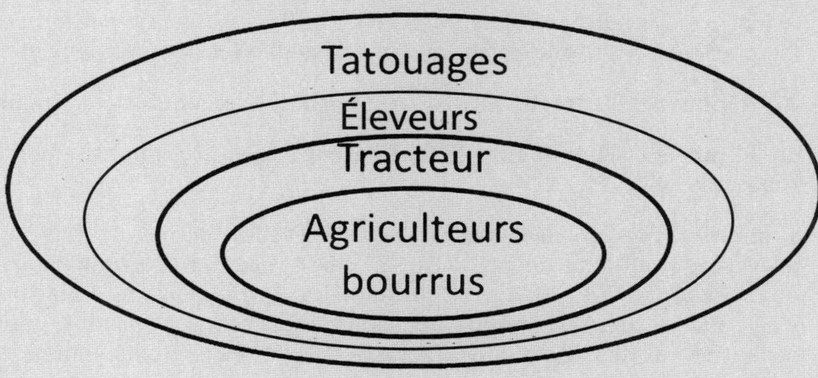

La proposition A ne peut pas être considérée comme vraie puisque le cercle des tatoués comprend celui des propriétaires de tracteurs : il peut donc exister des tatoués qui n'ont pas de tracteur. Pour la même raison, la proposition B n'est pas vraie : il peut exister des éleveurs sans tracteur. On remarque ensuite que tous les éleveurs ont des tatouages (proposition C à éliminer). Par contre, tous les propriétaires de tracteurs sont tatoués puisque le cercle des tracteurs est inclus dans le cercle des tatoués (D est la bonne réponse). Enfin, même si chaque éleveur possède un tatouage, ils n'ont pas tous un tracteur.

8. **Réponse D**. Félin est l'adjectif issu du nom « chat » tout comme « canin » est l'adjectif issu du nom « chien ».

9. **Réponse B**. Turquoise est une nuance de bleu tout comme vermillon est une déclinaison du rouge.

10. **Réponse C**. Deux précède trois et quatre précède cinq.

11. **Réponse B**. Le coq est le mâle de la poule. Le mâle de la brebis se trouve être le bélier.

PIÈGE !

Le bélier et la brebis sont tous deux des moutons. Il est plutôt d'usage d'utiliser mouton pour désigner la viande du bélier et de la brebis.

12. **Réponse D**. Niche est une anagramme de chien. De la même façon, loupe est une anagramme de poule.

PIÈGE !

La niche se trouve également être l'abri du chien… l'équivalent pour la poule serait le poulailler. Cette proposition n'étant pas donnée, il faut alors trouver une autre logique pour relier niche et chien : l'un est anagramme de l'autre, tout comme poule et loupe !

13. **Réponse B**. La lettre E est présente trois fois dans le mot « étrenne ». On remarque, de plus, que le E est présent de cette façon-là : E..E..E. Il est ainsi en début et fin de mot, mais aussi au centre. Parmi les propositions, seule AttAquA reproduit cette forme exacte.

14. **Réponse A**. Le quadriceps est un muscle de la jambe (cuisse). Il faut alors l'associer à un muscle du bras. Le biceps en est un.

15. **Réponse C**. Le raisin est la matière première du vin tout comme la pomme est à la base du cidre.

16. Réponse B. Le fromage est un produit qui vient du lait produit par la chèvre. De la même façon, le miel est issu de la production des abeilles.

Attention : les autres propositions inversent la relation en mettant l'animal (vache) ou le légume (tomate) avant le produit consommable (entrecôte, gaspacho).

17. Réponse B. Le terme masculin est suivi par son équivalent féminin.

18. Réponse D. Finir et choisir sont des verbes du 2e groupe comme le couple de verbes rugir et gravir.

Si punir est bien un verbe du 2e groupe, le verbe venir est du 3e groupe. Rappel : pour les verbes dont la terminaison est –ir, il faut regarder la terminaison du verbe conjugué au présent de l'indicatif à la 1re personne du pluriel : si la terminaison est –issons alors il s'agit d'un verbe du 2e groupe (finissons, choisissons, rugissons, gravissons, etc.). Dans les autres cas, il s'agit d'un verbe du 3e groupe (ex : venons, tenons, vêtons, etc.).

19. Réponse B. Ail est suivi de son pluriel Aulx. La seule proposition qui reprend ce schéma sans erreur d'orthographe est Landau – Landaus qui prend un –s final au pluriel.

Les autres pluriels respectifs s'orthographient : Épouvantails – Chacals – Choux.

20. Réponse A. L'énoncé associe à une profession énoncée au masculin le féminin qui en découle. Ainsi, la féminisation de docteur est doctoresse.

La forme « professeure » n'existe pas.

21. Réponse D. La femelle est suivie du nom de son petit. Ainsi, le caneton est le petit de la cane. Le hongre est un cheval castré, l'oie est la femelle du jars alors que la mère du poussin est la poule et non le coq.

22. Réponse A. Le métier est relié à un ustensile qu'il utilise. Le piano désigne le meuble de cuisson qu'utilise un cuisinier.

23. Réponse A. Forgeron.

24. Réponse D. Papillon. La proposition A permettait d'obtenir « Araignée », mais il ne s'agit pas d'un insecte…

25. Réponse B. Train.

26. Réponse C. Washington.

Ni Sydney, ni New York, ni Montréal ne sont des capitales de pays.

27. Réponse A. Pomme. Le poivron (proposition D) est un légume alors que le poirier (proposition C) est un arbre.

28. Réponse B. Indigo.

29. Réponse C. Tennis.

30. Réponse A. Echarpe.

31. Hors qui donne hors-d'œuvre et hors-jeu.

32. Libre qui donne libre-échange et libre-service.

33. Tire qui permet d'obtenir tire-fesses, tire-lait et tire-fond.

34. **Pare** qui donne pare-brise et pare-feu.

35. **Coupe** qui donne coupe-vent, coupe-gorge et coupe-file.

36. **Tout :** attrape-tout et tout-à-l'égout.

37. **Fleur :** chou-fleur et fleur de lys.

38. **Pain :** grille-pain et pain d'épices.

39. **Face :** volte-face et face-à-face.

40. **Bas :** branle-bas et bas de gamme.

Chapitre 23

Vade-mecum de logique

Dans ce chapitre

- L'hypothétique et le certain
- Analyse de propos

Certains tests psychotechniques font appel à la compréhension de propos. Il faut analyser les phrases à partir de l'information donnée. La difficulté est alors de cerner le sens caché d'un propos pour en déduire des informations certaines. Il s'agit donc de bien manier la possibilité et la certitude, notamment. La compréhension des propos et le discernement sont indispensables pour s'en tenir à ceux-ci et éviter de ne déduire plus que ce que la phrase dit.

La logique traite de l'art de raisonner par rapport à la vérité, principalement. Contrairement à la rhétorique, qui se permet de jouer sur toute la palette des moyens pour convaincre par le discours, la logique limite son domaine aux argumentations rationnelles. Sont présentés ici, dans une visée d'efficacité, des points de repère solides, d'indispensables clarifications et quelques règles pratiques.

L'hypothétique et le certain

En de nombreuses circonstances, la multiplicité des possibles induit de l'incertitude à l'égard de ce qui a été, est ou sera. Afin de raisonner malgré tout, on choisit l'une des éventualités et l'on fait provisoirement comme si elle était vraie. La supposition ainsi faite est appelée « hypothèse », en langage savant.

Avec des si...

Un propos conditionnel est un propos de la forme « si ..., [alors] ... », ou pouvant y être ramené. La conjonction de subordination « si » est l'indicateur de la condition, autrement dit de l'hypothèse.

EN PRATIQUE

- « Si l'arrêté était pris, le stationnement serait modifié. » Le mode de la proposition principale est le conditionnel, mais le mode indicatif est d'usage courant : « Si l'arrêté est pris, le stationnement sera modifié. »

- « Supposons que les entiers m et n soient pairs ; dans ces conditions $m + n$ est pair. » Cela peut se dire : « Si m et n sont pairs, alors $m + n$ est pair. »

- « Admettons à titre d'hypothèse que la Terre soit immobile ; il s'ensuit que c'est le Soleil qui tourne autour d'elle. » Cela peut se dire : « Si la Terre est immobile, c'est le Soleil qui tourne autour d'elle. »

La condition peut être associée à une implication.

Si…, alors…

En mathématiques et en logique, un énoncé de la forme « si…, [alors]… » est couramment appelé une implication. Dans « si *m* et *n* sont pairs, alors *m* + *n* est pair », la condition (ou hypothèse) « *m* et *n* sont pairs » est aussi appelée l'antécédent de l'implication. De son côté « *m* + *n* est pair » en est le conséquent (aussi bien que la conséquence).

- Une implication telle que « si l'on est à Rennes, on est en Bretagne » peut se tourner de différentes façons, les unes élégantes, les autres, à l'inverse, empreintes de lourdeur logico-mathématique.

  Certaines de ces formulations insistent sur le caractère suffisant de l'hypothèse :

  « Il suffit d'être à Rennes pour être en Bretagne. »

  « Être à Rennes est une condition suffisante pour être en Bretagne. »

  D'autres reformulations insistent sur le caractère nécessaire de la conséquence :

  « Si l'on est à Rennes, on est nécessairement en Bretagne. »

  « Pour être à Rennes, il est nécessaire d'être en Bretagne. »

  « Une condition nécessaire pour être à Rennes est d'être en Bretagne. »

  « Pour être à Rennes, il faut être en Bretagne. »

  « On n'est à Rennes que si l'on est en Bretagne. »

  « On est à Rennes seulement si l'on est en Bretagne. »

  « Être à Rennes implique d'être en Bretagne. »

  « Être est à Rennes entraîne que l'on soit en Bretagne. »

- Si Pedro porte une veste bleue alors Marco porte une cravate rouge.

  Cette phrase signifie qu'à chaque fois que Pedro porte une cravate bleue, alors Marco porte une cravate rouge.

Ce n'est pas parce que Marco porte une cravate rouge que Pedro portera nécessairement une veste bleue. Il n'existe pas de réciprocité.

En effet, si A implique B, B n'implique pas nécessairement A. Par contre, si A implique B alors non-B implique non-A. C'est ce qu'on appelle **la règle de contraposition**.

La règle de contraposition

À partir d'une implication (« si A implique B »), il est possible de poser la négation du conséquent (« non-B ») pour en déduire la négation de l'antécédent (« implique non-A »). Puisque la cause d'une implication engendre la conséquence, alors l'absence de la conséquence implique automatiquement l'absence de la cause.

EN PRATIQUE

- En reprenant l'exemple précédent, cela signifie que si Marco ne porte pas de cravate rouge alors Pedro ne porte pas de veste bleue. En effet, la seule possibilité pour que Pedro porte une veste bleue est que Marco porte une cravate rouge. Si ce dernier ne porte pas de cravate rouge, alors il est certain que Pedro ne porte pas de veste bleue.
- Si Max ou Karl part en Inde alors Jack ira en Inde.

  À partir du moment où l'un des deux (Max ou Karl) part en Inde, alors Jack ira en Inde. Cela implique également que si à la fois Max et Karl vont en Inde, Jack ira également. Enfin, on peut dire : si Jack ne va pas en Inde, alors ni Max ni Karl ne vont en Inde.

Implications dérivées d'un propos conditionnel

Les réciproques d'une condition permettent d'inverser l'antécédent et le conséquent.

Si... alors

En inversant l'antécédent et le conséquent d'une implication, on obtient une nouvelle implication, dite réciproque de la première. L'implication réciproque de « si l'on est à Rennes, on est en Bretagne » est : « si l'on est en Bretagne, on est à Rennes ». Chacune de ces deux implications est la réciproque de l'autre.

PIÈGE !

Lorsqu'une implication est vraie, sa réciproque ne l'est pas nécessairement, comme il est évident dans l'exemple pris précédemment : on peut être en Bretagne et être à Brest.

Négation

Il suffit d'un seul !

Nier une proposition revient à passer de la définition d'une partie d'un ensemble à la définition de son complémentaire.

Ainsi, considérant la proposition universelle suivante : « Tout élément *a* de l'ensemble *E* possède la caractéristique *c* », sa négation est :

« Un seul élément *a* de l'ensemble *E* ne possède pas la caractéristique *c* ».

EN PRATIQUE

- Quelle est la négation de « Tous les chats sont blancs » ?

  Une négation de « tous les chats sont blancs » peut-être « au moins un chat n'est pas blanc ».

En effet, la négation de cette proposition n'est pas « tous les chats sont noirs ». Le fait qu'un seul chat ne soit pas blanc est suffisant pour nier la proposition initiale.

Pour démontrer qu'une proposition n'est pas vraie, il est suffisant de trouver **un seul élément d'un ensemble qui ne détient pas la caractéristique de l'ensemble**. Cela revient à trouver un contre-exemple.

Équivalence

D'un point de vue logique, deux propos sont équivalents lorsque l'un peut remplacer l'autre dans les raisonnements sans que le sens, ni la vérité par conséquent, n'en soient affectés.

- « Rouler à bicyclette » et « rouler en vélo » sont des propos équivalents dans la mesure où l'on estime que les noms bicyclette et vélo sont de parfaits synonymes (ils désignent le même genre d'objet). Dans ce cas, la raison de l'équivalence des propos est évidente : c'est l'identité des notions associées à deux mots différents.
- Les propos « le nombre 10 est pair » et « le nombre 10 est divisible par 2 » peuvent être dits équivalents par définition, c'est-à-dire par application immédiate d'une définition, ici celle de « nombre pair » (qui est d'être un entier divisible par 2). Là encore, la connaissance du sens des mots suffit à constater l'équivalence des propos.

Lorsque l'équivalence de deux propos est moins aisée à établir, un moyen classique est de prouver que chacun des deux implique l'autre.

- La semi-affirmation « le nombre x est supérieur au nombre y » équivaut à la semi-affirmation « $x - y$ est positif ». Des règles de l'algèbre permettent d'établir, en effet, que $x \geq y$ implique $x - y \geq 0$ et, réciproquement, que $x - y \geq 0$ entraîne $x \geq y$.

Il n'y a pas équivalence, en revanche, entre « être à Rennes » et « être en Bretagne », du fait que le second n'entraîne pas le premier.

Opérations sur les propos

Les opérations sur les propos permettent d'étudier les relations entre différentes propositions.

Conjonction

On forme la conjonction de deux propos lorsqu'on les relie par « et ».

- Ainsi, les deux propos « Pierre est grand » et « Paul est brun » ont pour conjonction, tout simplement, le propos « Pierre est grand et Paul est brun ».

Dans le cas de « Pierre est grand » et « Pierre est brun », la conjonction se condense en « Pierre est grand et brun ».

Dans celui de « Pierre est grand » et « Paul est grand », elle se contracte en « Pierre et Paul sont grands ».

Disjonction

On forme la disjonction de deux propos lorsqu'on les relie par un « ou » dit inclusif, c'est-à-dire signifiant : l'un, ou l'autre, ou les deux.

- La disjonction de « n est pair » et de « p est pair » est : « n est pair ou p est pair » ; ce qui revient à dire que l'un au moins de ces deux entiers est pair. Cet emploi de « ou » est de rigueur en logique et en mathématiques.

Dans l'usage courant de la langue, le « ou » est plutôt exclusif, c'est-à-dire que la possibilité de la conjonction (celle de « les deux à la fois ») est exclue : « Véronique ira en Corse ou en Savoie » doit très souvent se comprendre comme signifiant « Véronique ira soit en Corse, soit en Savoie ». Au lieu de disjonction, il convient alors de parler d'alternative (au sens premier du terme) ou, au moins, de disjonction stricte.

Devant un « ou », il convient donc de s'interroger sur l'interprétation à laquelle le contexte invite. Parfois toute hésitation est inutile : dans le cas de « tirer à pile ou face », la nature des choses impose l'exclusion de la conjonction.

Négation

Le contraire de « Julie dort » est « Julie ne dort pas » ; celui de « Victor n'est pas sage » est « Victor est sage ». L'opération qui produit le contraire d'un propos est la négation ; et souvent le contraire d'un propos est lui-même appelé sa négation. Le contraire du contraire d'un propos est ce propos lui-même. Lorsqu'un propos est vrai, son contraire est faux, et inversement. Ceci vaut pour les affirmations.

- « La Lune est carrée » étant fausse, « la Lune n'est pas carrée » est vraie.

Cela vaut aussi pour les semi-affirmations, dans certaines conditions : « $x < 5$ » étant supposée vraie, c'est-à-dire étant supposé que x prenne une valeur plus petite que 5, son contraire « $x \geq 5$ » est faux.

La négation logique (qu'il s'agisse de l'opération elle-même ou de son résultat, le propos contraire) n'est pas la négation grammaticale, qui est un mot (« non ») ou un groupe de mots (« ne... pas »).

Une certaine tradition logique reprend à son compte l'usage qui veut que le contraire de « chaud » soit « froid », alors même qu'une tierce possibilité est reconnue (tiède).

Négation et quantification

Le contraire de « toutes les ampoules sont allumées » est soit « il y a des ampoules qui ne sont pas allumées », soit encore « il y a des ampoules éteintes ». Ce n'est pas « toutes les ampoules sont éteintes », autrement dit « aucune ampoule n'est allumée », parce que les deux cas ainsi évoqués (toutes allumées, toutes éteintes) n'épuisent pas toutes les possibilités ; les deux propos peuvent être faux, ce qui se produit lorsque, de deux ampoules, l'une est allumée et l'autre éteinte.

En accord avec cette règle, on prouve qu'une loi générale est fausse en exhibant un contre-exemple : à partir du moment où l'on peut prouver qu'il existe au moins un immeuble de plus de 400 m de hauteur, on détruit l'affirmation que tout immeuble fait au maximum 400 m de hauteur.

- Le contraire de « il y a des avions en vol » est « il n'y a pas d'avion en vol », soit encore « aucun avion n'est en vol », ce qui peut aussi se présenter sous la forme « tous les avions sont au sol ».

Dans la mesure où « certains » sert à dire « un au moins, mais pas tous », le contraire de « certains l'aiment chaud » est « nul ne l'aime chaud ».

Négation d'une conjonction et d'une disjonction

Le contraire de « connaître Rio et Vancouver » est « ne pas connaître Rio ou ne pas connaître Vancouver » ; autrement dit : « ne pas connaître l'une au moins de ces villes [peut-être même ni l'une ni l'autre] ».

Le contraire de « visiter Brazzaville ou Singapour » est « ne pas visiter Brazzaville et ne pas visiter Singapour » ; dit autrement : « ne visiter ni Brazzaville ni Singapour ».

Tests

Temps (indicatif) : 25 minutes	Difficulté : Moyen	Barème : 1 point par bonne réponse

QCM

1. Quelle proposition est la négation du propos suivant : « Aucun enfant ne ment » ?

A) Enfant, Laëtitia mentait souvent.

B) Tous les enfants sont des menteurs.

C) Tous les adultes mentent.

D) Chaque enfant est un futur menteur.

E) Si une personne ment, elle n'est pas un enfant.

2. Complétez la phrase suivante : « Quand on est à Nice,... »

A) on se trouve sur la Promenade des Anglais.

B) on profite du soleil toute l'année.

C) on ne peut pas se trouver ailleurs.

D) on est Niçois.

E) on mange de la salade niçoise.

3. Quelle est la négation de « Toutes les motos noires sont rapides » ?

A) Aucune moto noire n'est rapide.

B) Une moto noire n'est pas rapide.

C) Une moto rouge peut être rapide.

D) Il existe des motos rapides qui ne sont pas noires.

E) Toutes les motos rouges sont lentes.

4. Quel est le contraire de « les chats noirs traversent la route » ?

A) Câline, chatte noire, ne traverse jamais la route.

B) Les chats noirs ne traversent pas la route.

C) Les chats blancs traversent la route.

D) La route est traversée par un chat persan.

E) Certains chats noirs traversent la route.

5. Les avions de la compagnie Aeroflot sont soit des A380 soit des A320. Quelle proposition nie ce propos ?

A) La compagnie Air Tranquillité dispose d'A380.

B) Aeroflot dispose uniquement d'A320.

C) Charles a voyagé à bord d'un B-777 lors de son voyage sur une ligne d'Aeroflot.

D) Aeroflot ne dispose d'aucun A380.

E) Aeroflot envisage d'acheter des B-777.

6. Tous les habitants de ce quartier vont faire les courses chez Taillandier. Que peut-on dire ?

A) Tous les clients de Taillander sont du quartier.

B) Seuls les habitants de quartier se rendent chez Taillander.

C) Aucun habitant du quartier ne fait ses courses ailleurs que chez Taillandier.

D) Chaque habitant du quartier fait ses courses chez Taillandier.

E) Aucun commerçant ne peut exister dans ce quartier compte tenu de la renommée de Taillandier.

7. Seuls les avions qui ne sont pas à hélices disposent de la radio. Quelle proposition ne peut être niée ?

A) Un avion sans hélices dispose de la radio.

B) Tous les avions à hélices ont la radio.

C) Si un avion a des hélices alors il dispose de la radio.

D) Tous les avions sans hélices n'ont pas de radio.

E) Aucune des propositions ci-dessus n'est vraie.

8. Si Julie porte des lunettes alors Julien en porte également. Que peut-on dire ?

A) Julien n'a pas de personnalité : il fait la même chose que Julie !

B) Quand Julien a des lunettes alors Julie en porte aussi.

C) J'ai rencontré Julien ce matin et il portait des lunettes. Julie doit également en porter.

D) Quand Julien ne porte pas de lunettes alors Julie n'en porte pas.

E) Si Julie ne porte pas de lunettes alors Julien n'en porte pas non plus.

9. Quelle proposition est équivalente à « 999 est un nombre divisible par 9 » ?

A) 999 est un nombre divisible par 3.

B) Un nombre divisible par 999 est divisible par 9.

C) La somme des chiffres de 999 vaut 27.

D) Quand un nombre est divisible par 9, il est divisible par 3.

E) 999 est impair et divisible par 3.

10. Quel est le contraire de « Aller à la pêche ou à la chasse » ?

A) N'aller ni à la pêche ni à la chasse.

B) Ne pas aller à la pêche.

C) Aller seulement à la chasse.

D) Aller faire une battue.

E) Aller à la pêche et à la chasse.

11. Quel est le contraire du contraire de « Toutes les voitures de ce couple sont rouges » ?

A) Aucune voiture de ce couple n'est rouge.

B) Chaque voiture de ce couple est rouge.

C) Certaines voitures de ce couple ne sont pas rouges.

D) Quelques voitures de ce couple sont rouges.

E) Toutes les voitures rouges appartiennent à ce couple.

12. Seules les voitures rouges disposent de la climatisation. Que peut-on en déduire ?

A) Si je me trouve dans une voiture rouge, je dispose alors de la climatisation.

B) Les voitures bleues peuvent avoir la climatisation.

C) Toutes les voitures, à partir du moment où elles sont rouges, disposent de la climatisation.

D) En période de forte chaleur, mieux vaut se trouver dans une voiture rouge.

E) Une voiture qui a la climatisation est forcément de couleur rouge.

13. Toutes les employées du service comptable de l'entreprise Croisement travaillent soit au cinquième étage soit au sixième étage du bâtiment. Que peut-on dire ?

A) Le service comptable ne compte que des femmes.

B) Toutes les femmes de l'entreprise Croisement travaillent au service comptable.

C) Vanessa travaille au cinquième étage de ce bâtiment. Elle travaille donc pour le service comptable de Croisement.

D) Au sixième étage du bâtiment, on ne dénombre que des femmes.

E) Josette fait partie de l'équipe comptable de Croisement depuis 1992. Elle est donc située au cinquième ou au sixième étage de ce bâtiment.

14. Toutes les télévisions qui n'ont pas des écrans LCD disposent d'un son digital. Quelle proposition peut être contredite ?

A) Il existe des télévisions qui n'ont pas d'écran LCD, mais qui ont le son digital.

B) Une télévision avec son digital dispose nécessairement d'un écran qui n'est pas LCD.

C) Il ne peut pas exister de télévisions sans écran LCD et sans son digital.

D) Une télévision à écran LCD peut très bien avoir un son digital.

E) Un écran plasma dispose du son digital.

15. À supposer que le contraire de « tous sont gentils » est « tous sont méchants », quel est le contraire de « tous ne sont pas froids » ?

A) Certains sont chauds.

B) Certains ne sont pas froids.

C) Tous sont froids.

D) Aucun n'est froid.

E) Tous ne sont pas chauds.

Correction des tests

1. **Réponse A**. Le propos de l'énoncé est nié dès qu'un enfant ment. C'est le cas du propos A qui dit que Laëtitia mentait quand elle était enfant. C'est bien une négation du propos A.

Ni B ni C ne sont une négation des propos. La proposition E appuie le propos de l'énoncé et ne peut donc pas le contredire. La proposition D est sans fondement.

2. **Réponse C**. Le seul propos logique déductible de cette prémisse est que lorsqu'on se trouve à Nice, on ne peut pas se trouver ailleurs. Les autres propos sont de pures spéculations.

3. **Réponse B**. Pour démontrer qu'une proposition n'est pas vraie, il est suffisant de trouver un seul élément d'un ensemble qui ne détient pas la caractéristique de l'ensemble. Cela revient à trouver un contre-exemple. Le seul contre-exemple ici est celui développé dans le propos B qui dit qu'une moto noire n'est pas rapide.

4. **Réponse B**. Le contraire de « les chats noirs traversent la route » est « les chats noirs ne traversent pas la route ». La proposition A est une négation du propos, mais pas son contraire. Les autres propos sont plus au moins rapprochés du propos initial.

5. **Réponse C**. Cette phrase signifie que la compagnie Aeroflot dispose seulement de deux modèles : des A380 et des A320. Par contre, cela ne signifie pas qu'elle est la seule compagnie à disposer de tels modèles (élimination proposition A). L'usage de « soit » implique que la compagnie dispose uniquement d'A380 ou uniquement d'A320 ou bien des deux modèles. Ainsi, cette compagnie peut très bien ne disposer que d'A320 (élimination de B), impliquant qu'elle n'a aucun A380 (élimination de D). Le projet d'acheter un autre modèle ne vient pas à l'encontre du propos présent, qui deviendrait nié au cas où l'achat se réalise (élimination de E). Seule la proposition C nie le propos puisque Charles a effectué son vol avec Aeroflot à bord d'un avion qui n'est ni un A380 ni un A320.

6. **Réponse D**. Cette phrase signifie que chaque habitant du quartier fait son marché chez Taillandier. Dans cette hypothèse, la proposition D est la plus juste. Il était possible d'hésiter avec la proposition C, mais cette dernière anticipe sur l'impossibilité de se rendre ailleurs que chez Taillandier. Or, les habitants du quartier peuvent très bien se rendre dans un autre commerce s'ils se rendent également chez Taillandier. Par contre, cette phrase ne signifie pas que tous les clients de Taillandier viennent de ce quartier : Taillandier peut très bien compter parmi ces clients des habitants d'autres quartiers.

7. Réponse E. Rechercher une proposition qui ne peut être niée revient à trouver la proposition vraie.

Pour pouvoir disposer d'une radio, l'avion ne doit pas avoir d'hélices. Cela signifie que si l'on se trouve dans un avion à hélices alors celui-ci ne dispose pas de radio (élimination des propositions B et C).

Il n'existe cependant pas d'automaticité : ce n'est pas parce qu'un avion ne dispose pas d'hélices qu'il aura automatiquement une radio (élimination des propositions A et D). La proposition E est donc juste.

8. Réponse D. Il s'agit d'une condition. Dans ce cas, seule la contraposée peut être déduite. Ainsi, si B ne se produit pas (Julien ne porte pas de lunettes) alors A ne se produit pas non plus (Julie ne porte pas de lunettes).

9. Réponse C. Le seul propos pouvant être jugé comme équivalent est « la somme des chiffres de 999 vaut 27 » puisqu'il s'agit du critère de divisibilité de 9. Donc si la somme des chiffres de 999 est égale à 27, alors 999 est divisible 9.

10. Réponse A. Puisque le contraire de « visiter Brazzaville ou Singapour » est « ne pas visiter Brazzaville et ne pas visiter Singapour » ; le contraire de « aller à la pêche ou à la chasse » est « n'aller ni à la pêche ni à la chasse ».

11. Réponse B. Le contraire du contraire d'un propos est ce propos lui-même. Cela revient alors à rechercher un propos équivalent à « toutes les voitures de ce couple sont rouges ». C'est le cas de la proposition B qui dit que « chaque voiture de ce couple est rouge ».

12. Réponse E. Cette phrase signifie que de manière certaine, si on se trouve dans une voiture avec la climatisation alors cette dernière sera de couleur rouge.

Néanmoins, elle ne signifie pas que toutes les voitures rouges comptent la climatisation : certaines voitures rouges peuvent très bien ne pas disposer de la climatisation.

13. Réponse E. Le sens de cette phrase garantit qu'à partir du moment où une femme travaille dans ce service alors elle sera située soit au cinquième étage soit au sixième étage du bâtiment. Aucune femme de ce service ne travaille à un autre étage du bâtiment.

Attention toutefois : il peut très bien arriver que d'autres personnes que ces femmes travaillent au cinquième étage ou au sixième étage du bâtiment. Il n'est pas dit qu'exclusivement les femmes de ce service travaillent à ces étages. Cette phrase ne dit pas non pas que le service comptable compte uniquement des femmes.

14. Réponse B. Rechercher une proposition qui peut être contredite revient à trouver la proposition fausse.

La phrase de l'énoncé signifie qu'à partir du moment où une télévision n'est pas un écran LCD, il est certain qu'elle dispose d'un son digital (élimination de la proposition A). L'écran plasma est une technologie qui n'est pas du LCD : il aura donc un son digital (élimination de la proposition E).

Malgré cela, il peut très bien exister des télévisions avec écran LCD qui disposent d'un son digital (élimination de la proposition D). Par contre, il ne peut pas exister de télévisions sans écran LCD et sans son digital (élimination de la proposition C).

Si les télévisions sans écran LCD disposent bien du son digital, il n'est pas dit que les télévisons avec écran LCD ne peuvent pas avoir de son digital. On ne peut donc pas affirmer qu'une télévision avec son digital dispose nécessairement d'un écran qui n'est pas LCD.

15. Réponse E. Ici, la logique est bousculée puisque l'énoncé précise que le contraire de « tous sont gentils » est « tous sont méchants », ce qui n'est pas le cas dans la logique formelle. On remarque alors que l'inverse est ici considéré en faisant usage d'un antonyme pour « gentil ». En faisant la même chose pour « froid », on déduit alors que le contraire de « tous ne sont pas froids » est « tous ne sont pas chauds ».

Chapitre 24

Les dominos

Dans ce chapitre

- Les tests de dominos, mode d'emploi
- Les types de questions
- Les différentes logiques à suivre

Les dominos sont un classique des tests psychotechniques. Ce type d'épreuve qu'on rencontre fréquemment aux examens et autres concours est également apprécié des recruteurs. Mis au point par l'armée britannique, les tests reprennent les grands principes du jeu de dominos sans pour autant coller tout à fait à ses règles.

D'apparence ludique, les dominos permettent d'analyser le sens du raisonnement des candidats et d'apprécier leur esprit déductif.

Les dominos : présentation

Les tests psychotechniques utilisant les dominos s'appuient sur les principes suivants :

- Chaque domino est constitué d'**une pièce portant deux valeurs**, chacune inscrite **dans une case**.
- **Les valeurs d'un domino sont comprises entre 0 et 6**, soit sept possibilités pour chaque case : 0, 1, 2, 3, 4, 5 et 6.
- Chaque valeur est déterminée par **un nombre de points**. L'absence de point représente la valeur zéro.

Une question se présente sous la forme de plusieurs dominos dont il faut déterminer le lien logique les régissant. Parmi ces dominos, l'un d'entre eux n'a pas de valeurs inscrites dans ses cases : c'est au candidat de les déterminer en fonction des liens à établir. Une question peut aussi bien se présenter avec ou sans propositions.

La présentation des dominos est tout à fait aléatoire : ils peuvent être disposés de façon horizontale s'enchaînant un à un ou bien d'une manière plus originale (en cercle, en rosace, en escargot, etc.). **La variété des logiques est large et évolutive** : elles peuvent tout aussi bien s'appuyer sur une suite croissante que sur une opération ou une symétrie.

Les catégories de questions

Si l'éventail des mécanismes apparaît étendu, on dénote trois grandes familles de questions : **les séries, les agencements et les opérations**.

Les séries

Les séries présentent les dominos comme une **suite horizontale où les pièces s'enchaînent les unes après les autres**. Elles peuvent être **simples** (une seule ligne), doubles (deux lignes), voire **multiples** (à partir de trois lignes).

La grande majorité des séries exigent une lecture horizontale, même si vous pourrez croiser des logiques verticales, voire diagonales. Plusieurs sens de lecture horizontale existent.

Le plus commun est **la lecture de gauche à droite de façon linéaire** comme la série ci-dessous :

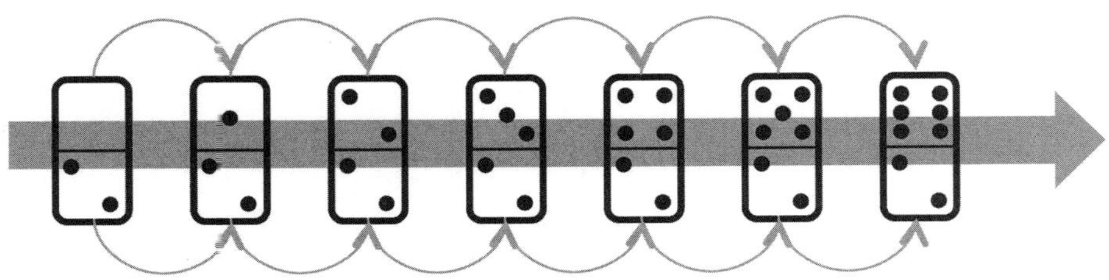

Vous pourrez croiser des **sens de lecture plus originaux** (en cercle, en diagonale, etc.) ou créatifs (en zigzag, en escalier, etc.).

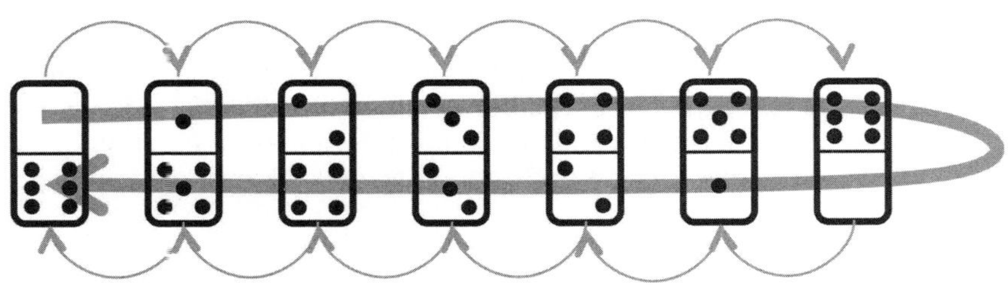

Comme le montrent les exemples précédents, une logique peut lier :

- seulement les cases du haut (ou du bas) du domino ;
- les cases du haut et les cases du bas de façon indépendante ;
- alternativement les cases du haut et les cases du bas.

Les dominos peuvent également être couchés :

Vous pourrez également croiser des **positionnements de dominos plus originaux** (en cercle, en rosace, en escargot, etc.). Les relations entre les dominos changent alors, même si l'éventail des logiques reste identique au cas des positionnements plus classiques.

EN PRATIQUE

- Voici quelques exemples :

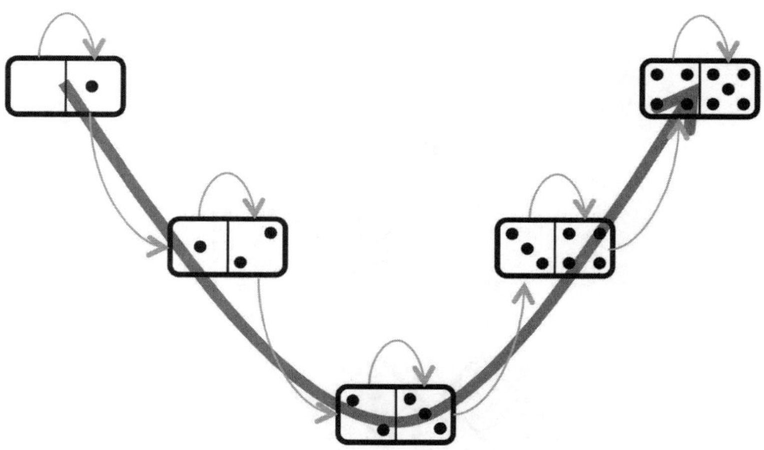

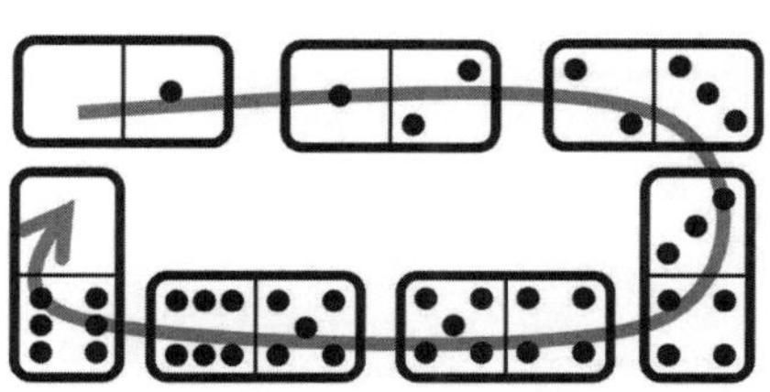

CONSEILS DU FORMATEUR

Il s'agit de tests particulièrement créatifs dans lesquels vous pourrez croiser sans cesse de nouveaux positionnements de dominos. Il faut donc vous familiariser avec les logiques les plus courantes et tenter de les retrouver dans des situations différentes. La difficulté se situe alors au niveau du sens de lecture à donner à la série, qui peut être tout à fait classique ou, au contraire, très original.

Parmi les séries, **les logiques les plus courantes concernent des progressions** : croissantes ou décroissantes, régulières ou alternées, répétées ou linéaires. La variété des logiques que vous croiserez dans les séries n'est, par essence, pas très large.

Les agencements

Les **agencements** ne s'intéressent plus à l'enchaînement des dominos, mais se concentrent uniquement sur **la répartition des dominos dans l'espace**. Il s'agit d'une **catégorie de questions essentiellement visuelle** où les logiques utilisées concernent une répétition, un axe de symétrie, une translation, un pivotement, etc. Ici encore, la difficulté se situe principalement dans le sens de lecture à donner à la question.

EN PRATIQUE

- Voici quelques configurations que vous croiserez :

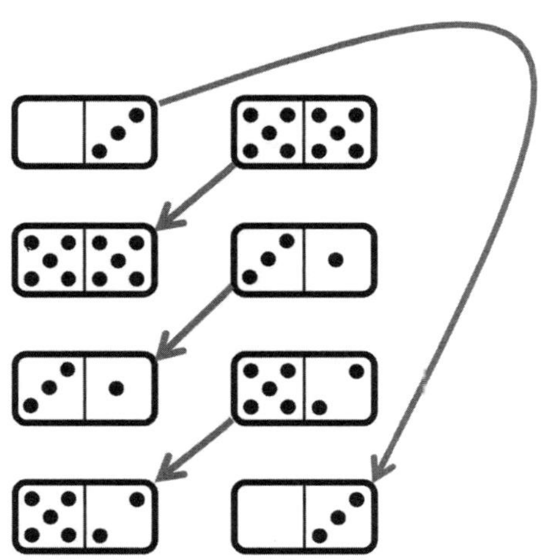

Pour repérer facilement les agencements de dominos, il est conseillé de marquer les dominos identiques dans la question. Cette méthode permet de visualiser facilement les dominos qui se répètent et sert alors de base pour comprendre la logique sous-jacente.

Les opérations

Les logiques de cette catégorie se réfèrent aux **opérations mathématiques**. Il faut considérer les dominos comme des nombres et imaginer des additions et des soustractions entre eux, voire même des multiplications.

Ces questions, qui ne sont pas toujours évidentes à détecter, peuvent se repérer plus aisément en remplaçant chaque case de domino par un chiffre. Les opérations apparaissent alors de façon naturelle.

- Voici quelques exemples de questions mettant en œuvre des opérations :

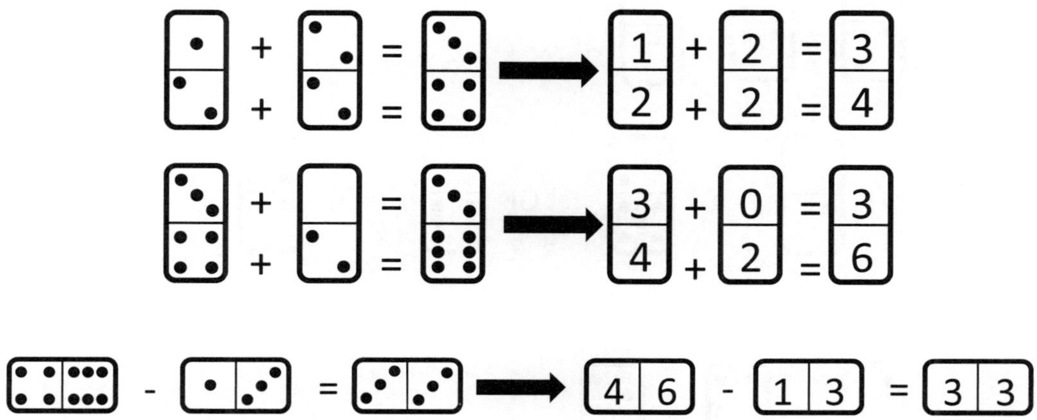

Tests

Temps (indicatif) : 45 minutes	Difficulté : Moyen	Barème : 1 point par bonne réponse

QCM

1.

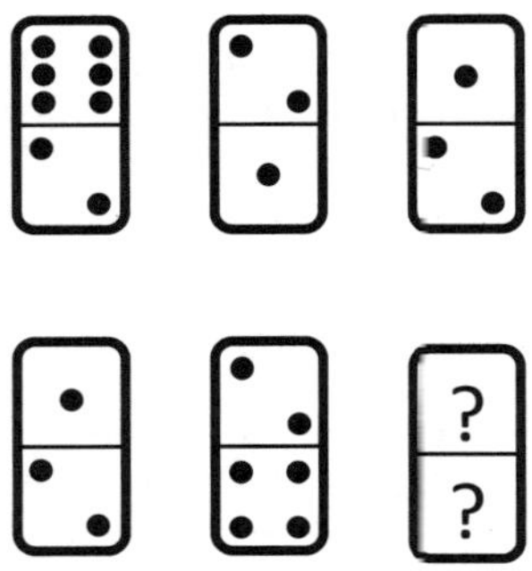

A)  B) 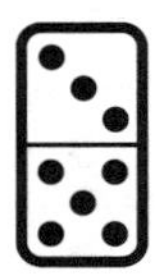 C) 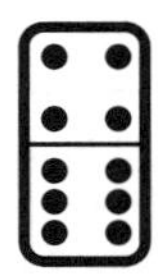 D) 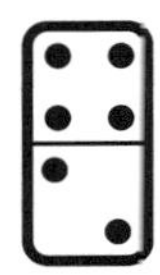

2.

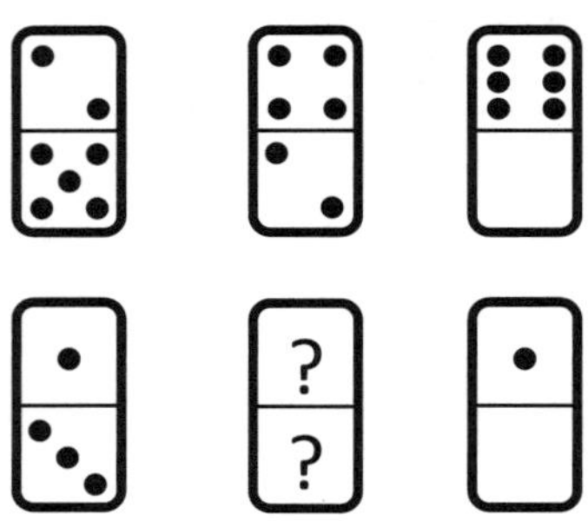

A)  B) 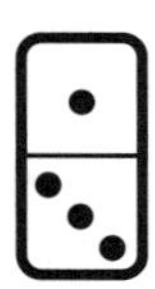 C) 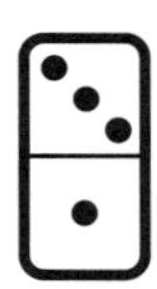 D) 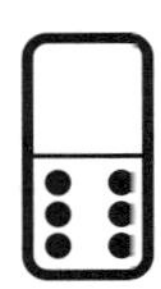

3.

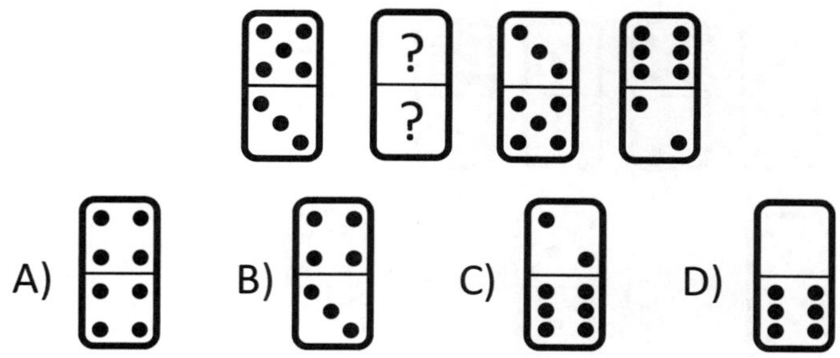

4.

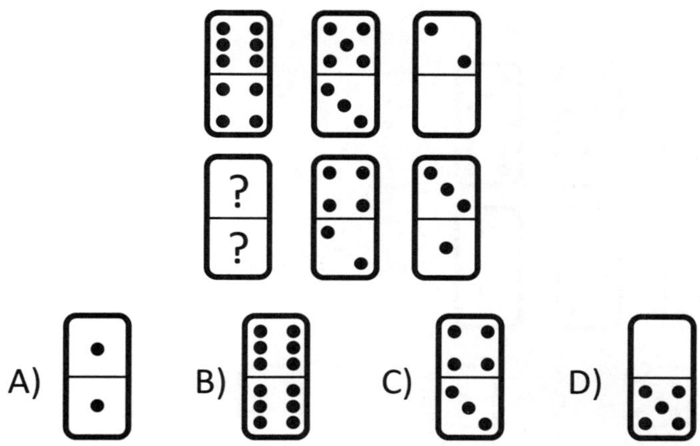

5.

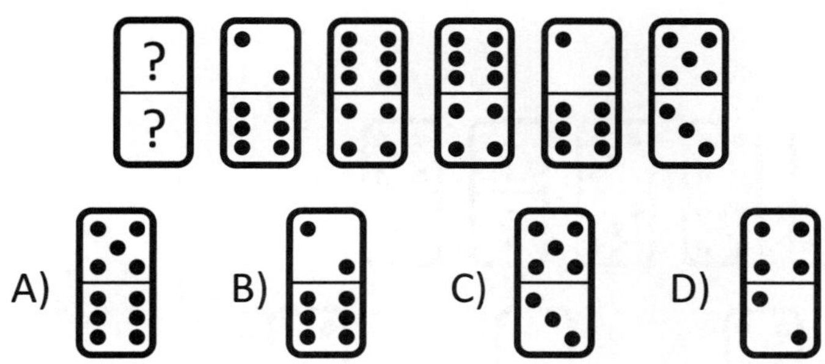

6.

A)  B) 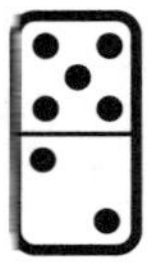 C) 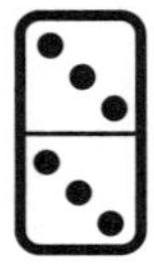 D) 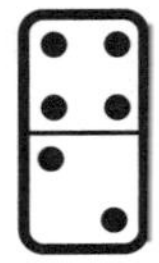

7.

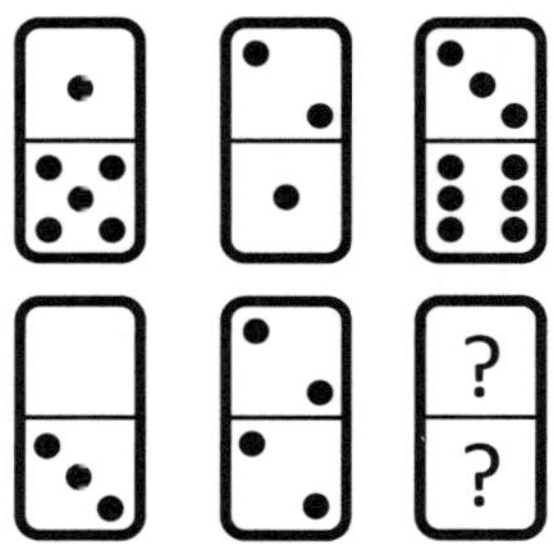

A) 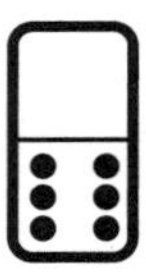 B) 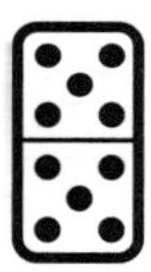 C) 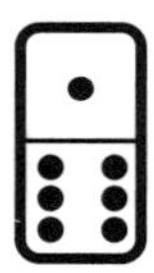 D) 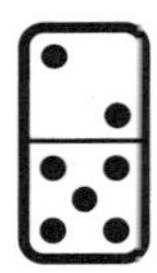

8.

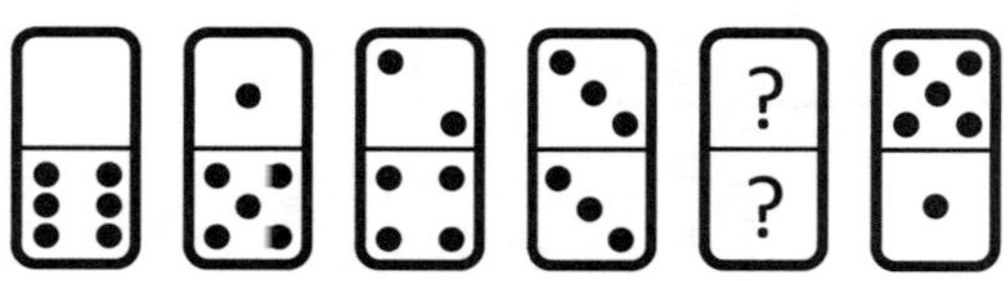

A) 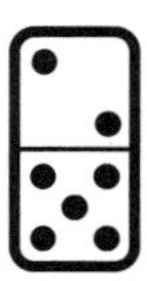 B) 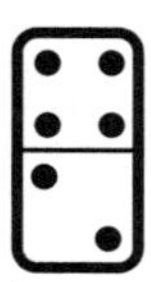 C) 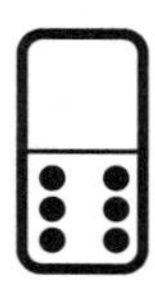 D) 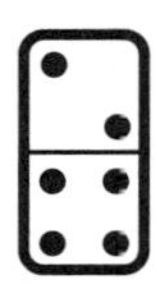

9.

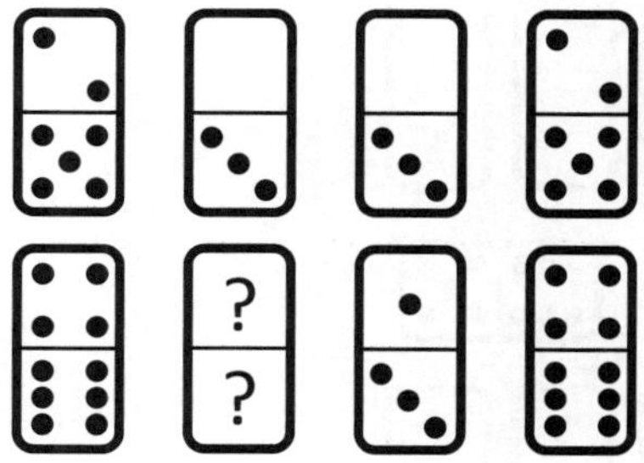

A) 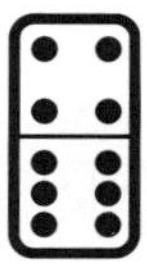 B) 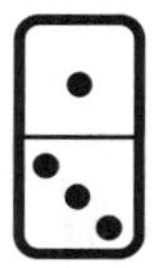 C) 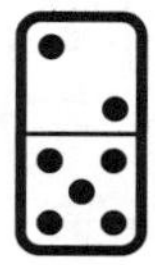 D) 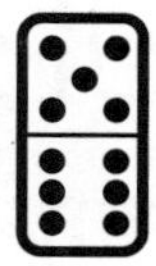

10.

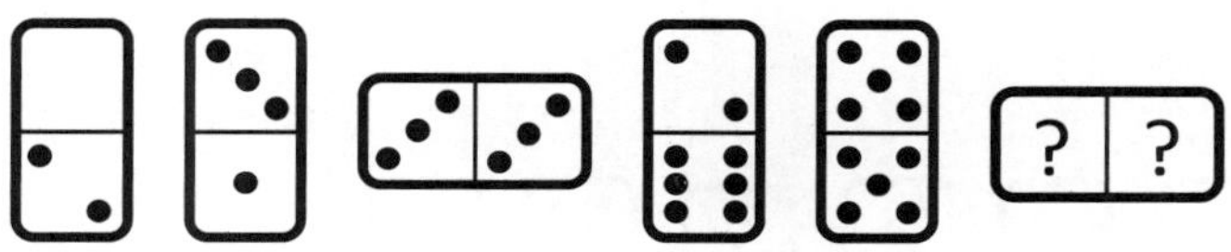

A) 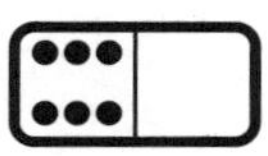 B) 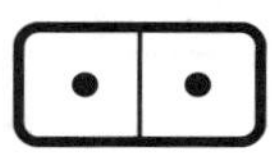 C) 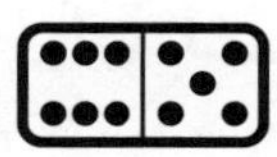 D) 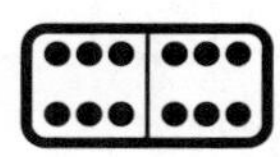

11.

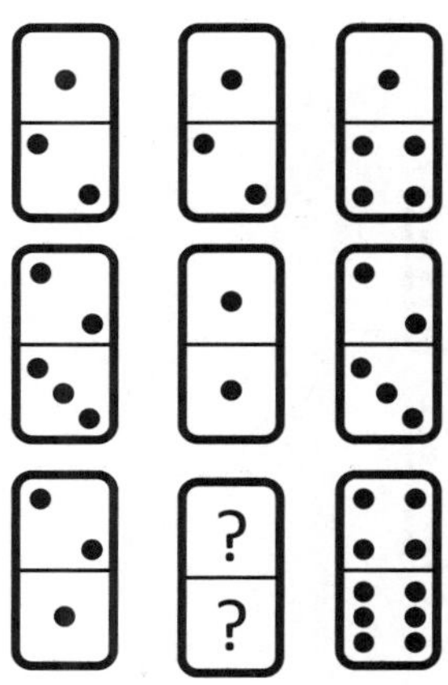

A) 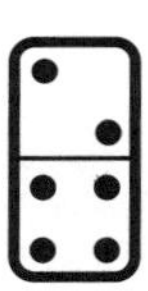 B) 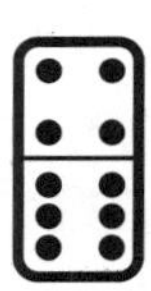 C) 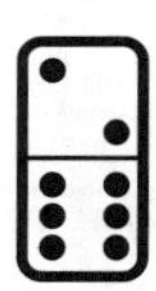 D) 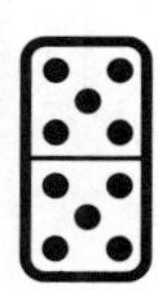

12.

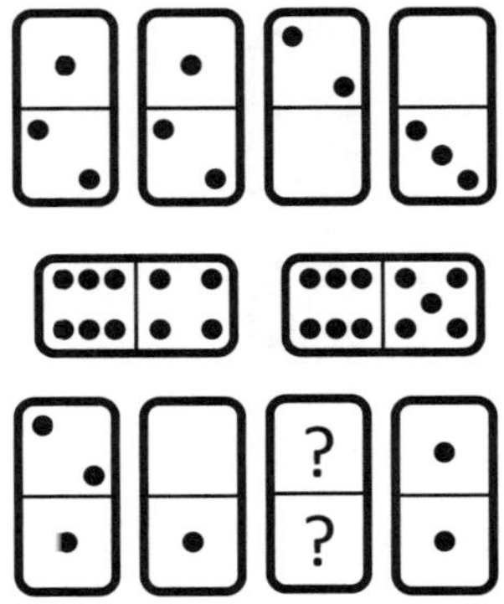

A) 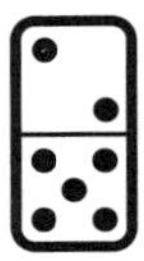 B) 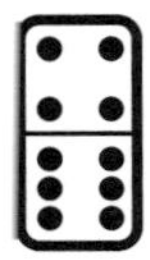 C) 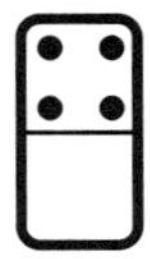 D) 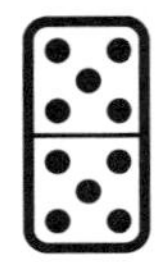

13.

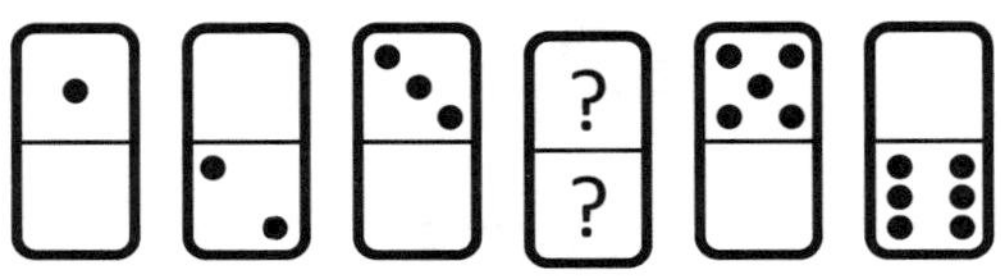

A) 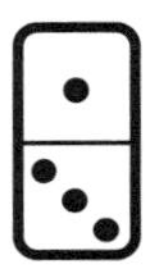 B) 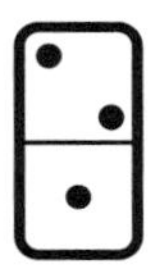 C) 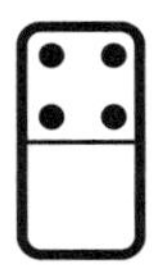 D) 

14.

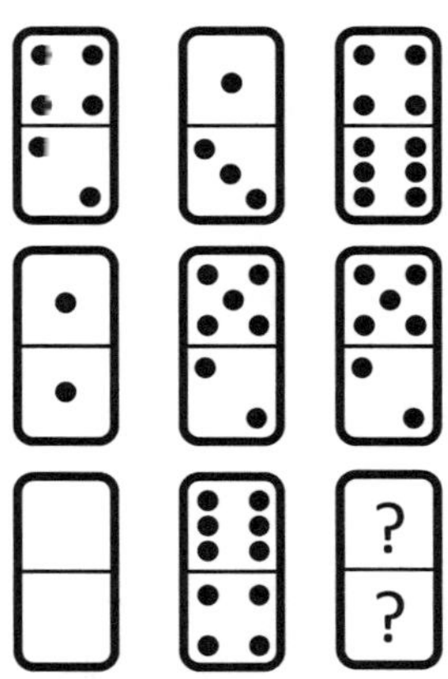

A) 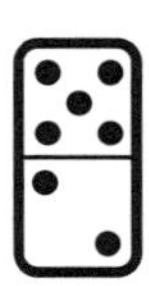 B) 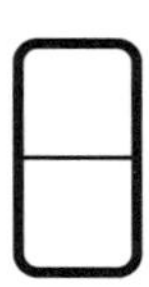 C) 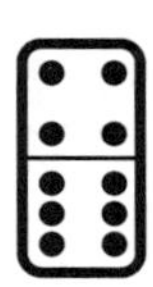 D) 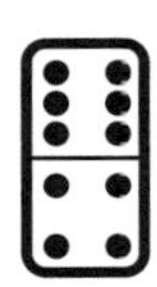

15.

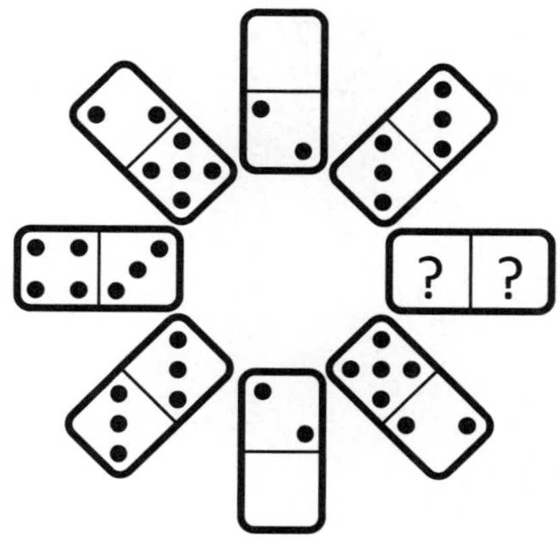

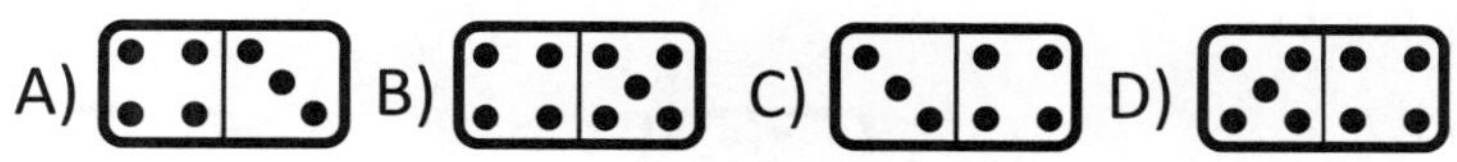

Questions ouvertes

16.

17.

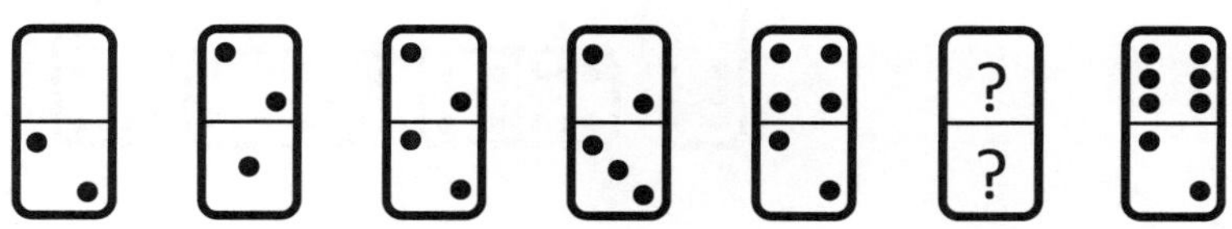

18.

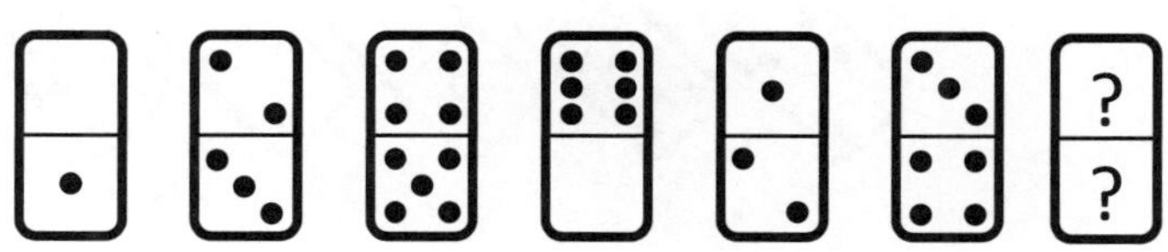

19.

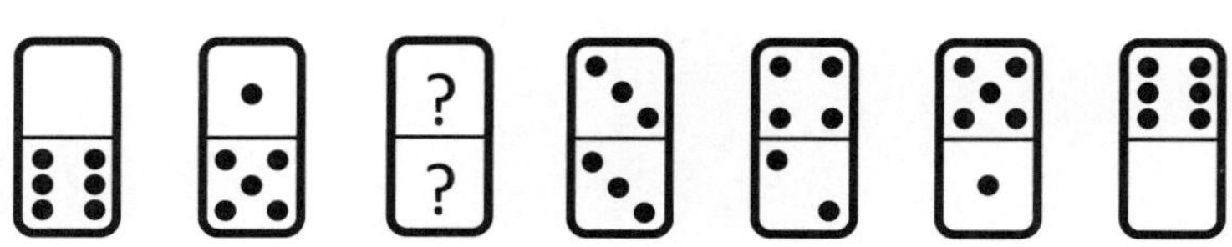

20.

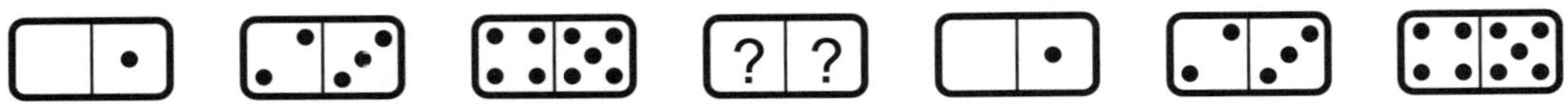

21.

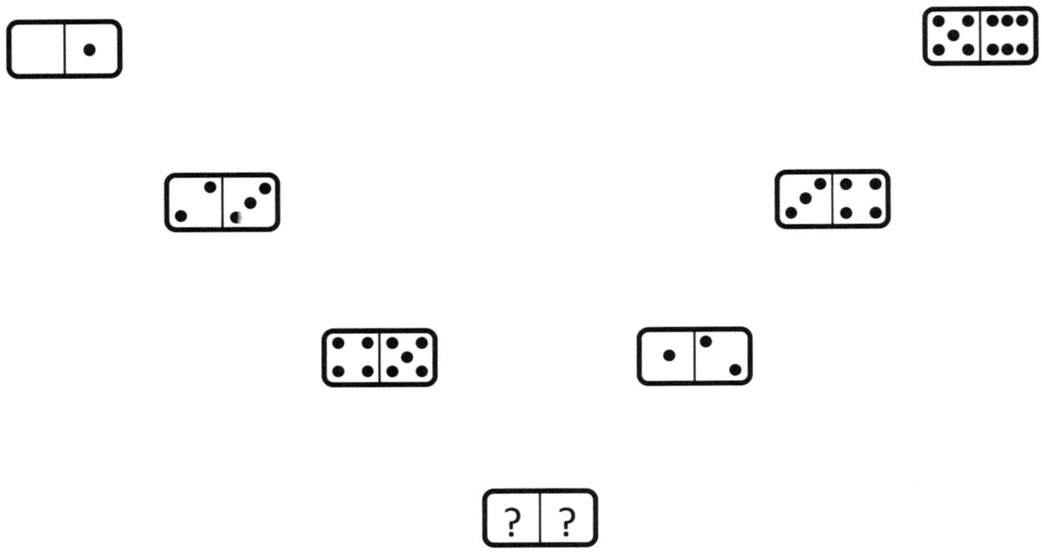

22.

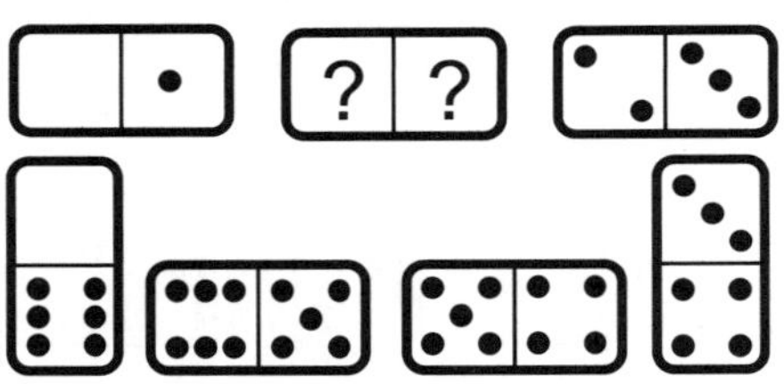

23.

24.

25.

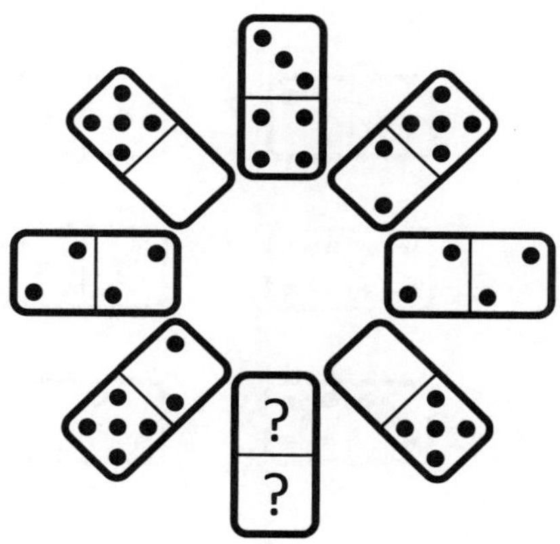

26.

27.

28.

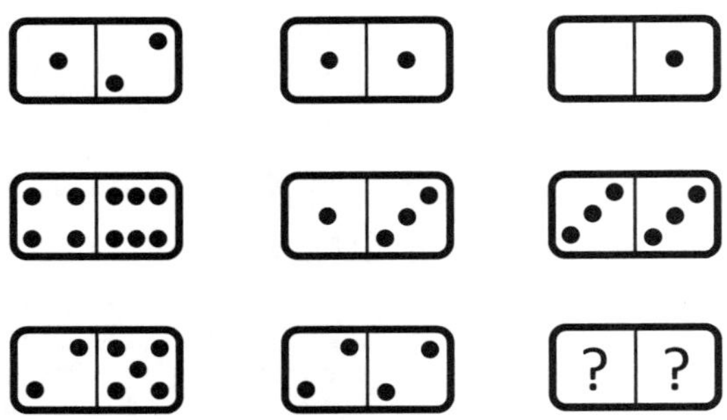

29.

30.

31.

32.

33.

34.

35.

Correction des tests

1. **Réponse D**. Sur chaque ligne de domino, la case du bas d'un domino se retrouve sur la case haute du domino suivant (case identique en diagonale) :

La case du haut portera donc la valeur 4.

Pour trouver la case du bas du domino cherché, il faut observer le mouvement suivant sur chaque ligne :

On s'attend alors à avoir 2 en bas et 4 en haut.

2. **Réponse A**. Dans cette question, on voit que pour chaque ligne de cases, la somme des cases des deux premiers dominos donne la valeur de la case correspondante du troisième domino. En observant la première rangée, on a bien pour la première ligne 2 + 4 = 6 et pour la deuxième 5 + 2 = 7 qui correspond à 0 (puisqu'il suit 6).

Ainsi, s'agissant du domino à déterminer, on doit avoir 1 + ? = 1. Donc le « ? » en haut est un 0. Pour la ligne du bas, on a 3 + ? = 0 : le nombre manquant est 4 afin d'arriver à 7, qui correspond à 0.

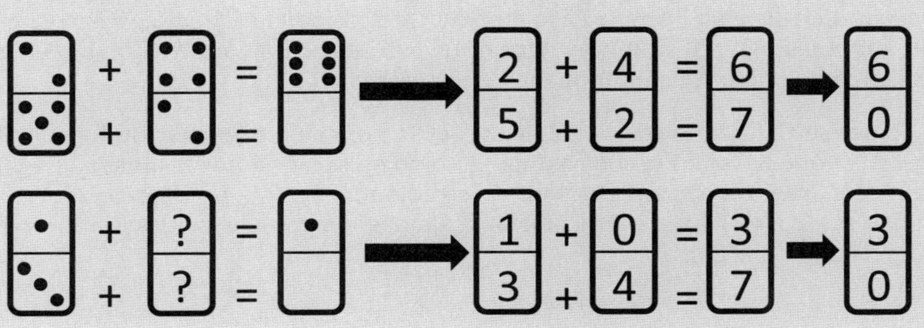

3. Réponse C. Il y a une symétrie entre les dominos : le premier domino revient en troisième position avec les points inversés (sur le domino 3 le 5 revient en bas et le 3 en haut à l'inverse du domino 1 où le 3 est en bas et le 5 en haut) et on déduit donc que le domino manquant doit avoir 2 en haut et 6 en bas.

4. Réponse D. On se rend compte que pour chaque domino, on obtient le nombre du bas en enlevant 2 au nombre du haut. Le seul domino qui peut convenir parmi les propositions est le domino D (puisque zéro est également à considérer comme une valeur équivalente à 7).

5. Réponse C. Il s'agit ici d'une suite dans laquelle il y a une symétrie axiale où l'axe de symétrie se trouve entre le troisième et le quatrième domino. Ainsi le premier domino doit être le même que le dernier.

6. Réponse B. Dans cette série, les chiffres du haut progressent de 1 (2-3-4-?-6) et ceux du bas diminuent de 1 (5-4-3-?-1) de domino en domino. Ainsi, dans le domino manquant, le nombre du haut est un 5 et celui du bas est un 2.

7. Réponse D. Sur chaque ligne de dominos, la case du haut du troisième domino est égale à la somme des deux premières cases hautes. Même chose pour la case du bas. Pour la première ligne, la case du haut du troisième domino est $3 = 2 + 1$ et la case du bas $6 = 5 + 1$, donc le domino recherché sur la deuxième ligne doit avoir pour case du haut $2 = 0 + 2$ et pour case du bas $5 = 3 + 2$.

8. Réponse B. La valeur de la case du haut de chaque domino progresse de 1 (0-1-2-3-?-5) tandis que la valeur de la case du bas de chacun des dominos décroît de 1 (6-5-4-3-?-1). Donc le domino cherché aura un 4 en haut et un 2 en bas.

9. Réponse B. Il s'agit d'une symétrie axiale avec un axe de symétrie entre le deuxième et le troisième domino. Donc le domino cherché sera le même que le troisième de la ligne du bas.

10. Réponse D. Chaque domino (qu'il soit horizontal ou vertical) possède une somme de points paire et croissante entre chaque domino : le premier domino a une somme de points de 2, le deuxième domino a une somme de points de 4, le troisième domino a une somme de points de 6, le quatrième domino a une somme de points de 8, le cinquième domino a une somme de points de 10 : le domino cherché doit avoir une somme de points de 12. La seule possibilité est alors d'avoir un domino avec 6 sur chaque case.

11. Réponse C. À chaque ligne, les valeurs du domino de droite sont les produits des valeurs des deux dominos de gauche.

Dans la première ligne, la valeur haute du troisième domino est $1 = 1 \times 1$ et la valeur basse $4 = 2 \times 2$. Dans la deuxième ligne, la valeur haute du troisième domino est $2 = 2 \times 1$ et celle de la case du bas $3 = 3 \times 1$.

Donc sur la troisième ligne, la case du haut du domino cherché doit permettre d'obtenir 4 en multipliant 2 : elle doit donc être égale à 2. La case du bas du domino cherché doit permettre d'obtenir 6 en multipliant 1 : elle est égale à 6.

12. Réponse C. Chaque colonne de cases est à considérer de façon indépendante de telle façon à ce que la valeur d'une case du domino en position horizontale soit égale à la somme des valeurs des autres cases de sa colonne. Dans la première colonne, 6 (case du domino horizontal) correspond ainsi à la somme des 4 cases au-dessus et en dessous (de haut en bas) : 1, 2, 2 et 1.

Pour la troisième colonne où l'on recherche le domino manquant, il faut que la somme des points soit égale à 6. Le domino du haut a pour somme de valeurs 2 + 0 = 2, donc la somme des points du domino manquant doit être égale à 6 – 2 = 4. Le seul domino possible est celui de la proposition C.

13. Réponse D. Progression de + 1 de domino en domino entre les cases alternativement hautes et basses. L'autre case reste toujours vide. Le domino cherché doit alors avoir une case du haut de valeur 0 et une case du bas de valeur 4.

14. Réponse B. La valeur des cases du troisième domino de chaque ligne correspond au produit des valeurs des deux cases correspondantes sur les deux premiers dominos. Ainsi, sur la première ligne, la case du haut du troisième domino est le produit de 4 et de 1, alors que la case du bas équivaut au produit de 2 et de 3. Sur la deuxième ligne, la case du haut du troisième domino correspond au produit de 1 et 5 alors que la case du bas équivaut au produit de 1 et 2. Sur la troisième ligne, puisque le premier domino est 0 – 0, le produit des deux cases du premier et du deuxième domino ne peut permettre d'obtenir qu'un domino 0 – 0.

15. Réponse C. Chaque domino est symétrique à celui qui se trouve en face de lui : la symétrie est centrale, comme l'indique le schéma ci-dessous.

Le domino cherché est ainsi le symétrique du domino 4-3. Il s'agit donc du domino 3-4.

Attention : pour se conformer à la symétrie, le domino se doit présenter le 3 sur la case de gauche et le 4 sur la case de droite (et non pas l'inverse !)

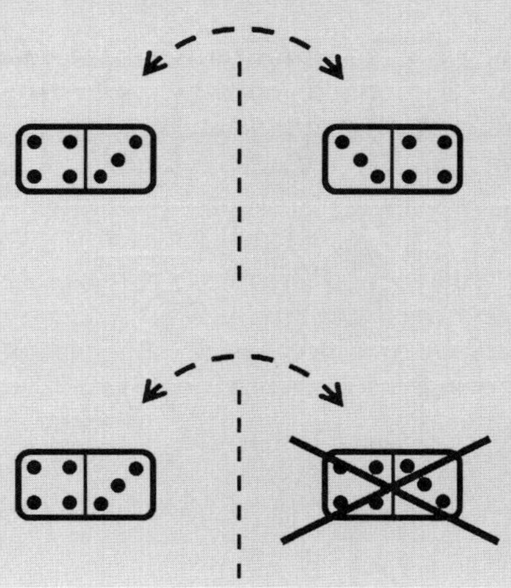

16. 3-2. Sur les cases du haut, les dominos se suivent avec une progression de + 1. Alors qu'en bas toutes les cases sont identiques : 2. Le domino cherché est alors 3 en haut et 2 en bas.

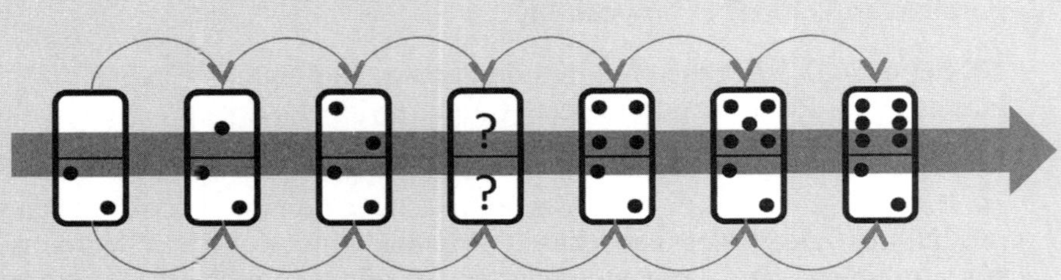

17. 2-5. Les dominos se suivent avec une progression de + 1 de façon alternative entre les cases du haut et du bas (comme la flèche l'indique ci-dessous). L'autre case est alors toujours marquée d'un 2. Le domino cherché indique alors 2 en haut et 5 en bas.

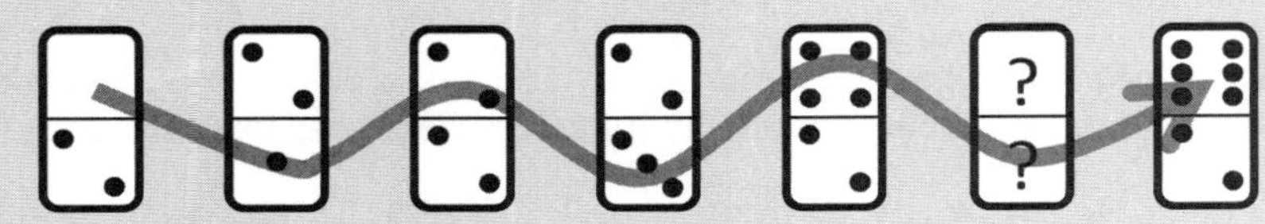

18. 5-6. En lisant les dominos de gauche à droite et en considérant les cases du haut avant les cases du bas, toutes les cases s'enchaînent de façon progressive (lecture en suivant la flèche ci-dessous). Le domino cherché (le dernier de la série) indique donc 5 en haut et 6 en bas.

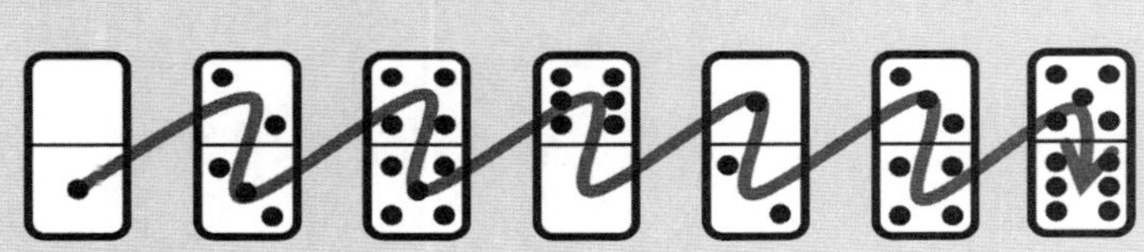

19. 2-4. En lisant d'abord les cases du haut de gauche à droite, elles se suivent toutes de façon croissante. Le domino cherché (le troisième en partant de gauche) doit alors indiquer 2 en haut. En lisant ensuite les cases du bas, de droite à gauche cette fois-ci, elles se suivent également de façon croissante. Le domino cherché doit alors indiqué 4 en bas

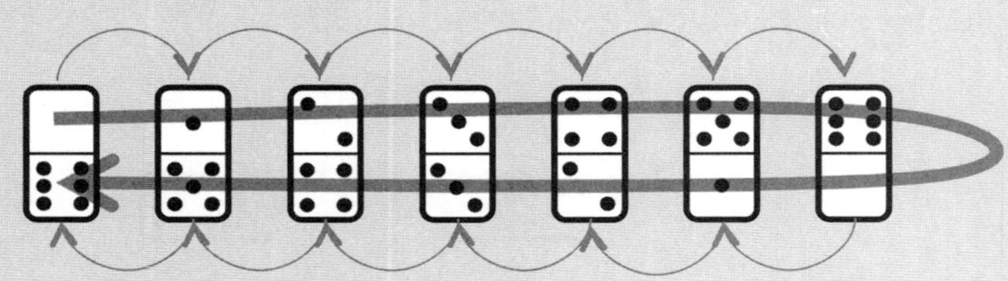

20. 6-0. En lisant les cases de gauche à droite, elles s'enchaînent toutes de façon croissante. Le domino cherché (le quatrième en partant de la gauche) indique alors 6 sur sa case de gauche et 0 sur sa case de droite (rappel : 0 est la valeur qui suit 6 en domino).

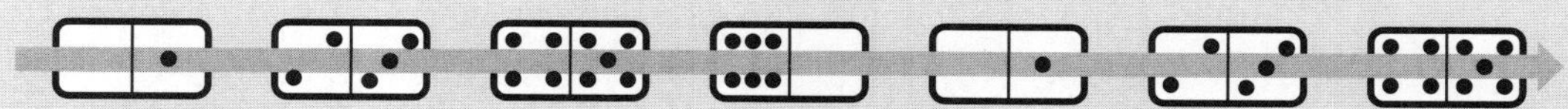

21. 6-0. Il faut ici lire les dominos de gauche à droite à la manière d'un V. Les cases s'enchaînent ici de façon croissante, en lisant d'abord la case de gauche puis celle de droite, comme l'indique le schéma. Le domino cherché (le plus bas sur le schéma) indique alors 6 sur sa case de gauche et 0 sur la case de droite.

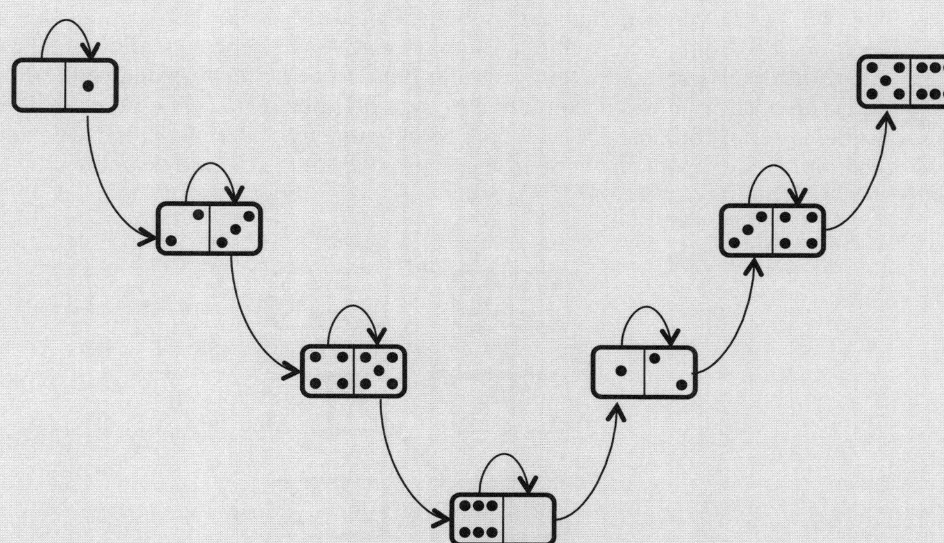

22. 1-2. Il faut lire les dominos comme une boucle, en débutant par celui en haut à gauche, et dans le sens des aiguilles d'une montre. On observe alors que les cases qui se succèdent sont identiques : la case de droite d'un domino est identique à la case de gauche du domino qui le suit dans le sens de la lecture. Ensuite, on note une progression croissante de + 1 entre les cases d'un même domino. Le domino cherché (le deuxième dans le sens de lecture) indique alors 1 sur sa case de gauche et donc 2 sur sa case de droite.

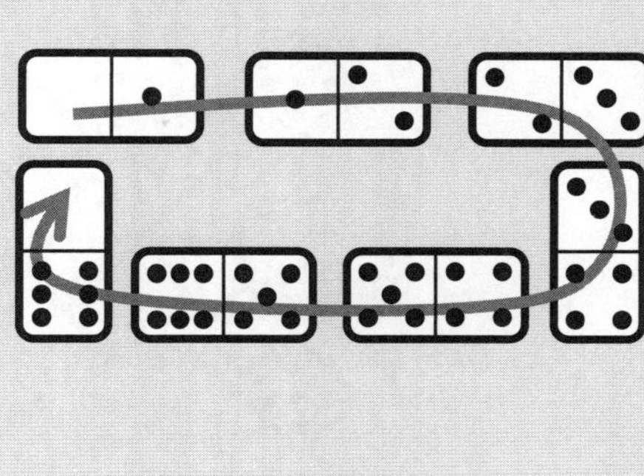

23. 5-3. Il y a une répétition des dominos par paire de façon symétrique (séquence de trois dominos) : le premier domino est identique au quatrième, le deuxième est identique au cinquième est alors le troisième (domino cherché) est identique au sixième, soit 5 sur sa case du haut et 3 sur sa case du bas.

24. 4-5. Les dominos de la colonne de gauche se répètent de façon décalée dans la colonne de droite (décalage d'un domino vers le haut entre la colonne de gauche et celle de droite). Le domino cherché (dernier domino de la colonne de droite) doit alors être identique au premier de la colonne de gauche pour respecter ce sens de lecture (les schémas sont toujours à considérer comme un circuit fermé : ainsi, le dernier domino de la colonne de droite correspond ici au premier de la colonne de gauche).

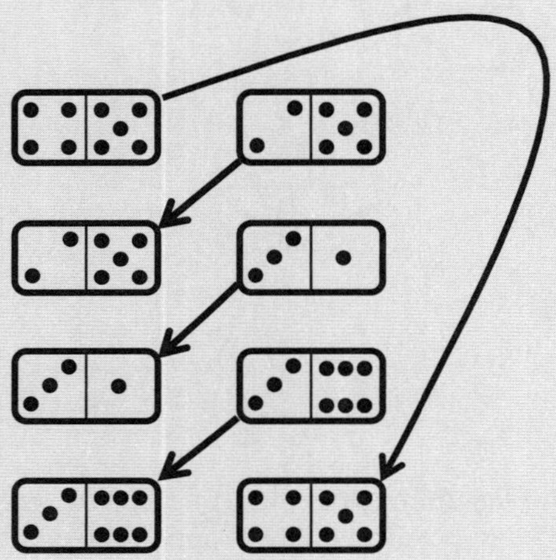

25. 4-3. Chaque domino est symétrique à celui qui se trouve en face de lui : la symétrie est centrale, comme l'indique le schéma ci-dessous.

Le domino cherché (celui positionné le plus en bas) doit ainsi être le symétrique du domino 3-4. Il s'agit donc du domino 4-3.

26. 0-4. Il faut considérer deux séries avec une lecture dans le sens des aiguilles d'une montre :

- La série des cases du haut qui se suivent de façon croissante (+ 1 entre chaque case) avec 6 comme premier nombre de la série : 6-**0**-1-2-3-4-5.
- La série des cases du bas qui se suivent de façon croissante (+ 1 entre chaque case) avec 3 comme premier nombre de la série : 3-**4**-5-6-0-1-2.

Le domino cherché (le deuxième dans le sens de lecture) aura alors 0 sur sa case du haut (0 suit 6) et 4 sur sa case du bas.

27. 1-1. Il faut considérer les dominos en ligne par série de trois. La somme des valeurs des cases du haut des deux premiers dominos donne la valeur de la case du haut du domino de droite. Même chose avec les cases du bas : la somme des valeurs du bas des deux premiers dominos donne la valeur du bas du domino de droite.

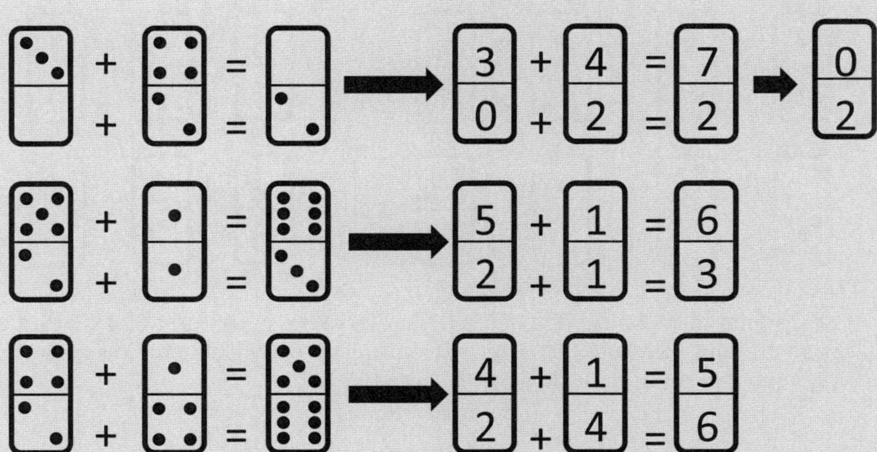

Le domino cherché (le deuxième de la deuxième ligne) doit alors indiquer 1 en haut pour passer de 5 à 6 et 1 en bas pour passer de 2 à 3.

28. 0-3. Il faut considérer les dominos en ligne par série de trois. Chaque domino doit être considéré comme un nombre à deux chiffres : sur chaque ligne, la différence entre les valeurs faciales du premier domino et du deuxième domino permet d'obtenir la valeur faciale du troisième domino :

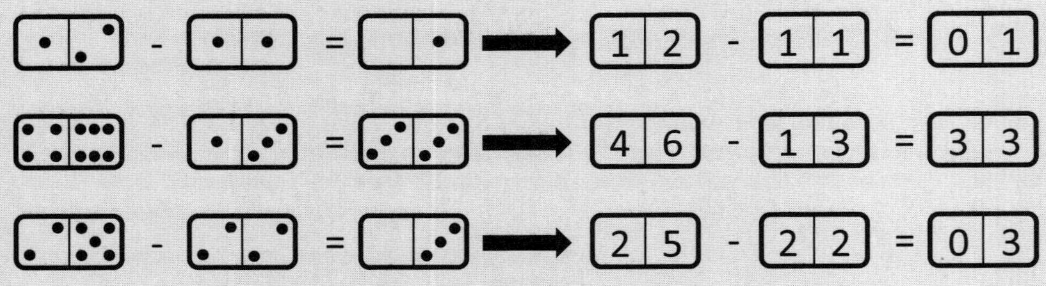

Sur la troisième ligne, cela donne alors 25 – 22, soit une différence de 3 qui doit être représentée par 0 sur la case de gauche et 3 sur la case de droite.

29. 0-0. Il faut considérer les dominos en ligne, donc par série de quatre. La somme des valeurs des cases du haut des trois premiers dominos donne la valeur de la case du haut du dernier. Même chose pour la case du bas : la somme des valeurs basses des trois premiers dominos donne la valeur basse du dernier.

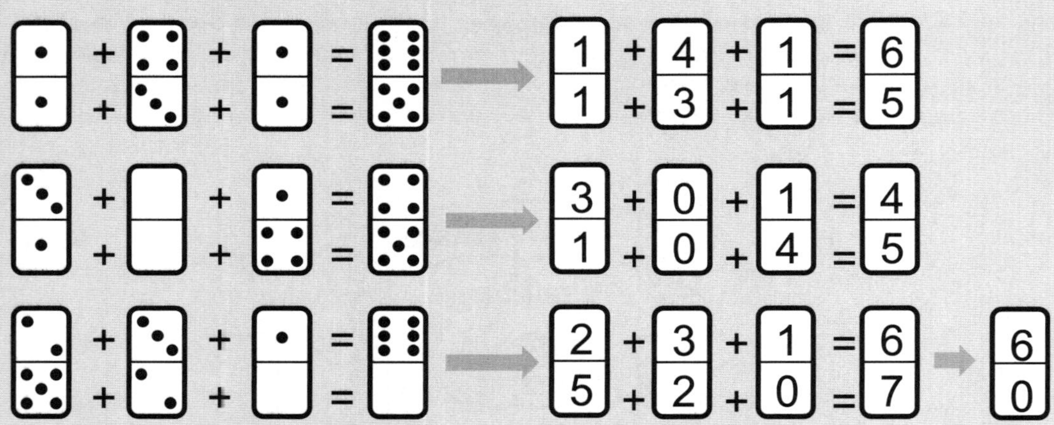

Le domino cherché (le deuxième de la deuxième ligne) doit alors indiquer 0 dans sa case du haut puisque 3 et 1 permettent déjà d'obtenir 4, et 0 aussi dans sa case du bas, puisque 1 et 4 donnent déjà 5.

30. 4-5. Il faut considérer les dominos en ligne, donc par série de trois. Chaque domino doit être considéré comme un nombre à deux chiffres : sur chaque ligne, la somme entre les valeurs faciales du premier domino et du deuxième domino permet d'obtenir la valeur faciale troisième domino.

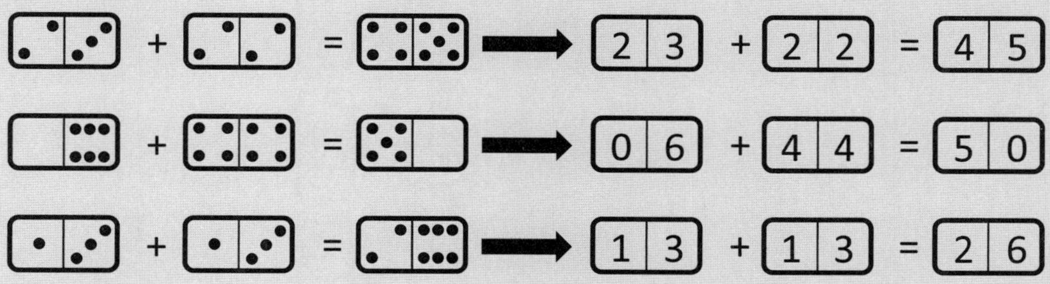

Sur la première ligne, on cherche le troisième domino qui est alors la somme des valeurs faciales des deux premiers dominos de gauche : cela donne alors 23 + 22 soit une somme de 45 qui doit être représentée par 4 sur la case de gauche et 5 sur la case de droite.

31. 5-5. Il faut considérer les dominos en ligne, donc par série de quatre. La somme des cases du haut des deux premiers dominos moins la valeur de la case du haut du troisième donne la valeur de la case du haut du dernier. Même chose avec les cases du bas : la somme des valeurs basses des deux premiers moins la valeur basse du troisième donne la valeur basse du dernier.

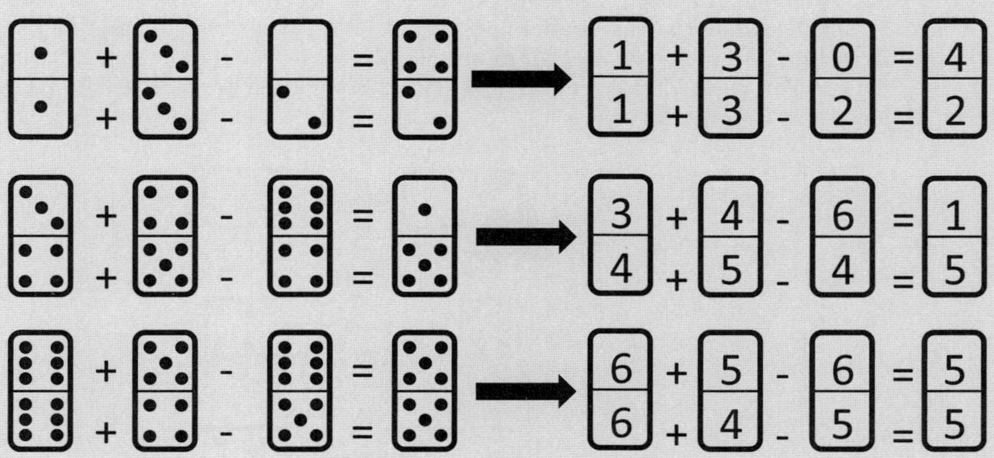

Sur la dernière ligne, on cherche le quatrième domino qui est alors :

- Pour la case du haut : 6 + 5 – 6 = 5.
- Pour la case du bas : 6 + 4 – 5 = 5.

32. 1-1. Il faut considérer les dominos par paire sur chaque ligne : le domino de droite est la moitié du domino de gauche, que ce soit pour les cases du haut ou pour celles du bas.

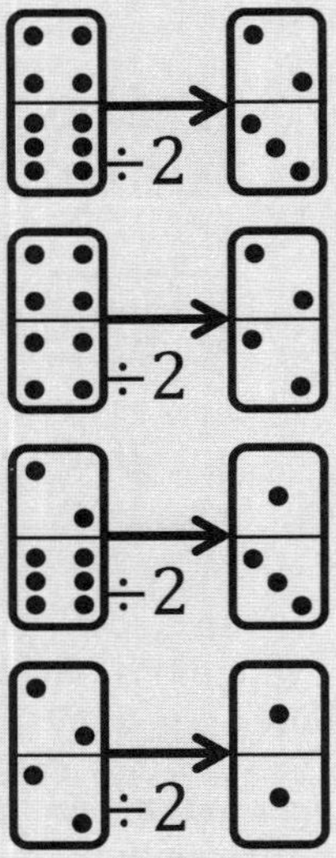

Le domino cherché (domino de droite sur la quatrième ligne) doit indiquer la moitié de 2 sur ses cases haute et basse, soit 1 en haut et en bas.

33. 6-6. Il faut considérer les dominos par paire sur chaque ligne et observer leurs valeurs faciales : la valeur faciale du domino de gauche est trois fois plus grande que la valeur faciale du domino de droite. Sur la première ligne, le domino de gauche indique 3-0 (c'est-à-dire 30 en valeur faciale) et on lit 1-0 sur le domino de droite, c'est-à-dire 10 en valeur faciale, or 30 = 3 × 10.

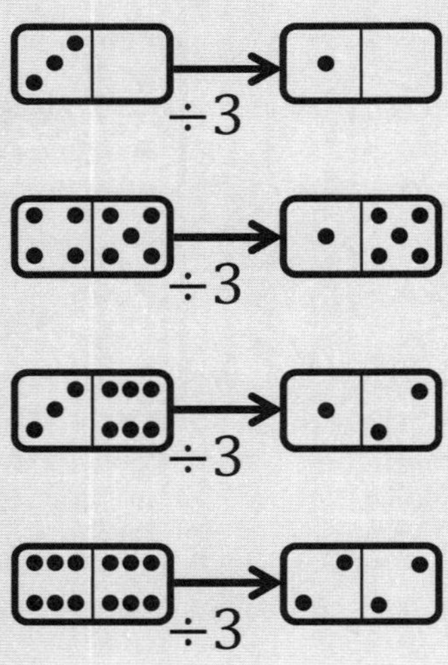

Le domino cherché (domino de gauche sur la quatrième ligne) doit indiquer une valeur faciale trois fois supérieure à celle du domino de droite. Ce dernier indique 2-2, soit 22 en valeur faciale : le domino de gauche doit être trois fois supérieur et indiquer 66 (6-6).

34. 0-1. Il faut considérer deux séries de dominos se lisant dans le sens des aiguilles d'une montre :

- La série des cases du haut qui se suivent avec une différence progressive croissante de case en case : + 1, + 2, + 3, + 4, + 5 et + 6.
- La série des cases du bas qui se suivent avec une différence constante de case en case égale à + 2.

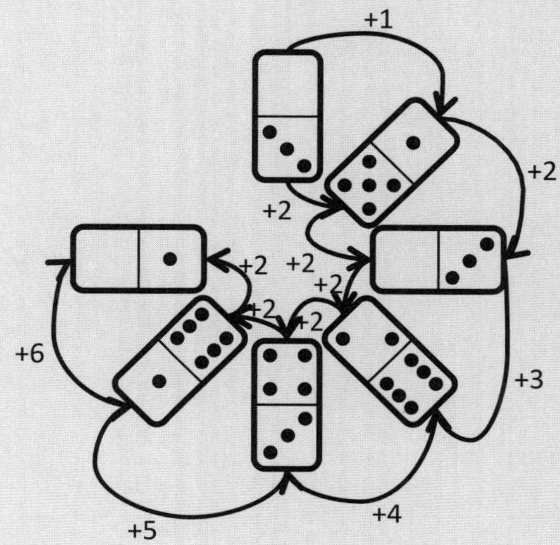

Le domino cherché (le dernier dans le sens de lecture) aura alors 0 dans sa partie gauche (correspondant à 1 + 6 = 7 soit 0) et 1 dans sa case droite (6 + 2 = 8, soit 1 pour un domino).

35. 1-0. Il faut considérer deux séries se lisant dans le sens des aiguilles d'une montre en partant du domino le plus haut (2-1) :

- La série des cases du haut qui progressent alternativement de + 3 et + 2.
- La série des cases du bas qui progressent alternativement de – 2 et – 1.

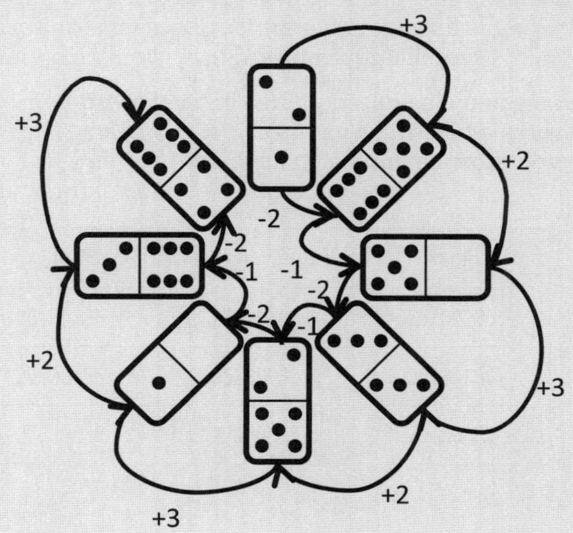

Le domino cherché (le sixième dans le sens de lecture) portera un 1 (5 + 3 = 8, soit 1 pour un domino) dans sa case du haut (même si elle est plutôt en bas sur le dessin, c'est la case du haut au sens où nous l'avons défini ici) et 0 sur sa case du bas (2 – 2 = 0).

Chapitre 25

Les cartes à jouer

Dans ce chapitre

- Cartes à jouer : les règles
- Les types de questions
- Les modes de résolution

Les cartes à jouer constituent une des autres épreuves traditionnelles de sélection par les tests psychotechniques. Très en vogue dans les années 1980-1990, les cartes à jouer sont moins présentes aujourd'hui. Il n'en reste pas moins que vous pourriez encore les croiser, sous des formes diverses.

Les tests de cartes à jouer ressemblent à ceux des dominos, tant par le format des questions que par les logiques utilisées. Vous retrouverez ainsi les mêmes mécanismes et structures de questions que dans le chapitre consacré aux dominos. D'une façon objective, les tests de cartes à jouer sont d'un niveau plus abordable que les dominos, et souvent mieux réussis par les candidats.

Les cartes à jouer : présentation

L'usage des cartes à jouer s'appuie sur **la valeur faciale des cartes** et **la couleur des cartes**. Il est d'usage d'utiliser seulement les cartes de l'As au 10, même si vous pouvez rencontrer des figures (valet, dame et roi). Sur l'échelle des valeurs, les cartes sont classées de la façon suivante (de la moins forte à la plus forte) : As – 2 – 3 – 4 – 5 – 6 – 7 – 8 – 9 – 10 – Valet – Dame – Roi – As.

N'OUBLIEZ PAS !

Selon les cas, l'As peut à la fois représenter la carte la plus faible et la plus haute. Le Valet représente une valeur de 11, la Dame de 12 et le Roi vaut 13.

Les couleurs sont au nombre de 4 :

- Deux couleurs rouges : les cœurs et les carreaux.
- Deux couleurs noires : les piques et les trèfles.

Les questions peuvent ainsi s'appuyer sur la couleur de la carte (rouge ou noire) ou sur la catégorie de la carte (cœur, carreau, trèfle ou pique).

Une question se présente sous la forme d'une série de cartes dont il faut déterminer la logique. Parmi ces cartes, l'une d'entre elles est retournée : c'est au candidat de déterminer cette carte (valeur et couleur) en fonction des liens qu'il aura établis. Une question peut aussi bien se présenter avec ou sans propositions.

Les catégories de questions

À l'image des catégories de questions croisées avec les dominos, on compte trois grandes familles de questions pour les cartes à jouer : les séries, les agencements et les opérations.

Les séries

Les séries de cartes ont un fonctionnement analogue à celles présentées dans la partie des dominos. Vous croiserez des séries de cartes :

- croissante ou décroissante ;
- avec des sauts réguliers, progressifs ou alternés.

Les couleurs peuvent alterner entre deux, trois ou quatre possibilités selon les questions.

Les séries peuvent s'observer en colonnes ou en lignes. Le sens de lecture peut être tout à fait classique (horizontal, de gauche à droite, etc.) ou plus créatif (circulaire, en zigzag, etc.).

Par leur construction, les séries de cartes apparaissent plus facilement que celles de dominos puisqu'une carte ne peut porter qu'une valeur, à la différence des dominos qui en portent deux.

Les agencements

Les **agencements** ne s'intéressent plus à l'enchaînement des cartes, mais se concentrent uniquement sur **la répartition des cartes dans l'espace**. Il s'agit d'une **catégorie de questions essentiellement visuelle** où les logiques utilisées concernent la symétrie, la répétition ou encore la répartition des cartes.

Le repérage est une étape cruciale dans ces questions puisqu'il permet d'associer les cartes entre elles et faire apparaître les liens.

Les opérations

Ces questions utilisent les cartes de façon à faire apparaître des opérations. La plus courante est **l'addition** même si vous pourrez croiser des **soustractions** ou bien des **moyennes**.

Le positionnement des cartes joue un rôle important pour faire apparaître les opérations, en fonction d'un sens de lecture et d'une répartition des cartes dans l'espace.

À l'inverse des dominos, il s'agit de la catégorie de questions la plus répandue.

Tests

Temps (indicatif) : 25 minutes	Difficulté : Moyen	Barème : 1 point par bonne réponse

QCM

1.

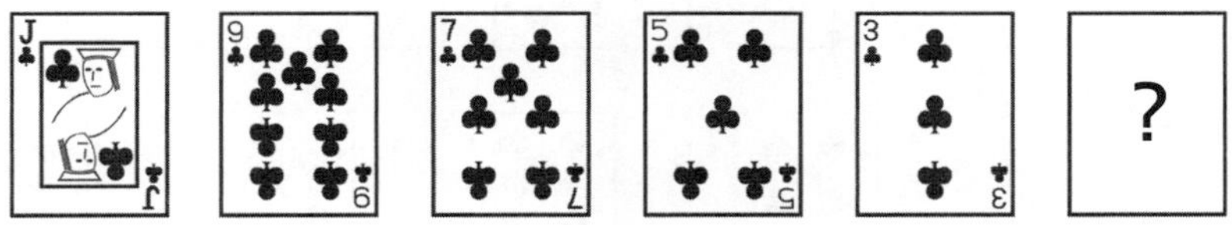

A) 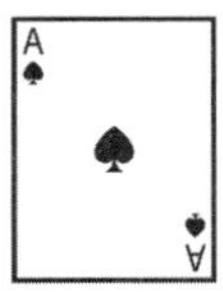 B) 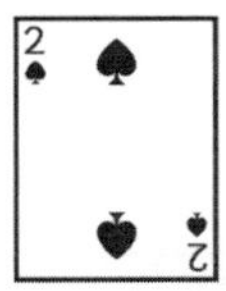 C) 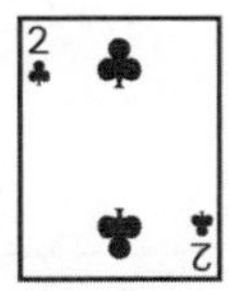 D) 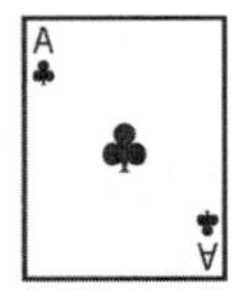

2.

A) 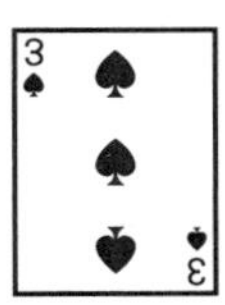 B) 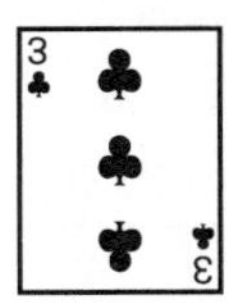 C)  D) 

3.

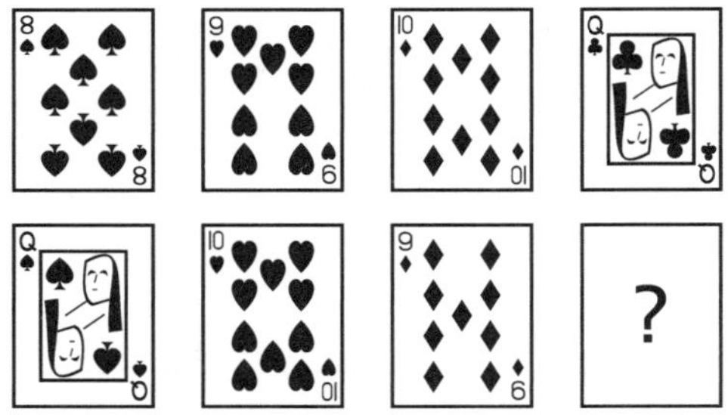

A)  B)  C)  D) 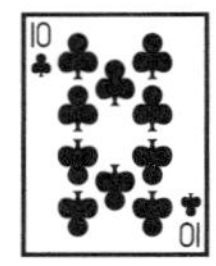

4.

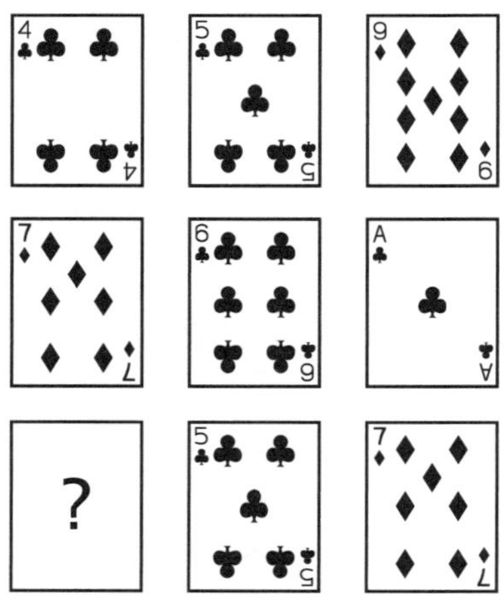

A)  B) 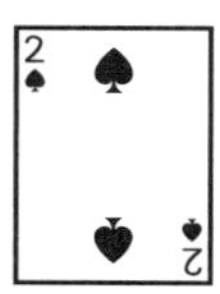 C) 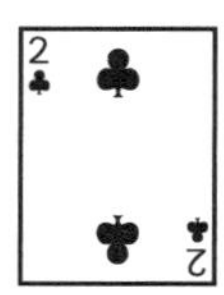 D) 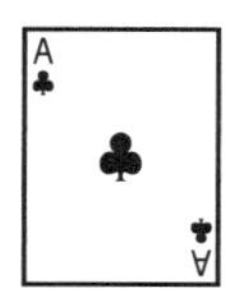

5.

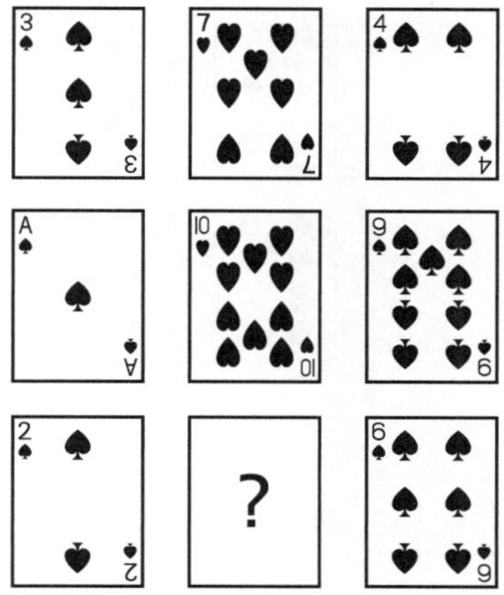

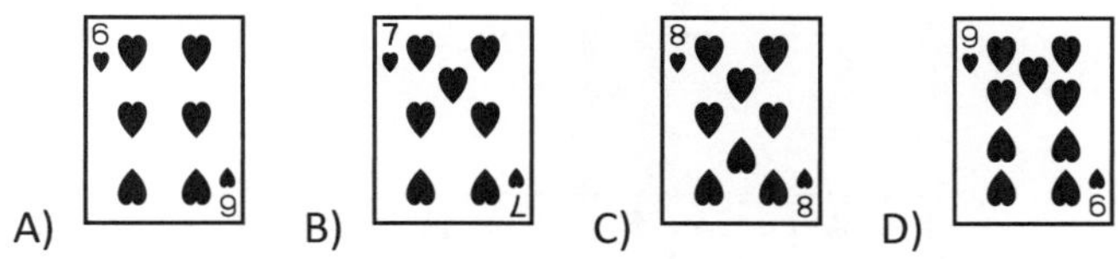

Questions ouvertes

6.

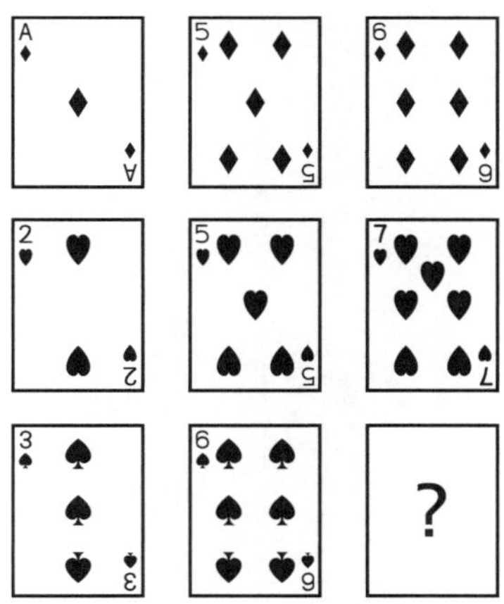

7.

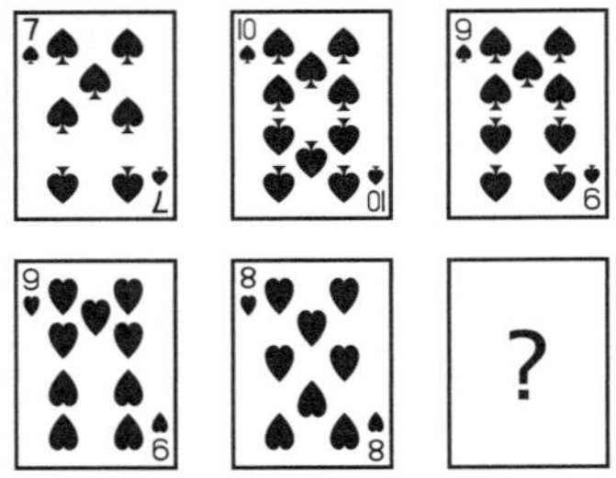

8.

9.

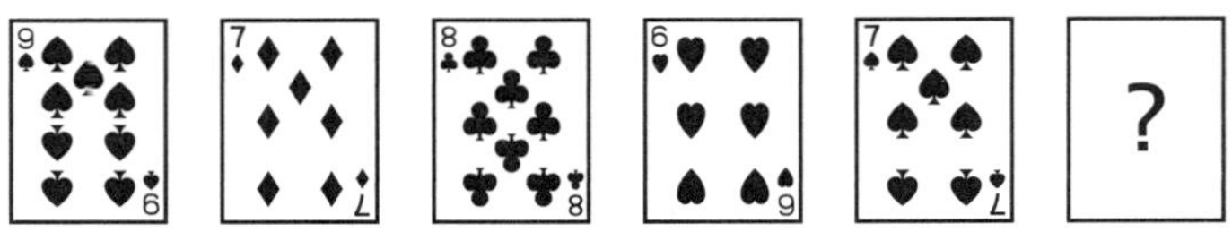

10.

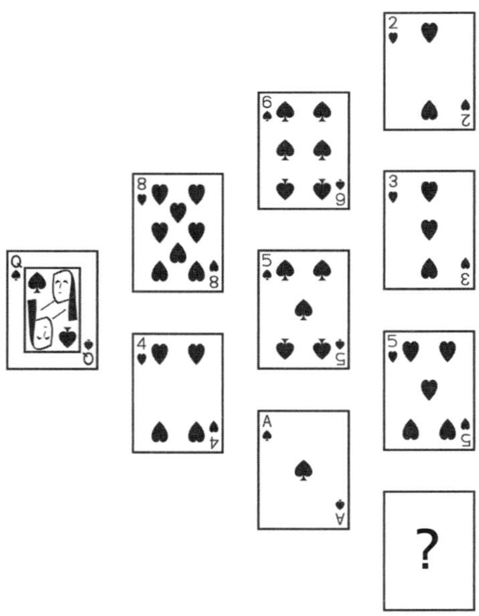

11.

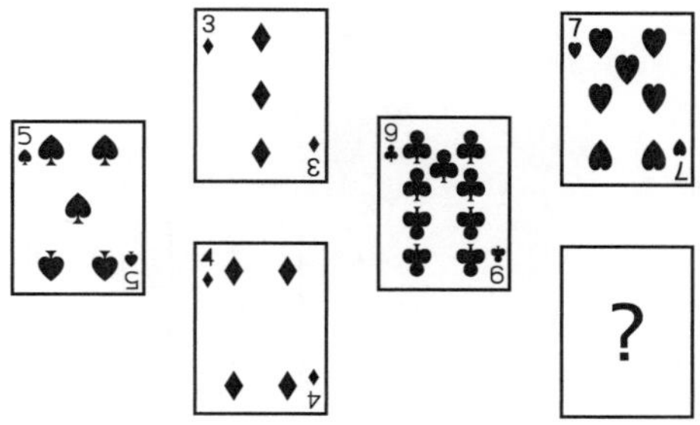

12.

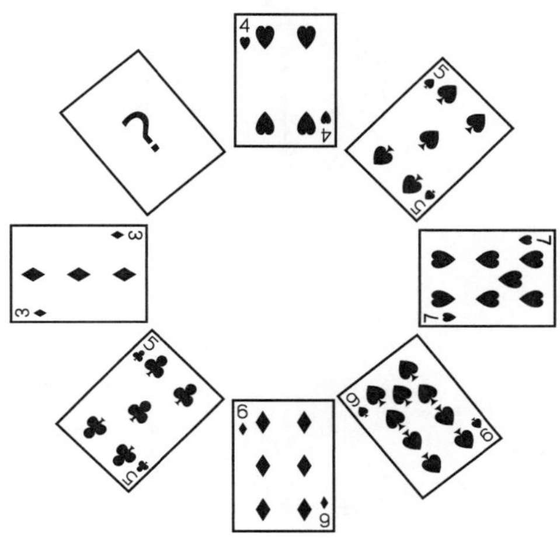

13.

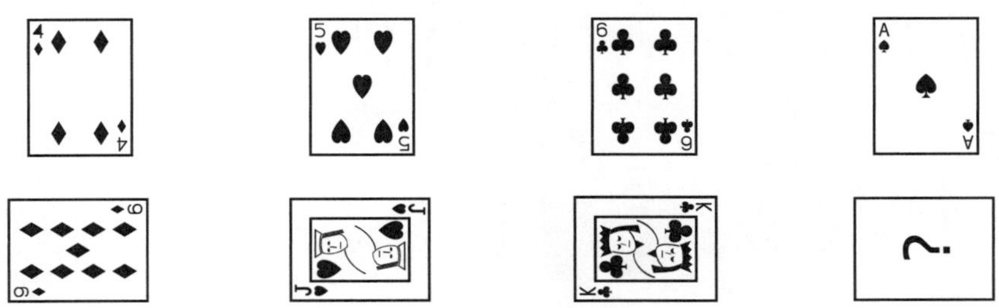

14.

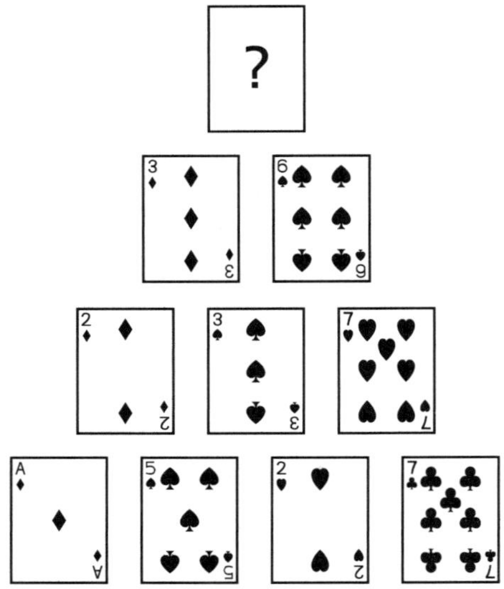

15.

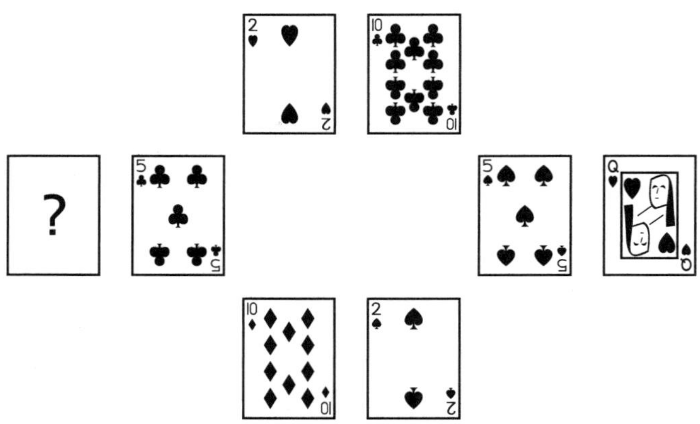

Correction des tests

1. Réponse D. Il s'agit d'une suite de cartes qui décroît de deux niveaux et qui reste dans la même couleur (ici trèfle). Donc la prochaine carte sera l'As de trèfle.

2. Réponse A. Il s'agit d'une suite de carte avec effet « miroir » symbolisée par une symétrie axiale située entre les troisième et quatrième cartes. Et donc la sixième carte sera la même que la première carte : le 3 de pique.

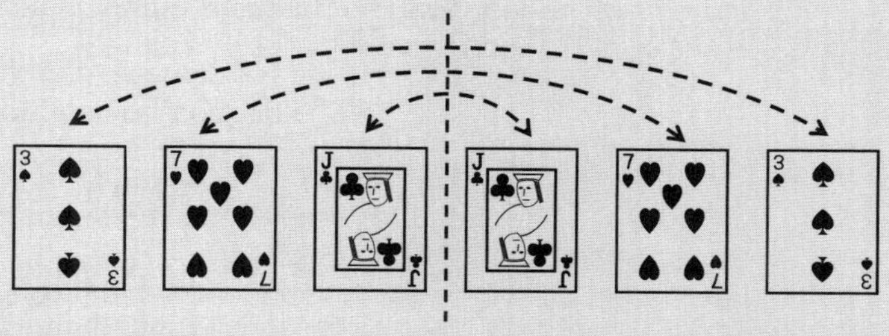

3. Réponse A. Il s'agit d'une suite dans laquelle chaque carte d'une colonne a la même couleur. Ainsi, la carte manquante sera un trèfle.

On note une symétrie diagonale, c'est-à-dire que la valeur de la première carte de la première ligne aura la même valeur que la dernière carte de la deuxième ligne. Puis, la valeur de la deuxième carte de la première ligne sera identique à la valeur de la troisième carte de la deuxième ligne. La valeur de la troisième carte de la première ligne sera identique à la valeur de la deuxième carte de la deuxième ligne. Et pour finir, la dernière carte de la première ligne aura une valeur identique à la valeur de la première carte de la deuxième ligne. Et donc, la valeur de la dernière carte de la deuxième ligne (celle que l'on cherche) sera la même que la valeur de la première carte de la première ligne, soit un huit de trèfle.

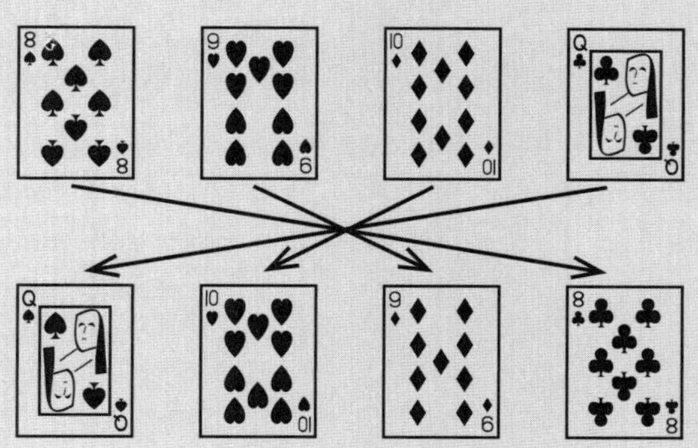

4. Réponse C. Sur une même ligne, la carte carreau vaut la somme des deux cartes de trèfle. Pour obtenir 7 avec un 5, il faut donc que la dernière carte soit un 2 de trèfle.

5. Réponse C. La carte centrale de chaque ligne qui est un cœur a pour valeur la somme des 2 cartes placées aux extrémités et qui sont des piques. Elle aura donc pour valeur 2 + 6 = 8 de cœur.

6. Le 9 de pique. Chaque ligne est d'une couleur unique et donc la carte cherchée est un pique. Ensuite la somme des 2 premières cartes de chaque ligne donne la valeur de la troisième carte. Ainsi la valeur de la carte cherchée est la somme de 3 et 6 soit 9 de pique.

7. Le Valet de cœur. Toutes les cartes sur une même ligne sont de la même couleur. Pour passer d'une carte à l'autre, il faut ajouter 1 en diagonale descendante (7, 8 et 9) et montante (9, 10 et ?) de la manière suivante :

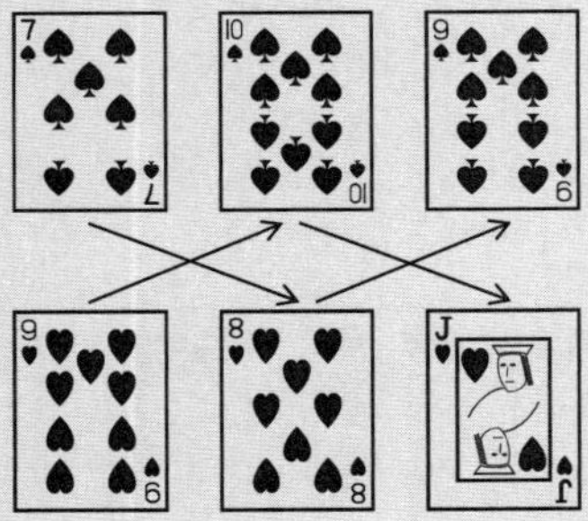

La carte manquante a pour valeur 11, il s'agit donc d'un Valet. On cherche donc un Valet de cœur.

8. Le 9 de pique. Il y a deux logiques :

- Alternance entre piques et carreaux de carte en carte. On s'attend donc à trouver un pique en sixième position.
- En considérant les cartes par paire, on observe que la deuxième carte de la paire a toujours une valeur qui succède à la première. Puisque la carte formant une paire avec la carte cherchée est un 8, celle-ci doit être un 9.

L'alternance entre carreau et pique donne un 9 de pique.

9. Le 5 de carreau. Il y a une alternance de couleur entre les quatre couleurs : pique – carreau – trèfle – cœur. Donc la carte manquante est de couleur carreau. Pour passer d'une carte à l'autre, il faut réaliser alternativement une soustraction de 2 puis une addition de 1. Et donc pour avoir la valeur de la carte manquante, il faut soustraire 2 à 7. La carte cherchée est alors un 5 de carreau.

10. Le 2 de cœur. En considérant les cartes en colonne, la somme des valeurs est toujours la même : 12. Sans la carte cherchée, la colonne correspondante affiche une somme de 10 (2 + 3 + 5 = 10). Pour atteindre 12, la carte cherchée doit être un 2. En colonne, les cartes sont toujours de la même couleur : soit pique, soit cœur. La carte cherchée fait partie d'une colonne de cœur, il s'agit donc d'un 2 de cœur.

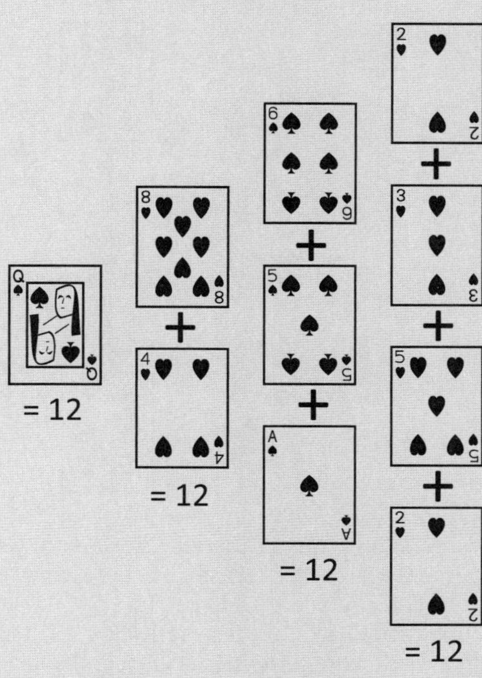

11. Le 4 de cœur. En considérant les cartes en colonne, la somme des valeurs progresse de 2 de gauche à droite : 5 – 7 – 9 – ?. La colonne où apparaît la carte cherchée doit alors permettre d'obtenir une somme de 11. La carte retournée est associée à un 7 et doit donc afficher une valeur faciale de 4 pour qu'on obtienne une somme de 11 dans la colonne. Chaque colonne contient une couleur de cartes et une seule. La carte retournée fait partie d'une colonne de cœur, il s'agit alors d'un 4 de cœur.

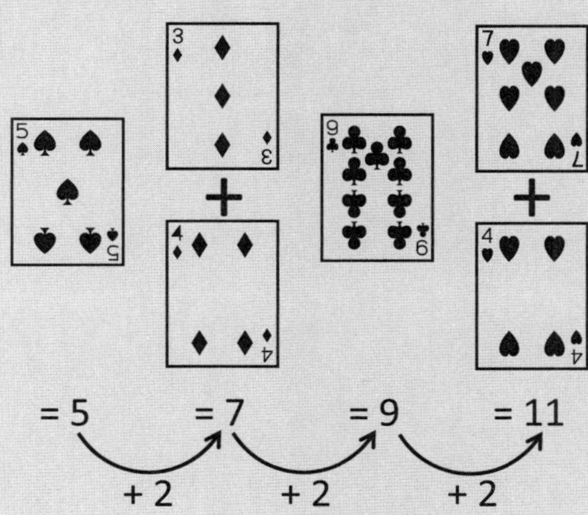

12. L'as de trèfle. Il faut associer les cartes par paire en liant chacune d'entre elles à celle positionnée en face. Les paires ainsi associées affichent une somme de leur valeur faciale égale à 10, tout en étant toutes deux de la même couleur (rouge ou noire), mais de catégories opposées (trèfle associé à pique et cœur associé à carreau). La carte cherchée est associée à un 9 de pique et sera alors un As de trèfle en suivant cette logique.

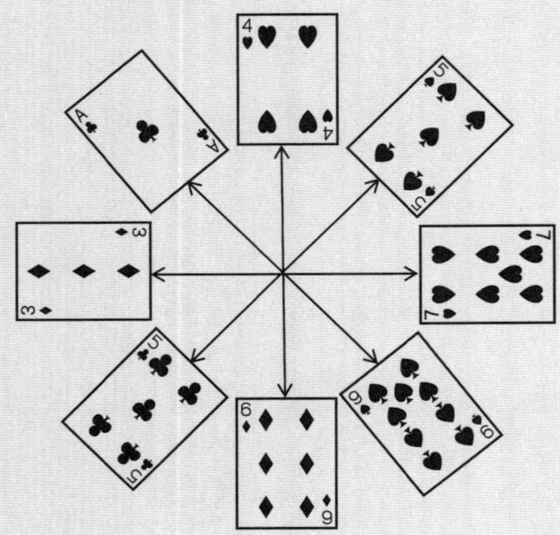

13. Le 3 de pique. En colonne, la carte à l'horizontale dispose d'une valeur faciale correspondant au double de la carte verticale auquel il faut ajouter 1. Ainsi, dans la première colonne : 9 = 4 × 2 + 1. Dans la deuxième, 11 = 5 × 2 + 1. La troisième donne 13 = 6 × 2 + 1. La carte cherchée est alors un 3 puisque 1 × 2 + 1 = 3. De plus, chaque colonne affiche des cartes de couleur et de catégorie identiques, il s'agit donc d'un 3 de pique.

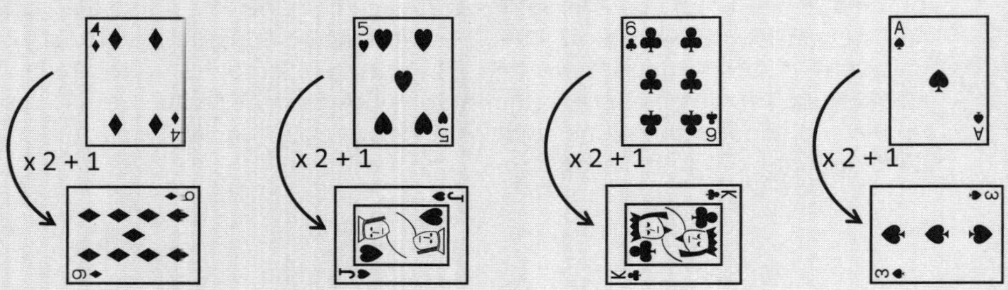

14. Le 6 de carreau. En considérant les cartes en ligne, la somme de leurs valeurs faciales baisse de 3 en partant de la ligne du bas. La carte cherchée est seule sur sa ligne et apparaît au sommet de la pyramide, elle doit alors afficher une valeur faciale de 6. La carte la plus à gauche est toujours un carreau, ce qui fait dire que la carte cherchée est un 6 de carreau.

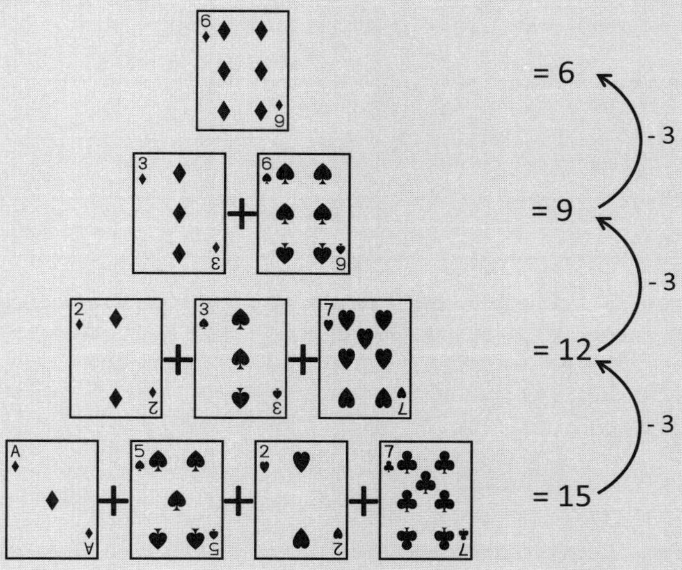

15. La dame de carreau. Il faut associer les cartes par groupe de 4 : un groupe de cartes verticales et un groupe de cartes horizontales. Dans chacun des groupes, les quatre catégories de couleurs apparaissent (cœur, pique, carreau et trèfle). La carte cherchée est ainsi un carreau. Dans un groupe, les cartes sont associées deux à deux de façon symétrique et disposent alors de la même valeur faciale. La carte retournée ne peut être associée qu'à la dame de cœur. Il s'agit donc d'une dame de carreau.

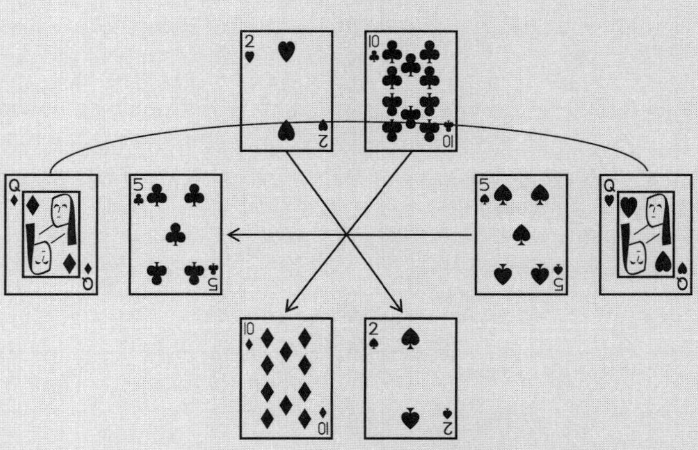

Chapitre 26

Le Mastermind®

Dans ce chapitre

- Codes et combinaisons
- Principes et mécanismes
- Résolution de séries types

Les codes et combinaisons sont appréciés des candidats les plus cartésiens mais redoutés des autres. Ces tests requièrent rigueur et méthodologie. Ils sont inspirés du célèbre jeu Mastermind®, dont l'objectif est de mettre au jour une combinaison de couleurs par une série d'essais-erreurs. Les combinaisons cherchées peuvent ainsi être composées de chiffres, de lettres ou encore de symboles.

Ces tests sont très utilisés par les concepteurs de tests des concours paramédicaux. Vous les croiserez également lors des tests de sélection à l'embauche.

Seuls les tests de type Mastermind® sont abordés dans ce chapitre, les codes logiques inspirés du chiffrement et du codage n'étant pas traités ici.

Les codes et combinaisons : présentation

Les tests de codes logiques (aussi appelés carrés logiques et Mastermind®) présentent différentes combinaisons associées à la comparaison des éléments, de la combinaison au code cherché. Ces informations amènent à **déduire progressivement la solution cherchée en passant par des séquences d'essais-erreurs**.

Une question de codes présente différentes informations :

- une information sur la **restriction des éléments** (*facultatif*) ;
- une **série de codes** ;
- des **informations correspondant au placement** de chaque élément des séries de codes ;
- un emplacement réservé à la solution donnée par le candidat.

EN PRATIQUE

- Voici un exemple de présentation de questions :

Restrictions : seulement A, B, C, D et E pour un code à 3 éléments sans répétition possible.

Combinaisons	Éléments bien placés	Éléments mal placés
A C E	1	0
D A B	0	3
D A C	0	2

Solution : … … …

Les restrictions indiquent les éléments qu'il faut considérer (5 lettres dans l'exemple précédent) et donnent **une indication sur le format du code recherché**. Cette information n'est pas automatique et certains tests ne l'indiquent pas. Ci-dessus, la restriction indique que les éléments ne se répètent pas. Tant que l'énoncé ne dit pas l'inverse (et même si rien n'est dit dans l'énoncé), **il faut considérer qu'un élément ne peut être présent qu'une fois dans le code**. Si cela n'est pas le cas, l'énoncé le stipule explicitement.

La colonne « Combinaisons » contient les différents codes testés à partir desquels des **informations sur le placement de chaque élément** du code recherché sont données. Sur chaque rangée de codes sont indiqués les éléments bien placés et mal placés. Ces éléments sont déterminés en comparant la combinaison au code cherché :

- Les éléments bien placés indiquent **le nombre d'éléments qui sont à la fois présents dans le code et positionnés au bon endroit** (1er, 2e, 3e, etc.).
- Les éléments mal placés indiquent **le nombre d'éléments qui sont présents dans le code, mais pas à l'emplacement indiqué** dans la combinaison (attention : il ne s'agit donc pas d'indiquer le nombre d'éléments non présents dans le code).

Chaque rangée de combinaisons donne ainsi **des indications sur les éléments du code cherché**. L'association de l'ensemble de ces informations **permet de déduire le code cherché**. Le code doit alors être indiqué dans la partie « Solution ». Il ne peut exister qu'une seule solution à partir des informations données dans l'énoncé.

- Dans l'exemple donné ci-dessus, la première combinaison A C E contient un seul élément bien placé : cela signifie que l'une des trois lettres est présente dans le code et positionnée au bon endroit. Il est ensuite indiqué qu'aucun élément n'est mal placé : cela apprend que les deux autres éléments sont eux absents du code. À noter que lorsqu'un élément est bien placé, il n'est alors plus comptabilisé dans la colonne « Éléments mal placés ».

  La deuxième combinaison indique 3 éléments mal placés : puisque le code contient trois éléments, les trois lettres de la solution sont A, B et D. Toutefois, aucune de ces trois lettres n'est bien positionnée. On en déduit :

  L'élément D n'est pas en 1re position dans le code cherché.

  L'élément A n'est pas en 2e position dans le code cherché.

  L'élément B n'est pas en 3e position dans le code cherché.

  En comparant les deux premières combinaisons, on remarque que l'élément A est le seul présent dans les deux. Puisqu'une seule lettre de la première combinaison est dans le code cherché, on déduit qu'il s'agit de la lettre A. Puisque la seule lettre de la première combinaison à faire partie du code est également bien placée, c'est que la lettre A est en première place dans la solution. En se concentrant désormais sur l'élément B, on sait qu'il ne peut pas être en 1re position (A s'y trouve) ni en 3e position (puisqu'il apparaît mal placé dans la deuxième combinaison). La seule possibilité est donc qu'il soit en 2e position. C'est ainsi que la lettre D doit apparaître en 3e position dans la solution. La solution est donc A B D.

Dans ce cas précis, la troisième combinaison est donc inutile. Toutefois elle permet de vérifier que la solution trouvée est bien compatible. En l'occurrence, on constate bien deux lettres mal placées par rapport à notre solution : A et D.

Les séries de combinaisons présentées dans ces questions impliquent de réaliser de nombreux essais-erreurs avant de trouver la solution. Pour pouvoir réaliser autant de tests que nécessaire, **il est conseillé d'utiliser un crayon gris effaçable** pour pouvoir gommer et recommencer à l'envi.

Afin de faciliter les raisonnements, **il est conseillé de réaliser un tableau pour regrouper l'information** et rendre plus lisible votre raisonnement. S'agissant d'un raisonnement analogue, reprenez la construction d'un tableau de type logigramme (présenté dans le chapitre des tests d'organisation). Il s'agit d'un tableau à double entrées où vous indiquez :

- les positions du code de façon verticale ;
- les différents éléments du code horizontalement.

- Pour la résolution de la question précédente, le tableau aurait le format suivant :

	1re place	2e place	3e place
A			
B			
C			
D			
E			

Au fur et à mesure de votre raisonnement, indiquez ensuite les impossibilités et les éléments certains par des symboles dans le tableau. Par exemple, un rond pour un élément bien placé et une croix pour un élément mal placé. En apprenant que le A est placé en 1re position, le tableau est renseigné de la manière suivante :

	1re place	2e place	3e place
A	O	X	X
B	X		
C	X		
D	X		
E	X		

Comme un élément ne peut pas être présent deux fois dans un code, en apprenant que le A est en 1re position, on peut éliminer les possibilités qu'il soit en 2e et 3e places.

Plus loin, en sachant que ni C ni E ne font partie du code, le tableau est renseigné de cette façon :

	1re place	2e place	3e place
A	O	X	X
B	X		
C	X	X	X
D	X		
E	X	X	X

Progressivement, l'ensemble des impossibilités va vous permettre de déduire le code final. Cette méthodologie est à la fois **simple et efficace** puisqu'elle vous permet de **regrouper toute l'information dans un seul et même tableau tout en vous évitant de tenter à nouveau des tests déjà réalisés**.

CONSEILS DU FORMATEUR

Évidemment, cette méthode de résolution n'est pas l'unique façon de raisonner. Peu importe la méthode que vous utiliserez pour indiquer la présence ou l'absence d'un élément dans la solution, vous devrez user de tests successifs pour arriver à la solution. Toutefois, il est recommandé d'utiliser une méthode toujours identique : cela permet de se familiariser avec elle et ainsi de **gagner en efficacité et en temps** jusqu'au jour de l'épreuve.

Les mécanismes de résolution

Pour réussir à résoudre ces questions, une méthodologie bien rodée et une batterie d'automatismes sont indispensables.

EN PRATIQUE

Voici une liste de mécanismes qui vous permettront de développer des réflexes méthodologiques :

- **Tous les éléments d'une combinaison sont placés** : quand une combinaison contient des informations de placement sur l'ensemble des éléments qui la composent, vous devez éliminer l'ensemble des autres éléments.

  Restrictions : seulement A, B, C, D et E pour un code à 3 éléments sans répétition possible.

Combinaisons	Éléments bien placés	Éléments mal placés
A C E	1	2
C D B	0	1

Les informations relatives à la première combinaison concernent l'ensemble des éléments de la solution cherchée. On sait alors que la combinaison cherchée contient les lettres A, C et E. Les autres lettres peuvent être rayées des éléments composant la solution (B et D). Dans la deuxième combinaison où seule la lettre C peut faire partie de la solution cherchée, on déduit que la lettre C ne doit pas être en 1re position.

- **Aucun élément d'une combinaison n'est placé** : quand une combinaison ne contient aucune information de placement sur l'ensemble des éléments qui la composent, vous devez éliminer l'ensemble des éléments de cette combinaison.

  Restrictions : seulement A, B, C, D, E et F pour un code à 3 éléments sans répétition possible.

Combinaisons	Éléments bien placés	Éléments mal placés
E F C	0	0
F C A	1	0

De la première information, il faut éliminer des éléments présents dans la solution les trois lettres C, E et F. Il faut déduire que la solution cherchée contient les trois autres lettres, à savoir A, B et D. La 2e combinaison permet même de déduire que la lettre A est à la troisième place.

- **Apparition d'un élément à plusieurs places dans plusieurs combinaisons détenant des bonnes places** : quand un élément apparaît plusieurs fois à des places différentes dans des combinaisons **ne détenant que des bonnes places**, il faut alors éliminer cet élément de la solution cherchée.

Restrictions : seulement A, B, C, D, E, F et G pour un code à 3 éléments sans répétition possible.

Combinaisons	Éléments bien placés	Éléments mal placés
B C E	1	0
C A D	1	0

Le seul élément commun entre les deux combinaisons est la lettre C. Comme cet élément apparaît deux fois à des positions différentes alors qu'à chaque fois un élément est bien placé, ces lettres bien placées ne peuvent pas être l'élément C.

PIÈGE !

Attention, il faut qu'aucun élément ne soit indiqué comme étant mal placé pour que cette technique fonctionne. Imaginez par exemple qu'un « 1 » apparaisse dans la colonne « Éléments mal placés » de la deuxième ligne : le C pourrait alors très bien être bien placé dans la première combinaison, et mal placé dans la deuxième combinaison.

- **Élément commun entre deux combinaisons contenant au moins deux éléments bien placés :** quand un élément est commun (places identiques) à deux combinaisons contenant au moins deux éléments bien placés, alors cet élément est bien placé dans les deux combinaisons.

  Restrictions : seulement A, B, C, D, E, F et G pour un code à 3 éléments sans répétition possible.

Combinaisons	Éléments bien placés	Éléments mal placés
G A E	2	0
G D C	2	0

La lettre G est placée deux fois à des positions identiques. Puisqu'à chaque fois deux éléments sont bien placés et qu'il est le seul élément commun entre les deux combinaisons, le G est le premier élément du code cherché.

- **Élément positionné à chaque place dans des combinaisons ne contenant que des éléments mal placés :** quand un élément apparaît à toutes les positions au sein de combinaisons qui ne contiennent que des éléments mal placés, alors cet élément peut être éliminé du code cherché.

  Restrictions : seulement les lettres A à J pour un code à 3 éléments sans répétition possible.

Combinaisons	Éléments bien placés	Éléments mal placés
F C E	0	1
D F B	0	1
D A F	0	1

La lettre F apparaît trois fois dans des positions différentes au sein des trois combinaisons. Dans aucune de ces combinaisons, il n'y a un élément bien placé. Puisque la lettre F a occupé toutes les positions et qu'à aucun moment un élément n'est bien positionné, la lettre F doit être écartée des éléments composant le code cherché.

- **Élément à une même place dans deux combinaisons où l'une contient des éléments bien placés (et aucun mal placé) et l'autre uniquement des éléments mal placés :** dans cette situation, l'élément commun est nécessairement à éliminer des éléments faisant partie de la solution.

  Restrictions : seulement les lettres A à J pour un code à 3 éléments sans répétition possible.

Combinaisons	Éléments bien placés	Éléments mal placés
A B C	0	1
D F C	1	0

La lettre C est positionnée deux fois en 3e position. Elle ne peut à la fois être mal placée dans la 1re combinaison et bien placée dans la 2e combinaison : C ne fait donc pas partie du code cherché.

Les méthodologies de résolution

Outre ces mécanismes à retenir, vous pouvez ensuite utiliser différentes méthodes de résolution. La **méthode d'essais-erreurs** au travers la réalisation d'hypothèses successives permet de tester des solutions de façon itérative jusqu'à trouver une solution satisfaisant toutes les informations.

En complément d'un tableau de type logigramme contenant les impossibilités, la méthode de essais-erreurs se révèle en général la plus efficace.

La **méthode du dénombrement** est utile même si elle peut apparaître chronophage. Elle consiste à dénombrer les éléments à la fois bien placés et mal placés dans l'ensemble des combinaisons. Puis, en comptabilisant pour chaque élément le nombre de fois qu'il apparaît en tout, il faut trouver une combinaison permettant de retrouver le nombre d'éléments total.

- Restrictions : seulement les lettres A à J pour un code à 3 éléments sans répétition possible.

Combinaisons	Éléments bien placés	Éléments mal placés
C B A	1	1
A F I	1	1
F E B	0	2
B D A	1	1

On compte en tout 8 éléments dans les quatre combinaisons présentées : 3 éléments bien placés et 5 éléments mal placés.

Décompte de chacune des lettres :

A	B	C	D	E
3	3	1	1	1

F	G	H	I	J
2	0	0	1	0

La seule possibilité d'obtenir une somme de 8 en associant le décompte de trois éléments est de faire 3 + 3 + 2. C'est donc que la combinaison cherchée contient les trois lettres A, B et F, qui sont les seules à permettre d'obtenir 8 quand on additionne leurs occurrences.

Pour trouver leurs positionnements, il suffit ensuite de regarder les différentes combinaisons en se concentrant uniquement sur ces trois lettres. Vous déduisez ainsi que la combinaison cherchée est BFA.

Tests

Temps (indicatif) : 45 minutes	Difficulté : Moyen	Barème : 1 point par bonne réponse

ENTRAÎNEZ-VOUS !

1. Restrictions : seulement les chiffres 1 à 8 pour un code à 2 éléments sans répétition possible.

Combinaisons	Éléments bien placés	Éléments mal placés
1 5	0	1
5 3	0	1

Solution : … …

2. Restrictions : seulement les chiffres 1 à 4 pour un code à 2 éléments sans répétition possible.

Combinaisons	Éléments bien placés	Éléments mal placés
1 2	0	1
2 4	0	0

Solution : … …

3. Restrictions : seulement les chiffres 1 à 6 pour un code à 3 éléments sans répétition possible.

Combinaisons	Éléments bien placés	Éléments mal placés
4 5 6	0	3
3 1 4	1	0

Solution : … … …

4. Restrictions : seulement les chiffres 1 à 6 pour un code à 3 éléments sans répétition possible.

Combinaisons	Éléments bien placés	Éléments mal placés
2 3 5	1	0
2 1 3	0	1
4 3 1	0	2

Solution : … … …

5. Restrictions : seulement les chiffres 0 à 5 pour un code à 3 éléments sans répétition possible.

Combinaisons	Éléments bien placés	Éléments mal placés
3 5 1	1	1
2 3 1	2	0
1 4 3	0	2

Solution : … … …

6. Restrictions : seulement les chiffres 0 à 5 pour un code à 3 éléments sans répétition possible.

Combinaisons	Éléments bien placés	Éléments mal placés
4 1 2	1	0
0 1 5	0	1
2 3 5	1	0

Solution : … … …

7. Restrictions : seulement les chiffres 0 à 5 pour un code à 3 éléments sans répétition possible.

Combinaisons	Éléments bien placés	Éléments mal placés
5 2 1	1	0
4 0 2	1	0
4 3 1	0	1

Solution : … … …

8. Restrictions : seulement les chiffres 0, 1, 3, 4, 5 et 8 pour un code à 4 éléments sans répétition possible

Combinaisons	Éléments bien placés	Éléments mal placés
0 5 8 4	2	0
5 1 3 8	2	0
0 5 3 8	2	0

Solution : … … … …

9. Restrictions : seulement les chiffres 0, 1, 3, 4, 5 et 8 pour un code à 4 éléments sans répétition possible.

Combinaisons	Éléments bien placés	Éléments mal placés
1 5 8 3	0	2
5 3 0 8	2	0
4 5 0 3	2	0
3 5 1 0	0	2

Solution : … … … …

10. Restrictions : seulement les chiffres 0, 2, 3, 6, 8 et 9 pour un code à 4 éléments sans répétition possible.

Combinaisons	Éléments bien placés	Éléments mal placés
9 6 3 8	0	3
8 2 9 3	0	3
6 8 3 9	0	3
6 3 8 2	0	3

Solution : … … … …

11. Restrictions : les lettres de A à F pour un code à 2 éléments sans répétition possible.

Combinaisons	Éléments bien placés	Éléments mal placés
A B	1	0
B E	1	0

Solution : … …

12. Restrictions : les lettres A à D pour un code à 2 éléments sans répétition possible.

Combinaisons	Éléments bien placés	Éléments mal placés
B D	0	1
B A	0	1

Solution : … …

13. Restrictions : les 6 voyelles (A, E, I, O, U et Y) pour un code à 3 éléments sans répétition possible.

Combinaisons	Éléments bien placés	Éléments mal placés
U O I	0	1
A U I	1	0
O U Y	0	2

Solution : … … …

14. Restrictions : les 6 voyelles pour un code à 3 éléments sans répétition possible.

Combinaisons	Éléments bien placés	Éléments mal placés
Y E O	1	1
O A U	1	0
O E I	0	1

Solution : … … …

15. Restrictions : les 6 voyelles pour un code à 3 éléments sans répétition possible.

Combinaisons	Éléments bien placés	Éléments mal placés
U A I	0	1
I A O	1	0
I A Y	0	1

Solution : … … …

16. Restrictions : les 6 voyelles pour un code à 3 éléments sans répétition possible.

Combinaisons	Éléments bien placés	Éléments mal placés
O I Y	0	1
U I O	0	1
I U O	0	1
A I U	0	1

Solution : … … …

17. Restrictions : les 6 voyelles pour un code à 4 éléments sans répétition possible.

Combinaisons	Éléments bien placés	Éléments mal placés
Y O I E	2	0
Y U I O	2	0
E I O U	0	2
A O I Y	0	2

Solution : … … … …

18. Restrictions : les 6 voyelles pour un code à 4 éléments sans répétition possible.

Combinaisons	Éléments bien placés	Éléments mal placés
E Y U A	1	1
A U O I	2	1
E O A U	0	2
U A O Y	2	1

Solution : … … … …

19. Restrictions : les 6 lettres de A à F pour un code à 5 éléments sans répétition possible.

Combinaisons	Éléments bien placés	Éléments mal placés
A F E D C	0	4
D E C F A	0	4
C E A D F	0	4
C F E A D	0	4
C A D F E	0	4

Solution : … … … … …

20. Restrictions : les 6 lettres de A à F pour un code à 5 éléments sans répétition possible.

Combinaisons	Éléments bien placés	Éléments mal placés
F C A E D	1	3
C B E D A	2	2
B A C F D	1	3
B E D A F	2	2
A E D C F	1	3

Solution : … … … … …

Correction des tests

1. **Réponse : 3 1**. Le 5 est éliminé puisqu'il est commun aux deux combinaisons en étant à chaque fois mal placé (élément positionné à chaque place dans des combinaisons ne contenant que des éléments mal placés). Restent alors le 1 et le 3 qui sont chacun mal placés dans les combinaisons. Le code cherché est alors 3 1.

2. **Réponse : 3 1**. Le 2 et le 4 sont éliminés puisqu'ils apparaissent tous deux dans la combinaison ne contenant aucun élément placé (aucun élément d'une combinaison n'est placé). Le code est donc composé des chiffres 1 et 3. Puisque le 1 est mal placé quand il est en 1re position, il doit alors apparaître en 2e position, ce qui laisse la 1re position au 3.

3. **Réponse : 5 6 4**. La 1re combinaison indique que tous les éléments de la 1re combinaison sont mal placés (4, 5 et 6). Le 4 est le seul qui revient dans la 2e combinaison et apparaît bien placé en 3e position. Puisque le 5 est mal placé en 2e position et qu'il ne peut pas être en 3e place (le 4 y est), il doit être en 1re place. Le 6 est ainsi en 2e position.

4. **Réponse : 1 4 5**. Le 3 est éliminé puisqu'il revient dans la même position dans les combinaisons 1 et 3. Même remarque pour le 2 dans les combinaisons 1 et 2. La combinaison 1 permet de déduire que le 5 est bien positionné en 3e place. À partir de la 2e combinaison, il ne reste alors que la première place pour le 1 et que la 2e place pour le 4.

5. **Réponse : 0 3 1**. 1 et 3 sont communs aux trois combinaisons et font donc partie du code. Le 1 est en 3e position puisqu'il est le chiffre qui revient 2 fois en 3e place dans les deux premières combinaisons. Le 3 est alors en 2e position (combinaison 2). Ni le 2, ni le 4, ni le 5 ne peuvent faire partie du code. Seul le 0 peut alors occuper la 1re place.

6. **Réponse : 4 3 0**. Les combinaisons 1 et 3 permettent d'éliminer le 2 qui apparaît à chaque fois dans des positions différentes. Les combinaisons 2 et 3 permettent d'éliminer le 5 qui apparaît à chaque fois dans une position identique sans qu'il n'y ait d'éléments bien placés dans la deuxième combinaison. Même remarque pour le 1 dans les combinaisons 1 et 2. Grâce à la troisième combinaison, le 3 est donc l'élément bien placé en 2e position. La première combinaison permet de déduire que le 4 est bien placé. Reste donc la 3e troisième place pour le 0.

7. **Réponse : 5 0 3**. Les combinaisons 1 et 2 permettent d'éliminer 2. Même remarque pour le 4, qui s'élimine grâce aux combinaisons 2 et 3, et pour le 1 (combinaisons 1 et 3). Le 5 est donc l'élément bien placé dans la première combinaison, le 0 est bien placé dans la deuxième combinaison. Reste alors le 3 pour la troisième position, déductible grâce à la troisième combinaison.

8. **Réponse : 0 1 3 4**. Le 8 s'élimine puisqu'il revient dans toutes les combinaisons, mais à des places différentes alors que les combinaisons n'indiquent que des éléments bien placés. Même remarque pour le 5. Restent alors 4 chiffres : 0, 1, 3 et 4. Le 0 et le 3 reviennent deux fois aux mêmes positions (respectivement en première et troisième positions), il s'agit alors de leurs bonnes places. On en déduit que le 1 est bien placé dans la troisième combinaison, et le 4 dans la première combinaison.

9. **Réponse : 4 1 0 8**. 5 est éliminé grâce aux combinaisons 2 et 3 où il revient dans deux positions différentes alors qu'elles n'indiquent que des éléments bien placés. Même remarque pour le 3 qui s'élimine également. Le 0 revient deux fois à la même place dans ces deux combinaisons : il est donc bien placé en 3e position. Puisque 5 et 3 ne sont pas des éléments de la solution, on déduit que le 8 est bien placé (4e place) dans la deuxième

combinaison. Le deuxième élément bien placé ne peut donc être que le 4 en 1re place. Seul le 1 peut alors occuper la 2e place puisqu'il est le dernier élément non placé.

10. Réponse : 3 9 2 6.

ASTUCE

Puisqu'il y a trois chiffres mal placés par combinaison, il faut en déduire qu'un chiffre doit être éliminé par rangée. Le chiffre 8 s'élimine puisqu'il revient quatre fois dans des positions différentes alors qu'aucune combinaison n'indique d'éléments bien placés (élément positionné à chaque place dans des combinaisons ne contenant que des éléments mal placés). Le code contient alors les chiffres 2, 3, 6 et 9. Le 9 apparaît trois fois dans des positions différentes sans jamais pouvoir être bien placé : il ne peut donc qu'occuper la 2e position (seule position qu'il n'occupe pas). Le 3 ne peut ni être en 3e ni en 4e position (positions déjà occupées) : il ne peut alors qu'être positionné en 1re place. Le 2 ne peut pas être en 4e place (dernière combinaison) et occupe ainsi la 3e place dans la solution. Le 6 est donc en dernière place.

11. Réponse : A E. Le B est éliminé puisqu'il revient deux fois dans des positions différentes dans les deux combinaisons (apparition d'un élément à plusieurs places dans plusieurs combinaisons détenant des bonnes places). A et E sont chacun dans la bonne position.

12. Réponse : C B. A et D ne peuvent pas être les éléments mal placés puisqu'ils devraient alors chacun être en 1re position. C'est donc l'élément B qui est mal placé en 1re position. Il doit donc être en 2e place. Il ne reste que la lettre C qui peut occuper la 1re position au vu des restrictions de données.

13. Réponse : A Y O. Le U est éliminé grâce aux propositions 2 et 3 où il revient dans des places identiques (alors que la combinaison 3 n'a pas d'élément bien placé). Même chose pour I dans les combinaisons 1 et 2. A est donc la seule lettre à pouvoir être bien placée dans la combinaison 2. Le O est la seule lettre à pouvoir faire partie de la solution dans la combinaison 1. Comme A doit être en 1re place et que O ne peut être en 2e place, il est en 3e position. La dernière combinaison permet de conclure que Y est le seul élément à pouvoir occuper la 2e place de la solution.

14. Réponse : Y A E. O est éliminé grâce aux combinaisons 2 et 3. La première combinaison permet de savoir que les éléments Y et E font partie du code cherché. E ne peut pas être en 2e place puisqu'il y revient dans la dernière combinaison qui n'a pas d'élément bien placé. C'est donc Y l'élément bien placé de la première combinaison (1re position). Le E est alors en 3e place. Seul le A peut être l'élément bien placé dans la deuxième combinaison (le U ne peut pas être en 3e position puisque c'est le E qui occupe cette position) : il complète la combinaison en 2e position.

15. Réponse : Y U O. Le A est éliminé d'emblée ; il revient aux mêmes positions dans les trois combinaisons alors que ni la première ni la troisième combinaison n'ont d'élément bien placé. Le I est éliminé pour les mêmes raisons (même place dans les combinaisons 2 et 3). Le O est donc l'élément bien placé de la deuxième combinaison (3e place). Le U est le seul élément de la première combinaison à pouvoir faire partie du code : ne pouvant être en 1re position (élément mal placé dans la première combinaison) ni en 3e position (O y est déjà), il est en 2e place. La dernière combinaison permet de compléter le code en plaçant Y en 1re place.

16. Réponse : E O A. Le U est présent aux trois places (combinaisons 2, 3 et 4) et doit donc être éliminé puisqu'aucune des combinaisons ne comprend d'élément bien placé. Le I apparaît dans les quatre combinaisons et ne peut donc pas être à chaque fois l'élément mal placé (autrement trop d'éléments seraient éliminés et il ne serait plus possible de constituer un code, vu les restrictions) : il ne fait donc pas partie du code. Dans les combinaisons 2 et 3, seul le O peut faire partie du code (I et U sont déjà éliminés). Le O ne peut pas être en 1re position (combinaison 1) ni en 3e position (combinaisons 2 et 3) : il est donc en 2e place du code cherché. Comme O fait partie du code, Y est éliminé des éléments possibles (un seul élément placé dans la combinaison 1). Dans la dernière combinaison, seul le A peut faire partie du code : il ne peut être ni en 1re place (élément mal placé dans cette position au sein de la dernière combinaison) ni en 2e place (O s'y trouvant) : le A est donc en 3e place. Il ne reste qu'un seul élément à pouvoir occuper la 1re place : la lettre E.

17. Réponse : Y U A E. I est éliminé puisqu'il revient aux mêmes positions dans les combinaisons 2 et 4 alors que cette dernière ne compte aucun élément bien placé. Même remarque pour le O présent à la même position dans les combinaisons 1 et 4. Les quatre éléments du code sont alors A, E, U et Y. Puisque O et I ne sont pas dans les codes, les lettres bien placées de la combinaison 1 sont Y et E respectivement en 1re et 4e positions. Pour la même raison, U est bien placé en 2e position dans la combinaison 2 (2e place). Reste alors la 3e place pour A.

18. Réponse : U Y O I. Les combinaisons 2 et 4 comptent chacune trois lettres du code. Comme la lettre O est placée à chaque fois en 3e place, il s'agit de son bon positionnement. Comme O fait partie du code, la combinaison 3 permet de déduire que, parmi A, E et U, un seul élément est dans le code cherché. Les deux dernières voyelles I et Y sont donc à coup sûr dans la solution. E revient deux fois en 1re place dans les combinaisons 1 et 3 : il ne peut pas faire partie du code puisque la combinaison 3 ne compte pas d'élément bien placé. Les lettres de la combinaison sont alors O, I, Y et une lettre entre A et U. Avec la méthode des essais-erreurs, on arrive ensuite à déduire que la seule combinaison possible est U Y O I.

19. Réponse : E D F C B. A occupe toutes les places dans les cinq combinaisons. Comme aucun élément n'est bien placé dans les combinaisons, A est la seule lettre entre A et F qui ne fait pas partie du code cherché. Pour les cinq éléments restants, il faut éliminer progressivement chaque place qu'elles ont occupée puisqu'aucun élément n'apparaît bien placé dans les combinaisons présentées. D est donc en 2e position puisque c'est la seule position qu'il n'a jamais occupée. C est en 4e position (positions 1, 3 et 5 occupées alors qu'elle ne peut pas être en 2e place, puisque D y est). E a déjà occupé les places 3 et 5 : il ne peut alors être qu'en 1re position. F est ensuite en 3e place puisqu'il a déjà occupé la 5e place. Enfin, B est donc en 5e position.

20. Réponse : B C E D F. 4 éléments sont bien placés dans chaque combinaison, soit 20 éléments dans les cinq combinaisons. En utilisant la méthode du dénombrement, on obtient :

A	B	C	D	E	F
5	3	4	5	4	4

Pour obtenir 20 avec 5 éléments, une seule combinaison est possible : 3 + 4 + 4 + 4 + 5 = 20. Donc seule une des deux lettres revenant cinq fois (A et D) apparaît dans le code ; l'autre est la seule des six lettres à n'en pas faire partie. Comme A occupe les cinq positions, on en déduit que cette lettre ne peut pas faire partie du code. Les cinq lettres du code sont donc B, C, D, E et F. En utilisant un tableau logigramme pour gérer les impossibilités, la solution trouvée est alors B C E D F.

Chapitre 27

Tests d'attention

Dans ce chapitre :

- Les catégories de tests d'attention
- Les méthodes à employer

Les tests d'attention évaluent les candidats sur leur capacité de concentration. Ils ne requièrent pas de connaissances particulières mais n'en sont pas moins redoutables pour les candidats les plus étourdis. Ils nécessitent rigueur et application mais aussi un solide sens de l'observation.

Les tests d'attention portent sur un document sur lequel plusieurs questions sont posées. Pour la grande majorité, elles ne sont pas d'une grande difficulté et sollicitent simplement les candidats sur des détails à observer.

Les catégories de tests d'attention

Quelle que soit la catégorie de tests, il est important d'être **méthodique dans la résolution des questions**. Si les consignes vous le permettent, munissez-vous d'outils pouvant vous aider : crayon gris, gomme, surligneurs, règle, etc. Ensuite, pour chaque question, **veillez à reconsidérer le document élément par élément** pour ne rien omettre dans vos décomptes. Enfin, utilisez une règle ou vos mains pour couvrir et découvrir progressivement l'ensemble des éléments du document. Observer chaque élément individuellement permet d'être plus concentré que lorsque vous considérez le document dans son ensemble : en procédant de la sorte, vous aurez moins de chance de manquer quelque chose.

Le temps est un élément majeur dans ces tests. Pour ne pas vous laisser piéger par le chronomètre, **pensez dès le départ à lire l'ensemble des questions** afin d'anticiper l'ampleur de la tâche qui vous attend. Surtout, cela pourra vous permettre de rapprocher des questions dont l'objet est analogue : vous pourrez alors optimiser votre temps en les considérant de façon jumelée.

Les tests d'attention s'appuient sur différents supports : schéma, liste de données ou texte sont les plus répandus.

Les schémas

Les schémas qui sont l'objet de tests d'attention comportent des symboles que les candidats doivent observer attentivement. La plupart du temps, les questions portent sur le décompte de ces symboles.

Si vous le pouvez, utilisez des surligneurs pour réaliser vos décomptes. Par ailleurs, faites bien attention à la formulation des questions : les concepteurs de tests apprécient de jouer sur les mots. Ne répondez pas trop rapidement et lisez chaque question attentivement afin de bien comprendre ce qui vous est demandé.

Les textes

Les tests d'attention ayant un texte comme support s'attachent beaucoup plus à la forme qu'au fond. Il est ainsi souvent demandé de compter des mots, des lettres, des accents, etc. Des tests d'attention sur un texte peuvent également demander de se concentrer sur la ponctuation.

Dans ces tests, ne tentez pas de comprendre le texte. Concentrez-vous davantage sur la forme.

Les listes de données

Les listes de données comportent de l'information sous forme d'une énumération de données. La plupart du temps, ces listes sont présentées en tableau et classées par catégories (prénom, profession, caractéristique physique, etc.).

Les questions posées portent en général sur le cumul de plusieurs critères en même temps. Il faut alors veiller à considérer les données de façon liée.

Tests

Temps (indicatif) : 35 minutes	Difficulté : Moyen	Barème : 1 point par bonne réponse

ENTRAÎNEZ-VOUS !

Tests d'attention

1.

ʘ	ɋ	Ⱦ	Ⱥ	ɳ	Ȼ	ɠ	ɳ	∀	Ȳ	ɮ	ʌ	ɠ	ȹ	ɰ
ȸ	Ⱥ	ȹ	Ⱥ	Ȳ	ɱ	Ȼ	ɳ	η	ϕ	ϕ	ɳ	Ȼ	ɮ	Ȳ
ɮ	ʘ	ɮ	ɰ	Ⱥ	ʘ	ϕ	ɋ	ȸ	Ɇ	ɳ	ɰ	Ɏ	ɳ	ɋ
Ⱥ	ɠ	η	ϕ	ȸ	Ȱ	Ⱦ	Ȼ	ʘ	η	Ɇ	Ȳ	Ⱥ	ɰ	ɠ
ȹ	∀	Ɏ	η	ʘ	ɮ	ɱ	Ȱ	ɱ	ɮ	η	ȹ	ʌ	ɱ	ɠ
ɠ	ɲ	η	ɋ	∀	ʘ	Ɇ	Ɏ	Ȼ	ɰ	ɲ	ʘ	ϕ	ȹ	ɲ
ɰ	ɠ	ɳ	Ⱥ	ϕ	ȹ	∀	ȹ	ɮ	ɠ	ʘ	Ⱦ	Ⱦ	Ⱥ	ɠ
ȹ	ɮ	ɰ	ϕ	Ⱦ	∀	ȹ	η	ɠ	η	ϕ	ȸ	Ɏ	ʘ	ɠ
ɳ	ȸ	Ȱ	Ȼ	ȹ	ɳ	ϕ	Ȱ	ɮ	ʌ	ɠ	Ⱥ	ɠ	ɮ	Ȼ
ʌ	ɮ	Ɇ	ɠ	ɋ	ȹ	ɮ	ɳ	Ȼ	η	Ȳ	ʌ	ɱ	∀	ʘ

a) Combien de caractères différents sont présents dans le schéma ?

b) Combien de fois apparaît le caractère ȹ dans le schéma ?

c) Quel est le caractère qui apparaît le plus dans le schéma ?

d) Quel est le caractère qui apparaît le moins dans le schéma ?

e) Combien de fois apparaissent les caractères ɠ et ʘ dans la même colonne ?

f) Combien de fois apparaissent les caractères ɮ et ɰ sur la même ligne ?

2. « Après l'explosion de la grotte que Vendredi a provoquée involontairement, les deux hommes ont changé radicalement de vie. Les jeux que Vendredi a inventés ont d'abord étonné Robinson puis l'ont amusé. Et les années ont passé, jusqu'au jour où un bateau et son équipage sont arrivés. Mais Robinson a tellement goûté à la liberté de l'île qu'il n'a pas voulu repartir. Les marins qu'il a regardés s'éloigner l'ont plutôt effrayé. » Daniel Defoe.

Précision : les prénom et nom de l'auteur ne doivent pas être considérés comme faisant partie du texte.

a) Combien de phrases compte le texte ?

b) Combien de majuscules sont présentes dans le texte ?

c) Combien de mots compte le texte ?

d) Combien d'accents aigus compte le texte ?

e) Combien de fois la lettre r apparaît dans le texte ?

f) Combien de voyelles sont utilisées dans le texte ?

g) Combien de noms masculins sont employés dans le texte (les prénoms ne sont pas à prendre en compte) ?

h) Combien de verbes à l'infinitif sont employés dans le texte ?

i) Combien de noms communs sont employés au pluriel dans le texte ?

3. Voici la liste exhaustive des professeurs du lycée Victor Hugo :

Prénom	Nom	Matière enseignée	Date de naissance
Jules	Lavigne	Français	21/03/1978
Henri	Bernard	Mathématiques	12/01/1976
Marie	Musset	Anglais	29/05/1981
Fatima	Benatia	Philosophie	04/12/1956
Fabrice	Louchet	Anglais	08/11/1981
Patrick	Francescoli	Physique-Chimie	17/02/1975
Victor	Martin	Français	16/11/1978
Khaled	Yahia	Français	23/06/1964
Jeanne	Fontaine	Mathématiques	24/07/1970
Julien	Sanchez	Biologie	21/08/1979
Julia	Slovina	Français	12/03/1967
Bernard	Antone	Philosophie	02/05/1984
Hector	Moulin	Mathématiques	01/08/1978
Mylène	Lafrappe	Économie	18/09/1965
Kate	Smith	Anglais	19/04/1983
Luc	Roma	Mathématiques	21/01/1975
Véronique	Lefébure	Biologie	13/07/1976
Laëtitia	Fitoussi	Physique-Chimie	14/09/1973
Marie	Ravani	Histoire-Géographie	19/12/1987
Jacques	Vallée	Histoire-Géographie	25/03/1966
Moussa	Bamba	Français	28/11/1979
Marie	Fouchet	Mathématiques	30/03/1978
Sylvie	Krall	Économie	07/05/1974
France	Bouchet	Français	12/02/1971

a) Combien de professeurs compte ce lycée ?

b) Quel est le sexe le plus représenté parmi les professeurs ?

c) Quelle matière compte le plus de professeurs ?

d) Combien de professeurs sont nés entre le 13/02/1971 et le 15/11/1978 ?

e) Quel mois n'est pas représenté parmi les dates de naissance ?

f) Quel est le mois le plus représenté parmi les dates de naissance ?

g) Combien de professeurs sont nés durant une année impaire ?

h) Combien de professeurs ont un nom qui se termine par une voyelle ?

i) Quel professeur a un prénom et un nom qui débutent par la même lettre ?

j) Combien de matières différentes sont enseignées dans ce lycée ?

k) Combien de professeurs de mathématiques sont nés avant 1977 ?

l) Combien de professeurs de mathématiques sont nés en avril ?

m) Combien de professeurs de français sont nés après 1972 ?

4.

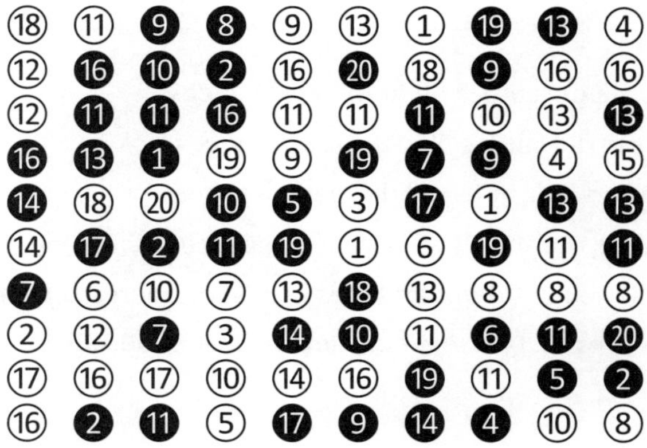

a) Quelle couleur est la plus représentée parmi les boules ?

b) Quelle boule est la plus représentée ?

c) On considère que 40 boules existent : 20 boules blanches numérotées de 1 à 20 et 20 boules noires numérotées de 1 à 20. Parmi ces 40 boules, trois ne sont pas présentes dans le schéma. Desquelles s'agit-il ?

d) Deux boules apparaissent chacune 6 fois dans le schéma. Desquelles s'agit-il ?

e) Quel nombre apparaît le plus souvent dans le schéma ?

f) Quel nombre apparaît le moins souvent dans le schéma ?

5. Voici les 50 dernières variations du cours de bourse de l'entreprise COOP.

1	+3,6 %	11	-8,4 %	21	+9,2 %	31	-6,4 %	41	-6,0 %
2	+8,8 %	12	-1,4 %	22	+0,9 %	32	-1,1 %	42	-4,2 %
3	+7,8 %	13	+0,8 %	23	+7,3 %	33	-1,4 %	43	+0,6 %
4	-2,0 %	14	0,0 %	24	+4,4 %	34	+6,5 %	44	+4 %
5	+7,7 %	15	+6,9 %	25	-6,1 %	35	+8,7 %	45	-9,9 %
6	-4,4 %	16	-5,1 %	26	+2,1 %	36	+5,3 %	46	+6,9 %
7	-6,5 %	17	-2,3 %	27	+3,1 %	37	-9,0 %	47	+3,7 %
8	-2,0 %	18	-3,0 %	28	-3,0 %	38	-5,9 %	48	-0,4 %
9	+7 %	19	-8,0 %	29	-4,8 %	39	+1,2 %	49	+4,4 %
10	+8,4 %	20	-0,8 %	30	+5,2 %	40	+2,9 %	50	+8,8 %

a) Quelle a été la plus forte hausse durant les 50 dernières séances ?

b) Quelle a été la plus forte baisse durant les 50 dernières séances ?

c) Quelle a été la plus faible hausse durant les 50 dernières séances ?

d) Quelle a été la plus faible baisse durant les 50 dernières séances ?

e) Combien de séances de baisse se sont déroulées lors des 50 dernières séances ?

f) Combien de séances consécutives de baisse au maximum se sont déroulées lors des 50 dernières séances ?

Correction des tests

1. a) Il y a 21 symboles différents dans le schéma :

Ȱ Ȳ ȵ ȸ ȹ Ⱥ Ȼ Ⱦ Ʉ Ɇ ʠ Ɏ ɠ ɮ ɰ ɱ ɲ η ɸ ʘ ʌ

b) 11 fois.

c) Il s'agit du caractère ɠ qui apparaît 14 fois.

d) Il s'agit du caractère ɲ qui n'apparaît que 3 fois.

e) Ils apparaissent 5 fois dans la même colonne (1re, 2e, 9e, 11e et 15e colonne).

f) Ils apparaissent 4 fois dans la même ligne (1re, 3e, 7e et 8e ligne).

2. a) Le texte compte 5 phrases.

b) Le texte compte 9 majuscules.

c) Le texte compte 70 mots.

d) Le texte compte 15 accents aigus.

e) Le texte compte 22 occurrences de la lettre r.

f) Le texte compte 152 voyelles réparties de la manière suivante : 28 lettres a, 55 lettres e, 21 lettres i, 27 lettres o, 20 lettres u et 1 lettre y.

g) Le texte compte 6 noms masculins : hommes, jeux, jour, bateau, équipage et marin.

h) Le texte compte 2 verbes employés à l'infinitif : repartir et s'éloigner.

i) Le texte compte 4 noms employés au pluriel : hommes, jeux, années et marins.

3. a) le lycée compte 24 professeurs.

b) Il y a une parité parfaite : 12 hommes et 12 femmes.

c) Le lycée compte 6 professeurs de français contre 5 professeurs de mathématiques.

d) 9 professeurs sont nés entre le 13/02/1971 et le 15/11/1978 : Jules Lavigne, Henri Bernard, Patrick Francescoli, Hector Moulin, Luc Roma, Véronique Lefébure, Laëtitia Fitoussi, Marie Fouchet et Sylvie Krall.

e) Aucun professeur n'est né au mois d'octobre.

f) Le mois de mars est le plus représenté avec 4 professeurs nés ce mois-là.

g) 12 professeurs sont nés durant une année impaire.

h) 14 professeurs ont un nom se terminant par une voyelle.

i) Marie Musset.

j) 8 matières sont enseignées dans ce lycée : français, mathématiques, anglais, philosophie, physique-chimie, biologie, économie et histoire-géographie.

k) 3 professeurs de mathématiques sont nés avant 1977 : Henri Bernard, Jeanne Fontaine et Luc Roma.

l) Aucun professeur de mathématiques n'est né au mois d'avril.

m) 3 professeurs de français sont nés après 1972 : Jules Lavigne, Victor Martin et Moussa Bamba.

4. a) Parmi les 100 boules, 51 sont blanches.

b) La boule noire n° 11 est présente 7 fois dans le schéma.

c) Les boules non présentes sont la boule noire n° 3, la boule noire n° 12 et la boule noire n° 15.

d) Les boules présentes chacune 6 fois dans le schéma sont la boule blanche n° 11 et la boule blanche n° 16.

e) Le 11 revient 13 fois : 7 fois en noir et 6 fois en blanc.

ASTUCE

Sachant que la boule la plus représentée est la n° 11 noire avec 7 occurrences et que la boule n° 11 blanche est présente 6 fois, vous pouviez déduire qu'il s'agissait du nombre le plus représenté dans le schéma.

f) Le 15 ne revient qu'une seule fois (boule blanche).

5. a) La plus forte hausse durant les 50 dernières séances est la n° 21 avec une progression de + 9,2 %.

b) La plus forte baisse durant les 50 dernières séances est la n° 45 avec un recul de – 9,9 %.

c) La plus faible hausse durant les 50 dernières séances est la n° 43 avec une progression de + 0,6 %.

d) La plus faible baisse durant les 50 dernières séances est la n° 48 avec un recul de – 0,4 %.

e) Lors des 50 dernières séances, 23 ont enregistré une baisse.

f) On décompte 5 séances de baisse consécutives entre les séances n° 16 et n° 20. Il s'agit du maximum.

Chapitre 28

Tests d'organisation et de raisonnement

Dans ce chapitre :

- Organisation des données
- Logigrammes
- Valeurs et positions relatives
- Les menteurs

Les tests d'organisation évaluent la capacité des candidats à traiter, interpréter et classer de l'information donnée dans un énoncé. Ces tests apprécient les capacités de jugement, de raisonnement et de synthèse des candidats. L'éventail de questions apparaît large avec des formats variés : l'objectif des concepteurs est de tester les candidats dans des situations inhabituelles. Pour réussir ces questions, une connaissance des principales méthodologies d'organisation de l'information est nécessaire. Bien comprises, elles permettront d'aborder toutes les situations. Vous aurez donc besoin d'outils méthodologiques, de bon sens et de notions fondamentales de la logique formelle pour y parvenir.

Les tests de raisonnement traitent également de l'organisation des données. Elles regroupent des exercices qualifiés de casse-tête ou encore de problèmes sémantiques (exercices portant sur l'interprétation linguistique d'un énoncé). Il s'agit de petits problèmes s'appuyant sur un raisonnement logique qui n'amène qu'une seule réponse objective. Ces exercices demandent une connaissance basique de la logique inductive (allant de la situation particulière à sa généralisation) et déductive (basée sur l'anticipation des conséquences déduites d'axiomes de base). Ils se résolvent à l'aide de méthodes d'analyse d'information et de déduction.

Organisation des données

Les questions d'organisation des données testent les qualités de discernement et de traitement de l'information. L'objectif est de classer les données de façon organisée dans des tableaux pour en faire ressortir une solution adaptée aux contraintes de l'exercice.

Plannings

N'OUBLIEZ PAS !

Les questions de planning concernent l'**articulation des données autour d'un thème d'organisation**. Les énoncés contiennent alors différents niveaux d'information qu'il faut arriver à concilier pour en **sortir une solution optimale**. L'énoncé exprime ainsi de nombreuses **contraintes** desquelles les candidats doivent déduire une **organisation adaptée**. Les questions les plus répandues demandent aux candidats de réaliser des emplois du temps ou encore des chronogrammes.

Ces exercices demandent rigueur, organisation et concentration. Les énoncés sont en général denses en informations de tout niveau. Il vous faut alors **définir une stratégie de résolution en amont** pour ne pas vous éparpiller. Veillez donc à **gérer les informations les plus structurantes dès le départ** en hiérarchisant les différents niveaux d'information. Les données sont souvent éparpillées et ne sont pas classées par ordre d'importance : certaines données sont parfois même inutiles et ont pour seul objet de vous retarder. Il est capital de lire l'ensemble de l'énoncé dès le départ et d'analyser les questions à la suite pour adopter une méthode de résolution efficace et orientée vers l'objet de l'exercice.

Logigrammes

Un logigramme est une catégorie de casse-tête logique dont l'objectif est de déduire un ensemble de liens et de relations entre les protagonistes grâce à l'information disponible. Il s'agit principalement de **traiter les indices donnés et d'administrer l'information efficacement** afin d'associer l'ensemble des éléments entre eux.

Les logigrammes se résolvent à l'aide de **tableaux à double ou triple entrées,** selon les configurations, qui relient les informations entre elles. Ces liens permettent de déduire des certitudes grâce à la confrontation des informations. Quand il est possible d'associer deux informations entre elles de manière incontestable, on en déduit une **certitude**. Quand deux informations ne peuvent pas être associées, une **incompatibilité** ou une **impossibilité** apparaît.

Dans les tests psychotechniques, tant que l'énoncé n'indique pas l'inverse, il faut considérer qu'un attribut ne peut être associé qu'à un seul autre. Un objet ne pourra par exemple appartenir qu'à une seule personne.

Pour réaliser les tableaux à double ou triple entrées, utilisez une typographie bien définie. Un rond peut par exemple symboliser une certitude alors qu'une croix correspondra à une incompatibilité (il s'agit de la typographie utilisée dans ce chapitre). De cette manière, les liens vous apparaîtront rapidement.

L'utilisation d'un logigramme permet de déduire rapidement des certitudes. Puisqu'un attribut ne peut être associé qu'à un seul autre attribut, **un logigramme ne compte qu'une seule certitude par ligne et par colonne**. Cette règle de base permet de rapidement déduire des certitudes et sera utilisée tout au long de la résolution de ces questions.

Un **tableau à double entrées** permet de classer les informations selon deux catégories (une positionnée en haut et l'autre sur la gauche). Chaque attribut d'une catégorie croise un seul attribut de l'autre catégorie, afin de faire apparaître les certitudes et incompatibilités, grâce à l'analyse des informations.

- Gino, Marco et Paolo sont voisins. Gino n'est pas amateur de théâtre alors que Marco est un lecteur assidu. Sachant qu'il y a un amateur d'opéra parmi les trois voisins, quelle est la passion de Gino ?

  Dans cette question, on note deux catégories d'informations : la première est les prénoms avec trois attributs (Gino, Marco et Paolo) et la seconde regroupe les passions avec également trois attributs (théâtre, lecture et opéra) :

	Gino	Marco	Paolo
Théâtre			
Lecture			
Opéra			

Gino n'est pas amateur de théâtre ➔ croix au croisement Gino – Théâtre.

Marco est un lecteur assidu ➔ rond au croisement Marco – Lecteur. Ce rond implique alors des croix partout ailleurs en ligne Lecteur et en colonne Marco.

	Gino	Marco	Paolo
Théâtre	X	X	
Lecture	X	0	X
Opéra		X	

Dans la colonne Gino, il ne reste plus qu'une possibilité. On en déduit alors que Gino est amateur d'opéra. C'est alors Paolo qui est fan de théâtre.

	Gino	Marco	Paolo
Théâtre	X	X	0
Lecture	X	0	X
Opéra	0	X	X

Certaines questions lient plus de deux catégories d'informations. Pour les traiter d'une façon efficace, mieux vaut recenser l'information dans un seul et même tableau. Pour cela, un tableau à triple entrées permet de regrouper trois catégories d'information dans un tableau. Il se base sur la même structure qu'un tableau à double entrées et fait figurer la troisième information au croisement des deux premières.

En reprenant la question précédente, il serait possible d'ajouter une information complémentaire sur les âges de chacun en la plaçant au centre. En supposant que les trois personnes seraient âgées de 25, 30 et 35 ans, on pourrait alors obtenir le tableau à triple entrées (logigramme à triple entrées) ci-dessous :

	Gino	Marco	Paolo
Théâtre	25 30 35	25 30 35	25 30 35
Lecture	25 30 35	25 30 35	25 30 35
Opéra	25 30 35	25 30 35	25 30 35

Les ordres relatifs

Les exercices d'ordre relatif ressemblent à de petits casse-tête où les candidats doivent classer les informations de façon comparative. Le critère du classement peut dépendre d'une caractéristique (taille, poids, âge, etc.) et il s'agit alors d'une question de **valeurs relatives**. Quand la question propose de s'intéresser au positionnement de personnes ou d'objets les uns par rapport aux autres, il s'agit alors de questions de **positions relatives**.

Les valeurs relatives

Les questions regroupées sous la dénomination de valeurs relatives font appel aux **implications entre différentes informations**. L'objectif est de constituer des chaînes impliquant les différents objets ou protagonistes pour en dégager un **classement relatif**. Il est ainsi d'usage d'utiliser les signes « $>$ », « $<$ », « $\geq$ » et « $\leq$ ».

Pour lier les informations entre elles, **la règle de la transitivité** est à maîtriser. La règle énonce si $a = b$ et $b = c$ alors $a = c$. En extrapolant cette règle, on peut déduire si $x > y$ et $y > z$ alors $x > z$.

- Axel est plus vieux qu'Ernest alors que ce dernier est plus jeune que Mohammed. Sachant que Mohammed n'est pas le plus vieux des trois frères, qui est le plus âgé ?

  En indiquant chaque personne par son initiale, on note $A > E$ et $E < M$. On en déduit alors qu'Ernest est le plus jeune des trois frères. Le fait de savoir que Mohammed n'est pas le plus vieux des trois permet de déduire que $A > M$. C'est alors Axel qui est le plus vieux.

Les positions relatives

À l'instar des valeurs relatives, la catégorie des positions relatives implique un **ordonnancement corrélatif d'informations**. La différence se situe sur l'objet de l'ordonnancement : il s'agit ici de les classer selon **leur positionnement** (droite, gauche, derrière, devant, etc.).

Ces exercices se résolvent soit à l'aide d'un **logigramme**, soit grâce à un **schéma**. Les schémas permettant de répondre à ces questions utilisent la même logique qu'un logigramme. Les schémas les plus efficaces permettent de répliquer à l'identique le positionnement des protagonistes afin de visualiser concrètement les relations qui les lient entre chacun d'eux.

Ces questions sont souvent déstabilisantes car elles évoquent des notions de positionnement qui ne sont pas toujours évidentes à visualiser. C'est notamment le cas des expressions « à droite de » et « à la droite de ». La phrase « Michèle est à droite de Tony » signifie que Michèle est positionnée à droite de Tony selon le point de vue du locuteur. Cette phrase est nettement différente de « Michèle est à la droite de Tony ». Ici le déterminant « la » implique de se mettre à la place de Tony pour déterminer la position de Michèle. Michèle est ainsi positionnée sur la droite de Tony.

En visualisant ce schéma, on voit donc que Michèle est à la droite de Tony. On peut également dire en les observant que Michèle est à gauche de Tony (ce point de vue impliquant qu'on se situe face à eux pour déterminer leurs positions).

- Fabrice se trouve face à quatre personnes assises côte à côte sur un banc. Il voit qu'Elsa est à gauche de Joanna et que Pierre est à la gauche de Franck. Puisque aucun des hommes n'est situé à une extrémité, quelle est la position de chacun des quatre amis ?

  En utilisant un logigramme, cette résolution est simplifiée. Pour faciliter l'analyse, placer les positions en haut permet de visualiser directement le schéma (1 étant la position la plus à gauche et 4 celle la plus à droite).

	1	2	3	4
Elsa				
Joanna				
Franck				
Pierre				

  La première information importante à placer est « aucun des hommes n'est situé à une extrémité ». Elle permet d'éliminer les positions 1 et 4 pour Franck et Pierre. Elle permet aussi, par déduction, d'éliminer les positions 2 et 3 pour Elsa et Joanna.

	1	2	3	4
Elsa		X	X	
Joanna		X	X	
Franck	X			X
Pierre	X			X

  Ensuite, puisque Pierre est à la gauche de Franck et que ces deux occupent les places 2 et 3, on en déduit que Pierre est en position 3 et donc Franck à la place 2. N'oubliez pas qu'il faut se situer du point de vue de Franck pour déduire la place de Pierre. Enfin Elsa est à gauche de Joanna : cela implique de raisonner du point de vue de Fabrice (il est précisé que Fabrice voit cela). Pour qu'Elsa soit à gauche de Joanna, il faut alors que cette première soit en position 1 et Joanna à la place 4. Ce qui donne finalement :

	1	2	3	4
Elsa	0	X	X	X
Joanna	X	X	X	0
Franck	X	0	X	X
Pierre	X	X	0	X

De façon schématique : Elsa – Franck – Pierre – Joanna.

Les menteurs

Voici une catégorie de questions assez troublante, dont beaucoup de candidats se méfient. Les menteurs regroupent des questions où **vérité et mensonge sont mêlés**. La difficulté est alors de déterminer quels sont les propos vrais et faux pour pouvoir ensuite mener un raisonnement sur la seule base des propos considérés comme vrais.

Deux méthodes existent pour résoudre ces exercices : **les hypothèses successives et la résolution par l'inverse**.

La méthode des hypothèses successives requiert de tester **de manière itérative toutes les hypothèses** pour arriver à celle qui permet de résoudre l'exercice. Il faut ainsi partir d'un postulat initial et considérer alors les conséquences de ce postulat. Cette méthode présente l'avantage d'apparaître spontanée. Néanmoins, elle peut s'avérer chronophage lorsque de nombreuses hypothèses successives doivent être testées. Il s'agit ainsi d'une méthode efficace mais quelque peu risquée en termes de temps de résolution selon l'exercice et le postulat de départ.

La méthode de résolution par l'inverse est construite sur **la confrontation de propos contradictoires**. L'objet est de détecter deux propos contradictoires dans l'énoncé. Par définition, deux propos contradictoires ne peuvent pas coexister puisqu'ils ont des sens contraires.

- Les propos suivants sont ainsi contradictoires : « cette maison est rouge » et « cette maison n'est pas rouge ». En effet, il y a deux possibilités :

  1) Soit la maison est rouge et alors le premier propos est vrai et c'est le deuxième qui est faux.

  2) Soit la maison n'est pas rouge et dans ce cas le deuxième propos est vrai et le premier est alors faux.

L'intérêt de trouver des propos contradictoires consiste à **interpréter la véracité des autres propos de l'énoncé**. En effet, l'identification de propos contradictoires permet de déduire que l'un est vrai et l'autre faux. De cette manière-là, les autres propos peuvent alors être considérés vrais ou faux selon les informations de l'énoncé. Il est alors possible de construire un raisonnement à partir de ces remarques.

- Voici quatre propos prononcés par des amis de Dominique :

  1) Dominique est une femme.

  2) Dominique est médecin.

  3) Dominique est un homme.

  4) Dominique a accouché de quatre enfants.

  Sachant qu'un seul propos est faux, quel est le sexe de Dominique ?

  Les propos 1 et 3 sont contradictoires : Dominique ne peut être à la fois un homme et une femme. Cela signifie qu'un de ces deux propos est vrai et l'autre automatiquement faux. Cette remarque permet de déduire que le seul propos faux est soit le 1 soit le 3. C'est ainsi qu'en raisonnant à l'inverse, il est possible de déduire que les propos 2 et 4 sont vrais. On est donc certain que Dominique est médecin et que Dominique a accouché de quatre enfants. Ayant accouché de quatre enfants, Dominique est nécessairement une femme. Le propos 1 est donc vrai. C'est le propos 3 qui est faux.

Tests

Temps (indicatif) : 60 minutes	Difficulté : Moyen	Barème : 1 point par bonne réponse

ENTRAÎNEZ-VOUS !

Questions

1. À la piscine des Lilas, Vincent dresse de façon hebdomadaire les emplois du temps des maîtres-nageurs de l'équipe pour l'ensemble de la semaine. La baignade est ouverte et surveillée du lundi au dimanche de 10 h à 14 h et de 17 h à 21 h. À noter que la piscine n'est ouverte qu'en matinée le vendredi et le dimanche. En fonction des contraintes de chaque maître-nageur ci-dessous et sachant que la piscine doit toujours être surveillée par deux maitres-nageurs en même temps, établissez l'emploi du temps de la semaine à venir. Chaque maître-nageur dispose d'un contrat de 20 heures de travail hebdomadaire, à l'exception de Ludovic dont le contrat est de 16 heures.

- Jocelyne : Elle ne peut pas travailler le week-end. Elle ne peut jamais surveiller en même temps que son mari Fabrice, pour des raisons de garde de leurs enfants.
- Matthieu : Il doit travailler 5 demi-journées consécutives.
- Ludovic : Il cumule deux emplois et a besoin de quatre jours entiers consécutifs de libre pour s'y consacrer. Ne peut pas travailler le lundi matin.
- Fabrice : Ne peut travailler qu'en soirée.
- Julien : Indisponible le lundi.

	Jocelyne		Matthieu		Ludovic		Fabrice		Julien	
	10 h-14 h	17 h-21 h	10 h-14 h	17 h-21 h	10 h-14 h	17 h-21 h	10 h-14 h	17 h-21 h	10 h-14 h	17 h-21 h
Lundi										
Mardi										
Mercredi										
Jeudi										
Vendredi										
Samedi										
Dimanche										

2. M. Alleure, chef de train, tente de maximiser le temps de préparation des wagons avant le départ de chaque train. Il fait un état des lieux de l'ensemble des tâches à exécuter dont voici la liste exhaustive :

- Contrôle mécanique du train (Tâche A) : 45 minutes.
- Préparation de la cabine du conducteur (Tâche B) : 25 minutes.
- Nettoyage des wagons voyageurs (Tâche C) : une personne met 10 minutes par wagon voyageurs.
- Mise en place des wagons voyageurs (Tâche D) : une personne met 15 minutes par wagon voyageurs.
- Chargement des aliments et des boissons pour le wagon-bar (Tâche E) : 35 minutes par wagon-bar.
- Contrôle de sécurité des wagons (Tâche F) : une personne met 12 minutes par wagon voyageurs.
- Nettoyage du wagon-bar (Tâche G) : 15 minutes par wagon-bar.
- Mise en place du wagon-bar (Tâche H) : 20 minutes par wagon-bar.
- Accueil et installation des voyageurs (Tâche I) : 45 minutes par train.

Pour des raisons de sécurité et d'organisation, voici les conditions que doit respecter M. Alleure dans l'organisation des tâches :

- Pendant que la tâche A est réalisée, aucune tâche relative aux wagons voyageurs ne peut avoir lieu. La tâche B ne peut débuter qu'une fois la tâche A terminée.
- Un wagon-bar est nécessaire pour 5 wagons voyageurs (un train avec 6 wagons voyageurs doit donc avoir 2 wagons-bars).
- Les tâches C et D ne sont pas parallélisables au sein d'un même wagon. Dans un même wagon voyageurs, la tâche C doit être terminée pour que la tâche D débute.
- La tâche F ne peut avoir lieu que lorsque les tâches C et D ont été réalisées pour tous les wagons voyageurs.
- La tâche G ne peut débuter que lorsque la tâche B est terminée.
- La tâche E ne peut débuter que lorsque la tâche G est terminée.
- La tâche H ne peut débuter que lorsque la tâche E est terminée.
- La tâche I doit être effectuée lorsque toutes les tâches relatives aux wagons voyageurs sont terminées.

M. Alleure met en place un organigramme pour un train commercial composé de 10 wagons voyageurs. Pour réaliser cet organigramme, il fait l'hypothèse qu'aucun ennui mécanique ne sera découvert lors du contrôle mécanique.

Il prévoit 2 personnes pour réaliser le nettoyage des wagons voyageurs et 3 personnes pour la mise en place des wagons voyageurs. Ces 5 personnes s'occupent ensuite des contrôles de sécurité des wagons voyageurs (tâche F).

À l'aide du chronogramme ci-après, exécutez l'emploi du temps le plus optimisé possible pour ce train et déterminez alors, en combien de temps au mieux, le train pourra être prêt. Le chronogramme, divisé en colonnes de cinq minutes, peut être prolongé autant que nécessaire.

	Temps (en minutes)	5	10	15	20	25	30	35	40	45	50	55	60	65	70	75	80	85	90	95	100	105	110	115	120	125	130	...
Préparation générale du train																												
Contrôle mécanique du train (Tâche A)																												
Préparation de la cabine du conducteur (Tâche B)																												
Accueil et installation des voyageurs (Tâche I)																												
Préparation des wagons voyageurs																												
Nettoyage des wagons voyageurs (Tâche C)																												
Temps total																												
wagon n°																												
wagon n°																												
wagon n°																												
wagon n°																												
wagon n°																												
wagon n°																												
wagon n°																												
wagon n°																												
wagon n°																												
wagon n°																												
Mise en place des wagons voyageurs (Tâche D)																												
Temps total																												
wagon n°																												
wagon n°																												
wagon n°																												
wagon n°																												
wagon n°																												
wagon n°																												
wagon n°																												
wagon n°																												
wagon n°																												
wagon n°																												
Contrôle de sécurité des wagons (Tâche F)																												
wagon n°																												
wagon n°																												
wagon n°																												
wagon n°																												
wagon n°																												
wagon n°																												
wagon n°																												
wagon n°																												
wagon n°																												
wagon n°																												
Préparation des wagons-bars																												
Nettoyage du wagon-bar (Tâche G)																												
wagon-bar n°																												
wagon-bar n°																												
Chargement du wagon-bar (Tâche E)																												
wagon-bar n°																												
wagon-bar n°																												
Mise en place du wagon-bar (Tâche H)																												
wagon-bar n°																												
wagon-bar n°																												

QCM

3. Plusieurs personnes discutent entre elles et comparent le nombre de pièces de monnaie dont elles disposent dans leur portefeuille. Nina dispose de plus de pièces que Meryem qui en a, elle, plus que Carla. Meryem n'a pas moins de pièces que Sacha. Ce dernier n'a, quant à lui, pas moins de pièces que Carla. Qui a le moins de pièces ?

A) Meryem

B) Sacha

C) Carla

D) Carla ou Sacha

E) Nina ou Meryem

4. David n'est pas plus vieux que Khalil. Hector n'est pas plus âgé que Georges. David n'est pas plus âgé que Hector. Khalil n'est pas plus âgé que Benjamin. De quoi est-on certain ?

A) Le plus âgé est soit Benjamin soit Georges.

B) Le plus jeune est soit Hector soit Khalil.

C) Le plus jeune ne peut être que David.

D) On ne peut pas savoir qui est le plus âgé entre Khalil et Georges.

E) Le moins jeune est soit Hector soit Benjamin.

5. Des collègues discutent entre eux des dossiers qu'ils traitent. Bernard a au moins autant de dossiers à traiter que Davide alors que ce dernier en traite plus que Marco. Par ailleurs, Mathieu traite moins de dossiers que Laurence, qui elle-même en traite moins que Davide. Que peut-on conclure ?

A) Marco est celui qui traite le moins de dossiers.

B) Bernard traite le plus de dossiers.

C) Il est impossible de savoir qui traite le plus de dossiers entre Laurence et Marco.

D) Davide traite moins de dossiers que Mathieu.

E) Mathieu n'est pas celui qui traite le moins de dossiers.

6. Lors d'une course, Michèle n'a pas mis moins de temps que Solveig pour franchir la ligne. Giullia n'a pas été plus rapide qu'Anna ni plus lente que Jenny qui elle est plus rapide que Michèle. Que peut-on affirmer ?

A) On connait la plus rapide et la plus lente.

B) On connait la plus rapide mais pas la plus lente.

C) On ne connait ni la plus rapide ni la plus lente.

D) On connait la plus lente mais pas la plus rapide.

E) Anna est la plus rapide des cinq filles.

7. Marthe cherche à savoir lequel de ces cinq fils est le plus riche. Elle remarque que Christophe n'est ni le plus riche ni le plus pauvre. Antoine n'est pas plus riche qu'Octave mais il est plus riche que Jules et Sébastien. Néanmoins, Christophe reste plus riche que Jules, même si ce dernier n'est pas le plus pauvre des frères. De quoi peut-on être certain ?

A) Octave est le plus riche des frères.

B) Christophe est plus riche qu'Antoine.

C) Jules est au moins aussi riche qu'Antoine.

D) Le plus pauvre est Sébastien.

E) Octave est plus riche qu'Antoine.

8. Hugo ne détient ni le pull rouge ni le pull bleu, tout comme Marc. Le pull jaune n'appartient ni à Alain ni à Marc. La couleur du pull de Jacky n'est pas bleue. Quelle est la seule phrase incorrecte ?

A) Hugo ne dispose pas d'un pull blanc.

B) Marc peut se retrouver avec un pull vert.

C) Jacky dispose du pull rouge.

D) La couleur du pull d'Alain est bleue.

E) Aucune des propositions ci-dessus n'est vraie.

9. Dans un refuge pour animaux, quatre propriétaires d'animaux sont venus faire soigner leurs bêtes. On compte un perroquet, un chat, un chien et un cheval. Les animaux carnivores n'appartiennent ni à Charles ni à Sophie. Ni Sophie ni Béatrice ne disposent d'animal avec des plumes. Le quatrième propriétaire se prénomme Daniel. Quelle proposition est vraie ?

A) Daniel est le maître du perroquet.

B) Charles dispose du cheval.

C) Béatrice peut disposer d'un chat ou d'un chien.

D) Soit Sophie soit Béatrice est la maîtresse du chat.

E) Aucune des propositions ci-dessus n'est vraie.

10. Trois amis (Phil, Bob et Jack) jouent durant une après-midi. Ils réalisent entre eux deux compétitions : une compétition de boules, une autre de poker. Phil, qui n'a jamais été deuxième, n'a pas remporté le tournoi de boules. Par ailleurs, Bob a terminé juste derrière Phil au tournoi de poker. On sait aussi qu'aucun des trois amis n'a terminé deux fois à la même position dans les deux compétitions. Quelle proposition est vraie au sujet de Jack ?

A) Il n'a remporté aucune des deux compétitions.

B) Il a remporté l'une des deux compétitions.

C) Il n'est pas possible de connaître sa place dans le tournoi de boules.

D) Il a toujours terminé derrière Phil dans les deux compétitions.

E) Il a terminé deuxième dans chacun des deux tournois.

11. Comparée à ses deux autres sœurs, Marine est plus petite que la plus âgée. Manon se trouve être moins âgée que la plus petite des sœurs. Mathilde n'est ni la plus grande ni la moins âgée. Que peut-on affirmer ?

A) La plus petite des sœurs n'est pas la plus âgée.

B) Manon est la plus âgée des sœurs et la plus petite.

C) La plus jeune des sœurs est aussi la plus petite.

D) Il est impossible de savoir qui de Mathilde ou Manon est plus âgée.

E) La plus jeune n'est pas la plus grande des sœurs.

12. Grazyella vient de poser quatre étagères les unes au-dessus des autres dans son salon. Elle a posé quatre objets différents sur chacune d'elles. Le vase et le miroir sont séparés par au moins une étagère. Ni le chapeau ni le livre ne sont positionnés sur la deuxième étagère en partant du haut. Le vase est positionné plus haut que le livre. Qu'est-il possible de conclure ?

A) Il est faux d'affirmer que le vase est sur l'étagère juste au-dessus du livre.

B) Le vase est posé sur l'étagère du haut.

C) L'étagère la plus basse porte le miroir.

D) Il n'y a pas assez d'informations pour savoir où se situent le miroir et le vase.

E) Aucune des propositions précédentes n'est vraie.

13. Nous sommes 4 amis (Céline, Éric et Denise) assis autour d'une table ronde au restaurant. Céline n'est pas en face de moi et Éric et Céline ne sont pas voisins. Éric est assis à la droite de Denise. Quelle proposition est vraie ?

A) Je suis assis à la droite d'Éric.

B) Céline et Denise sont assises l'une en face de l'autre.

C) Je suis assis sur la droite de Céline.

D) Denise est assise entre Éric et moi.

E) Denise n'est pas assise en face de moi.

14. Yohan promène son chien en face d'un lotissement de 5 maisons toutes jumelées. De là où il se situe, il voit que la maison des Martin est juste à droite de celle des Durand. Il voit que M. Lavigne habite juste entre les familles Larue et Dupont et que cette dernière est la plus à droite des trois. Il sait par ailleurs que les Martin et les Larue ne sont pas directement voisins. Quelle est la seule proposition valide ?

A) La famille Dupont est située entre celles des familles Lavigne et Durand.

B) La famille Lavigne vit au centre des 5 maisons.

C) Les maisons des familles Larue et Dupont sont voisines.

D) La famille Martin ne vit pas à une des deux extrémités.

E) La famille Durand vit à une des deux extrémités.

15. Un crime odieux vient de se produire et la police a arrêté trois personnes suspectées. Voici leurs déclarations :

- Malia : « Tout ce que je sais est que l'auteur du crime n'a pas agi seul. »
- Mickaël : « Celle qui m'accuse ment. »
- Laëtitia : « C'est Mickaël l'auteur du crime. »

Le détecteur de mensonges a décelé deux menteurs parmi les trois. Que peut-on dire ?

A) Laëtitia ne dit pas la vérité.

B) Mickaël est l'auteur de ce crime odieux.

C) Une seule chose est certaine : le crime a été commis en groupe.

D) Mickaël et Malia ont agi ensemble.

E) Au vu des propos, il est impossible de savoir qui a commis ce crime.

16. Quatre personnes sont arrêtées par la police au sujet du meurtre d'une riche héritière. La seule certitude est que le coupable a agi seul et qu'il est parmi les personnes arrêtées. Voici les propos de chacun des suspects :

- Camille : « M. l'agent, je peux vous garantir que c'est Mylène. »
- John : « Ne cherchez pas le tueur : c'est Igor ! »
- Mylène : « Quel toupet cette Camille ! C'est elle l'auteur du crime. »
- Igor : « Je ne sais rien sur l'auteur du crime mais je peux vous garantir que John ment. »

Sachant que trois personnes mentent, de quoi peut-on être certain ?

A) Igor est coupable.

B) Soit John soit Igor est coupable.

C) John est innocent.

D) La seule personne qui dit la vérité est Camille.

E) John est un menteur.

Correction des tests

1. Il faut débuter par placer les personnes avec les contraintes les plus fortes. Puisque Fabrice doit travailler seulement en soirée, il devra travailler les 5 soirées d'ouverture de la piscine pour placer 20 heures de travail hebdomadaire. Puisque Jocelyne ne peut pas travailler le week-end ni en même temps que Fabrice, il ne lui reste alors que la possibilité de travailler cinq matinées du lundi au vendredi. Le lundi matin, seul Matthieu est disponible pour surveiller en même temps que Jocelyne (Ludovic et Julien sont indisponibles). Comme Matthieu doit travailler cinq demi-journées consécutives, il travaillera alors du lundi matin au mercredi matin inclus. Le mercredi soir, Ludovic ne pourra pas travailler, autrement, il ne pourra pas disposer de quatre jours consécutifs pour son autre emploi. Seul Julien est alors disponible. Même chose pour le jeudi toute la journée. Reste alors quatre demi-journées pour Ludovic : vendredi matin, samedi matin, samedi soirée et dimanche matin. Reste alors deux demi-journées pour Julien : samedi matin et dimanche matin.

	Jocelyne		Matthieu		Ludovic		Fabrice		Julien	
	10 h-14 h	17 h-21 h	10 h-14 h	17 h-21 h	10 h-14 h	17 h-21 h	10 h-14 h	17 h-21 h	10 h-14 h	17 h-21 h
Lundi	Surveillance		Surveillance	Surveillance				Surveillance		
Mardi	Surveillance		Surveillance	Surveillance				Surveillance		
Mercredi	Surveillance		Surveillance					Surveillance		Surveillance
Jeudi	Surveillance							Surveillance	Surveillance	Surveillance
Vendredi	Surveillance	Fermé		Fermé	Surveillance	Fermé		Fermé		Fermé
Samedi					Surveillance	Surveillance		Surveillance	Surveillance	
Dimanche		Fermé		Fermé	Surveillance	Fermé		Fermé	Surveillance	Fermé

2. La première étape de la construction d'un chronogramme est de regrouper les tâches selon leur catégorie. D'après la lecture de l'énoncé, on peut classer les tâches selon trois catégories :

- Préparation générale du train : tâches A, B et I.
- Préparation des wagons voyageurs : tâches C, D et F.
- Préparation des wagons-bars : tâches E, G et H.

La deuxième étape consiste à hiérarchiser les tâches dans le temps. Ici, vous savez que pendant que la tâche A est réalisée, aucune tâche relative aux wagons voyageurs ne peut avoir lieu.

La première tâche à devoir être réalisée est ainsi la A (45 minutes). Une fois celle-ci réalisée, les tâches B et C peuvent débuter. En effet, la tâche B ne peut débuter qu'une fois la tâche A terminée. Puisque aucune information contraire n'interdit le commencement de la tâche B une fois la tâche A réalisée, vous devez en conclure que la tâche C peut également débuter dès que la tâche A est terminée.

Ensuite, il faut hiérarchiser les tâches C, D, E, F, G et H. Vous savez tout d'abord que les tâches C et D ne sont pas parallélisables et que dans un même wagon voyageurs, la tâche C doit être terminée pour que la tâche D débute. De plus, la tâche F ne peut avoir lieu que lorsque les tâches C et D ont été réalisées pour tous les wagons voyageurs. De ce fait, dans la catégorie de préparation des wagons voyageurs, la tâche C débute avant la D et la tâche E doit commencer dès que les tâches C et D sont achevées. Il faut néanmoins apporter une précision majeure ici : la tâche D ne doit pas nécessairement attendre que la tâche C soit achevée pour débuter. En effet, on sait que, dans un même wagon voyageurs, la tâche C doit être terminée pour que la tâche D débute. Mais cela ne signifie pas que la tâche C doit être terminée dans l'ensemble des wagons pour que la tâche D débute. Dès que la tâche C est terminée dans un wagon (en 10 minutes), la tâche D peut débuter dans ce même wagon Il y aura donc un décalage de 10 minutes entre le début de la tâche C et celui de la tâche D au sein d'un même wagon, afin de maximiser le chronogramme. Ensuite, la tâche I pourra débuter dès que la tâche F est terminée.

Vous avez ensuite les informations suivantes sur les tâches B, E, G et H :

- La tâche G ne peut débuter que lorsque la tâche B est terminée
- La tâche E ne peut débuter que lorsque la tâche G est terminée
- La tâche H ne peut débuter que lorsque la tâche E est terminée

La tâche B doit être terminée pour que G débute. Quand G est terminé alors E peut commencer. Et quand E est terminé, alors H peut débuter.

Ce qui donne hiérarchiquement : $A \to \begin{matrix} B \to G \to E \to H \\ C \to D \to F \to I \end{matrix}$

Il est ensuite à noter qu'il faut faire coordonner les disponibilités de chacune des personnes participant aux tâches de nettoyage et de mise en place des wagons voyageurs. Le détail est dans le chronogramme ci-après. Cela vaut pour les tâches des wagons voyageurs. Quand il n'est pas indiqué de spécifications quant au nombre de personnes pour une tâche, cela signifie que cette contrainte n'est pas à prendre en considération. Cela est le cas pour les tâches des wagons-bars : il n'y a pas de contraintes de nombre de personnes.

L'ensemble du chronogramme est donné ci-dessous :

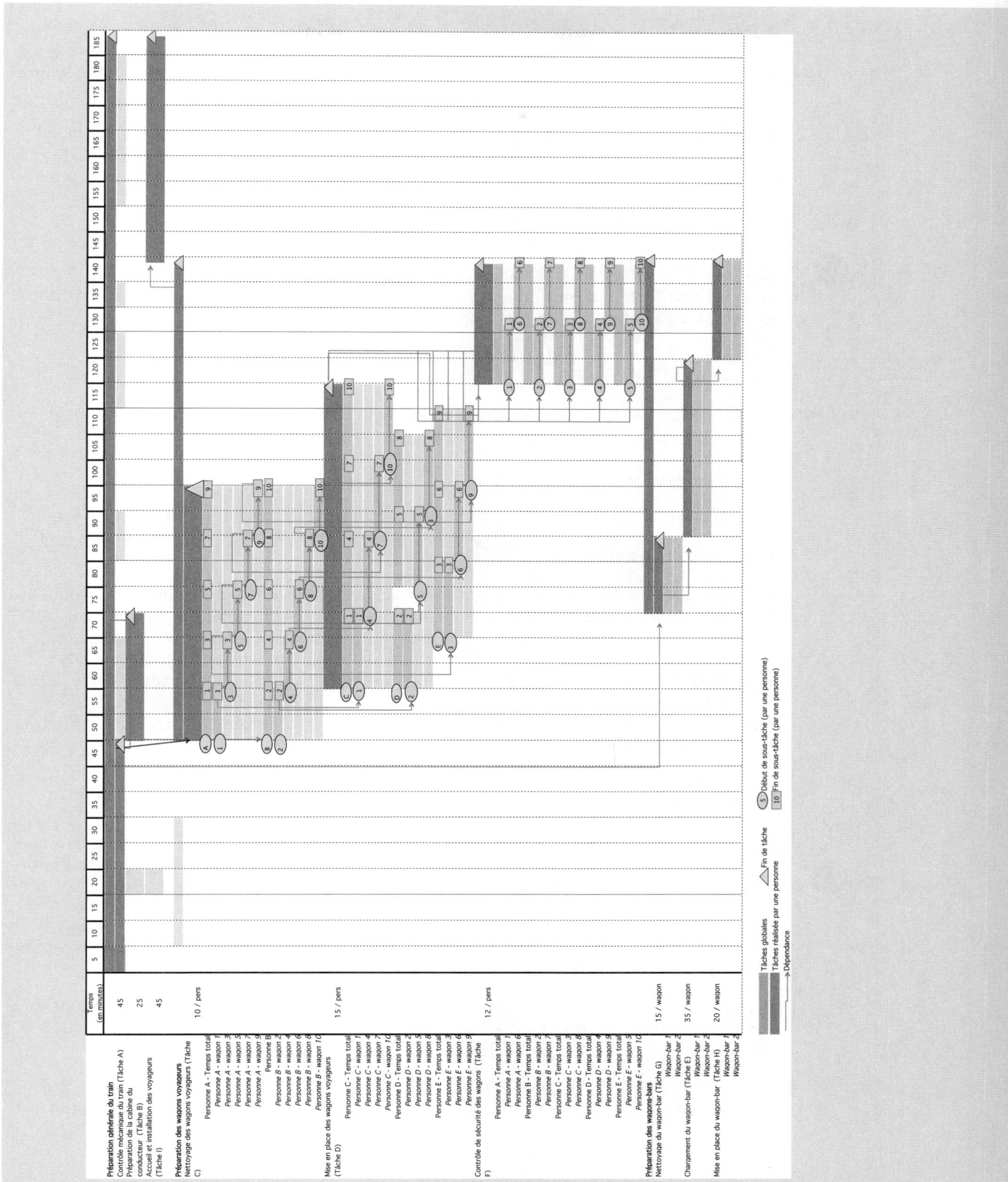
Temps (en minutes)
5 10 15 20 25 30 35 40 45 50 55 60 65 70 75 80 85 90 95 100 105 110 115 120 125 130 135 140 145 150 155 160 165 170 175 180 185
Préparation générale du train
Contrôle mécanique du train (Tâche A) 45
Préparation de la cabine du conducteur (Tâche B) 25
Accueil et installation des voyageurs (Tâche I) 45
Préparation des wagons voyageurs
Nettoyage des wagons voyageurs (Tâche C) 10 / pers
Mise en place des wagons voyageurs (Tâche D) 15 / pers
Contrôle de sécurité des wagons (Tâche F) 12 / pers
Préparation des wagons-bars
Nettoyage du wagon-bar (Tâche G) 15 / wagon
Chargement du wagon-bar (Tâche E) 35 / wagon
Mise en place du wagon-bar (Tâche H) 20 / wagon
Tâches globales
Tâches réalisée par une personne
Dépendance
Fin de tâche
Début de sous-tâche (par une personne)
Fin de sous-tâche (par une personne)

3. Réponse D. Ne pas avoir moins de pièces que quelqu'un signifie en avoir autant ou plus. D'où Nina > Meryem ≥ Sacha ≥ Carla avec Meryem > Carla. Donc les personnes qui ont le moins de pièces sont soit Sacha, soit Carla, sans que l'on sache précisément lequel des deux.

4. Réponse D. David n'est pas plus vieux que Khalil : cela doit se comprendre par le fait que David est plus jeune que Khalil ou que les deux ont le même âge. Ce qui donne $K \geq D$. Puis avec le même schéma $G \geq H$ et $H \geq D$ donc $G \geq H \geq D$. Enfin $B \geq K$ donc $B \geq K \geq D$.

PIÈGE !

N'oubliez pas qu'entre tous ces protagonistes, il existe une chance d'égalité. On peut donc, à partir de $B \geq K \geq D$, dire que Benjamin, Khalil et David ont le même âge ! Même chose pour la deuxième relation. Ainsi, la proposition A ne peut pas être certaine. Seule la proposition D est certaine : en effet, sans information contraire, on ne peut pas savoir qui est le plus âgé entre Khalil et Georges.

5. Réponse C. Il est possible d'établir deux relations avec ces informations (chaque personne est nommée par son initiale) :

– $B \geq D >$ Marco. Attention : puisque Bernard a au moins autant de dossiers à traiter que Davide, il faut déduire $B \geq D$ et non pas seulement $B > D$.

– $D > L >$ Mathieu.

Veuillez noter qu'avec ces deux relations, il est impossible de savoir qui de Laurence ou de Marco traite le plus de dossiers. Il s'agit alors de la bonne réponse. Les autres propositions ne sont pas justes.

6. Réponse C. Le classement établi ci-après range les filles de la plus rapide à la moins rapide. D'où (1) Solveig ≥ Michèle et (2) Anna ≥ Giullia ≥ Jenny > Michèle. La relation la plus aboutie est la (2) avec quatre personnes sur les cinq filles. Même si la deuxième relation est la plus aboutie, elle ne permet pas de placer Solveig par rapport aux filles. Cette dernière pourrait tout aussi bien être plus rapide qu'Anna et donc être la fille la plus rapide du groupe comme elle pourrait également courir à la même vitesse que Michèle. Ainsi, compte tenu de l'incertitude autour de Solveig, il est impossible de savoir qui est la plus rapide et la plus lente.

7. Réponse D. Puisque Christophe n'est ni le plus riche ni le plus pauvre, on a : X > Christophe > Y.

PIÈGE !

Puisque Antoine n'est pas plus riche qu'Octave, cela signifie soit qu'Octave est plus riche qu'Antoine soit qu'il dispose de la même richesse. Ce dernier détail peut avoir son importance ! Ce qui donne : Octave ≥ Antoine.

Antoine est plus riche que Jules et Sébastien donne Antoine > Jules et Sébastien. En incluant Octave, on a : Octave ≥ Antoine > Jules et Sébastien. Enfin, Christophe reste plus riche que Jules donc Christophe > Jules.

Puisque Jules n'est pas le plus pauvre de la fratrie, seul Sébastien peut être le plus pauvre des frères. D'où X > Christophe > Jules > Sébastien mais aussi Octave ≥ Antoine > Jules > Sébastien.

Le X permet *a minima* de placer Octave au-dessus de Christophe, mais Antoine peut également être plus riche que Christophe. On ne peut donc pas savoir qui est le plus riche entre Antoine et Christophe. La seule proposition dont on peut être certain est la D : Sébastien est bien le plus pauvre.

8. Réponse E. Dans un logigramme à double entrées, il est possible de mettre des croix aux intersections suivantes : Hugo-Rouge, Hugo-Bleu, Marc-Rouge, Marc-Bleu, Marc-Jaune, Alain-Jaune, Jacky-Bleu. Notez que la couleur d'un des pulls n'est pas connue (notez-la avec un point d'interrogation).

	Hugo	Marc	Alain	Jacky
Rouge	X	X		
Bleu	X	X		X
Jaune		X	X	
?				

À partir du tableau, on sait donc qu'Alain a le pull bleu et que Marc dispose du pull dont on ne sait pas la couleur. On en déduit alors que Hugo a le pull jaune et que Jacky dispose du rouge. Les quatre premières propositions sont donc vraies. La seule information fausse est alors la proposition E : il est incorrect de dire qu'aucune des propositions n'est vraie puisqu'elles sont toutes les quatre vraies…

PIÈGE !

La proposition B est vraie : ne connaissant pas la couleur du pull de Marc, celui-ci peut très bien être vert. Il s'agit bien d'une possibilité.

ASTUCE

Il était possible de répondre très vite à cette question en remarquant tout de suite la proposition E lors de la lecture de l'énoncé. Celle-ci indique en effet qu'aucune des quatre autres propositions n'est vraie, ce qui signifie que pour que cette phrase soit incorrecte il faut qu'au moins une des quatre premières propositions soit vraie. Or, il est facile de déduire à la seule lecture de l'énoncé que la proposition D est vraie, cela invalide automatiquement la proposition E… nul besoin d'aller plus loin !

9. Réponse C. Implication de chacune des informations dans un tableau logigramme à double entrées :

Les animaux carnivores n'appartiennent ni à Charles ni à Sophie ➔ Charles et Sophie ne disposent ni d'un chat ni d'un chien.

Ni Sophie ni Béatrice ne disposent d'animal avec des plumes ➔ Béatrice et Sophie ne sont pas les propriétaires du perroquet.

	Chat	Chien	Cheval	Perroquet
Charles	X	X		
Sophie	X	X		X
Béatrice				X
Daniel				

Donc Sophie dispose d'un cheval. Ce qui implique que Charles est le propriétaire du perroquet. On ne sait toutefois pas qui de Daniel ou Béatrice possède le chat ou le chien.

	Chat	Chien	Cheval	Perroquet
Charles	X	X	X	0
Sophie	X	X	0	X
Béatrice			X	X
Daniel			X	X

ASTUCE

Les deux premières affirmations comme la quatrième étaient rapidement identifiables comme fausses. Cela vous permettait de rapidement éliminer les propositions A, B et D.

10. Réponse A. Le plus aisé est ici d'utiliser un tableau à triple entrées puisqu'il y a trois types d'informations : prénoms, compétitions et positions.

	Boules			Poker		
Phil	1	2	3	1	2	3
Bob	1	2	3	1	2	3
Jack	1	2	3	1	2	3

Puisque Phil n'a jamais été deuxième et qu'il n'est pas possible qu'il ait terminé deux fois à la même place, il a nécessairement remporté un des deux tournois et donc terminé troisième à l'autre tournoi. Puisqu'il n'a pas remporté le tournoi de boules, Phil a remporté le tournoi de poker et a terminé troisième aux boules.

	Boules			Poker		
Phil	~~1~~	~~2~~	**3**	**1**	~~2~~	~~3~~
Bob	1	2	~~3~~	~~1~~	2	3
Jack	1	2	~~3~~	~~1~~	2	3

Bob a terminé juste derrière Phil au poker, il a donc terminé deuxième. Par conséquent, il n'a pas terminé deuxième aux boules : cela signifie qu'il a donc remporté ce dernier tournoi.

	Boules			Poker		
Phil	~~1~~	~~2~~	**3**	**1**	~~2~~	~~3~~
Bob	**1**	~~2~~	~~3~~	~~1~~	**2**	~~3~~
Jack	~~1~~	2	~~3~~	~~1~~	~~2~~	3

Jack a donc terminé deuxième aux boules et troisième au poker. Seule la proposition A est donc juste.

11. Réponse A. Le fait d'avoir trois types d'informations implique d'avoir recours à un logigramme à triple entrées. Au centre, J signifie la plus jeune, V la plus vieille et I l'âge intermédiaire.

	Marine	Mathilde	Manon
+ Grande	J I V	J I V	J I V
Intermédiaire	J I V	J I V	J I V
+ Petite	J I V	J I V	J I V

Marine est plus petite que la plus âgée : croix aux intersections Marine – + Grande, Marine – Vieille et Vieille – + Petite (puisque Marine est plus petite que la plus âgée, la plus âgée ne pourra pas être la plus petite).

ASTUCE

Cette seule information permet de conclure que la proposition A est juste. Nul besoin de continuer le raisonnement plus loin. Pour ceux qui sont allés jusqu'au bout, voici le tableau final :

	Marine	Mathilde	Manon
+ Grande	~~J~~ ~~I~~ ~~V~~	~~J~~ ~~I~~ ~~V~~	J ~~I~~ ~~V~~
Intermédiaire	~~J~~ ~~I~~ ~~V~~	~~J~~ ~~I~~ V	~~J~~ ~~I~~ ~~V~~
+ Petite	~~J~~ I ~~V~~	~~J~~ ~~I~~ ~~V~~	~~J~~ ~~I~~ ~~V~~

12. Réponse C. Le fait de savoir que le vase et le miroir sont séparés par au moins une étagère ne peut pas venir s'intégrer dans un logigramme sans autre information au début d'un raisonnement. Ensuite, il est possible de placer des croix aux croisements Chapeau-2e étagère et Livre-2e étagère. Puisque le vase est plus haut que le livre, le vase ne peut pas être positionné sur la 4e étagère et le livre ne pourra donc pas être sur la 1re étagère (puisqu'il aura au moins le vase au-dessus de lui). Voici l'état du logigramme après le classement de ces informations :

	Vase	Livre	Chapeau	Miroir
1re étagère		X		
2e étagère		X	X	
3e étagère				
4e étagère	X			

ASTUCE

Pour placer l'information « le vase et le miroir sont séparés par au moins une étagère », il faut se concentrer sur la 2e étagère. Soit le vase soit le miroir y sont positionnés d'après le logigramme. Si le vase y est positionné, alors le miroir sera sur la 4e étagère (seul endroit pour qu'il soit séparé d'une étagère avec le livre). Si le miroir est sur la 2e étagère, il faudrait alors que le vase soit sur la 4e étagère. Or cela n'est pas possible d'après le logigramme. Conclusion : c'est le vase qui est sur la 2e étagère et donc le miroir est sur la 4e étagère.

	Vase	Livre	Chapeau	Miroir
1re étagère	X	X		X
2e étagère	0	X	X	X
3e étagère	X	0		X
4e étagère	X	X	X	0

Par déduction, le livre est alors sur la 3e étagère. C'est donc le chapeau qui est sur la première. Voici donc le positionnement final :

13. Réponse A. Puisque Éric et Céline ne sont pas voisins, ils ne peuvent qu'être face à face. Ainsi, je suis assis en face de Denise. Puisque Éric est à la droite de Denise, voici le plan de table :

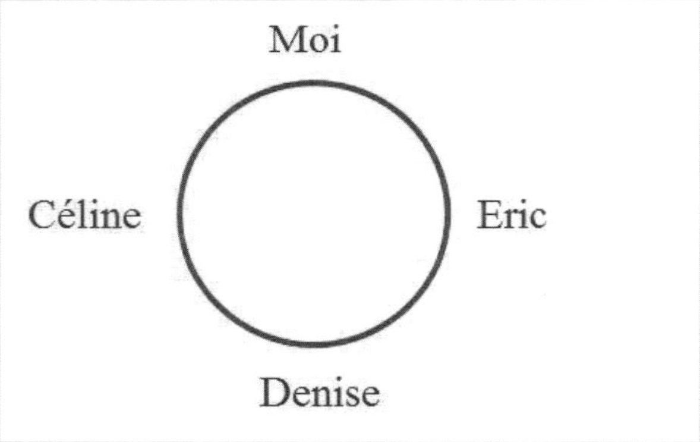

Seule la proposition A est vraie.

14. Réponse A. D'après l'énoncé on sait que ces trois maisons sont voisines (en se positionnant du point de vue de Yohan) : Larue – Lavigne – Dupont. Toujours du même point de vue, on sait que l'on a : Durand – Martin. Ces deux familles sont donc positionnées soit tout de suite à gauche des Larue, soit tout de suite à droite de la famille Dupont. Puisque les Martin et les Larue ne sont pas voisins, la première possibilité est exclue. De gauche à droite, les maisons sont alors positionnées comme cela : Larue – Lavigne – Dupont – Durand – Martin. La seule proposition vraie est la A : la famille Dupont est située entre les Lavigne et les Durand.

15. Réponse E. Les propos de Mickaël et Laëtitia sont contradictoires par définition : l'un ment alors que l'autre dit la vérité. Puisqu'il y a deux menteurs, cela signifie que Malia ment : on peut donc déduire que le crime a été réalisé par une personne seule (puisque Malia ment). Même avec cette certitude, il n'est pas possible de savoir qui de Mickaël ou Laëtitia ment. Les propos sont donc insuffisants pour déterminer le coupable, même si l'on sait qu'il a agi seul.

16. Réponse B. Les deux seuls propos contradictoires sont ceux de John et Igor : soit Igor est coupable (alors John dit vrai et Igor ment) soit Igor n'est pas coupable (alors John ment et Igor dit vrai). Cela signifie que la personne qui ne ment pas est soit John soit Igor. En tout cas, cela confirme que les deux femmes mentent. Grâce aux propos de Camille qui ment, on en déduit que Mylène n'a pas commis le meurtre. Grâce aux propos de Mylène qui ment aussi, on en déduit que Camille n'est pas coupable. Cela signifie alors que le coupable est soit John soit Igor, mais on ne peut pas en savoir plus. En effet, même en sachant que Camille et Mylène ont menti, on ne peut pas savoir qui de John ou Igor ment.

PIÈGE !

Il n'est pas possible de considérer que les propos de Camille et Mylène sont contradictoires : bien qu'elles s'accusent l'une et l'autre, elles peuvent toutes deux mentir. Et alors le coupable serait John ou Igor (ce qui est le cas, d'ailleurs). À l'inverse les propos des hommes sont contradictoires : soit Igor est coupable, soit il ne l'est pas ; il n'existe pas d'autres possibilités.

Sixième partie

La partie des Dix

Dans cette partie...

Parce qu'il est toujours constructif d'aller plus loin dans le cadre de ses révisions, vous trouverez dans les quelques pages qui suivent un lexique de termes de logique ainsi qu'une liste des principales aptitudes verbales que vous pourrez croiser dans les tests psychotechniques. Usez-en et abusez-en pour encore progresser !

Chapitre 29

Dix termes de logique

Dans ce chapitre

▶ Trouvez le mot juste !

Le vocabulaire de la logique - au sens académique du terme - est extrêmement précis. La plupart des candidats qui se préparent aux tests psychotechniques découvrent pour la première fois ce domaine, puisqu'il n'est pas enseigné lors des études secondaires. La logique utilise des notions intuitives sur lesquelles il est parfois difficile de poser les bons mots.

Prémisse

La prémisse est le point de départ d'un raisonnement. Dans les tests psychotechniques, vous croiserez notamment ce terme dans les syllogismes qui sont composés d'une prémisse majeure (première phrase d'un syllogisme) et d'une prémisse mineure (deuxième phrase d'un syllogisme). Ces deux prémisses articulent trois termes afin d'en dériver une conclusion logique.

Dans les syllogismes des tests psychotechniques, les prémisses sont acceptées de fait, sans que leur fondement ne doive être remis en cause.

- Exemple : Tous les hommes sont mortels (prémisse majeure). Socrate est un homme (prémisse mineure). Socrate est mortel (conclusion déduite des deux prémisses).

Syllogisme

Un syllogisme est un raisonnement liant deux prémisses (propos servant de point de départ à un raisonnement) à une conclusion grâce aux liens articulés entre trois termes : le terme majeur, le terme moyen et le terme mineur.

- Exemple : Tous les hommes sont mortels. Socrate est un homme. Socrate est mortel.

Déduction

La déduction est le raisonnement qui fait apparaître le lien entre les prémisses et la conclusion. Par le biais de propositions (ou axiomes), le raisonnement déductif fonde ses conclusions sur des éléments jugés tangibles et/ou recevables. La déduction est un raisonnement fortement utilisé dans les domaines mathématiques.

- Exemple : Les nombres pairs se terminent par 0, 2, 4, 6 ou 8. 324 se terminant par 4, il s'agit d'un nombre pair.

Induction

L'induction est un raisonnement qui généralise des faits à partir d'observations particulières. À la différence de la déduction, qui s'apparente à une démonstration fondée, l'induction ne jouit pas de la même force. Ses conclusions sont jugées recevables jusqu'à ce qu'elles soient réfutées par une nouvelle observation jugée supérieure. Les inductions sont ainsi utilisées dans les sciences humaines, dont les théories sont perpétuellement remises en question (ou en doute).

- Exemple : De tout temps, les hommes venant de cette zone ont eu les yeux bleus. Il y a fort à penser que le climat particulier de la zone influence cette pigmentation oculaire.

Implication

Une implication découle de propos conditionnels. Souvent introduite par des propos de la forme « Si…, alors », l'implication est conditionnée à la réalisation des propos qui l'introduisent.

- Exemple : Si le soleil venait à faire son apparition, alors je mettrais de la crème solaire.

  Ici l'implication « mettre de la crème solaire » est conditionnée à celle de l'antécédent « si le soleil venait à faire son apparition ».

Ce caractère conditionnel est souvent négligé par les candidats qui s'en remettent à une définition plus large de l'implication utilisée dans le langage courant, où elle découle de faits réels (et non conditionnels). Si cela ne peut être nié, il ne s'agit néanmoins pas d'une utilisation du terme d'un point de vue logique.

Négation

La négation est interprétée comme le contraire d'un propos, celui qui nie.

- Exemple : La négation de « Birdy est un chien gentil » est « Birdy n'est pas un chien gentil ».

De ce fait, un propos et sa négation ne peuvent être vrais en même temps. Ils sont dits contradictoires (comme les deux propos cités dans l'exemple précédent).

Il faut cependant faire une différence entre la négation logique et le contraire. Si le contraire implique l'opposé des propos tenus, la négation logique n'a pas la même portée et obéit à des règles plus strictes. Ainsi, une négation logique peut s'observer dès qu'un seul élément contrevient au propos général.

- Exemple : « Toutes les voitures sont fermées ». Le contraire (l'opposé) du propos est ainsi « Aucune voiture n'est fermée ». Cependant, la négation logique est « Toutes les voitures ne sont pas fermées » impliquant qu'il suffit d'une voiture ouverte pour nier la proposition de départ. En logique, les nuances ont leur importance...

Axiome

L'axiome est une vérité jugée évidente de son simple fait. Elle se rapproche de l'évidence. Elle est jugée admise par tous. Elle traduit souvent une observation.

- Exemple : Deux choses égales à une troisième sont aussi égales entre elles.

L'axiome se rapproche du postulat, qui doit être considéré comme admis au départ d'un raisonnement.

Équivalence

Une équivalence implique plusieurs propos qui sont de même portée de telle façon que l'un peut être remplacé par l'autre sans que ne soient altérées leurs implications.

- Exemple : Les propos « les multiples de 10 » et « les nombres qui se terminent par 0 » sont des propos équivalents.

Paralogisme

Le paralogisme est un raisonnement qui a l'apparence d'une déduction logique, mais qui est erroné. À la différence du sophisme, la conclusion erronée du paralogisme est effectuée de bonne foi (sans volonté de tromper). Le paralogisme est considéré comme un antonyme du syllogisme.

- Exemple : Tout ce qui rare est cher. Un téléphone à 1 €, c'est rare, donc c'est cher.

Apagogie

L'apagogie, également appelée raisonnement par l'absurde, est un raisonnement qui démontre la vérité d'un propos grâce à la démonstration de l'aberration (ou absurdité) du propos inverse ou contraire.

- Exemple : Tout nombre x a pour inverse un réel a tel que $x + a = 1$. Pour 0, cela donne $0 \times a = 1$. Comme il n'existe pas de réel a permettant de vérifier l'égalité, on arrive à l'égalité absurde $0 = 1$. Donc 0 n'a pas d'inverse.

Chapitre 30

Dix thèmes d'aptitudes verbales

Dans ce chapitre…

- Le Verbe aussi !

Bien que moins présentes dans les tests psychotechniques, les aptitudes verbales restent malgré tout utilisées dans certains concours. Pour les réviser de façon efficace, n'hésitez pas à ressortir les usuels de votre bibliothèque ou à acquérir un « Grevisse » (*Le Bon Usage,* De Boeck/Duculot), une grammaire chez un éditeur scolaire (Bordas, Delagrave, Hachette, Larousse) ou différents ouvrages de la collection *Bescherelle* (Hatier) – ou encore *La Grammaire pour les Nuls* et autres ouvrages de notre célèbre collection (First). Voici les dix thèmes d'aptitudes verbales les plus testés dans ces questions.

Vocabulaire

Le vocabulaire est abordé au travers de questions de définition ou de signification. Les questions portent aussi bien sur des noms que sur des expressions. Il est demandé aux candidats de trouver le sens le plus proche d'un terme ou d'une expression parmi plusieurs propositions.

Un bon moyen de préparer ces questions est d'étudier le sens d'expressions idiomatiques courantes et d'apprendre la signification des principaux préfixes et suffixes de la langue française, pour pouvoir ensuite déduire le sens de mots inconnus au moyen de leur étymologie.

Homonymie

Les homonymes sont des termes proches phonétiquement *(vert/verre/vers)* ou graphiquement *(un livre/une livre).* L'objet des questions est alors de rapprocher les termes de leur sens véritable en veillant à ne pas les confondre avec leurs homonymes.

Synonymie

Les questions de synonymie imposent de trouver la signification d'un terme ou d'un groupe de termes à travers différentes reformulations *(confondre/mélanger/amalgamer).* Dans ces questions, le contexte permet souvent d'appréhender la signification d'un mot dans une situation particulière.

Le contexte est déterminant pour éliminer les propositions les plus éloignées et en déduire la bonne réponse, surtout lorsqu'on ne comprend pas le sens initial.

Antonymie

L'antonymie confronte des termes de sens contraire *(éloigner/rapprocher)*. Les exercices les plus courants demandent aux candidats de rapprocher, parmi deux listes de termes, les mots qui ont des significations opposées. Dans ces questions, l'élimination permet souvent de déduire les bonnes réponses de façon progressive.

Analyser l'étymologie des termes permet également de trouver plus aisément les antonymes.

Paronymie

Deux paronymes sont des termes dont la prononciation est proche, mais dont le sens et l'orthographe diffèrent *(affluence/influence)*. Les paronymes sont la plupart du temps testés dans des exercices d'orthographe où il est demandé de choisir le bon usage entre des termes proches.

Pour ne pas confondre les paronymes entre eux, veillez à consulter des listes de paronymes afin de tous les appréhender.

Conjugaison

La maîtrise de la conjugaison est évaluée dans des questions en contexte qui demandent d'utiliser le bon temps et le bon mode dans une phrase. Vous croiserez également des questions demandant de conjuguer un verbe selon un mode et un temps déterminés. Des QCM peuvent également vous demander de sélectionner les bons ou mauvais usages de la conjugaison.

Une revue des règles usuelles de conjugaison est ainsi nécessaire pour les modes suivants : indicatif, subjonctif, conditionnel et impératif. Les usages particuliers sont également à connaître (verbes irréguliers, notamment). Enfin, les accords de participes passés sont particulièrement populaires auprès des concepteurs de tests.

Orthographe

L'orthographe est une catégorie de questions particulièrement testée parmi les aptitudes verbales. Les thèmes que vous devez réviser en priorité sont les noms (principalement le genre des noms et leur pluriel) et les adjectifs (principalement la féminisation des adjectifs et leur pluriel).

Les questions de correction linguistique se concentrent sur les bons usages de la langue française. Pour cela, vous êtes amené à vous prononcer sur les usages grammaticaux, l'orthographe, le niveau de langue, la conjugaison ou encore la syntaxe.

Deux catégories de questions principales sont particulièrement communes : le recensement de fautes et la correction de fautes.

Compréhension de textes

Les épreuves de compréhension de textes apprécient votre capacité à comprendre un message et à le restituer sous une forte contrainte de temps. Elles ne nécessitent pas de connaissances particulières, mais un entraînement en conditions réelles permet de progresser et améliorer votre rythme de lecture et de compréhension. Les aspects méthodologiques et organisationnels sont mis à rude épreuve par une contrainte de rapidité qui implique une certaine aisance à traiter les informations.

Reformulation

Les questions de reformulation demandent de sélectionner la proposition de sens le plus proche parmi plusieurs reformulations d'un mot, d'un groupe de mots, d'une expression, d'une phrase, voire d'un groupe de phrases. Vous pouvez vous référer au contexte qui peut vous aiguiller sur le sens du passage souligné.

À la différence de la synonymie, les reformulations peuvent s'éloigner du sens initial. La méthodologie consiste à éliminer progressivement les propositions les plus éloignées en comparant les propositions les unes par rapport aux autres.

Cohérence

Cette catégorie vous teste sur la cohérence contextuelle. L'objectif est alors de sélectionner la proposition la plus cohérente, compte tenu du contexte et des informations contenues dans le passage, pour la positionner à la place des pointillés contenus au sein d'un texte. Les questions portent alors sur la logique de l'argumentation du passage. Il faut alors différencier différents éléments articulés entre eux : cause, conséquence, état de fait, effet, thèse, antithèse, etc.

Pour travailler ces questions-là, vous devez tout d'abord réviser les règles de grammaire française concernant les points de concordance des temps, de syntaxe, d'accords sujet-verbe, etc. Ensuite, travailler la compréhension de texte est également utile afin de se familiariser avec les argumentations.

Index

V